21세기 지식 정보화 시대
대한민국의 IT 인재로 만드는 비결!

Information **T**echnology **Q**ualification

한셀 2022

발 행 일 : 2025년 01월 02일(1판 1쇄)
I S B N : 979-11-92695-35-8(13000)
정　　가 : 16,000원

집　　필 : KIE기획연구실
진　　행 : 김동주
본문디자인 : 앤미디어

발 행 처 : (주)아카데미소프트
발 행 인 : 유성천
주　　소 : 경기도 파주시 정문로 588번길 24
홈페이지 : www.aso.co.kr / www.asotup.co.kr

※ 이 책은 저작권법에 따라 보호를 받는 저작물이므로 무단 전재와 무단 복제를 금지하며,
이 책 내용의 전부 또는 일부를 이용하려면 반드시 (주)아카데미소프트의 서면동의를 받아야 합니다.

CONTENTS

PART 01 ITQ 시험 안내 및 자료 사용 방법

시험안내 01	ITQ 시험 안내	4
시험안내 02	ITQ 회원 가입 및 시험 접수 안내	6
시험안내 03	ITQ 자료 사용 방법	17

PART 02 출제유형 완전정복

출제유형 01	답안 작성 요령에 맞추어 답안 파일 준비하기	28
출제유형 02	[제1작업] 데이터 입력 및 제목 작성	32
출제유형 03	[제1작업] 결재란 및 셀 서식 작업하기	44
출제유형 04	[제1작업] 값 계산(함수) 및 조건부 서식	57
출제유형 05	[제2작업] 목표값 찾기 및 필터	98
출제유형 06-1	[제3작업] 정렬 및 부분합	108
출제유형 06-2	[제3작업] 피벗 테이블	118
출제유형 07-1	[제4작업] 그래프(3차원 원형)	127
출제유형 07-2	[제4작업] 그래프 (묶은 세로 막대형)	143

PART 03 출제예상 모의고사

모의고사 01	제 01 회 출제예상 모의고사	160
모의고사 02	제 02 회 출제예상 모의고사	164
모의고사 03	제 03 회 출제예상 모의고사	168
모의고사 04	제 04 회 출제예상 모의고사	172
모의고사 05	제 05 회 출제예상 모의고사	176
모의고사 06	제 06 회 출제예상 모의고사	180
모의고사 07	제 07 회 출제예상 모의고사	184
모의고사 08	제 08 회 출제예상 모의고사	188
모의고사 09	제 09 회 출제예상 모의고사	192
모의고사 10	제 10 회 출제예상 모의고사	196
모의고사 11	제 11 회 출제예상 모의고사	200
모의고사 12	제 12 회 출제예상 모의고사	204
모의고사 13	제 13 회 출제예상 모의고사	208
모의고사 14	제 14 회 출제예상 모의고사	212
모의고사 15	제 15 회 출제예상 모의고사	216

PART 04 최신유형 기출문제

기출문제 01	제 01 회 최신유형 기출문제	222
기출문제 02	제 02 회 최신유형 기출문제	226
기출문제 03	제 03 회 최신유형 기출문제	230
기출문제 04	제 04 회 최신유형 기출문제	234
기출문제 05	제 05 회 최신유형 기출문제	238
기출문제 06	제 06 회 최신유형 기출문제	242
기출문제 07	제 07 회 최신유형 기출문제	246
기출문제 08	제 08 회 최신유형 기출문제	250
기출문제 09	제 09 회 최신유형 기출문제	254
기출문제 10	제 10 회 최신유형 기출문제	258

※ 부록 : 시험직전 모의고사 3회분 수록

PART 01

ITQ 시험 안내 및 자료 사용 방법

ITQ 시험 안내

☑ 정보기술자격(ITQ) 시험의 응시 자격 및 시험 과목
☑ 합격 결정기준 및 시험 시간

1. 정보기술자격(ITQ) 시험이란?

정보화 시대의 기업, 기관, 단체 구성원들에 대한 정보기술능력 또는 정보기술 활용능력을 객관적으로 평가하는 시험입니다. 정보기술 관리 및 실무능력 수준을 지수화, 등급화하여 객관성을 높였으며, 과학기술정보통신부에서 공식 인증하는 국가공인자격 시험입니다.

2. 응시 자격 및 시험 과목

❶ 정보기술자격(ITQ) 시험은 정보기술실무능력을 평가하는 시험으로 국민 누구나 응시가 가능합니다.

❷ ITQ 시험은 동일 회차에 아래 한글/MS 워드, 한글 엑셀/한셀, 한글 액세스, 한글 파워포인트/한쇼, 인터넷의 5개 과목 중 최대 3과목까지 시험자가 선택하여 신청할 수 있습니다.

※ 단, 한글 엑셀/한셀, 한글 파워포인트/한쇼, 아래 한글/MS 워드는 동일 과목군으로 동일 회차에 응시 불가
(자격증에는 "한글 엑셀(한셀)", "한글 파워포인트(한쇼)"로 표기되며 최상위 등급이 기재됨)

자격종목		등급	ITQ시험 프로그램 버전		시험방식
			시험 S/W	공식버전	
ITQ 정보기술자격	아래 한글	A/B/C 등급	한컴 오피스	한컴 오피스 2022/2020 선택 응시	PBT
	한셀			한컴 오피스 2022 단일 응시	
	한쇼				
	MS 워드		MS 오피스	MS 오피스 2021 / 2016 선택 응시	
	한글 엑셀				
	한글 액세스				
	한글 파워포인트				
	인터넷		내장 브라우저 : IE8.0이상		

※ 한컴오피스 : 2022/2020 중 선택 응시(시험지 2022/2020 공용), 한쇼/한셀 : 2022 단일 응시
※ MS 오피스 : 2021/2016 중 선택 응시(시험지 2021/2016 공용)

3. 합격 결정기준

❶ 합격 결정기준

ITQ 시험은 500점 만점을 기준으로 A등급부터 C등급까지 등급별 자격을 부여하며, 낮은 등급을 받은 수험생이 차기시험에 재응시하여 높은 등급을 받으면 등급을 업그레이드 해주는 방법으로 평가를 합니다.

A등급	B등급	C등급
400~500점	300~399점	200~299점

❷ 등급별 수준

등급	수준
A등급	주어진 과제의 80~100%를 정확히 해결할 수 있는 능력
B등급	주어진 과제의 60~79%를 정확히 해결할 수 있는 능력
C등급	주어진 과제의 40~59%를 정확히 해결할 수 있는 능력

4. 시험 배점 및 시험 시간

시험 배점	문항 및 시험방법	시험 시간
과목당 500점	5~10문항 실무작업형 실기시험	과목당 60분

5. 시험출제기준(한글 엑셀/한셀)

문항	배점	출제기준
❶ 표 작성	100점	출력형태의 표를 작성하고 조건에 따른 서식 변환 및 함수 사용 능력 평가 • 데이터 입력 및 셀 편집 • 도형을 이용한 제목 작성 및 편집 • 카메라, 이름 정의, 유효성 검사 등
	140점	• 함수(* 함수 출제 범위 참조)를 이용한 수식 작성 • 조건부 서식
❷ 필터, 목표값 찾기, 자동 서식	80점	[유형1] 필터 및 서식 기본 데이터를 이용한 데이터 필터 능력과 서식 작성 능력 평가 • 고급 필터 : 정확한 조건과 추출 위치 지정 • 자동 서식(표 스타일) : 서식 적용
		[유형2] 목표값 찾기 및 필터 원하는 결과값을 구하기 위해 변경되는 값을 구하는 능력과 데이터 필터 능력 평가 • 목표값 찾기 : 정확한 목표값 산출 • 고급 필터 : 정확한 조건과 추출 위치 지정
❸ 부분합 / 피벗 테이블	80점	부분합 기본 데이터를 이용하여 특정 필드에 대한 합계, 평균 등을 구하는 능력을 평가 • 항목의 종류별 정렬/부분합 조건과 추출 결과
		피벗 테이블 데이터 자료 중에서 필요한 필드를 추출하여 보기 쉬운 결과물을 만드는 능력을 평가 • 항목의 종류별 정렬/부분합 조건과 추출 결과
❹ 차트	100점	기본 데이터를 이용하여 보기 쉽게 차트로 표현하는 능력을 평가 • 차트 종류 • 차트 위치 및 서식 • 차트 옵션 변경

※ 함수 출제 범위 : https://license.kpc.or.kr/ 홈페이지 접속 → [자격소개-정보기술자격(ITQ)]-[시험출제기준]-[한글 엑셀/한셀]
※ 응시료 확인 : https://license.kpc.or.kr/ 홈페이지 접속 → [자격소개-정보기술자격(ITQ)]

시험안내 02

ITQ 회원 가입 및 시험 접수 안내

☑ 회원 가입하기
☑ 시험 접수 안내

1. 회원 가입하기

(1) ITQ 자격 검정 사이트 접속하기

❶ ITQ 자격 검정 사이트(license.kpc.or.kr)에 접속한 후 화면 위의 〈회원가입〉 단추를 클릭합니다.

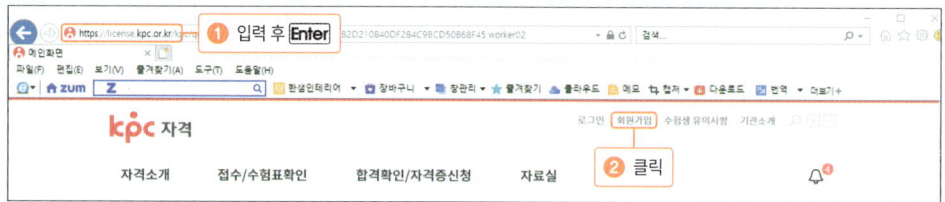

❷ [회원가입]에서 '전체 약관(필수항목)에 동의합니다.' 체크 박스를 클릭합니다.

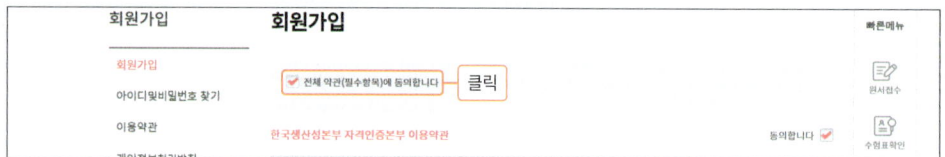

❸ '개인정보 수집 · 이용 내역 (필수사항)'에 '동의합니다' 체크 박스가 선택되어 있는지 확인한 후 〈개인회원(어린이) 가입 만 14세 미만〉 단추를 클릭합니다.

※ 응시자가 만14세 이상일 경우에는 〈개인회원가입 만14세이상〉 단추를 눌러 가입을 진행합니다.

※ 회원 가입 절차는 시험 주관사에 의해 변경될 수도 있습니다.

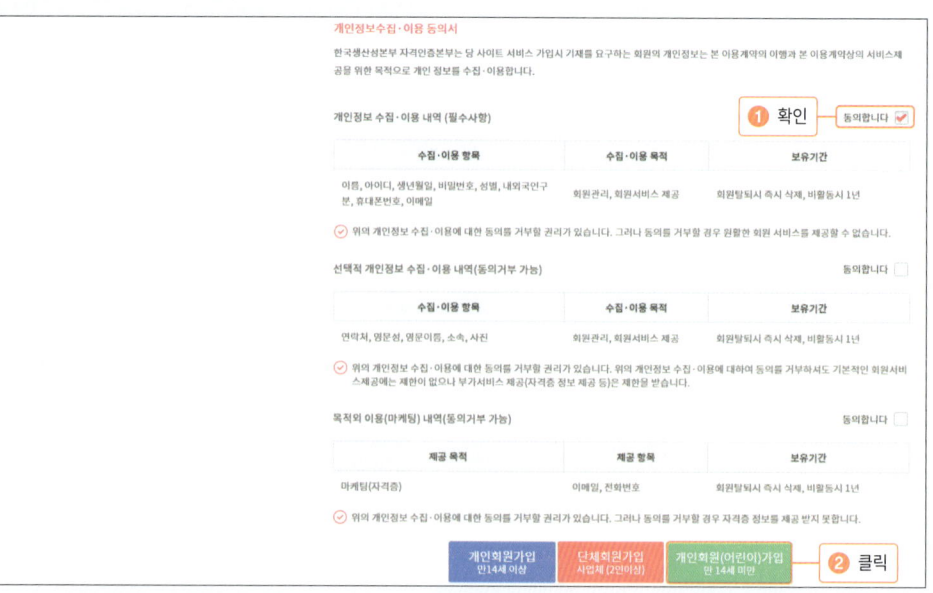

(2) 보호자(법적대리인) 본인인증

❶ [회원가입 (만14세 미만 개인회원)]의 [보호자(법적대리인) 본인인증]에서 '수집·이용 내역(필수사항)'의 '동의합니다.' 체크 박스를 클릭합니다. 이어서, [보호자(법적대리인) 본인인증]에서 〈휴대폰 본인인증〉 단추를 클릭합니다.

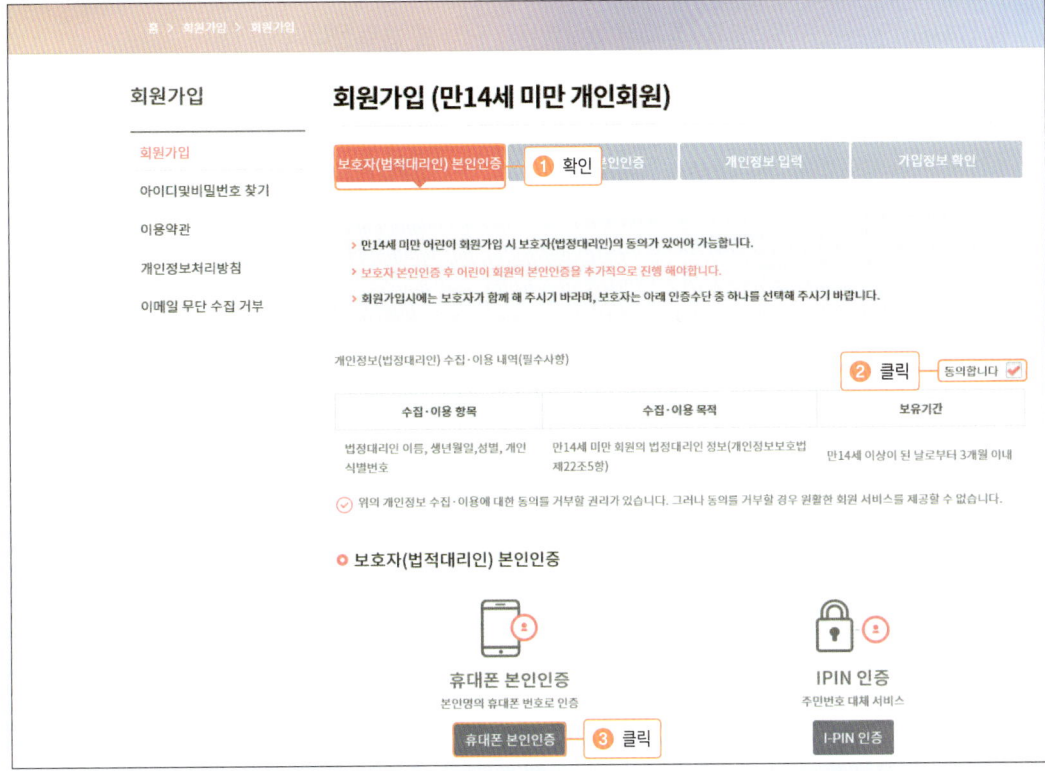

❷ '이용 중이신 통신사를 선택하세요' 창에서 보호자가 현재 이용 중인 통신사를 선택합니다. 이어서, 각각의 동의 내용을 클릭하여 체크한 후 〈시작하기〉 단추를 클릭합니다.

❸ '문자인증'을 선택하여 필요한 개인 정보와 보안문자를 입력한 후 〈확인〉 단추를 클릭합니다.

❹ 보호자의 휴대폰 문자로 전송된 '인증번호'를 입력한 후 〈확인〉 단추를 클릭합니다.

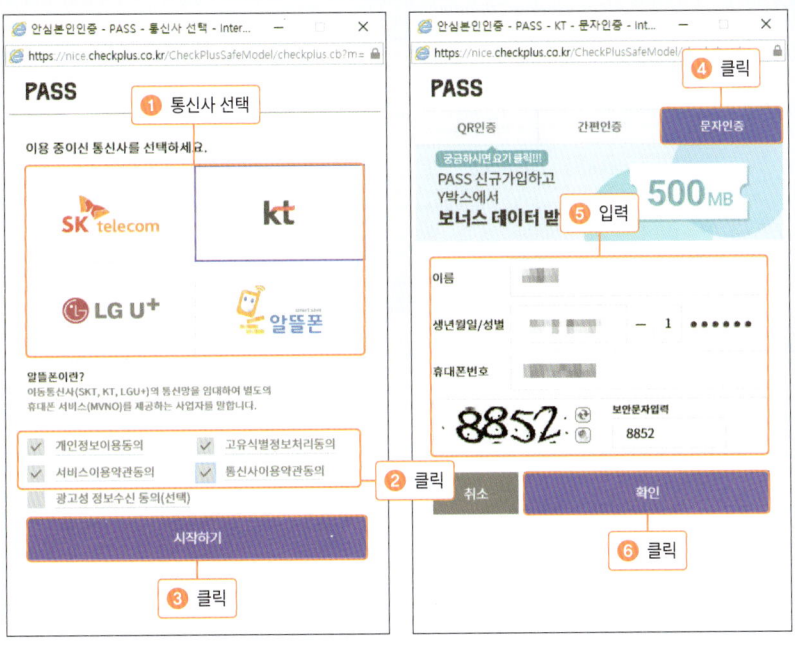
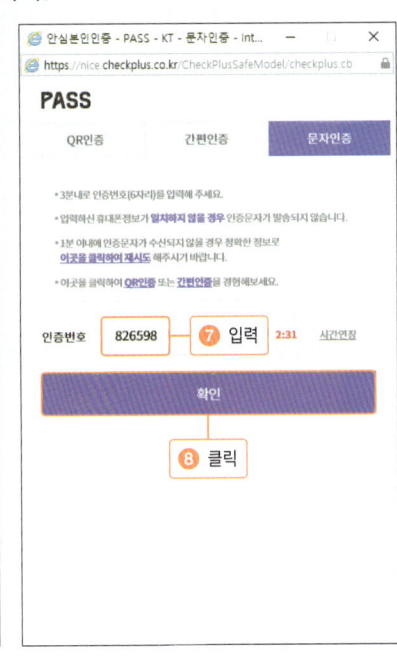

※ 14세미만 본인인증은 '8페이지의 휴대폰(본인 명의의 휴대폰이 있는 경우)' 또는 '10페이지의 I-PIN(본인 명의의 휴대폰이 없는 경우)' 중 하나를 선택하여 진행할 수 있습니다.

(3)-1. 14세미만 본인인증(휴대폰 인증절차)

❶ [14세미만 본인인증]에서 〈휴대폰 본인인증〉 단추를 클릭합니다.

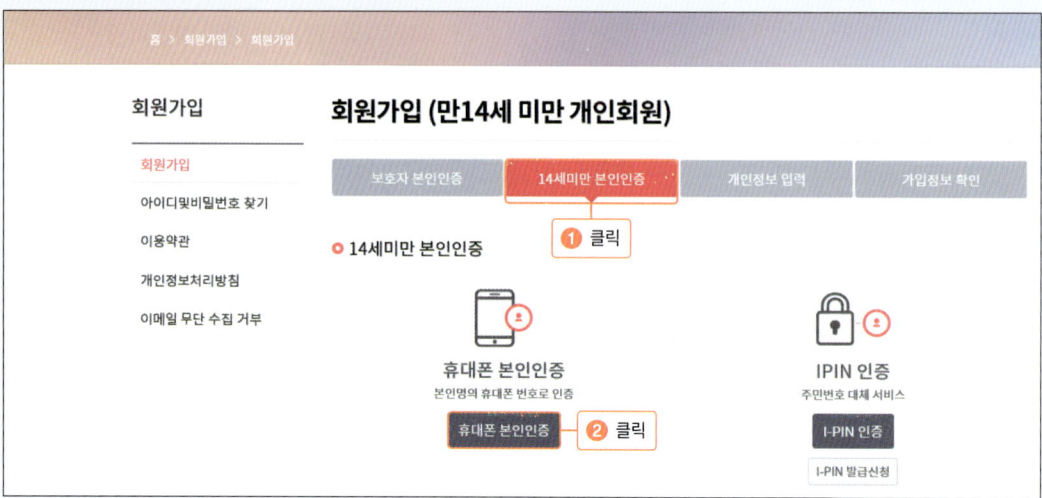

❷ '이용 중이신 통신사를 선택하세요' 창에서 14세미만이 현재 이용 중인 통신사를 선택합니다. 이어서, 각각의 동의 내용을 클릭하여 체크한 후 〈시작하기〉 단추를 클릭합니다.

❸ '문자인증'을 선택하여 필요한 개인 정보와 보안문자를 입력한 후 〈확인〉 단추를 클릭합니다.

❹ 본인의 휴대폰 문자로 전송된 '인증번호'를 입력한 후 〈확인〉 단추를 클릭합니다.

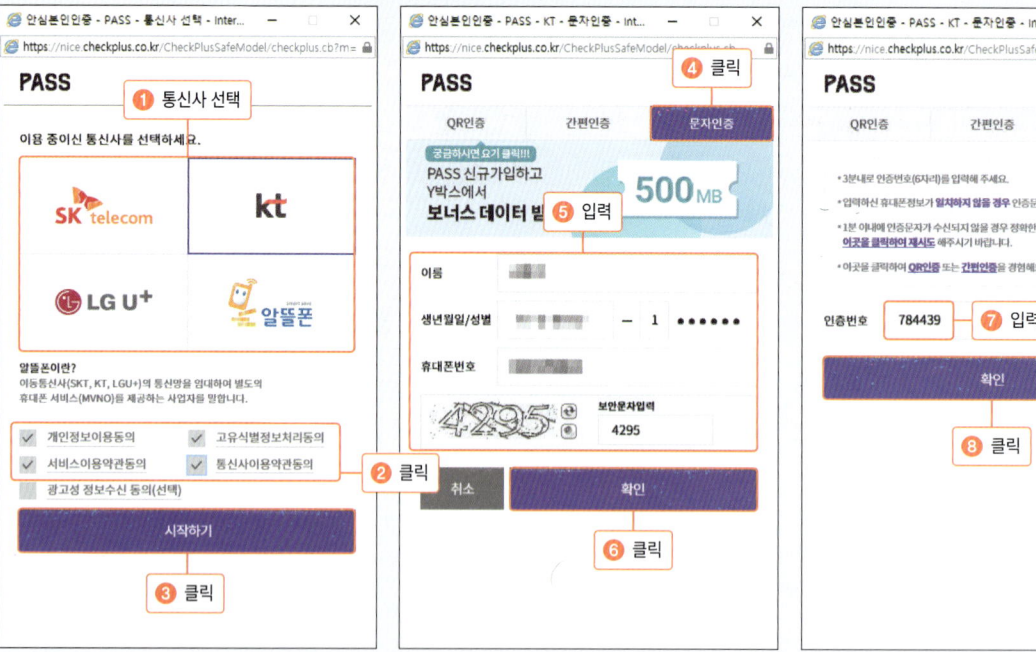

❺ [개인정보 입력]에서 '이름'과 '아이디'를 입력한 후 〈중복확인〉 단추를 클릭합니다. 이어서, '사용 하실 수 있는 ID 입니다' 메시지 창이 나오면 〈Close〉 단추를 클릭합니다.
  ※ 아이디를 입력하고 〈중복확인〉 단추를 클릭하여 내가 입력한 아이디를 다른 사용자가 사용하고 있는지 반드시 확인합니다.

❻ 아이디 입력이 완료되면 '비밀번호'와 '비밀번호 확인'을 입력합니다.

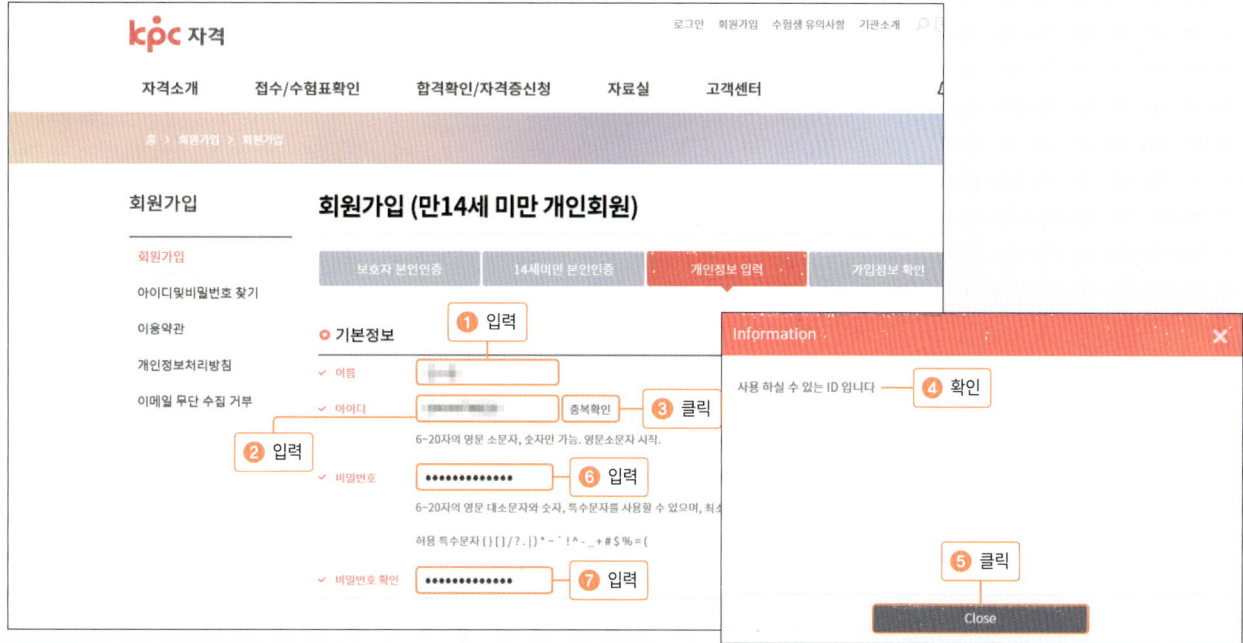

- **이름** : 본인의 이름을 입력합니다.
- **아이디** : 6~20자의 영문 소문자, 숫자만 가능, 영문 소문자로 시작합니다.
- **중복확인** : 입력한 아이디를 다른 사용자가 사용하고 있는지 〈중복확인〉 버튼을 클릭해서 반드시 확인합니다.
- **비밀번호** : 6~20자의 영문 대소문자와 숫자, 특수문자를 사용할 수 있으며, 최소 2종류 이상을 조합해야 합니다.
- **비밀번호 확인** : 입력한 비밀번호를 똑같이 한 번 더 입력합니다.

❼ 기본정보 입력이 완료되면 [추가정보]에 내용을 입력한 후 〈가입하기〉 단추를 클릭합니다.
  ※ 휴대전화 및 이메일에 '수신 동의합니다'를 클릭하여 체크할 경우 수험 정보를 받을 수 있으며, 비밀번호를 잊어버렸을 경우 비밀번호 찾기에 사용되므로 체크 박스를 클릭합니다.

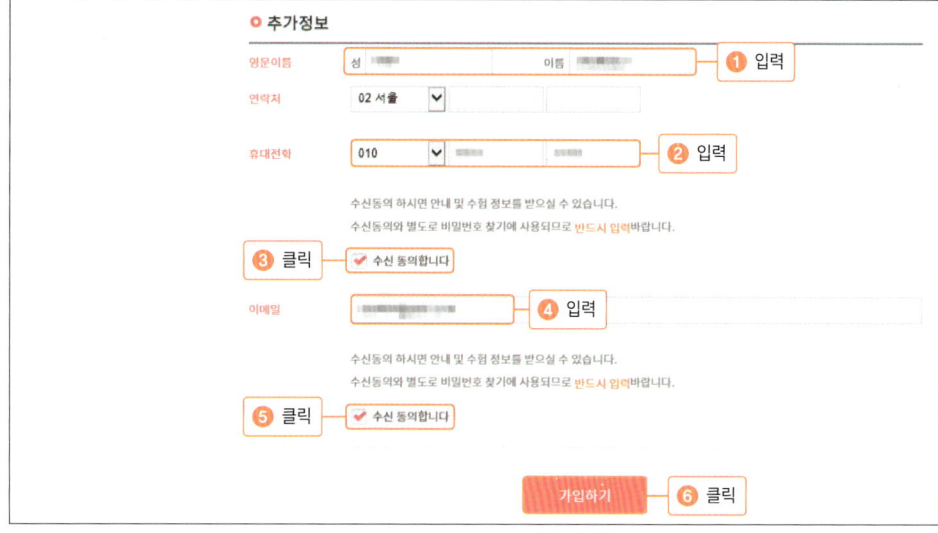

❽ 회원가입이 완료되면 회원가입 정보를 확인한 후 〈확인(홈으로 이동)〉 단추를 클릭합니다.

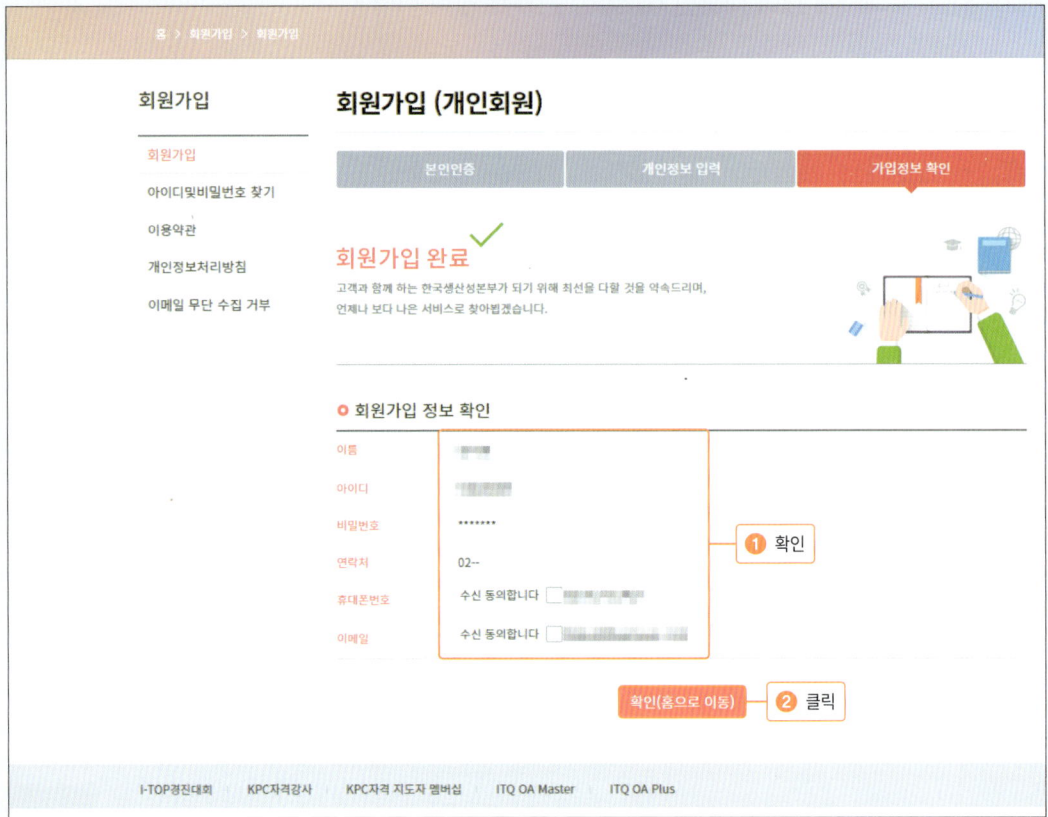

(3)-2. 14세미만 본인인증(I-PIN 인증절차)

❶ [회원가입 (만 14세 미만 개인회원)]의 [14세미만 본인인증]에서 〈I-PIN 인증〉 단추를 클릭합니다.

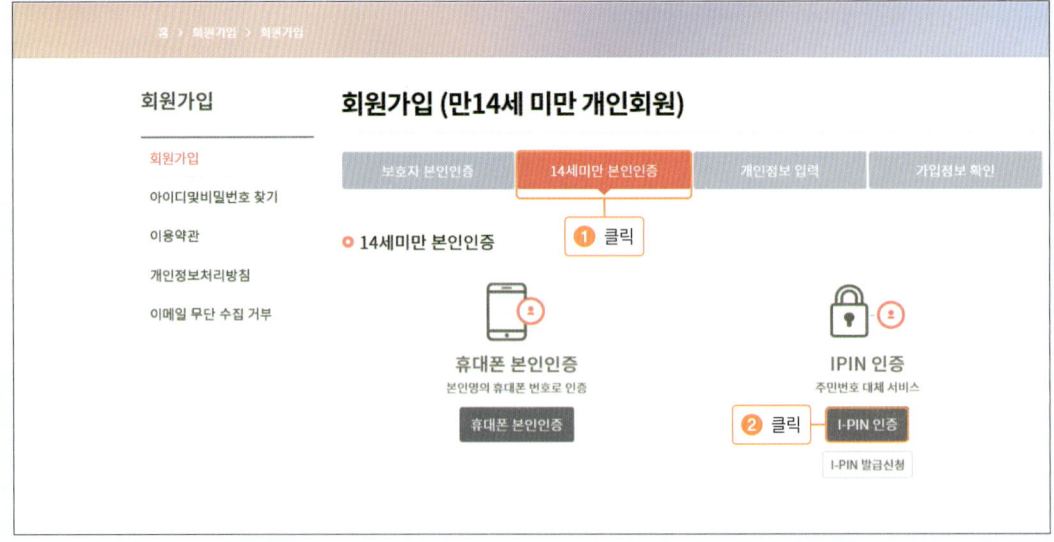

❷ [메인 화면] 창에서 〈신규발급〉 단추를 클릭합니다.

❸ [발급 전 확인사항] 창에서 〈발급하기〉 단추를 클릭합니다.

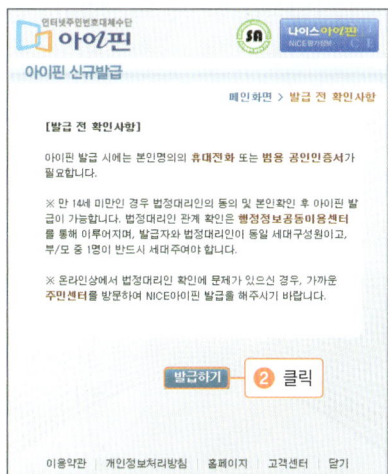

❹ [약관동의] 창에서 모든 항목에 '동의' 체크 박스를 클릭한 후 〈확인〉 단추를 클릭합니다.

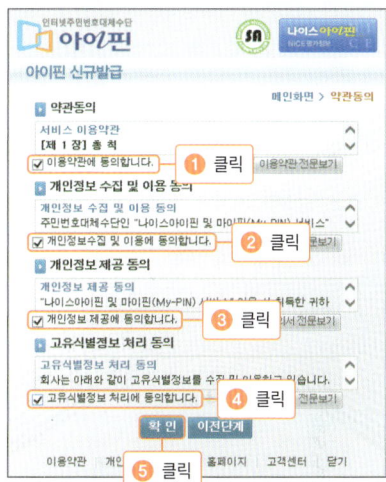

❺ [아이핀 사용자정보] 창에서 발급자 '성명'과 '주민번호', '문자입력'을 입력합니다. 사용할 '아이핀 ID'를 입력한 후 〈ID 중복확인〉 단추를 클릭하여 사용가능한 아이디인지를 확인합니다.

❻ '비밀번호'를 입력한 후 〈비밀번호 검증〉 단추를 클릭하여 비밀번호 사용가능 여부를 확인합니다. 비밀번호 검증이 완료되면 '비밀번호 확인'에 비밀번호를 한 번 더 입력합니다.

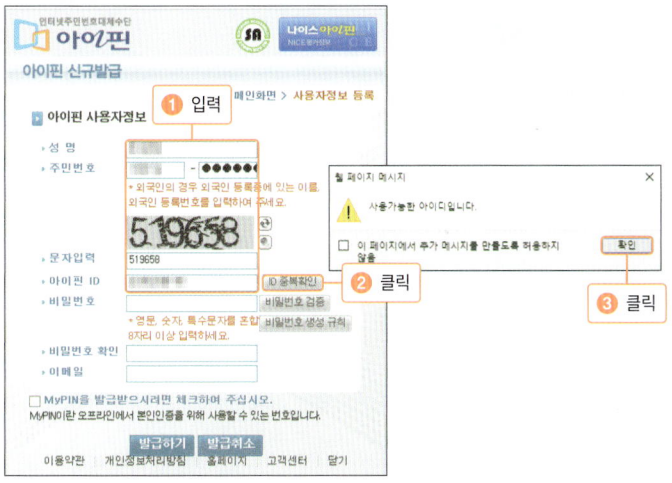
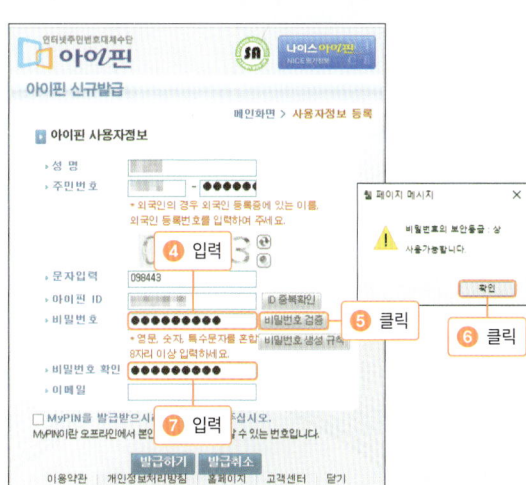

❼ '이메일'을 입력한 후 'MyPIN을 발급받으시려면 체크하여 주십시오'이 체크 박스를 클릭하고 〈발급하기〉 단추를 클릭합니다.

❽ [법정대리인 동의] 창에서 법정대리인 '성명'과 '주민번호'를 입력한 후 〈실명등록 및 아이핀 발급〉 단추를 클릭합니다.

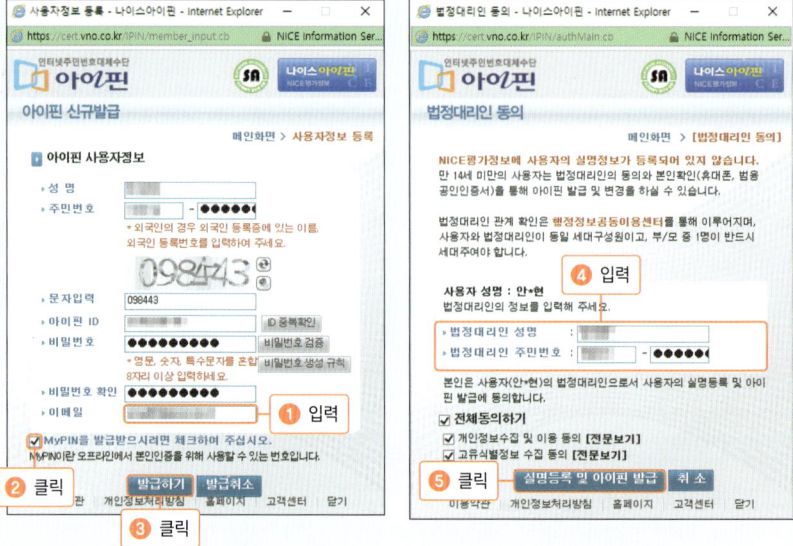

❾ [아이핀 신원확인] 창에서 '휴대폰'이나 '범용 공인인증서'를 선택한 후 정보를 입력하고 〈인증번호 요청〉 단추를 클릭합니다.

❿ 휴대폰 문자로 전송된 '인증번호'를 입력한 후 〈확인〉 단추를 클릭합니다.

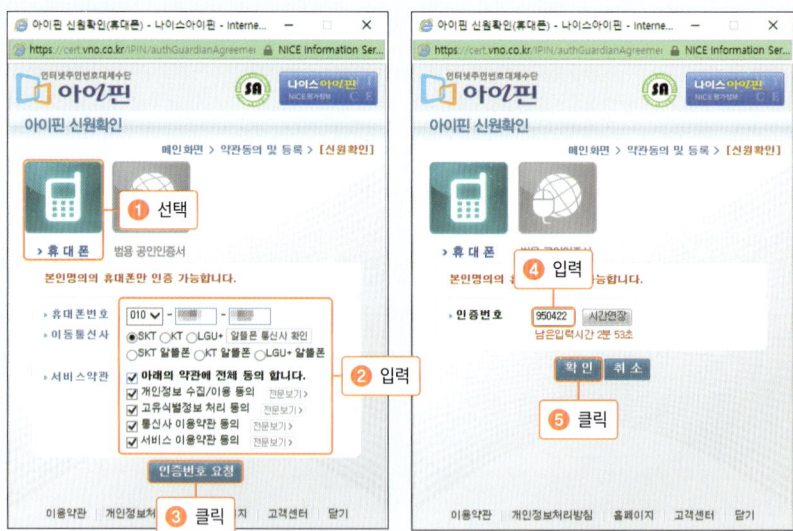

⑪ [2차 비밀번호 설정] 창에서 2차 비밀번호를 두 번 입력한 후 〈확인〉 단추를 클릭합니다.

⑫ [아이핀/My-PIN 발급완료] 창에서 발급 완료를 확인한 후 〈확인〉 단추를 클릭합니다.

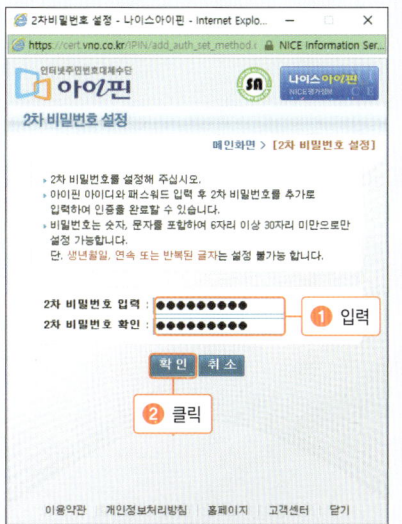 

⑬ [메인 화면] 창에서 '아이핀ID', '비밀번호', '문자입력'을 입력한 후 〈확인〉 단추를 클릭합니다.

⑭ [2차 비밀번호 입력] 창에서 2차 비밀번호를 입력한 후 〈확인〉 단추를 클릭합니다.

⑮ [메인 화면] 창이 나오면 〈인증 완료〉 단추를 클릭합니다.

⑯ [개인정보 입력]에서 '이름'과 '아이디'를 입력한 후 〈중복확인〉 단추를 클릭합니다. 이어서, '사용 하실 수 있는 ID 입니다' 메시지 창이 나오면 〈Close〉 단추를 클릭합니다.
   ※ 아이디를 입력하고 〈중복확인〉 단추를 클릭하여 내가 입력한 아이디를 다른 사용자가 사용하고 있는지 반드시 확인합니다.

⑰ 아이디 입력이 완료되면 '비밀번호'와 '비밀번호 확인'을 입력합니다.

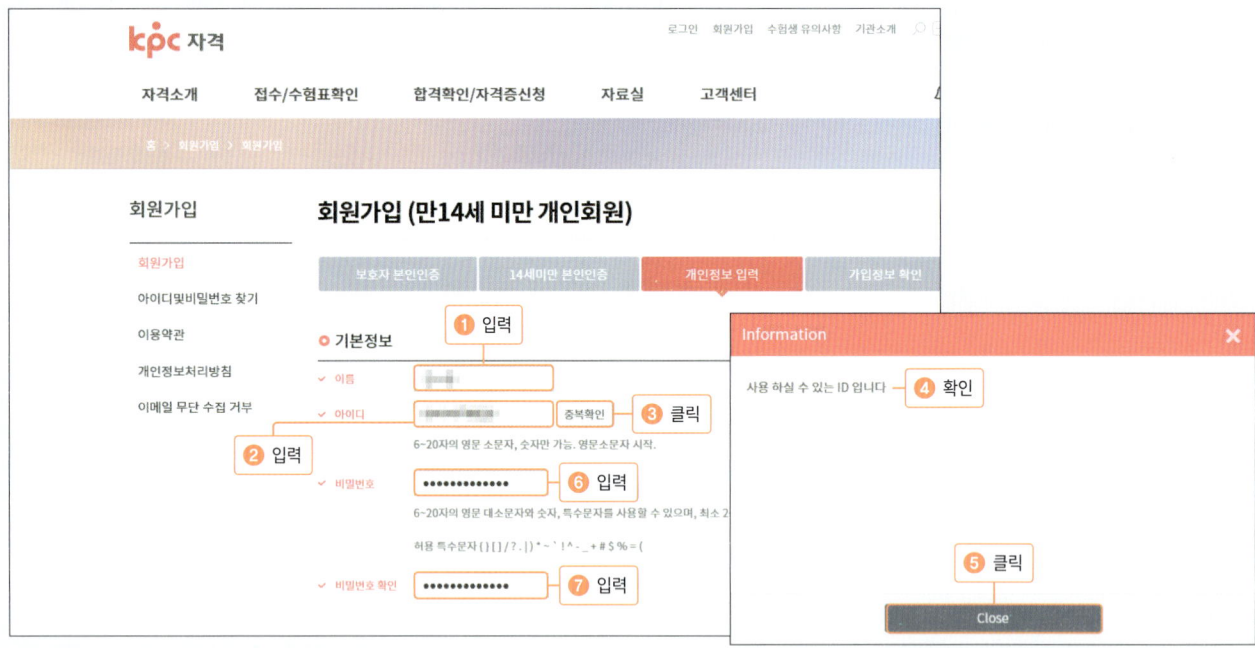

- **이름** : 본인의 이름을 입력합니다.
- **아이디** : 6~20자의 영문 소문자, 숫자만 가능, 영문 소문자로 시작합니다.
- **중복확인** : 입력한 아이디를 다른 사용자가 사용하고 있는지 [중복확인] 버튼을 클릭해서 반드시 확인합니다.
- **비밀번호** : 6~20자의 영문 대소문자와 숫자, 특수문자를 사용할 수 있으며, 최소 2종류 이상을 조합해야 합니다.
- **비밀번호 확인** : 입력한 비밀번호를 똑같이 한 번 더 입력합니다.

⑱ 기본정보 입력이 완료되면 [추가정보]에 내용을 입력한 후 〈가입하기〉 단추를 클릭합니다.
※ 휴대전화 및 이메일에 '수신 동의합니다'를 클릭하여 체크할 경우 수험 정보를 받을 수 있으며, 비밀번호를 잊어버렸을 경우 비밀번호 찾기에 사용되므로 체크 박스를 클릭합니다.

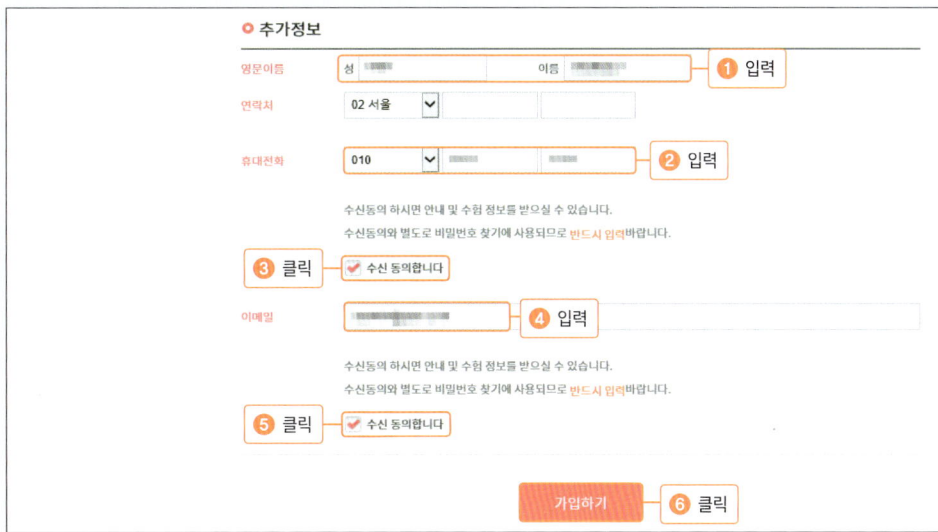

⑲ 회원가입이 완료되면 회원가입 정보를 확인한 후 〈확인(홈으로 이동)〉 단추를 클릭합니다.

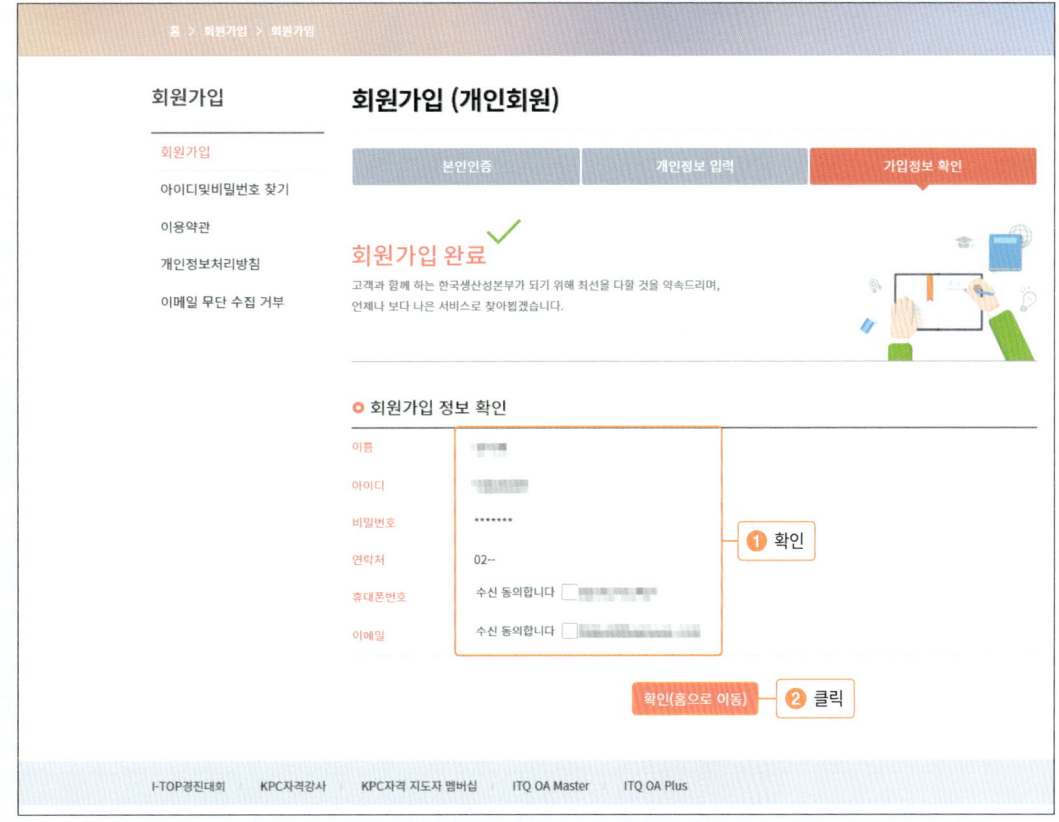

2. 시험 접수 안내

❶ 응시원서의 입력 항목에 따라 지역 및 고사장 선택, 신상명세입력, 본인사진을 등록합니다.
   - 사진 등록을 위한 이미지 파일은 온라인 편집이 가능합니다.
❷ 응시원서 작성이 끝나면 결제화면에서 신용카드 및 온라인 이체로 응시료를 결제합니다.
   - 결제 금액은 응시료+인터넷 접수 건별 소정의 수수료가 산정됩니다.
❸ 응시원서 작성과 온라인 결제가 끝나면 ITQ 시험 접수확인증이 화면에 출력되고 인쇄 기능이 지원됩니다.

인터넷 접수		방문 접수
⇩		⇩
인터넷 원서접수 기간확인		방문접수 기간확인
⇩		⇩
단체회원 로그인	개인회원 가입확인	지역센터 위치확인
⇩	⇩	⇩
접수방법선택	개인정보확인	개인회원 가입확인
⇩	⇩	⇩
지역/고사장/응시회원편집	지역/고사장/과목선택	지역별 방문접수(원서작성)
⇩	⇩	⇩
결제	결제	응시료 입금
⇩	⇩	⇩
접수완료/확인	접수증확인(출력)	수험표 확인
⇩	⇩	⇩
수험표 확인(시험일 2일전까지 사진등록)		시험응시
⇩		
시험응시		

PART 01 ITQ 시험 안내 및 자료 사용 방법

ITQ 자료 사용 방법

시험 안내

- ☑ 자료 다운로드 방법
- ☑ 자동 채점 프로그램
- ☑ 한셀 2022 화면 구성
- ☑ 온라인 답안 시스템
- ☑ 자동 채점 프로그램 Q&A

1. 자료 다운로드 방법

❶ 크롬 브라우저를 실행하여 아카데미소프트(https://aso.co.kr) 홈페이지에 접속합니다.

❷ 왼쪽 상단에 [컴퓨터 자격증 교재]를 클릭합니다.

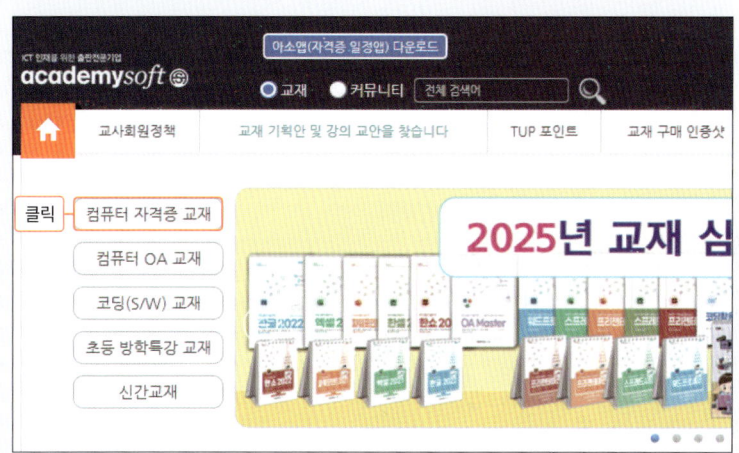

❸ [ITQ 자격증]-[2025 이공자 ITQ 한셀 2022(좌무선)] 교재를 클릭합니다.

❹ 왼쪽 화면 아래에 [학습자료]를 클릭합니다.

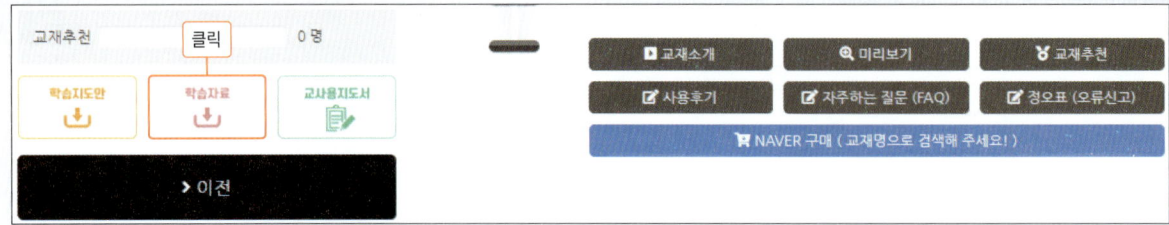

❺ [2025 이공자 ITQ 한셀 2022(좌무선)_학습 자료]를 클릭합니다.

❻ 다운로드 단추를 클릭하여 자료를 다운로드 받으시면 됩니다.

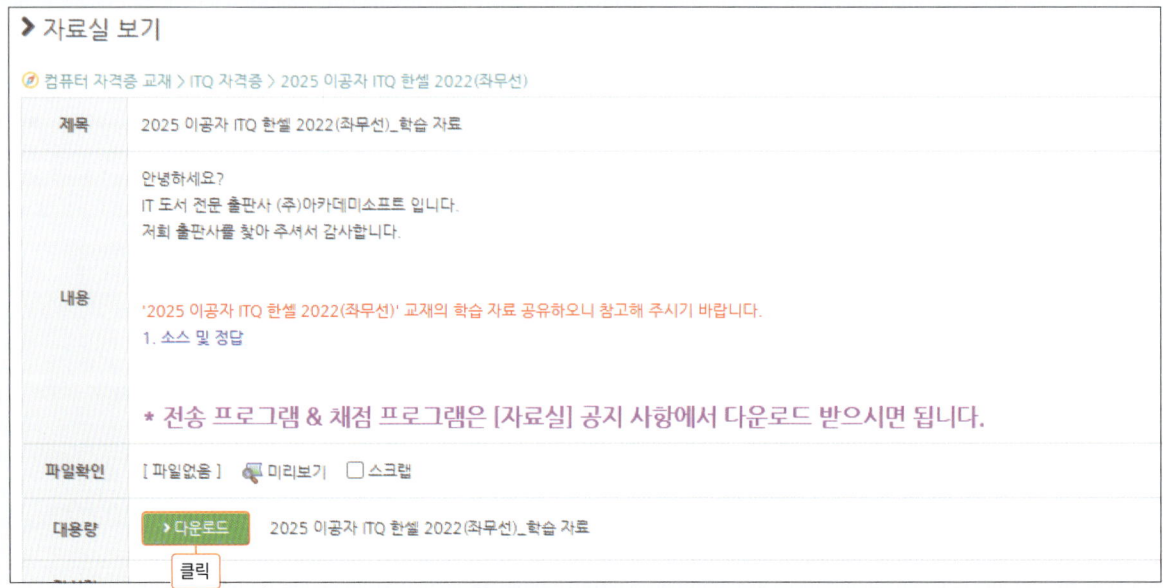

2. 아카데미소프트와 코딩아지트에서 개발한 '온라인 답안 시스템'

❶ **온라인 답안 시스템**

[MAG 답안 전송 & 채점 프로그램] 프로그램은 **수험자 연습용 답안 전송 프로그램**이기 때문에 서버에서 제어가 되지 않는 개인용 버전입니다. 실제 시험 환경을 미리 확인하는 차원에서 테스트하시기 바랍니다.

※ 해당 '온라인 답안 시스템'은 변경된 ITQ 시험 버전에 맞추어 수정된 최신 버전의 프로그램입니다.

❷ 필요한 자료를 [아카데미소프트 홈페이지]-[자료실]-[공지]-'MAG 답안 전송 & 채점 프로그램_240801' 파일을 다운받아 압축을 해제한 다음 바탕 화면의 [MAG 답안 전송 & 채점 프로그램_240801] 폴더에서 '**MAG 답안 전송 & 채점 프로그램_실행 파일.exe**' 파일을 더블 클릭하여 실행합니다.

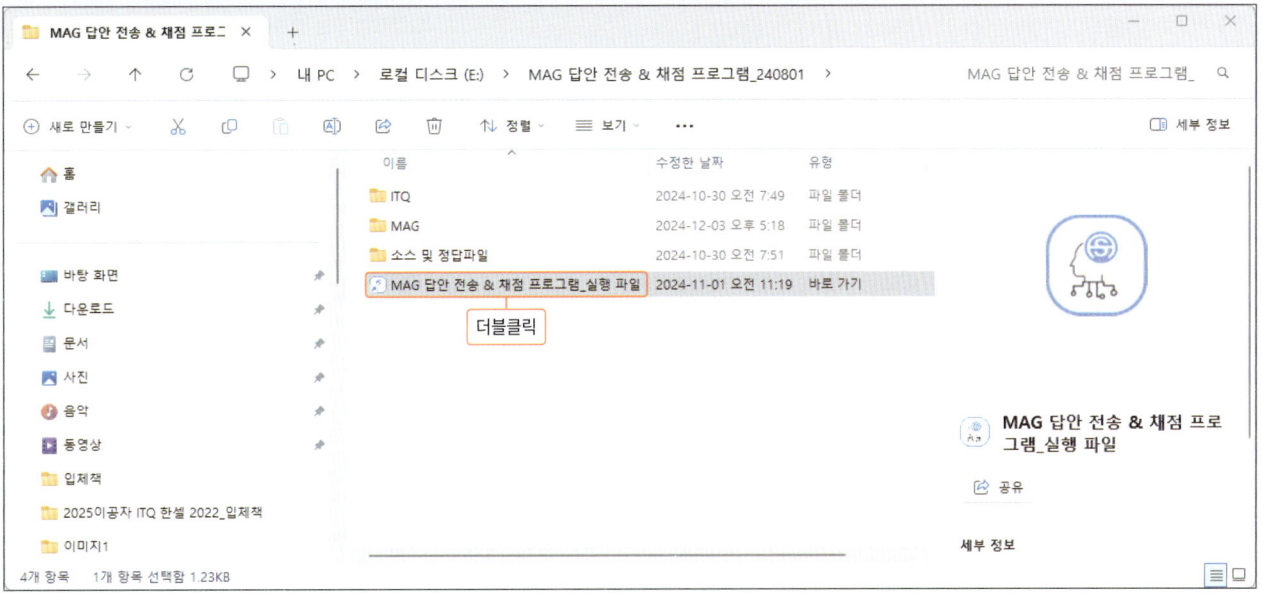

❸ 〈ITQ 답안 전송 프로그램〉 단추를 클릭합니다.

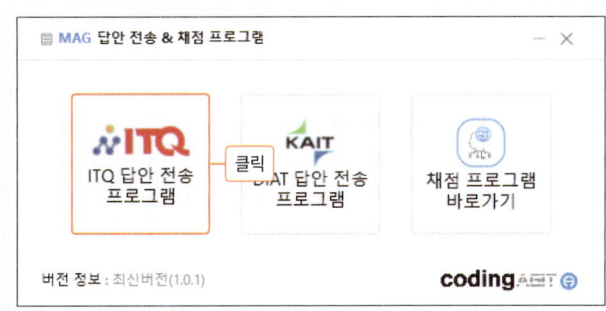

❹ '**수험번호**' 입력란에 임의대로 숫자 8자리로 입력하고, '**수험자**' 입력란에 본인 이름을 입력한 다음 〈확인〉 단추를 클릭합니다. 이어서, [수험번호 확인] 대화상자가 나오면 〈예〉 단추를 클릭합니다.

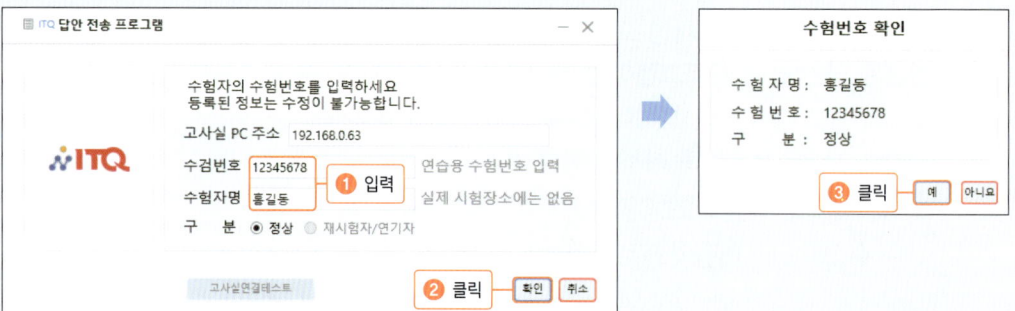

❺ [수험과목]을 클릭한 다음 '한셀'을 선택합니다. 이어서, 〈확인〉 단추를 클릭합니다.

 ※ 시험장에서는 수험번호만 입력하면 수험자의 이름 및 수험 과목은 시험 접수한 내용이 표시가 됩니다.

❻ [유의사항] 대화상자가 나오게 되면 '10초' 후에 자동으로 시험이 시작됩니다.

 ※ 시험장에서는 감독위원이 〈시험시작〉 단추를 누르게 되면 화면이 바탕 화면으로 바뀌면서 시험이 시작됩니다.

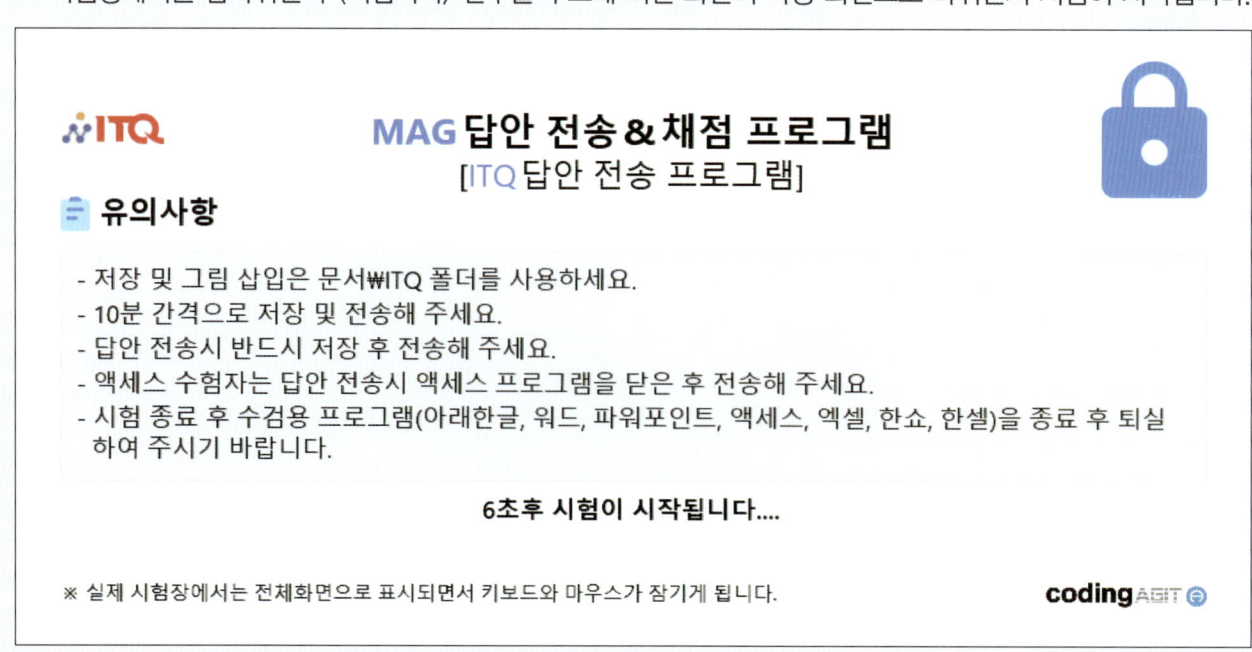

❼ 온라인 답안 시스템이 실행되면 모니터 오른쪽 상단에 답안 전송 프로그램이 나타납니다.

※ 시험장에서는 수험생 모니터에 시험 시간이 표시가 되지 않습니다.

❶ 답안 저장 파일명으로 '수험번호-수험자명'으로 구성
❷ 온라인 답안 시스템 업그레이드 번호
❸ 사용자가 선택한 수험 과목
❹ 답안을 마지막에 전송한 시간
❺ 수험자가 작성한 답안을 감독위원 PC로 전송
❻ 답안 작성시 필요한 그림의 폴더 보기
❼ 답안 작성시 필요한 그림 파일 등을 감독위원 PC에서 수험자 PC로 전송
❽ 수험자가 전송한 답안을 다시 불러옴
❾ 시험 종료(비밀번호 : 0000)
❾ 시험 시간

❽ 답안 파일 이름은 수험자 자신의 '수험번호-성명(12345678-홍길동)' 형태로 「내 PC₩문서₩ITQ」 폴더에 저장합니다.

※ 간혹, 시험장에 따라 [내 PC] 폴더 안에 [문서] 폴더가 없을 수 있습니다. [문서] 폴더를 찾지 못할 때는 [라이브러리] 폴더 또는 [검색]-'문서'를 입력해서 찾는 방법도 있습니다.

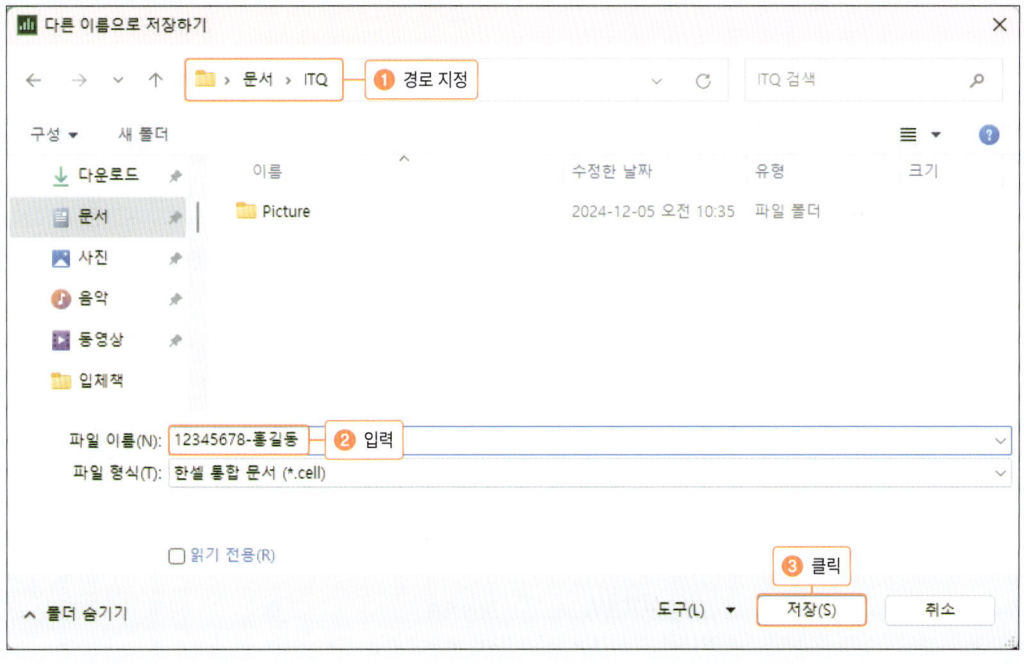

❾ 답안 전송 프로그램에서 〈답안 전송〉 단추를 클릭한 후 메시지 창이 나오면 〈예〉 단추를 클릭합니다.

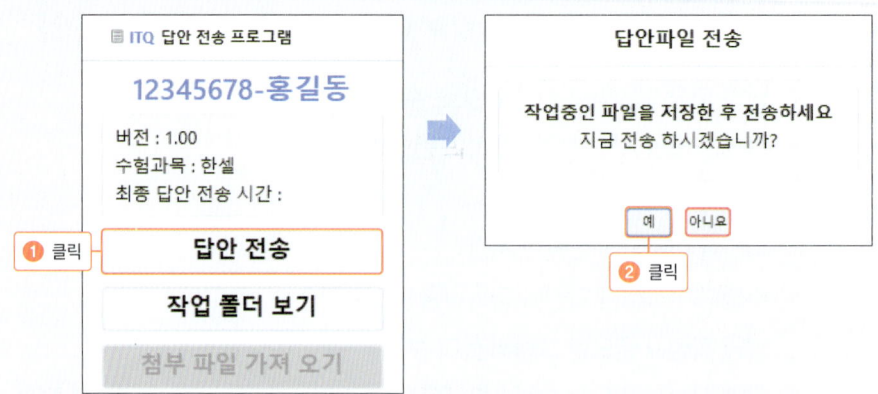

❿ 전송할 답안 파일이 맞는지 확인(파일목록과 존재 유무)한 후 〈전송〉 단추를 클릭합니다. 이어서, 메시지 창이 나오면 〈확인〉 단추를 클릭합니다.

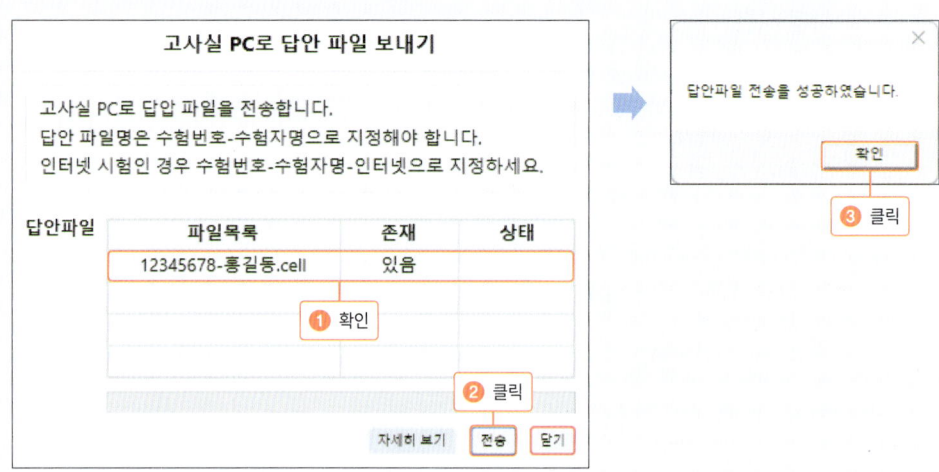

⓫ '상태' 항목이 '성공'인지 확인한 후 〈닫기〉 단추를 클릭합니다. 이어서, 감독위원의 지시를 따릅니다.

※ 해당 '온라인 답안 시스템'은 개인이 연습할 수 있도록 만들어진 프로그램으로 실제 답안 파일이 전송되지는 않습니다.

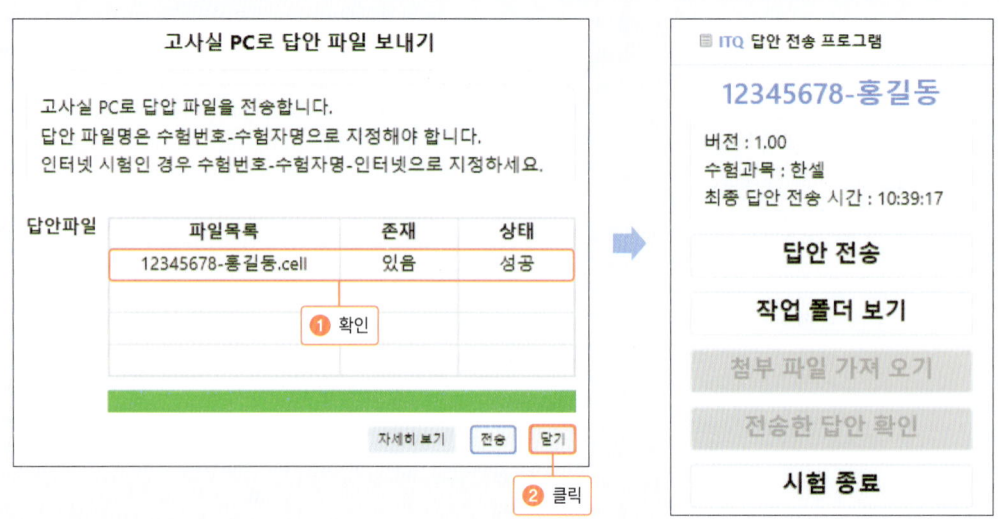

3. 아카데미소프트와 코딩아지트에서 개발한 '자동 채점 프로그램(MAG)'

❶ 자동 채점 프로그램은 작성한 답안 파일을 정답 파일과 비교하여 틀린 부분을 찾아주는 프로그램입니다. 프로그램 상의 한계로 100% 정확한 채점은 어렵기 때문에 참고용으로 사용하시기 바랍니다.

❷ 필요한 자료를 [자료실]에서 [공지]-'MAG 답안 전송 & 채점 프로그램_240801'을 클릭합니다. 이어서, [MAG 답안 전송 & 채점 프로그램_240801] 파일을 다운로드 받아 압축을 해제한 후 [MAG 답안 전송 & 채점 프로그램_240801]-'MAG 답안 전송 & 채점 프로그램_실행 파일'을 더블 클릭하여 채점 프로그램을 실행합니다.

※ 채점 프로그램 폴더는 임의로 이름을 변경하거나 삭제하면 작동되지 않습니다.

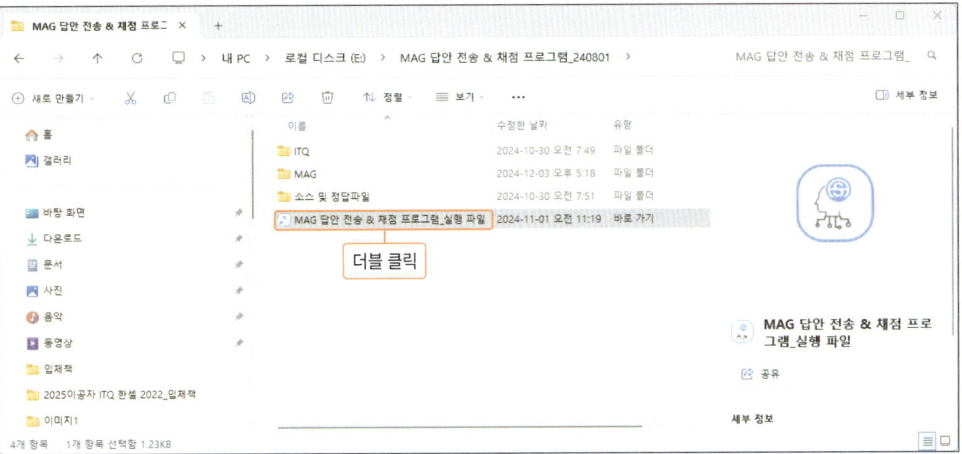

❸ 〈채점 프로그램 바로가기〉 단추를 클릭합니다.

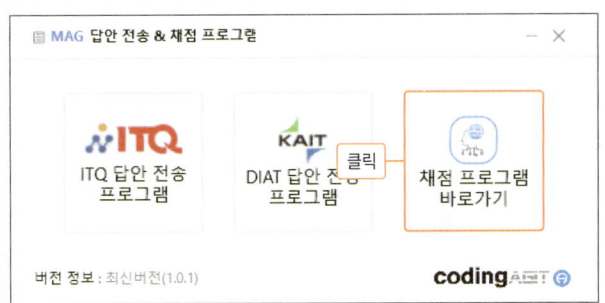

❹ 자동 채점 프로그램이 실행되면 채점하고자 하는 표지 아래 〈채점시작〉 단추를 클릭합니다.

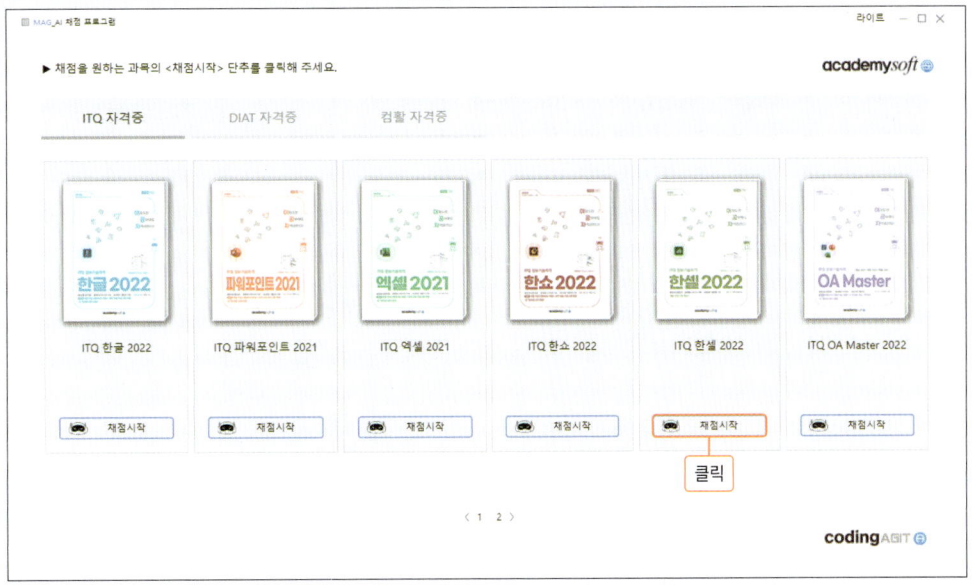

❺ [MAG_AI 채점 프로그램] 대화상자가 나오면 [정답 파일]에서 드롭다운(▼) 단추를 클릭합니다. 이어서, [열기] 대화상자가 나오면 채점에 사용할 정답 파일을 선택한 후 〈열기〉 단추를 클릭합니다.

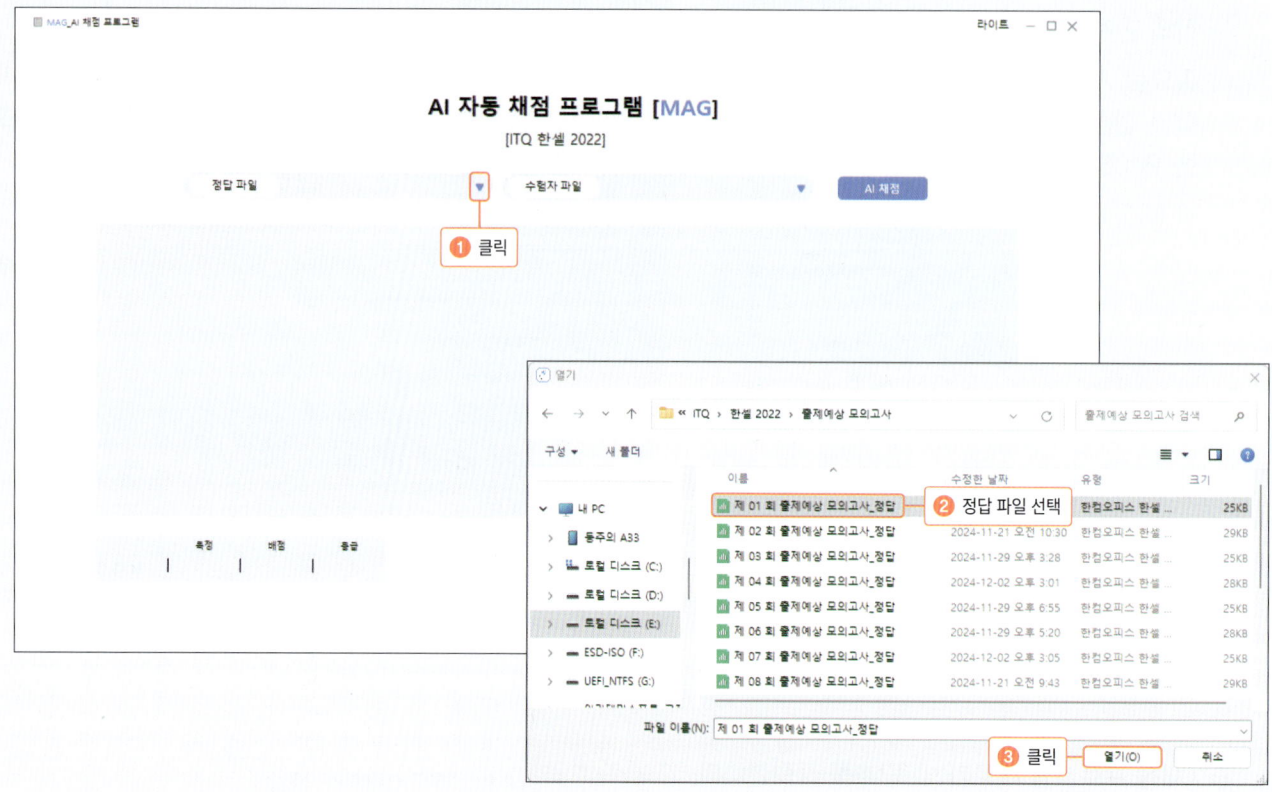

❻ 정답 파일이 열리면 [수험자 파일]에서 드롭다운(▼) 단추를 클릭합니다. 이어서, [열기] 대화상자가 나오면 정답 파일과 비교하여 채점할 학생 답안 파일을 선택한 후 〈열기〉 단추를 클릭한 다음 〈AI 채점〉 단추를 클릭합니다.

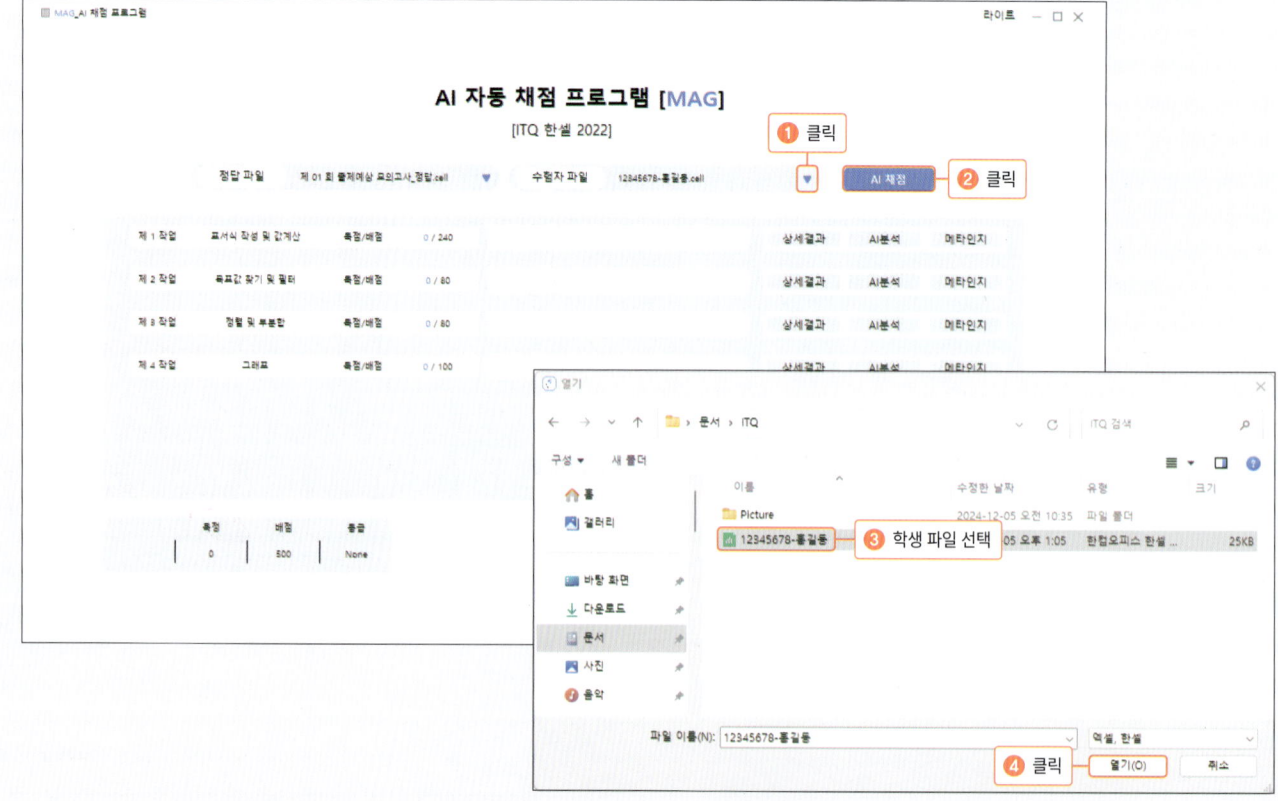

❼ 채점이 완료되면 문제별 전체 점수에서 맞은 점수를 확인하실 수 있습니다. 각 기능별로 자세하게 틀린 부분을 확인 할 때는 문제별 오른쪽에 〈상세결과〉 단추를 클릭하여 [정답] 항목과 비교하여 틀린 부분을 다시 확인합니다.

※ 〈상세결과〉, 〈AI 분석〉, 〈메타인지〉 부분은 2024년 10월부터 순차적으로 업데이트가 될 예정입니다.

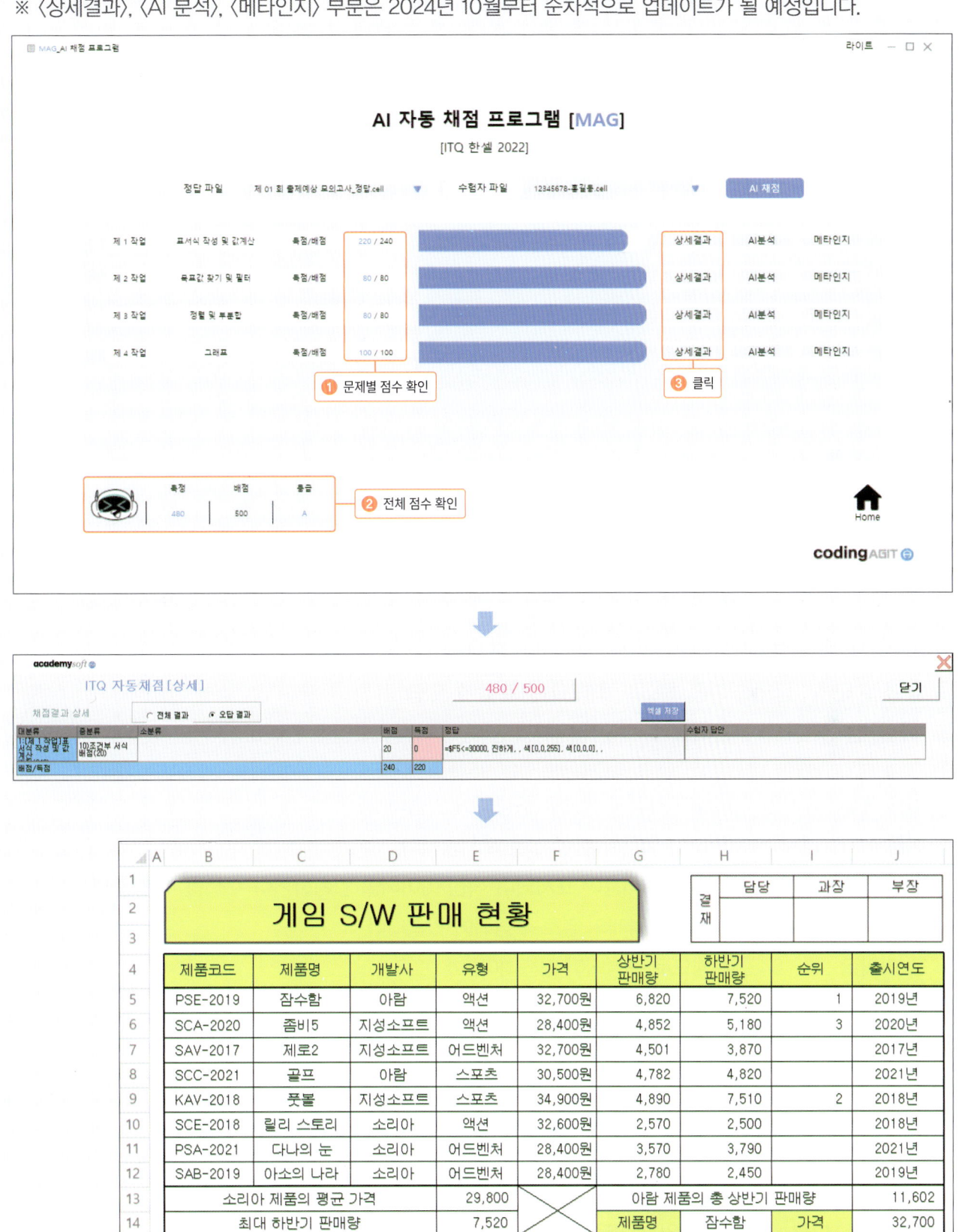

4. 한셀 2022 화면 구성

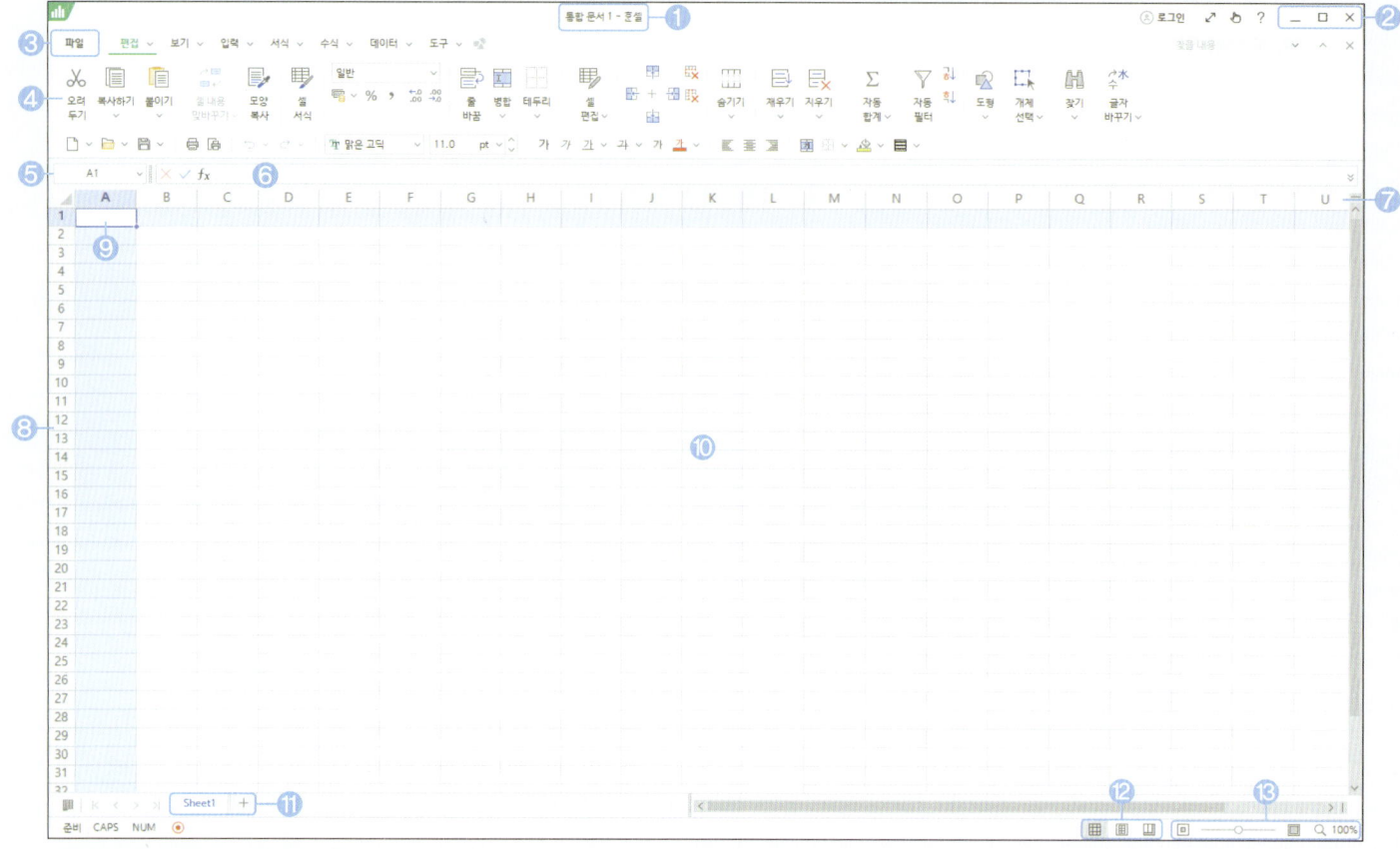

1. **제목 표시줄** : 현재 작업 중인 문서의 파일명이 표시됩니다.
2. **창 조절 단추** : 창의 크기를 최소화, 최대화, 종료할 수 있습니다.
3. **[파일] 탭** : 저장하기, 불러오기, 최근 항목, 새 문서, 인쇄 등 파일을 관리하기 위한 메뉴로 구성되어 있습니다.
4. **리본 메뉴** : 유사한 기능들이 각각의 탭으로 구성되어 있습니다.
5. **이름 상자** : 현재 셀 포인터가 위치한 셀 주소를 표시합니다.
6. **수식 입력줄** : 현재 셀에 입력된 내용이 표시되며 직접 데이터를 입력하거나 수정할 수 있습니다.
7. **열 머리글** : A~XFD열까지 16,384개의 열로 구성되어 있습니다.
8. **행 머리글** : 1~1,048,576행으로 구성되어 있습니다.
9. **셀** : 행과 열이 만나 구성되는 작은 사각형을 말합니다.
10. **워크시트** : 실제 데이터를 입력하고 편집할 수 있는 작업 공간입니다.
11. **시트 탭** : 현재 작업 중인 워크시트의 이름을 표시하며, 워크시트를 추가 또는 삭제하거나 순서를 변경할 수 있습니다.
12. **화면 보기** : 기본 보기, 페이지 레이아웃, 쪽 나누기 미리 보기 중에서 원하는 화면 보기 방식을 선택할 수 있습니다.
13. **확대/축소 도구** : 작업 중인 워크시트의 화면 배율을 설정할 수 있습니다.

PART 02

출제유형 완전정복

출제유형 01

PART 02 출제유형 완전정복

답안 작성 요령에 맞추어 답안 파일 준비하기

- ☑ 시트 그룹화 및 A열 너비 조절하기
- ☑ 시트 이름 변경 및 파일 저장하기

문제 풀이

문제 미리보기

소스 파일 : 없음   정답 파일 : [출제유형01]-유형01_정답.cell

≪출력형태≫

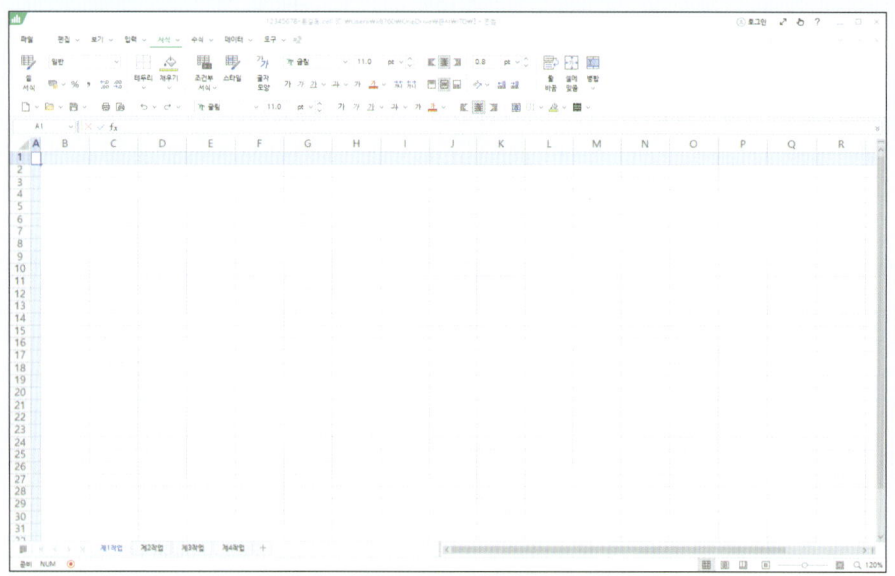

≪답안 작성 요령≫

답안 작성요령

- 온라인 답안 작성 절차
  수험자 등록 ⇒ 시험 시작 ⇒ 답안파일 저장 ⇒ 답안 전송 ⇒ 시험 종료

- 문제는 총 4단계, 즉 제1작업부터 제4작업까지 구성되어 있으며 반드시 제1작업부터 순서대로 작성하고 조건대로 작업하시오.

- 모든 작업시트의 A열은 열 너비 '1'로, 나머지 열은 적당하게 조절하시오.

- 모든 작업시트의 테두리는 ≪출력형태≫와 같이 작업하시오.

- 해당 작업란에서는 각각 제시된 조건에 따라 ≪출력형태≫와 같이 작업하시오.

- 답안 시트 이름은 "제1작업", "제2작업", "제3작업", "제4작업"이어야 하며 답안 시트 이외의 것은 감점 처리됩니다.

- 각 시트를 파일로 나누어 작업해서 저장할 경우 실격 처리됩니다.

[제1작업] 서식 ≪조건≫

○ 모든 데이터의 서식에는 글꼴(굴림, 11pt), 정렬은 숫자 및 회계 서식은 오른쪽 정렬, 나머지 서식은 가운데 정렬로 작성하며 예외적인 것은 ≪출력형태≫를 참조하시오.

01 열 너비 조절 및 시트 이름 변경하기

○ 모든 작업시트의 A열은 열 너비 '1'로, 나머지 열은 적당하게 조절하시오.

❶ 〈시작( )〉 단추를 클릭합니다. 이어서, [모든 앱]-[한셀 2022]-'새 문서'를 클릭합니다.

❷ '시트 삽입(+)'을 3번 클릭하여 총 4개의 시트를 삽입합니다.

❸ [Sheet4]가 선택된 상태에서 **Shift** 키를 누른 채 [Sheet1]을 클릭하여 4개의 시트를 모두 선택합니다.

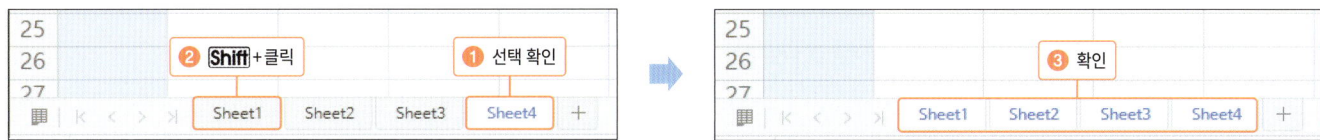

❹ A열 머리글 위에서 마우스 오른쪽 단추를 눌러 바로 가기 메뉴가 나오면 **[열 너비 지정]**을 클릭합니다. 이어서, [열 너비] 대화상자가 나오면 열 너비 입력 칸에 '1'을 입력한 후 〈설정〉 단추를 클릭합니다.

※ 4개의 시트를 그룹으로 지정하였기 때문에 모든 시트의 A열 너비가 '1'로 변경됩니다.

❺ [Sheet1] 시트를 더블 클릭하여 [시트 이름 바꾸기] 대화상자가 나오면 이름 입력 칸에 '**제1작업**'으로 입력한 후 〈설정〉 단추를 클릭합니다.

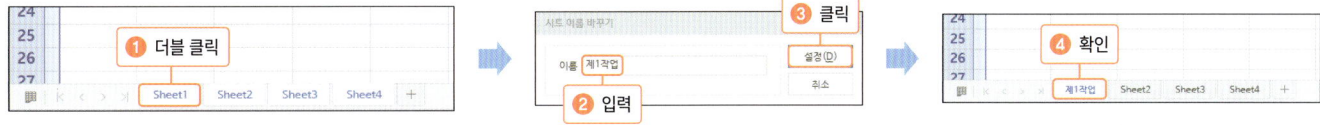

❻ 위와 같은 방법으로 [Sheet2] 시트는 '**제2작업**', [Sheet3] 시트는 '**제3작업**', [Sheet4] 시트는 '**제4작업**'으로 시트 이름을 각각 변경합니다.

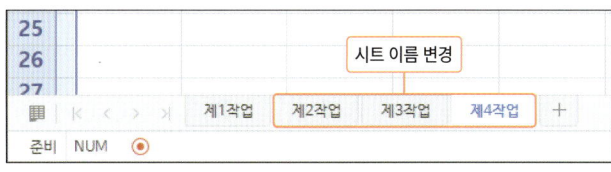

TIP 시트 이름 변경하기

❶ **방법 1** : 시트 이름을 클릭한 후 [서식] 탭에서 목록 단추(▽)를 눌러 [시트]-[이름 바꾸기]를 클릭합니다.
❷ **방법 2** : 시트 이름 위에서 마우스 오른쪽 단추를 눌러 바로 가기 메뉴가 나오면 [이름 바꾸기]를 클릭합니다.

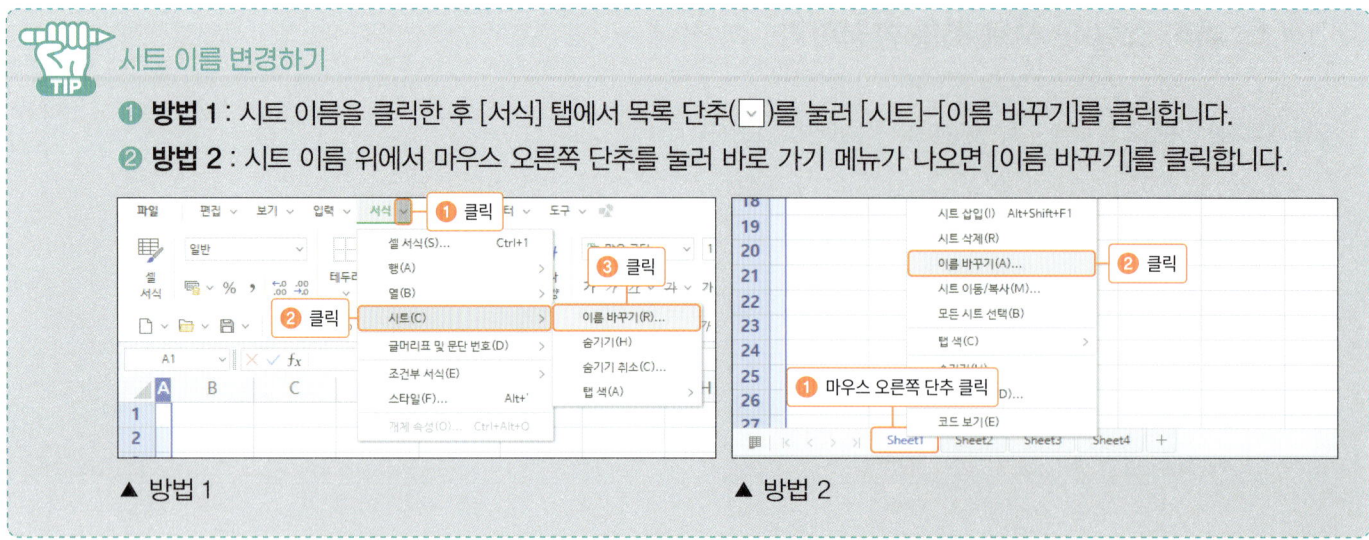

▲ 방법 1　　　　　　　　　　　　　　　　　　　▲ 방법 2

02 [제1작업] 시트의 기본 서식 지정 및 파일 저장하기

○ 모든 데이터의 서식에는 글꼴(굴림, 11pt), 정렬은 숫자 및 회계 서식은 오른쪽 정렬, 나머지 서식은 가운데 정렬로 작성하며 예외적인 것은 ≪출력형태≫를 참조하시오.

❶ [제1작업] 시트를 클릭한 후 '**전체 선택 단추(　)**'를 클릭합니다(전체 선택 바로 가기 키 : **Ctrl**+**A**).

❷ [서식] 도구 상자에서 '**글꼴(굴림)**', '**글자 크기(11pt)**'를 지정한 후 '**가운데 정렬(≡)**'를 클릭합니다. 이어서, [A1] 셀을 클릭합니다.

※ 데이터 정렬은 기본적으로 '가운데 정렬(≡)'를 클릭합니다.

TIP
[제1작업] 시트의 작성 조건은 변경될 수도 있기 때문에 반드시 문제지의 《조건》을 확인하여 '글꼴, 글자 크기, 정렬' 등을 설정합니다.

❸ [파일]-[저장하기](Ctrl + S) 또는 [서식] 도구 상자에서 '**저장하기(💾)**'를 클릭합니다.

❹ [다른 이름으로 저장하기] 대화상자가 나오면 저장 위치를 [문서]-[ITQ] 폴더로 지정하고 파일 이름에 '**수험번호-성명**'을 입력한 후 〈저장〉 단추를 클릭합니다.

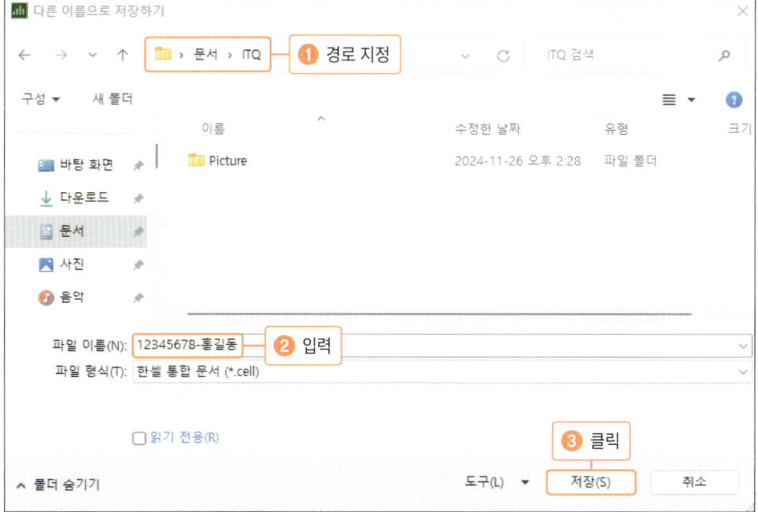

답안 파일 저장하기

실제 시험에서는 감독위원의 지시에 따라 저장 위치([내 PC]-[문서]-[ITQ])를 선택하여 '수험번호-이름'을 입력한 후 감독관 PC로 답안 파일을 전송해야 합니다. 단, 저장 경로는 '운영체제 버전 및 시험 규정'에 따라 달라질 수 있습니다.

출제유형 02

PART 02 출제유형 완전정복

[제1작업] 데이터 입력 및 제목 작성

문제 풀이

☑ 데이터 입력 후 병합하기 ☑ 셀 테두리 지정
☑ 도형을 이용하여 제목을 작성한 후 그림자 효과 지정하기

문제 미리보기

소스 파일 : [출제유형 02]-유형02_문제.cell   정답 파일 : [출제유형 02]-유형02_정답.cell

☞ 다음은 '홈케어 제품 매출 현황'에 대한 자료이다. 자료를 입력하고 조건에 맞도록 작업하시오.

≪출력형태≫ (240점)

	B	C	D	E	F	G	H	I	J
1									
2			홈케어 제품 매출 현황						
3									
4	제품번호	제품명	분류	제조사	가격	3월매출 (천원)	4월매출 (천원)	순위	구분
5	SL1-01	리큐 제트	세탁세제	미래건강	28,700	82,570	92,600	(1)	(2)
6	FC1-01	주택세정제	청소세제	보리수	9,800	18,300	21,800	(1)	(2)
7	FK1-01	트로피칼	주방세제	해피그린	9,700	21,350	28,960	(1)	(2)
8	SL2-02	파워젤	세탁세제	해피그린	18,500	42,760	38,470	(1)	(2)
9	SK2-02	슈가버블	주방세제	미래건강	11,000	50,700	56,590	(1)	(2)
10	WC2-03	살균세정제	청소세제	미래건강	21,300	31,580	34,600	(1)	(2)
11	CC1-02	비타민베리	주방세제	해피그린	8,500	19,840	23,770	(1)	(2)
12	FL2-03	다우니 블루	세탁세제	보리수	15,300	37,960	35,600	(1)	(2)
13	가격이 평균 가격 이상인 제품수			(3)		청소세제 3월매출(천원) 합계			(5)
14	세탁세제 3월매출(천원) 평균			(4)		제품명		가격	(6)

≪조건≫

○ 모든 데이터의 서식에는 글꼴(굴림, 11pt), 정렬은 숫자 및 회계 서식은 오른쪽 정렬, 나머지 서식은 가운데 정렬로 작성하며 예외적인 것은 ≪출력형태≫를 참조하시오.

○ 제 목 ⇒ '양쪽 모서리가 잘린 사각형' 도형과 '바깥쪽 : 오른쪽 그림자'를 이용하여 작성하고 "홈케어 제품 매출 현황"을 입력한 후 다음 서식을 적용하시오(글꼴-맑은 고딕, 24pt, 검정, 진하게, 채우기-노랑).

○ 임의의 셀에 결재란을 만들고 '그림으로 복사하기' 기능을 이용하여 작성하시오(단, 원본 삭제).

○ 「B4:J4, G14, I14」 영역은 '노랑'으로 채우기 하시오.

○ 유효성 검사를 이용하여 「H14」 셀에 제품명(「C5:C12」 영역)이 선택 표시되도록 하시오.

○ 셀 서식 ⇒ 「F5:F12」 영역에 셀 서식을 이용하여 숫자 뒤에 '원'을 표시하시오(예 : 28,700원).

○ 「H5:H12」 영역에 대해 '매출4월'로 이름정의를 하시오.

※ ≪조건≫ 중에서 파란색으로 표시된 내용만 작업합니다.

열 너비 조절 및 시트 이름 변경하기

① '유형02_문제.cell' 파일을 불러와 **[제1작업] 시트**를 클릭합니다. 이어서, ≪출력형태≫를 참고하여 아래와 같이 데이터를 입력합니다.

※ 실제 시험에서도 [제1작업] 데이터는 직접 입력해야 합니다.

※ 파일 불러오기 : [파일]-[불러오기](Ctrl+O)를 클릭한 후 [불러오기] 대화상자에서 파일을 선택합니다.

데이터 입력 방법

❶ 한 셀에 입력할 내용이 두 줄인 경우에는 Alt+Enter 키를 이용합니다.
   [예] [G4] 셀 : '3월매출' 입력 → Alt+Enter 키 누름 → '(천원)' 입력 → Enter 키 누름
❷ ≪출력형태≫에서 '함수'를 이용하여 답을 작성하는 ⑴~⑹ 부분과 '유효성 검사'를 이용하는 [H14] 셀(리큐 제트)의 데이터는 입력하지 않고 빈 셀로 남겨둡니다.
❸ 데이터를 입력할 때 소수점([예] 4.4)은 키보드의 점(.)을 이용하여 입력합니다.
❹ 데이터를 입력할 때 백분율([예] 12%, 12.35%, …)은 키보드의 '%'를 직접 입력합니다. 소수 자릿점은 [편집] 탭에서 '자릿수 늘임'과 '자릿수 줄임'을 이용합니다.
❺ 셀에 입력된 데이터를 수정하기 위해서는 해당 셀을 클릭한 후 F2 키 또는 더블 클릭하여 수정합니다.
❻ [제1작업] 시트에 입력된 데이터를 이용하여 [제2작업], [제3작업], [제4작업] 시트를 작성하기 때문에 오타가 없는지 ≪출력형태≫와 반드시 비교하여 확인합니다.

 [B13:D13] 영역을 드래그한 후 Ctrl 키를 누른 상태에서 [B14:D14], [F13:F14], [G13:I13] 영역도 드래그 합니다. 이어서, [서식] 도구 상자에서 **'병합하고 가운데 맞춤'**을 클릭합니다.

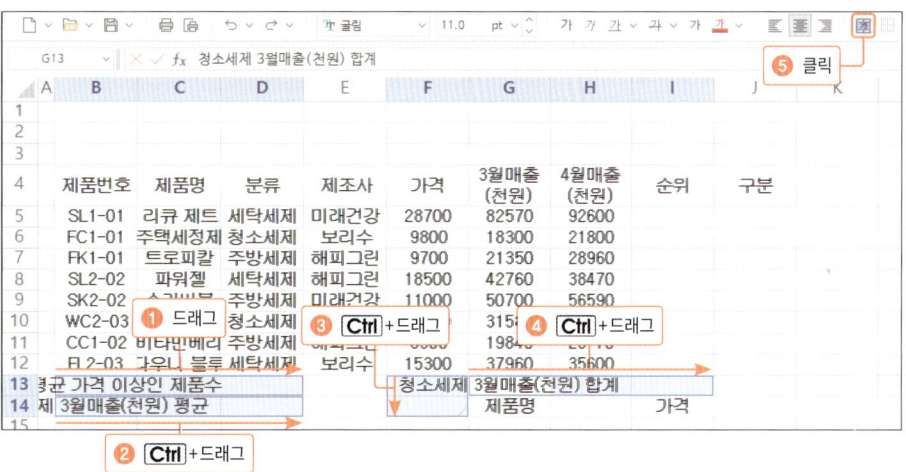

열 너비 및 행 높이 조절하기

❶ B열의 너비를 조절하기 위해 **B열**과 **C열** 머리글 사이에 마우스 포인터를 위치시킨 후 더블 클릭합니다.

※ 열의 너비는 ≪출력형태≫를 참고하여 조절합니다.

※ B열에 입력된 데이터 중 가장 긴 데이터의 길이에 맞추어 열 너비가 자동으로 조절됩니다.

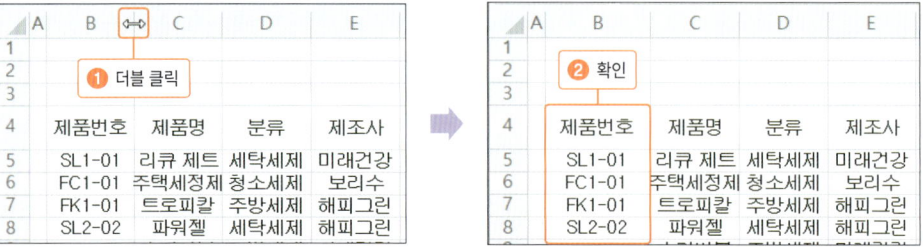

> **다른 방법으로 열 너비 변경하기**
> ❶ A열의 너비는 [답안 작성요령]에서 지시한 내용과 같이 반드시 '1'로 지정합니다.
> ❷ 열의 너비보다 입력한 내용의 길이가 더 긴 경우
> 열과 열 사이에 마우스 포인터를 위치시킨 후, 마우스 포인터 모양이 ↔로 변경되면 마우스를 드래그하게 되면 열의 너비를 조절할 수 있습니다.

❷ 위와 같은 방법으로 **C열**부터 **J열**까지 열의 너비를 조절합니다.

❸ 제목을 입력하기 위해 **[1:3]** 행의 머리글을 드래그한 후 행 머리글 위에서 마우스 오른쪽 단추를 눌러 바로 가기 메뉴가 나오면 **[행 높이 지정]**을 클릭합니다.

❹ [행 높이] 대화상자가 나오면 **'24'**를 입력한 후 〈설정〉 단추를 클릭합니다.

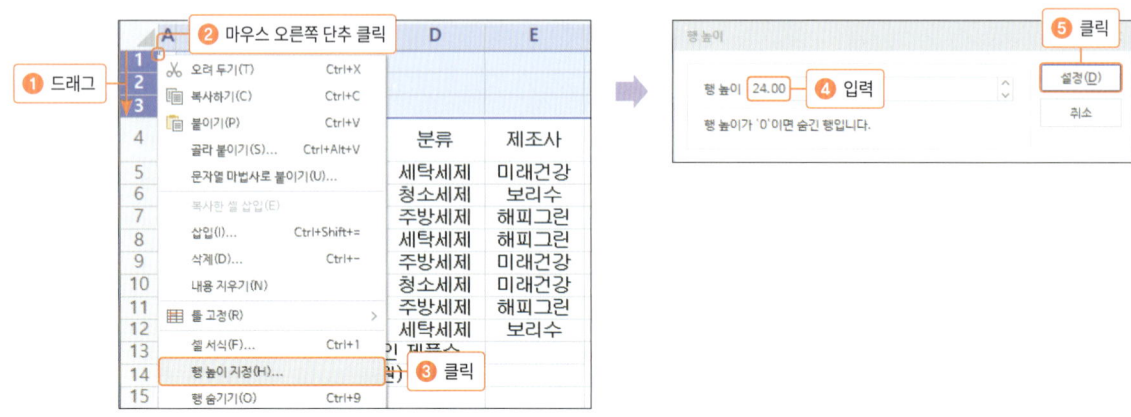

❺ 위와 같은 방법으로 4행(행 높이 : 27.50)과 [5:14] 행(행 높이 : 20.50)의 높이를 변경합니다.

※ 행의 높이는 별도로 정해진 값은 없지만 ≪출력형태≫를 참고하여 최대한 비슷하게 행의 높이를 변경합니다.

14행의 데이터가 두 줄인 경우

[14:15] 행 사이를 마우스로 더블 클릭하여 행의 높이를 조절합니다.

❻ [F5:H12] 영역을 드래그한 후 [편집] 탭에서 '**쉼표 스타일**( )'을 클릭합니다. 이어서, [서식] 도구 상자에서 '**오른쪽 정렬**( )'을 클릭합니다.

※ 숫자 데이터를 '오른쪽 정렬' 하는 이유는 [제1작업] ≪조건≫에 모든 데이터의 정렬은 숫자 및 회계 서식은 '오른쪽 정렬', 나머지 서식은 '가운데 정렬'로 나와 있기 때문입니다.

※ 떨어져 있는 범위를 지정할 때는 Ctrl 키를 누른 상태에서 범위를 설정하면 됩니다.

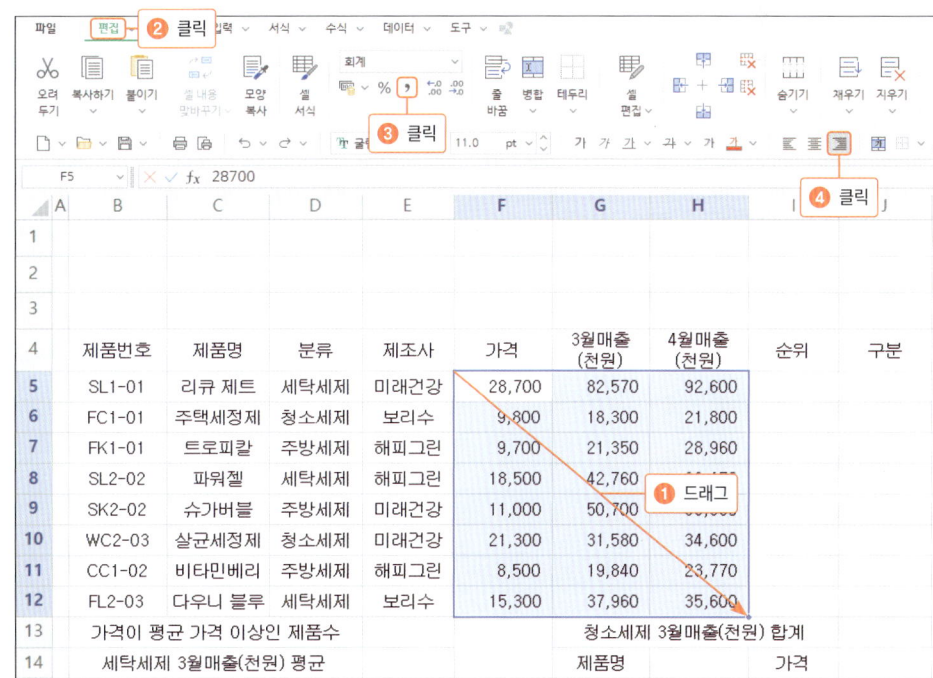

숫자 데이터 형식 지정하기

문제지의 ≪출력형태≫에서 숫자 데이터를 보면 숫자 3자리마다 쉼표(,) 표시가 되어 있으며 오른쪽에 한 칸 정도 띄어져 보이기 때문에 '쉼표 스타일( )'를 클릭합니다.

03 셀 테두리 지정하기

① [B4:J14] 영역을 드래그한 후 [서식] 도구 상자에서 '테두리(⊞)'의 목록 단추(∨)를 눌러 **'모두 적용(⊞)'**과 **'바깥쪽(두꺼운 선)(□)'**을 차례대로 클릭합니다.

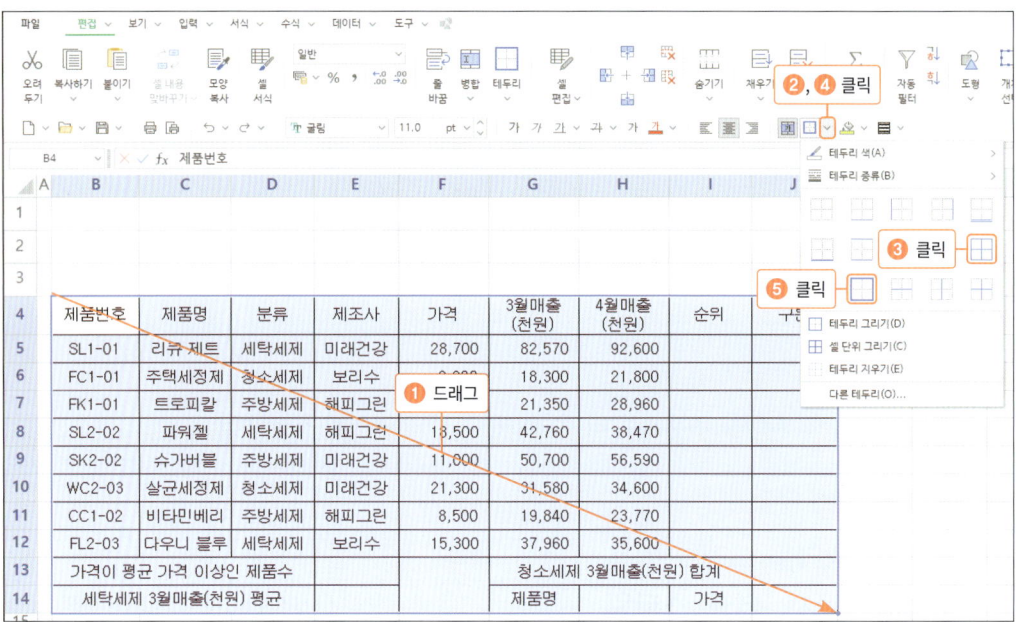

② [B4:J4] 영역을 드래그한 후 **Ctrl** 키를 누른 상태에서 [B12:J12] 영역도 드래그 합니다. 이어서, [서식] 도구 상자에서 '테두리(⊞)'의 목록 단추(∨)를 눌러 '아래 두꺼운 선(□)'을 클릭합니다.

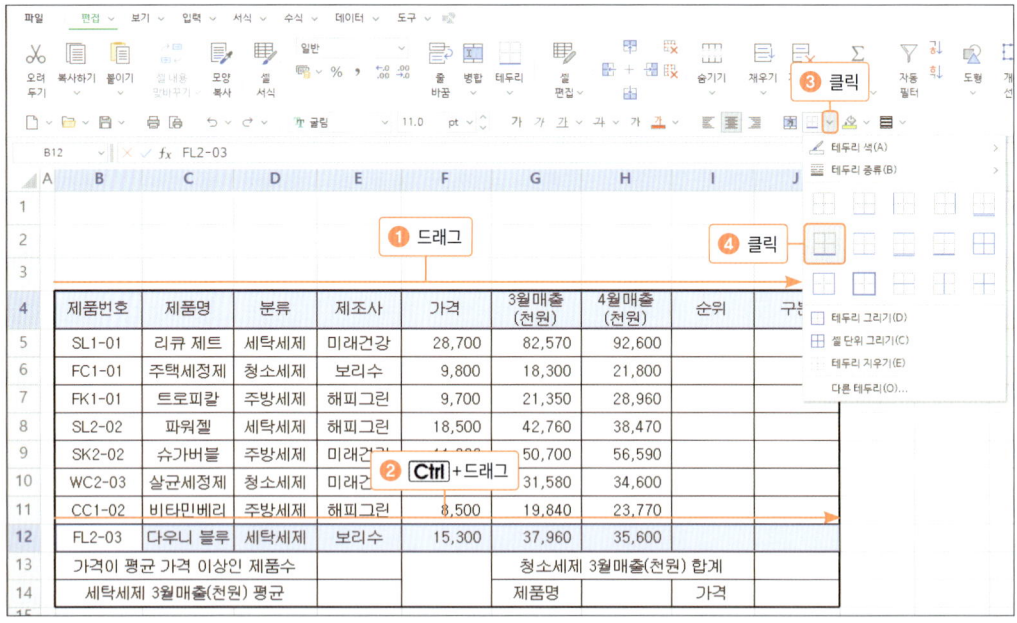

> **다른 방법으로 셀 테두리 지정하기**
> ① **방법 1** : 범위를 지정하고 **Ctrl**+**1** 키를 누릅니다. [셀 서식] 대화상자가 나오면 [테두리] 탭에서 테두리를 지정합니다.
> ② **방법 2** : 범위를 지정하고 [서식] 탭에서 '테두리(⊞)'의 목록 단추를 이용합니다.

③ **[F13]** 셀 위에서 마우스 오른쪽 단추를 눌러 바로 가기 메뉴가 나오면 **[셀 서식]**을 클릭합니다(셀 서식 바로 가기 키 : Ctrl + 1).

④ [셀 서식] 대화상자가 나오면 [테두리] 탭을 클릭합니다. [테두리]-[종류]-'━━━'와 **'왼쪽 아래 대각선(╱)'**, **'오른쪽 아래 대각선(╲)'**을 선택한 후 〈설정〉 단추를 클릭합니다.

※ 테두리 작업이 끝나면 ≪출력형태≫와 비교하여 확인합니다.

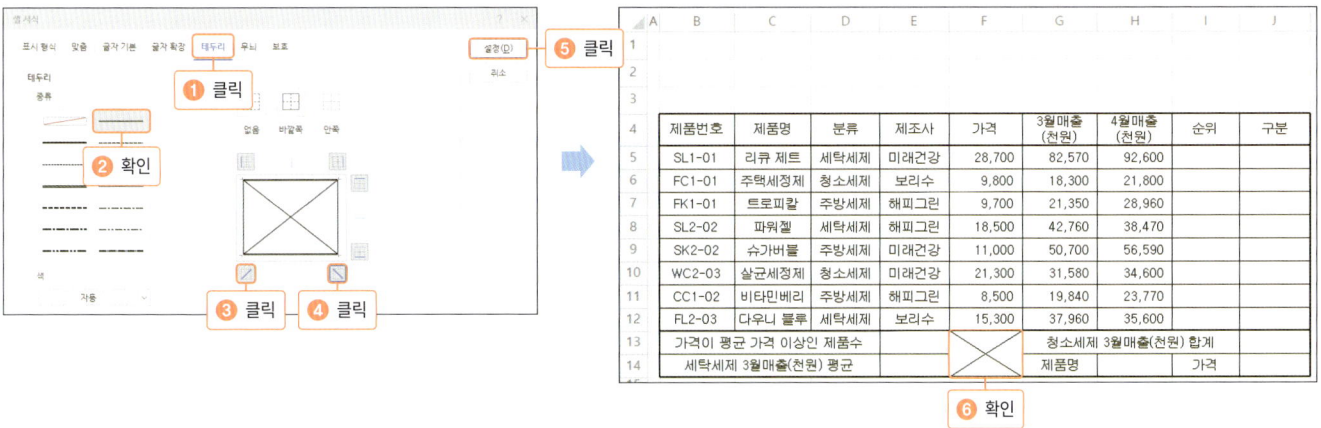

04 도형을 이용하여 제목 만들기

○ 제 목 ⇒ '양쪽 모서리가 잘린 사각형' 도형과 '바깥쪽 : 오른쪽 그림자'를 이용하여 작성하고 "홈케어 제품 매출 현황"을 입력한 후 다음 서식을 적용하시오(글꼴-굴림, 24pt, 검정, 진하게, 채우기-노랑).

① 도형을 삽입하기 위해 [입력] 탭에서 [도형] 이미지 꾸러미의 자세히 단추()를 눌러 [사각형]-**'양쪽 모서리가 잘린 사각형(⬢)'**을 클릭합니다.

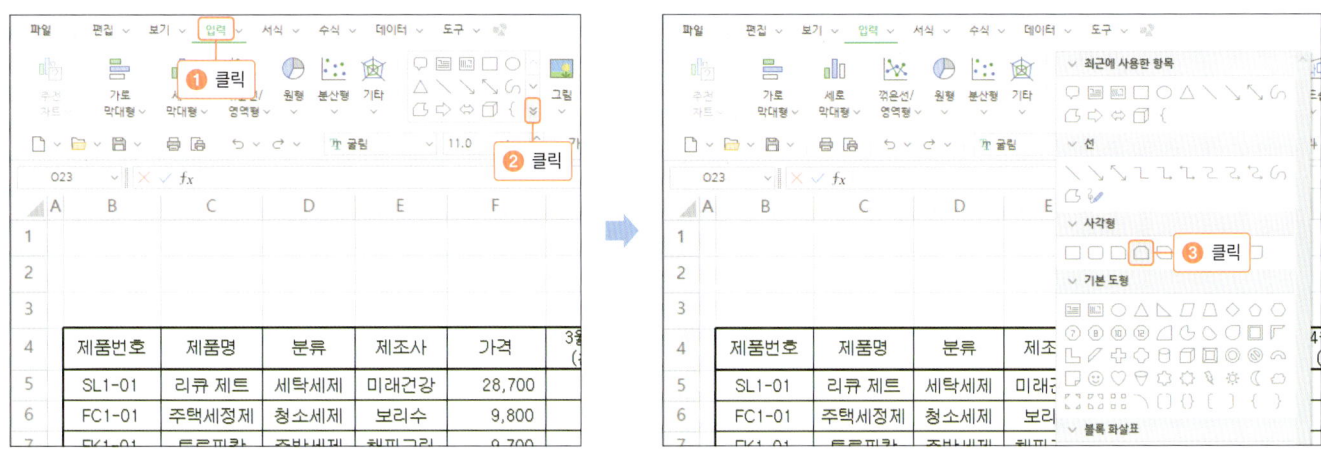

② [B1] 셀에서 [G3] 셀까지 드래그하여 도형을 삽입하고 **'제목(홈케어 제품 매출 현황)'**을 입력한 후 도형의 테두리를 클릭합니다.

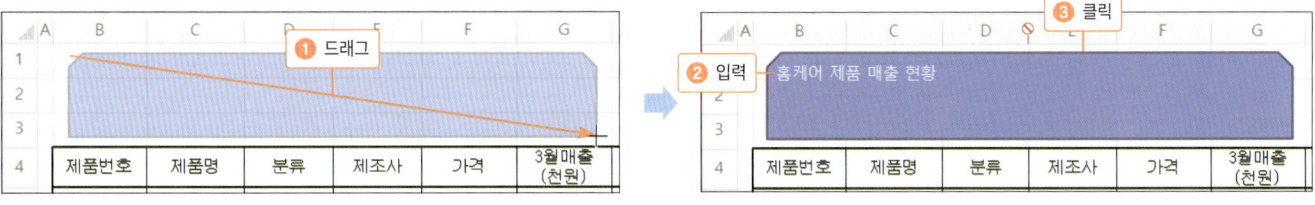

❸ 글꼴 서식을 지정하기 위해 [서식] 도구 상자에서 '**글꼴(맑은 고딕), 글자 크기(24pt), 진하게(가), 글자 색(검정)**'을 각각 지정합니다.

※ 시험 문제에서는 '글꼴(굴림)'이 많은 출제가 되고 있습니다.

❹ 채우기 색을 지정하기 위해 [도형( )] 탭에서 [도형 채우기( )]의 목록 단추( )를 눌러 '**노랑**'을 선택합니다.

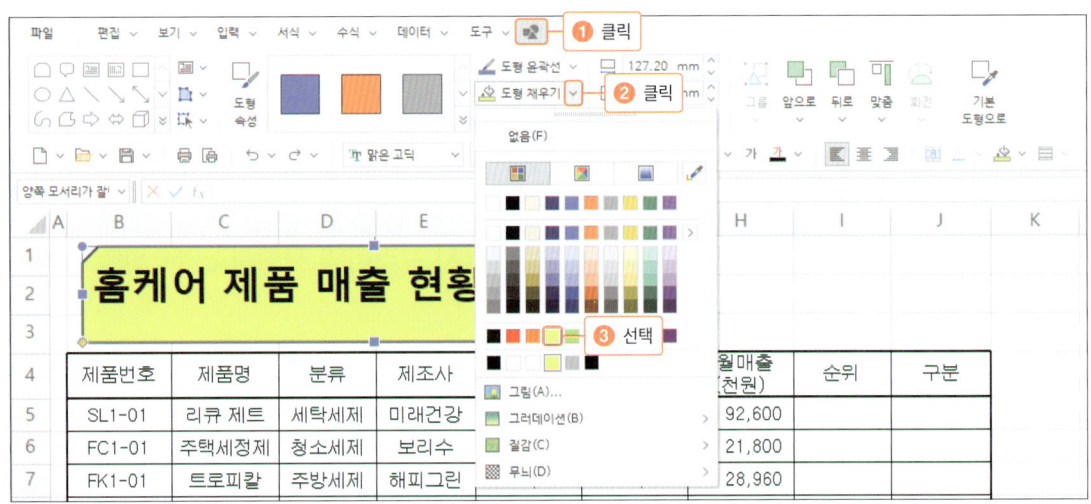

❺ 도형 안의 내용을 가운데로 정렬하기 위해 [서식] 탭에서 '**가운데 정렬( )**'과 '**중간 맞춤( )**'을 클릭합니다.

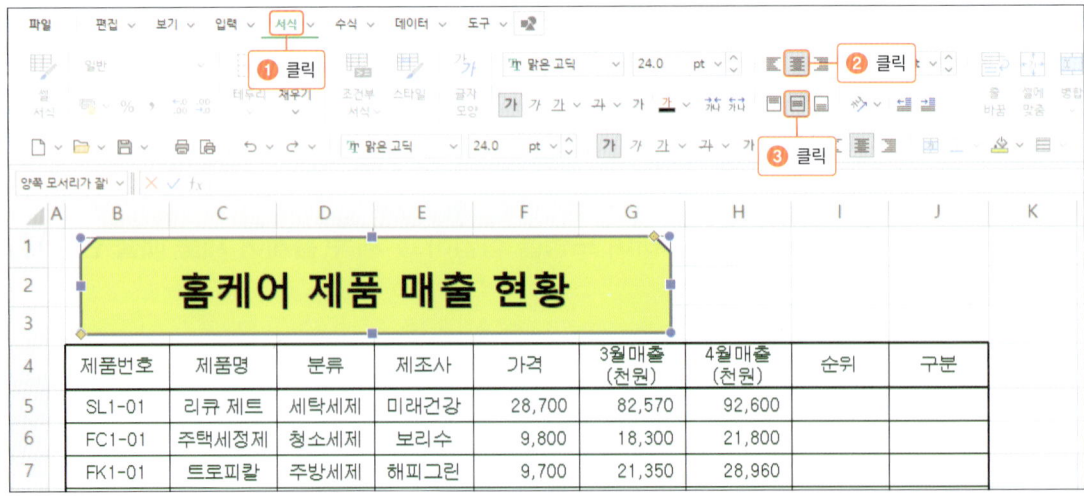

❻ 그림자 효과를 지정하기 위해 [도형( )] 탭에서 [도형 효과]-[그림자]-[바깥쪽]-'**오른쪽**'을 선택합니다.

❼ 도형을 이용한 제목이 완성되면 [**파일**]-[**저장하기**](Ctrl+S) 또는 [서식] 도구 상자에서 '**저장하기( )**'를 클릭합니다.

※ 실제 시험을 볼 때 작업 도중에 수시로(10분에 한 번 정도) 저장을 하는 것이 좋습니다.

시험분석

제목 작성

문제지에서 《조건》에 제시된 도형을 추가하고 제목을 입력한 다음 글꼴(굴림, 24pt, 검정, 진하게, 채우기-노랑), 그림자 효과(대각 오른쪽 아래, 오른쪽)를 지정하는 유형이 출제되고 있습니다.

[제1작업] 데이터 입력 및 제목 작성

 다음은 '소고기 부위별 판매 현황'에 대한 자료이다. 자료를 입력하고 조건에 맞도록 작업하시오.

• 소스 파일 : [출제유형 02]-정복02_문제01.cell   • 정답 파일 : [출제유형 02]-정복02_정답01.cell

≪출력형태≫   (240점)

품목코드	부위	생산일	구분	kg당 가격	판매량 (단위:kg)	납품한 시장 수	판매순위	비고
FVS-39	앞다리	2023-12-19	1+등급	75,600	1,294	39	(1)	(2)
SKR-86	앞다리	2023-12-29	2등급	52,000	4,188	73	(1)	(2)
ATE-38	안심	2023-12-24	1++등급	98,200	1,350	37	(1)	(2)
MYH-19	안심	2023-12-22	1등급	95,600	1,472	38	(1)	(2)
FEW-29	등심	2023-12-24	1등급	79,200	4,870	86	(1)	(2)
EUY-39	앞다리	2023-12-30	1++등급	73,000	3,765	71	(1)	(2)
TVE-68	등심	2023-12-27	2등급	66,400	5,760	98	(1)	(2)
MTT-92	등심	2023-12-24	1+등급	88,700	3,240	56	(1)	(2)
kg당 최고 가격			(3)		앞다리 부위 판매량(단위:kg) 합계			(5)
등심 부위 납품한 시장 수 평균			(4)		품목코드		생산일	(6)

≪조건≫

○ 모든 데이터의 서식에는 글꼴(굴림, 11pt), 정렬은 숫자 및 회계 서식은 오른쪽 정렬, 나머지 서식은 가운데 정렬로 작성하며 예외적인 것은 ≪출력형태≫를 참조하시오.
○ 제 목 ⇒ '배지' 도형과 '바깥쪽 : 오른쪽 그림자'를 이용하여 작성하고 "소고기 부위별 판매 현황"을 입력한 후 다음 서식을 적용하시오(글꼴-굴림, 24pt, 검정, 진하게, 채우기-노랑).
○ 임의의 셀에 결재란을 만들고 '그림으로 복사하기' 기능을 이용하여 작성하시오(단, 원본 삭제).
○ 「B4:J4, G14, I14」 영역은 '노랑'으로 채우기 하시오.
○ 유효성 검사를 이용하여 「H14」 셀에 품목코드(「B5:B12」 영역)가 선택 표시되도록 하시오.
○ 셀 서식 ⇒ 「F5:F12」 영역에 셀 서식을 이용하여 숫자 뒤에 '원'을 표시하시오(예 : 75,600원).
○ 「F5:F12」 영역에 대해 '가격'으로 이름정의를 하시오.

※ ≪조건≫ 중에서 파란색으로 표시된 내용만 작업합니다.

다음은 '연구사업 진행 현황'에 대한 자료이다. 자료를 입력하고 조건에 맞도록 작업하시오.

· 소스 파일 : [출제유형 02]-정복02_문제02.cell   · 정답 파일 : [출제유형 02]-정복02_정답02.cell

≪출력형태≫ (240점)

관리코드	사업명	관리팀	사업구분	진행 인원수	시작일	기본예산 (단위:원)	진행기간	예산순위
EA4-06	이러닝	교육관리	교육	7	2023-07-10	46,200,000	(1)	(2)
TA3-07	AR개발	개발1팀	기술	11	2023-07-01	83,700,000	(1)	(2)
TS1-12	홈네트워크	개발2팀	기술	13	2023-06-20	185,000,000	(1)	(2)
MA2-03	마케팅	개발1팀	영업	3	2023-10-05	22,700,000	(1)	(2)
TE1-10	네트워크보안	개발1팀	기술	10	2023-06-01	136,000,000	(1)	(2)
SA2-05	VR개발	개발2팀	기술	9	2023-08-10	34,700,000	(1)	(2)
EA4-04	연수원관리	교육관리	교육	6	2023-09-20	28,000,000	(1)	(2)
TE3-05	환경개선	개발2팀	기술	7	2023-09-01	103,000,000	(1)	(2)
개발1팀 기본예산(단위:원) 평균			(3)		교육 사업의 총 기본예산(단위:원)			(5)
최다 진행인원수			(4)		사업명		사업구분	(6)

제목: **연구사업 진행 현황**

≪조건≫

○ 모든 데이터의 서식에는 글꼴(굴림, 11pt), 정렬은 숫자 및 회계 서식은 오른쪽 정렬, 나머지 서식은 가운데 정렬로 작성하며 예외적인 것은 ≪출력형태≫를 참조하시오.
○ 제 목 ⇒ '십자형' 도형과 '바깥쪽 : 오른쪽 그림자'를 이용하여 작성하고 "연구사업 진행 현황"을 입력한 후 다음 서식을 적용하시오(글꼴-굴림, 24pt, 검정, 진하게, 채우기-노랑).
○ 임의의 셀에 결재란을 만들고 '그림으로 복사하기' 기능을 이용하여 작성하시오(단, 원본 삭제).
○ 「B4:J4, G14, I14」 영역은 '노랑'으로 채우기 하시오.
○ 유효성 검사를 이용하여 「H14」 셀에 사업명(「C5:C12」 영역)이 선택 표시되도록 하시오.
○ 셀 서식 ⇒ 「F5:F12」 영역에 셀 서식을 이용하여 숫자 뒤에 '명'을 표시하시오(예 : 7명).
○ 「F5:F12」 영역에 대해 '진행인원수'로 이름정의를 하시오.

※ ≪조건≫ 중에서 파란색으로 표시된 내용만 작업합니다.

03 다음은 '자원봉사자 모집 및 신청 현황'에 대한 자료이다. 자료를 입력하고 조건에 맞도록 작업하시오.

• 소스 파일 : [출제유형 02]-정복02_문제03.cell   • 정답 파일 : [출제유형 02]-정복02_정답03.cell

≪출력형태≫ (240점)

	A	B	C	D	E	F	G	H	I	J
1										
2			자원봉사자 모집 및 신청 현황							
3										
4		모집코드	봉사명	구분	활동주기	봉사시간	모집인원 (단위:명)	신청인원 (단위:명)	봉사시작일	순위
5		CB-110	안과치료	의료봉사	월 1회	8	1,300	1,783	(1)	(2)
6		BC-115	연극	문화봉사	월 1회	6	750	657	(1)	(2)
7		BC-101	사물놀이	문화봉사	주 1회	4	1,800	954	(1)	(2)
8		JC-112	미용	기술봉사	주 2회	3	1,230	1,450	(1)	(2)
9		BC-120	국악위문	문화봉사	월 1회	8	1,500	1,650	(1)	(2)
10		CB-101	치과치료	의료봉사	주 2회	8	1,120	1,350	(1)	(2)
11		BC-122	한방치료	의료봉사	주 1회	7	500	389	(1)	(2)
12		JC-101	도배	기술봉사	주 2회	5	1,500	1,289	(1)	(2)
13		문화봉사 신청인원(단위:명) 평균			(3)	✕	최저 봉사시간			(5)
14		의료봉사 신청인원(단위:명) 합계			(4)		봉사명		신청인원 (단위:명)	(6)

≪조건≫

○ 모든 데이터의 서식에는 글꼴(굴림, 11pt), 정렬은 숫자 및 회계 서식은 오른쪽 정렬, 나머지 서식은 가운데 정렬로 작성하며 예외적인 것은 ≪출력형태≫를 참조하시오.

○ 제 목 ⇒ '사다리꼴' 도형과 '바깥쪽 : 오른쪽 그림자'를 이용하여 작성하고 "자원봉사자 모집 및 신청 현황"을 입력한 후 다음 서식을 적용하시오(글꼴-굴림, 24pt, 검정, 진하게, 채우기-노랑).

○ 임의의 셀에 결재란을 만들고 '그림으로 복사하기' 기능을 이용하여 작성하시오(단, 원본 삭제).

○ 「B4:J4, G14, I14」 영역은 '노랑'으로 채우기 하시오.

○ 유효성 검사를 이용하여 「H14」 셀에 봉사명(「C5:C12」 영역)이 선택 표시되도록 하시오.

○ 셀 서식 ⇒ 「F5:F12」 영역에 셀 서식을 이용하여 숫자 뒤에 '시간'을 표시하시오(예 : 8시간).

○ 「F5:F12」 영역에 대해 '봉사시간'으로 이름정의를 하시오.

※ ≪조건≫ 중에서 파란색으로 표시된 내용만 작업합니다.

04 다음은 '인기 복합기 판매 현황'에 대한 자료이다. 자료를 입력하고 조건에 맞도록 작업하시오.

• 소스 파일 : [출제유형 02]-정복02_문제04.cell   • 정답 파일 : [출제유형 02]-정복02_정답04.cell

≪출력형태≫   (240점)

A	B	C	D	E	F	G	H	I	J
			인기 복합기 판매 현황						
	제품코드	제품명	제조사	판매금액	인쇄속도(ppm)	판매수량(단위:대)	재고수량(단위:대)	판매순위	평가
	K2949	루이	레온	149,000	14	157	64	(1)	(2)
	P3861	레옹	이지전자	150,000	16	184	48	(1)	(2)
	L3997	지니	레온	344,000	15	154	101	(1)	(2)
	K2789	퍼플	티파니	421,000	19	201	65	(1)	(2)
	K6955	밴티지	이지전자	175,000	6	98	128	(1)	(2)
	P3811	다큐프린터	레온	245,000	17	217	87	(1)	(2)
	L3711	로사프린터	티파니	182,000	12	256	36	(1)	(2)
	L4928	새롬레이저	이지전자	389,000	18	94	117	(1)	(2)
	티파니 제조사 재고수량(단위:대) 합계			(3)			티파니 제조사 비율		(5)
	레온 제조사 최고 판매금액			(4)		제품코드		판매수량(단위:대)	(6)

≪조건≫

○ 모든 데이터의 서식에는 글꼴(굴림, 11pt), 정렬은 숫자 및 회계 서식은 오른쪽 정렬, 나머지 서식은 가운데 정렬로 작성하며 예외적인 것은 ≪출력형태≫를 참조하시오.

○ 제 목 ⇒ '육각형' 도형과 '바깥쪽 : 오른쪽 그림자'를 이용하여 작성하고 "인기 복합기 판매 현황"을 입력한 후 다음 서식을 적용하시오(글꼴-굴림, 24pt, 검정, 진하게, 채우기-노랑).

○ 임의의 셀에 결재란을 만들고 '그림으로 복사하기' 기능을 이용하여 작성하시오(단, 원본 삭제).

○ 「B4:J4, G14, I14」 영역은 '노랑'으로 채우기 하시오.

○ 유효성 검사를 이용하여 「H14」 셀에 제품코드(「B5:B12」 영역)가 선택 표시되도록 하시오.

○ 셀 서식 ⇒ 「E5:E12」 영역에 셀 서식을 이용하여 숫자 뒤에 '원'을 표시하시오(예 : 149,000원).

○ 「G5:G12」 영역에 대해 '판매수량'으로 이름정의를 하시오.

※ ≪조건≫ 중에서 파란색으로 표시된 내용만 작업합니다.

출제유형 03

PART 02 출제유형 완전정복

[제1작업] 결재란 및 셀 서식 작업하기

문제 풀이

- ☑ 임의의 셀에 결재란을 만들어 '그림으로 복사하기' 기능을 이용하여 붙여넣기
- ☑ 색 채우기 및 셀 서식 지정하기
- ☑ 유효성 검사 및 이름 정의하기

문제 미리보기

소스 파일 : [출제유형 03]-유형03_문제.cell   정답 파일 : [출제유형 03]-유형03_정답.cell

☞ 다음은 '홈케어 제품 매출 현황'에 대한 자료이다. 자료를 입력하고 조건에 맞도록 작업하시오.

≪출력형태≫
(240점)

A	B	C	D	E	F	G	H	I	J
1							결재	담당	팀장	본부장
2		홈케어 제품 매출 현황							
3									
4	제품번호	제품명	분류	제조사	가격	3월매출(천원)	4월매출(천원)	순위	구분
5	SL1-01	리큐 제트	세탁세제	미래건강	28,700	82,570	92,600	(1)	(2)
6	FC1-01	주택세정제	청소세제	보리수	9,800	18,300	21,800	(1)	(2)
7	FK1-01	트로피칼	주방세제	해피그린	9,700	21,350	28,960	(1)	(2)
8	SL2-02	파워젤	세탁세제	해피그린	18,500	42,760	38,470	(1)	(2)
9	SK2-02	슈가버블	주방세제	미래건강	11,000	50,700	56,590	(1)	(2)
10	WC2-03	살균세정제	청소세제	미래건강	21,300	31,580	34,600	(1)	(2)
11	CC1-02	비타민베리	주방세제	해피그린	8,500	19,840	23,770	(1)	(2)
12	FL2-03	다우니 블루	세탁세제	보리수	15,300	37,960	35,600	(1)	(2)
13	가격이 평균 가격 이상인 제품수			(3)		청소세제 3월매출(천원) 합계			(5)
14	세탁세제 3월매출(천원) 평균			(4)		제품명	리큐 제트	가격	(6)

≪조건≫

- 모든 데이터의 서식에는 글꼴(굴림, 11pt), 정렬은 숫자 및 회계 서식은 오른쪽 정렬, 나머지 서식은 가운데 정렬로 작성하며 예외적인 것은 ≪출력형태≫를 참조하시오.
- 제 목 ⇒ '양쪽 모서리가 잘린 사각형' 도형과 '바깥쪽 : 오른쪽 그림자'를 이용하여 작성하고 "홈케어 제품 매출 현황"을 입력한 후 다음 서식을 적용하시오(글꼴-맑은 고딕, 24pt, 검정, 진하게, 채우기-노랑).
- 임의의 셀에 결재란을 만들고 '그림으로 복사하기' 기능을 이용하여 작성하시오(단, 원본 삭제).
- 「B4:J4, G14, I14」 영역은 '노랑'으로 채우기 하시오.
- 유효성 검사를 이용하여 「H14」 셀에 제품명(「C5:C12」 영역)이 선택 표시되도록 하시오.
- 셀 서식 ⇒ 「F5:F12」 영역에 셀 서식을 이용하여 숫자 뒤에 '원'을 표시하시오(예 : 28,700원).
- 「H5:H12」 영역에 대해 '매출4월'로 이름정의를 하시오.

※ ≪조건≫ 중에서 파란색으로 표시된 내용만 작업합니다.

01 결재란 작성하기

○ 임의의 셀에 결재란을 만들고 '그림으로 복사하기' 기능을 이용하여 작성하시오(단, 원본 삭제).

■ 결재란 만들기

① '유형03_문제.cell' 파일을 불러와 [제1작업] 시트를 클릭합니다.

※ 파일 불러오기 : [파일]-[불러오기](Ctrl + O)를 클릭한 후 [불러오기] 대화상자에서 파일을 선택합니다.

② 미리 작성한 데이터에 영향을 주지 않기 위해서 임의의 셀([M19:O19])에 '**데이터(담당, 팀장, 본부장)**'를 차례대로 입력합니다. **[L19:L20] 영역**을 드래그한 후 [서식] 도구 상자에서 '**병합하고 가운데 맞춤( )**'을 클릭합니다.

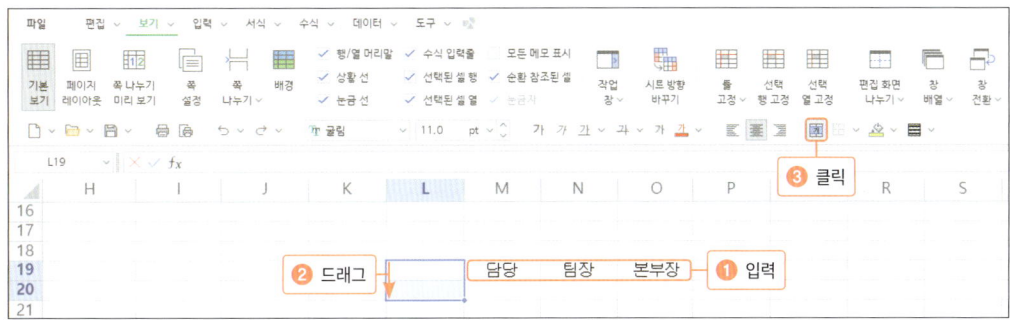

③ 병합된 셀에 '**결**'을 입력하고 Alt + Enter 키를 누릅니다. 이어서, '**재**'를 입력한 후 Enter 키를 누릅니다.

④ **[L19:O20] 영역**을 드래그한 후 [서식] 도구 상자에서 '테두리( )'의 목록 단추( )를 눌러 '**모두 적용( )**'을 선택합니다.

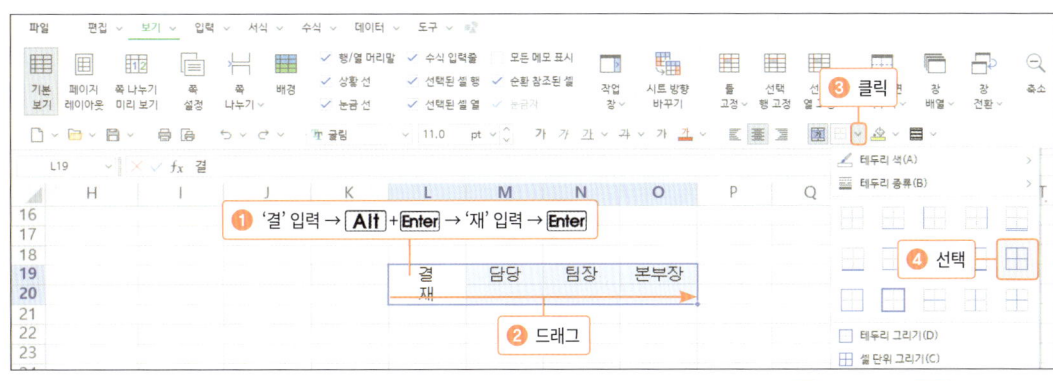

⑤ ≪출력형태≫를 참고하여 '행 머리글([19], [20])'과 '열 머리글([L], [M:O])'은 마우스를 이용하여 행의 높이와 열의 너비를 조절합니다.

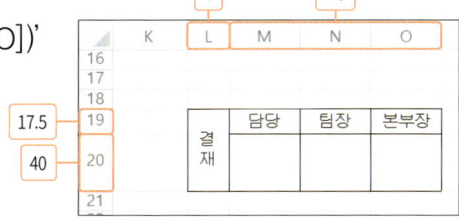

> **TIP 결재란 만들기(행 높이 및 열 너비)**
> 행 높이([19] 행 : 17.5, [20] 행 : 40), 열 너비([L] 열 : 4, [M:O] 열 : 7.5)로 설정하는 것이 좋습니다. 단, 해당 값은 기출문제 답안을 분석하여 만든 평균값이기 때문에 반드시 ≪출력형태≫를 참고하여 작업을 합니다.

■ '그림으로 복사하기' 기능을 이용하여 결재란 복사하기

❶ 완성된 결재란([L19:O20])을 드래그한 후 [편집] 탭에서 '복사하기( )'의 목록 단추( )를 눌러 '**그림으로 복사하기**'를 선택합니다.

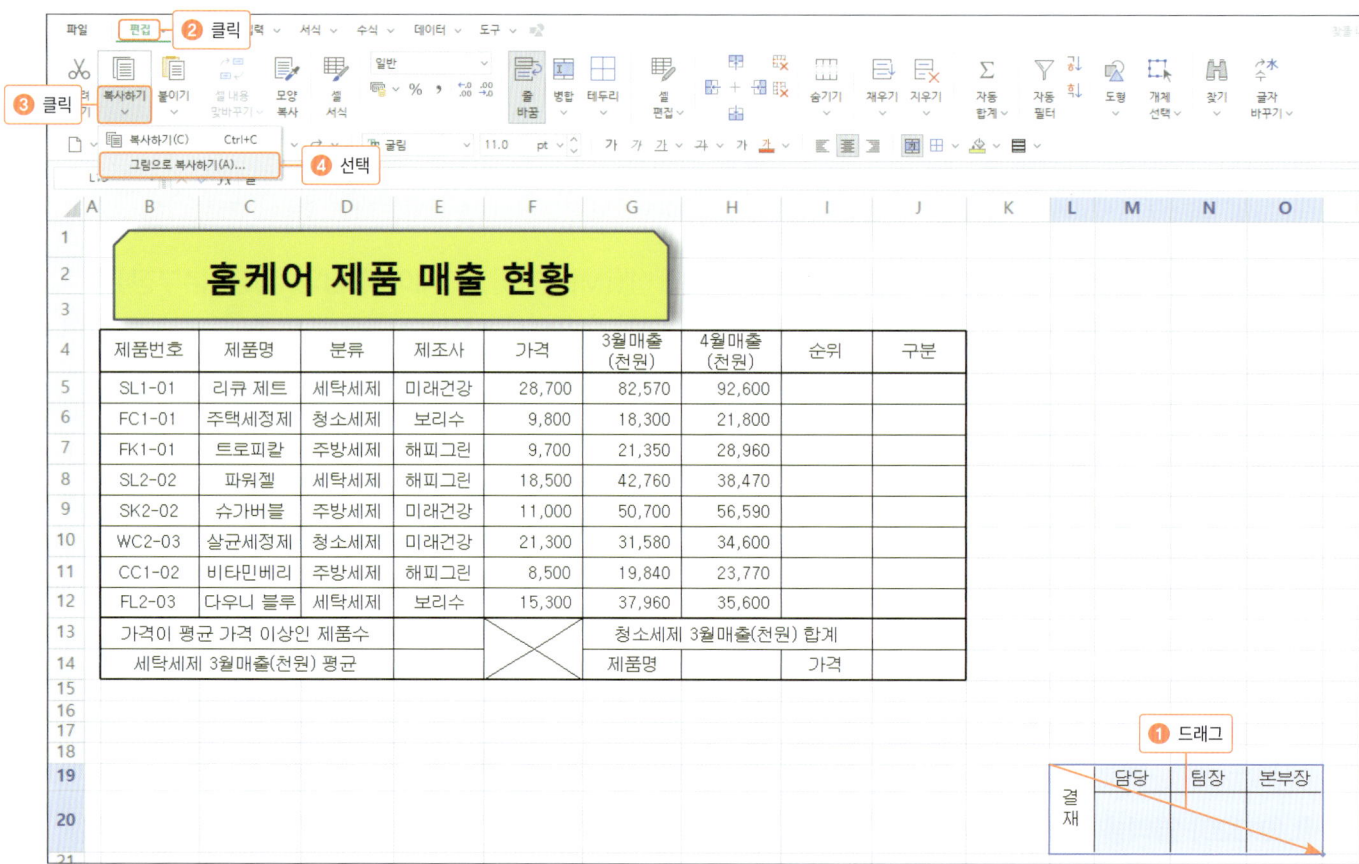

❷ [그림 복사하기] 대화상자가 나오면 복사할 모양과 형식을 지정한 다음 〈확인〉 단추를 클릭합니다.

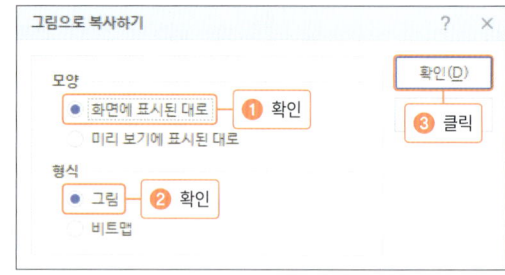

❸ **[H1] 셀**(복사한 영역을 그림으로 붙여 넣을 위치)를 클릭하고 [편집] 탭에서 **'붙이기( )'**를 클릭합니다.

※ 방향키(↑, ↓, ←, →)를 이용하여 다음과 같이 위치를 변경합니다.

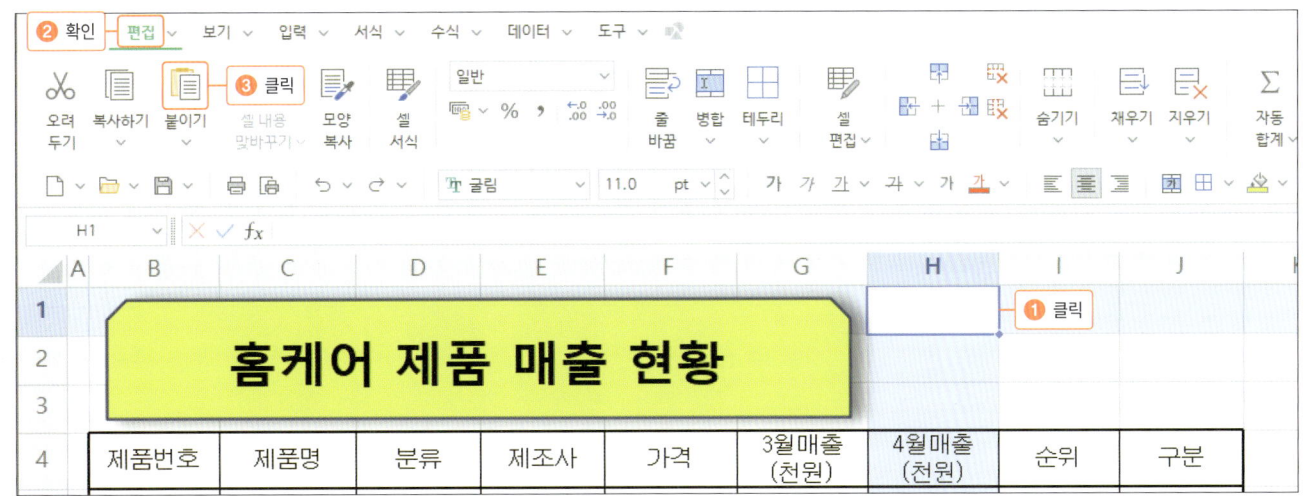

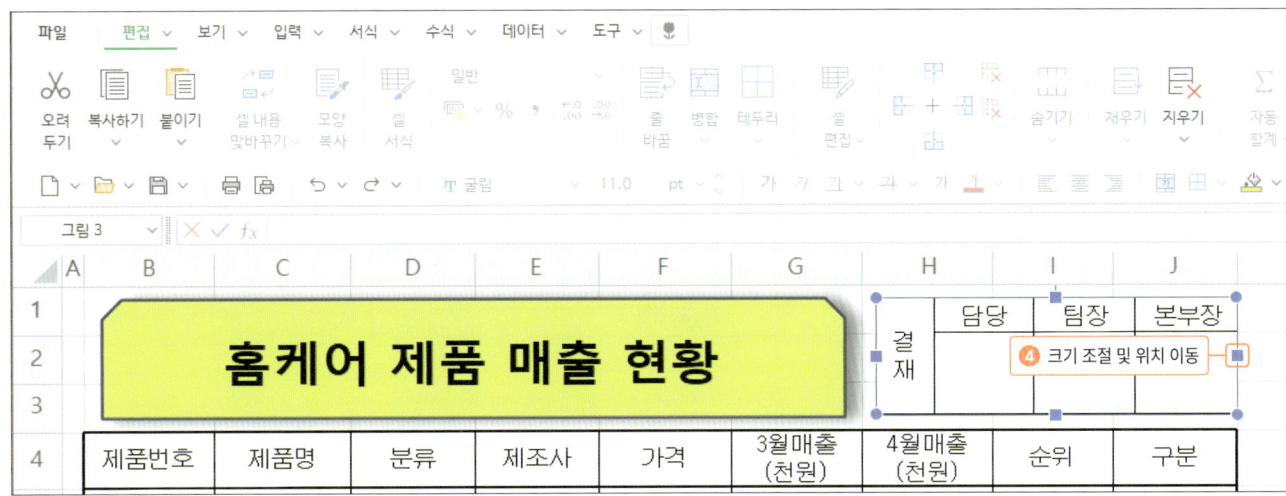

❹ 원본 결재란을 삭제하기 위하여 **[L:O] 열 머리글**을 드래그한 후 마우스 오른쪽 단추를 눌러 바로 가기 메뉴가 나오면 **[삭제]**를 클릭합니다.

※ 같은 방법으로 [19:20] 행 머리글도 삭제합니다.

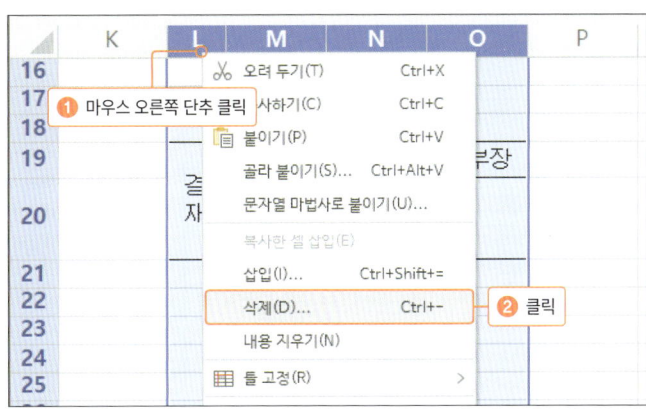

02 색 채우기

○ 「B4:J4, G14, I14」 영역은 '노랑'으로 채우기 하시오.

❶ **[B4:J4] 영역**을 드래그한 후 **Ctrl** 키를 누른 상태에서 **[G14], [I14]** 셀을 클릭합니다.

❷ [서식] 도구 상자에서 '채우기( )'의 목록 단추( )를 누른 다음 **[테마 색상표( )] - '오피스'**로 선택합니다. 이어서, **'노랑'**을 선택합니다.

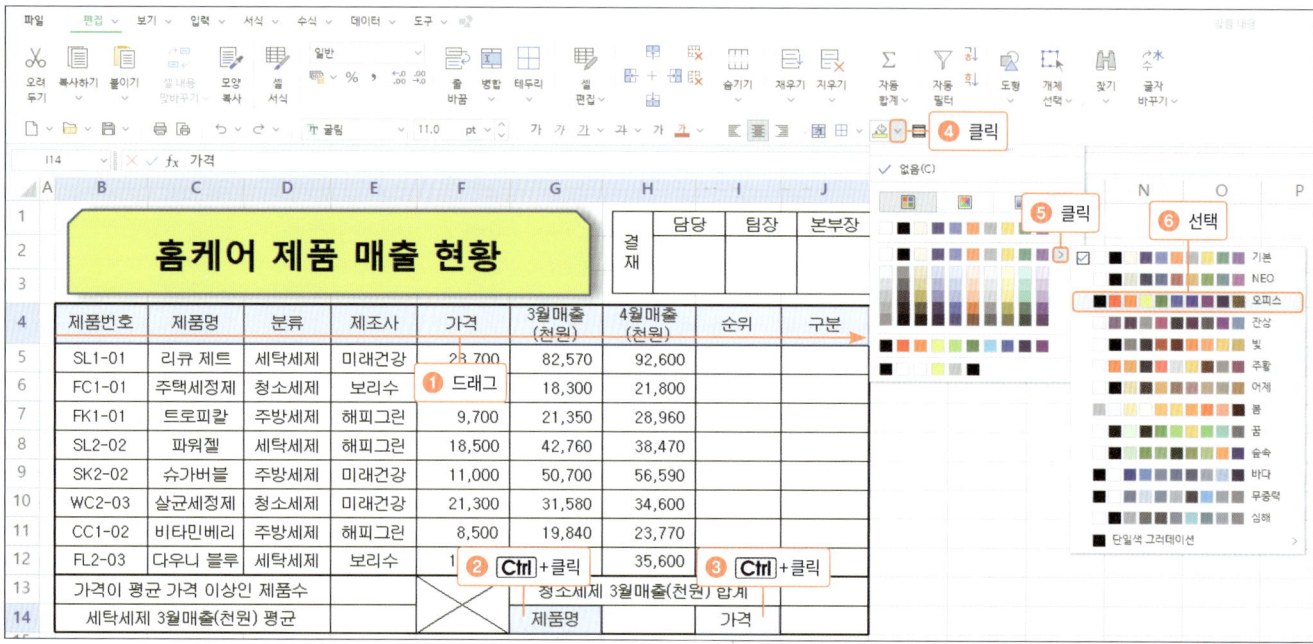

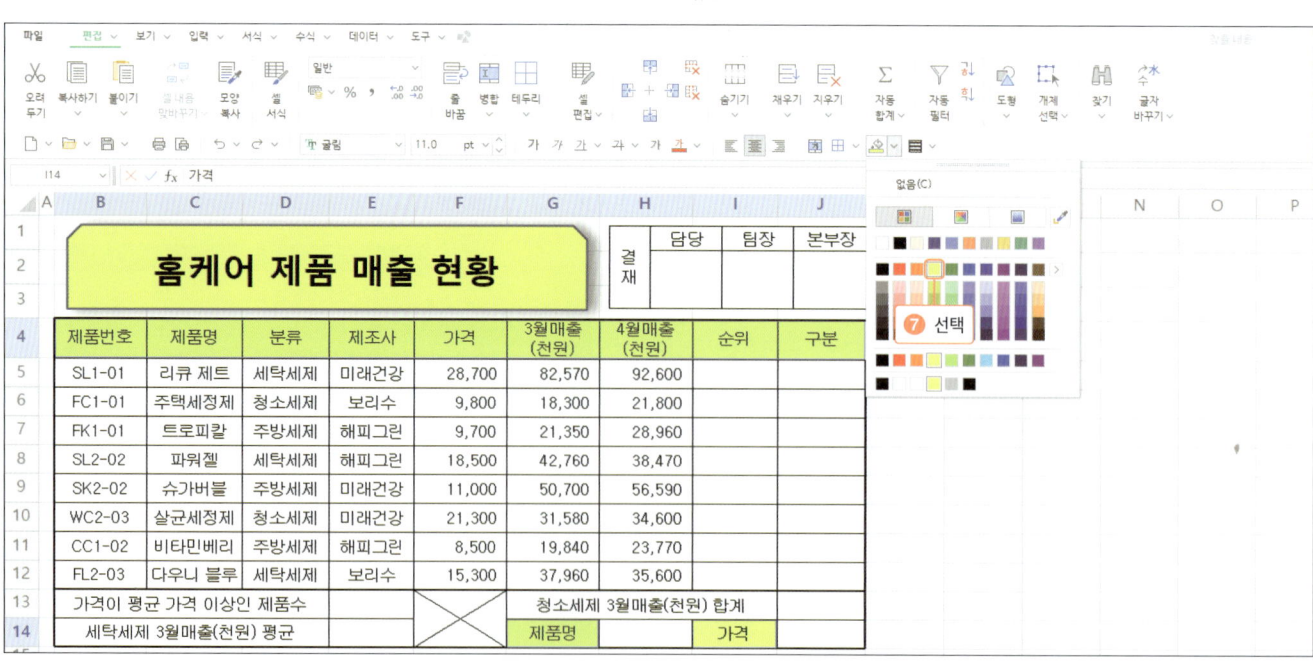

유효성 검사

○ 유효성 검사를 이용하여 「H14」 셀에 제품명(「C5:C12」 영역)이 선택 표시되도록 하시오.

❶ **[H14] 셀**을 클릭한 다음 [데이터] 탭에서 **'유효성 검사'**를 클릭합니다.

※ 유효성 검사는 데이터의 형식을 제어하거나 사용자가 셀에 입력하는 값을 지정할 수 있는 기능입니다.

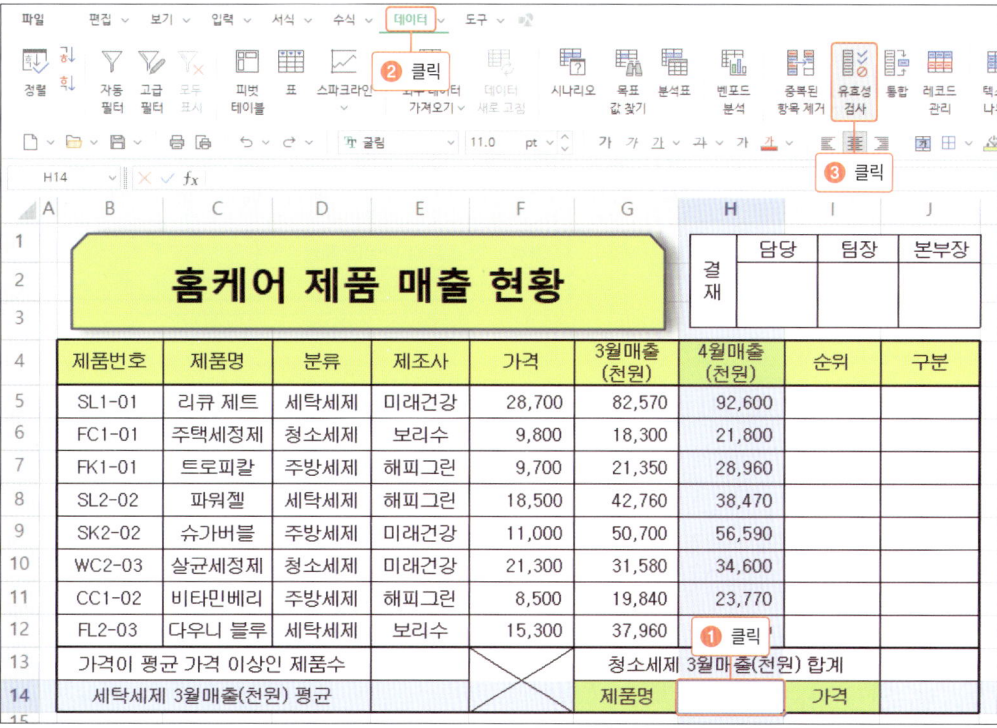

❷ [데이터 유효성 검사] 대화상자가 나오면 [설정] 탭에서 [유효성 조건]-[제한 대상]-**'목록'**을 선택합니다. 이어서, [원본]에서 〈영역 선택( )〉 단추를 클릭합니다.

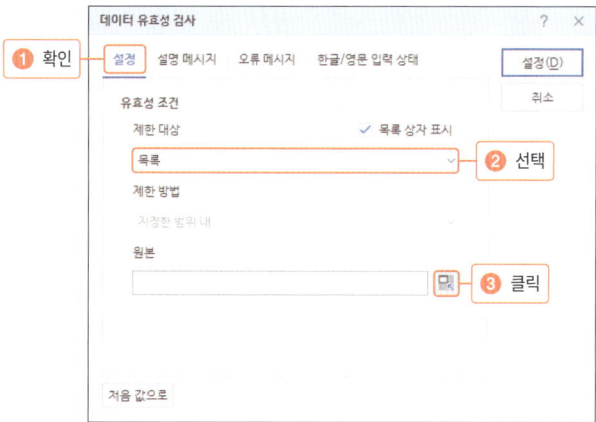

❸ '**=$C$5:$C$12**'('제품명' 범위) **영역**을 드래그하고 [데이터 유효성 검사] 대화상자에서 〈영역 선택( )〉 단추를 클릭합니다.

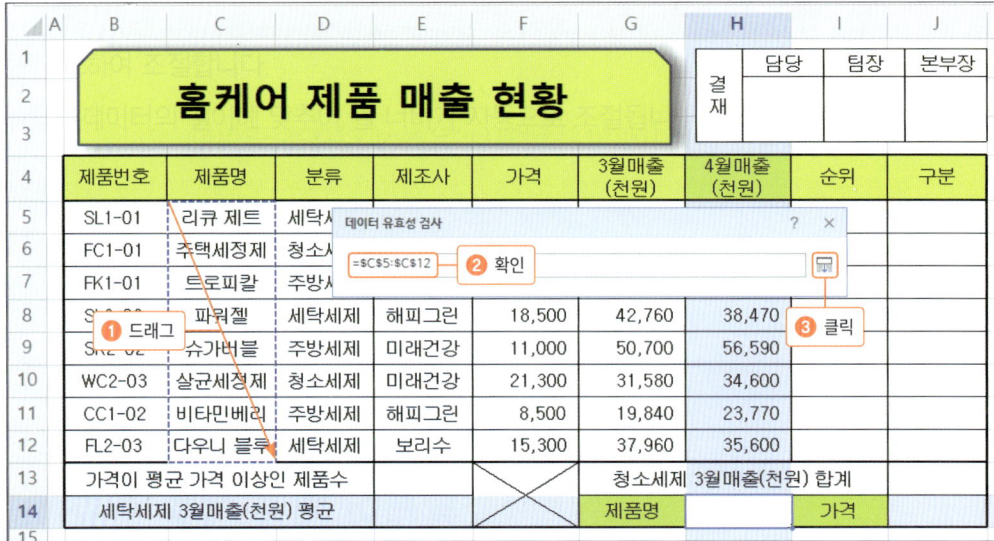

❹ [데이터 유효성 검사] 대화상자에서 '**=$C$5:$C$12**'('제품명' 범위) **영역**을 확인하고 〈설정〉 단추를 클릭합니다.

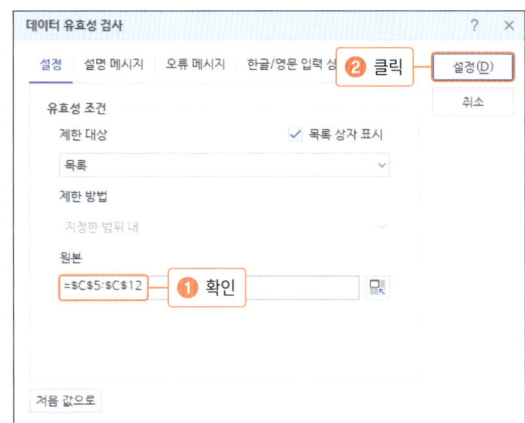

❺ [H14] **셀**에서 를 클릭하여 유효성 검사가 지정된 것을 확인한 후 ≪출력형태≫와 동일한 '**리큐 제트**'를 선택합니다.

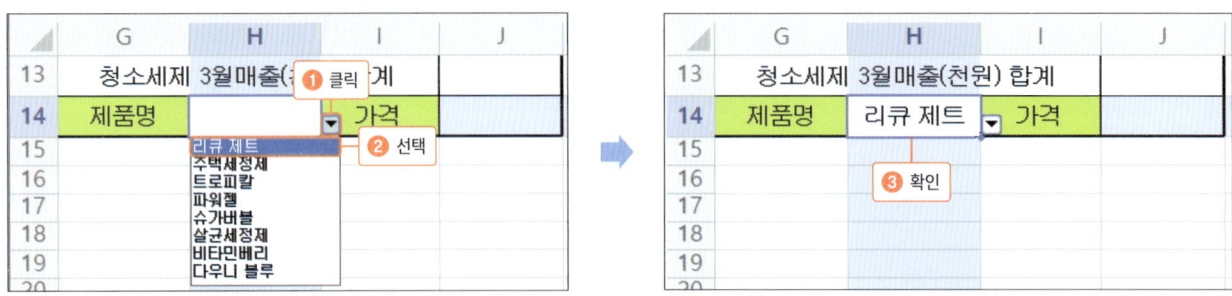

04 셀 서식 지정하기

○ 셀 서식 ⇒ 「F5:F12」 영역에 셀 서식을 이용하여 숫자 뒤에 '원'을 표시하시오(예 : 28,700원).

❶ **[F5:F12] 영역**을 드래그한 후 **Ctrl**+**1** 키를 누릅니다.

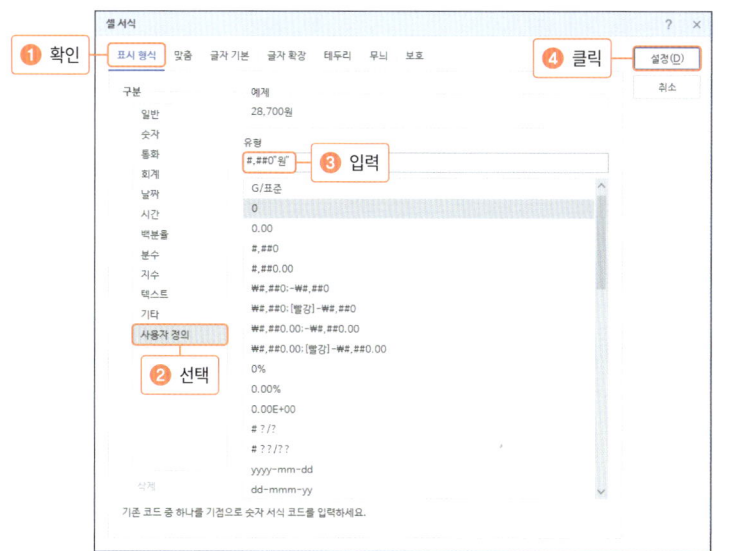

❷ [셀 서식] 대화상자가 나오면 [표시 형식] 탭-[구분]-**'사용자 정의'**를 선택합니다. 이어서, [유형]에 **'#,##0"명"'**을 입력한 다음 〈설정〉 단추를 클릭합니다.

※ [H5:H12] 영역에 서식이 지정된 것을 확인합니다.

[표시 형식]을 이용한 셀 서식 지정

❶ **#** : 숫자를 표시하는 기본 기호로 숫자가 없는 빈자리는 공백으로 처리합니다.
❷ **0** : 숫자를 표시하는 기호로 숫자가 없는 빈자리를 '0'으로 채웁니다.
❸ **쉼표 스타일(,)** : 천 단위 구분 기호를 표시합니다.
❹ **@** : 특정 문자를 붙여서 표기할 때 사용합니다.
❺ **"텍스트"** : 사용자 지정 서식에 문자열을 추가하여 보여줄 경우 큰 따옴표(" ")로 묶어 줍니다.

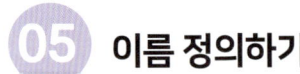
이름 정의하기

○ 「H5:H12」 영역에 대해 '매출4월'로 이름정의를 하시오.

❶ **[H5:H12] 영역**을 드래그한 다음 [이름 상자]에 **"매출4월"**을 입력하고 **Enter** 키를 누릅니다.

※ 셀이나 셀 범위를 참조할 때 셀 주소로 참조하는 것 보다 해당 범위에 이름을 지정하여 참조하는 것이 보다 쉽게 참조할 수 있습니다. [예] =SUM(매출4월) : 매출4월에 대한 합계를 구하기

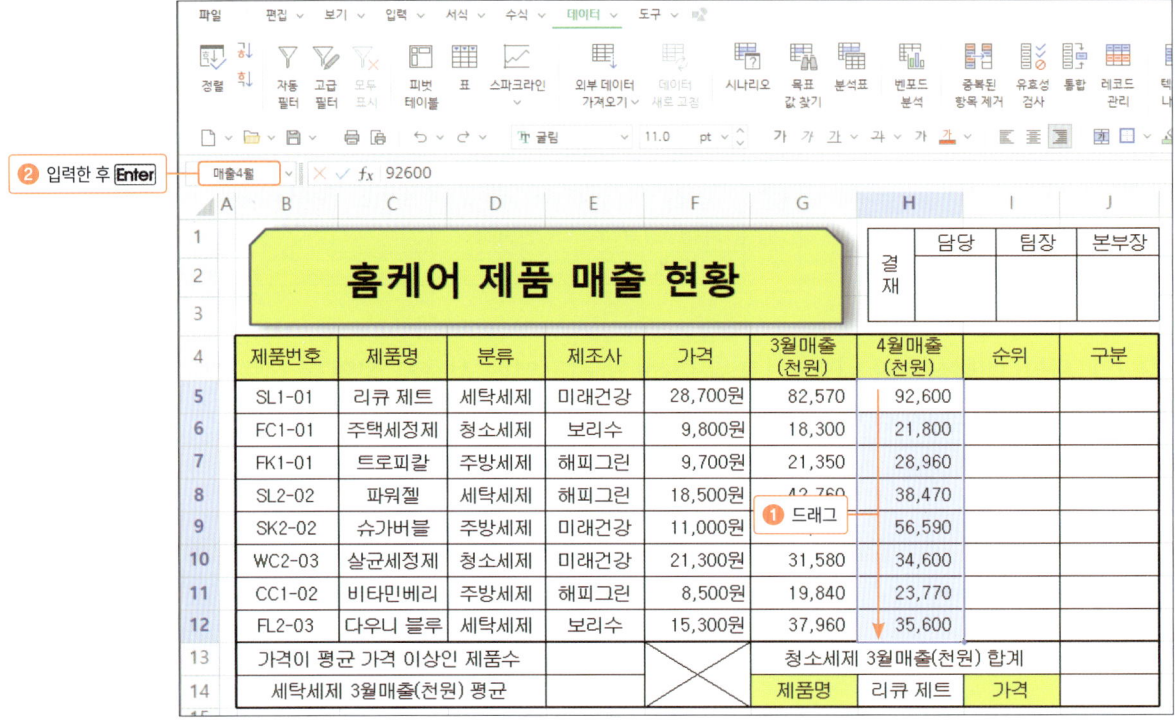

❷ 모든 작업이 끝나면 [파일]-[저장하기](**Ctrl** + **S**) 또는 [서식] 도구 상자에서 '**저장하기(💾)**'를 클릭합니다.

※ 실제 시험을 볼 때 작업 도중에 수시로(10분에 한 번 정도) 저장을 하는 것이 좋습니다.

사용자 지정 형식

❶ 100 단위 이하의 숫자인 경우에는 '#"텍스트"' 또는 '0"텍스트"'를 이용하며, 1,000 단위 이상의 숫자인 경우에는 '#,##0"텍스트"'를 이용하면 거의 대부분 《조건》에 맞는 결과를 얻을 수 있습니다.
 [예] 입력(1,000) → 사용자 지정 서식(#,##0"원") → 결과(1,000원)
 [예] 입력(100) → 사용자 지정 서식(#"명" 또는 0"명") → 결과(100명)
❷ 소수점일 경우에는 소수 자릿수(4.52)에 맞추어 '#.00' 또는 '0.00' 또는 'G/표준'을 이용합니다.
 [예] 입력(4.52) → 사용자 지정 서식(#.00"점" 또는 0.00"점" 또는 G표준"점") → 결과(4.52점)

[제1작업] 결재란 및 셀 서식 작업하기

 다음은 '소고기 부위별 판매 현황'에 대한 자료이다. 자료를 입력하고 조건에 맞도록 작업하시오.

· 소스 파일 : [출제유형 03]-정복03_문제01.cell   · 정답 파일 : [출제유형 03]-정복03_정답01.cell

≪출력형태≫ (240점)

	A	B	C	D	E	F	G	H	I	J
1								결재	담당	팀장	부장
2				소고기 부위별 판매 현황						
3										
4		품목코드	부위	생산일	구분	kg당 가격	판매량(단위:kg)	납품한 시장 수	판매순위	비고
5		FVS-39	앞다리	2023-12-19	1+등급	75,600	1,294	39	(1)	(2)
6		SKR-86	앞다리	2023-12-29	2등급	52,000	4,188	73	(1)	(2)
7		ATE-38	안심	2023-12-24	1++등급	98,200	1,350	37	(1)	(2)
8		MYH-19	안심	2023-12-22	1등급	95,600	1,472	38	(1)	(2)
9		FEW-29	등심	2023-12-24	1등급	79,200	4,870	86	(1)	(2)
10		EUY-39	앞다리	2023-12-30	1++등급	73,000	3,765	71	(1)	(2)
11		TVE-68	등심	2023-12-27	2등급	66,400	5,760	98	(1)	(2)
12		MTT-92	등심	2023-12-24	1+등급	88,700	3,240	56	(1)	(2)
13		kg당 최고 가격			(3)		앞다리 부위 판매량(단위:kg) 합계			(5)
14		등심 부위 납품한 시장 수 평균			(4)		품목코드	FVS-39	생산일	(6)

≪조건≫

○ 모든 데이터의 서식에는 글꼴(굴림, 11pt), 정렬은 숫자 및 회계 서식은 오른쪽 정렬, 나머지 서식은 가운데 정렬로 작성하며 예외적인 것은 ≪출력형태≫를 참조하시오.

○ 제 목 ⇒ '배지' 도형과 '바깥쪽 : 오른쪽 그림자'를 이용하여 작성하고 "소고기 부위별 판매 현황"을 입력한 후 다음 서식을 적용하시오(글꼴-굴림, 24pt, 검정, 진하게, 채우기-노랑).

○ 임의의 셀에 결재란을 만들고 '그림으로 복사하기' 기능을 이용하여 작성하시오(단, 원본 삭제).

○ 「B4:J4, G14, I14」 영역은 '노랑'으로 채우기 하시오.

○ 유효성 검사를 이용하여 「H14」 셀에 품목코드(「B5:B12」 영역)가 선택 표시되도록 하시오.

○ 셀 서식 ⇒ 「F5:F12」 영역에 셀 서식을 이용하여 숫자 뒤에 '원'을 표시하시오(예 : 75,600원).

○ 「F5:F12」 영역에 대해 '가격'으로 이름정의를 하시오.

※ ≪조건≫ 중에서 파란색으로 표시된 내용만 작업합니다.

02. 다음은 '연구사업 진행 현황'에 대한 자료이다. 자료를 입력하고 조건에 맞도록 작업하시오.

• 소스 파일 : [출제유형 03]-정복03_문제02.cell   • 정답 파일 : [출제유형 03]-정복03_정답02.cell

≪출력형태≫ (240점)

	A	B	C	D	E	F	G	H	I	J
1								결재	담당	팀장	본부장
2			연구사업 진행 현황								
3											
4		관리코드	사업명	관리팀	사업구분	진행인원수	시작일	기본예산(단위:원)	진행기간	예산순위
5		EA4-06	이러닝	교육관리	교육	7	2023-07-10	46,200,000	(1)	(2)
6		TA3-07	AR개발	개발1팀	기술	11	2023-07-01	83,700,000	(1)	(2)
7		TS1-12	홈네트워크	개발2팀	기술	13	2023-06-20	185,000,000	(1)	(2)
8		MA2-03	마케팅	개발1팀	영업	3	2023-10-05	22,700,000	(1)	(2)
9		TE1-10	네트워크보안	개발1팀	기술	10	2023-06-01	136,000,000	(1)	(2)
10		SA2-05	VR개발	개발2팀	기술	9	2023-08-10	34,700,000	(1)	(2)
11		EA4-04	연수원관리	교육관리	교육	6	2023-09-20	28,000,000	(1)	(2)
12		TE3-05	환경개선	개발2팀	기술	7	2023-09-01	103,000,000	(1)	(2)
13		개발1팀 기본예산(단위:원) 평균			(3)		교육 사업의 총 기본예산(단위:원)			(5)
14		최다 진행인원수			(4)		사업명	이러닝	사업구분	(6)

≪조건≫

○ 모든 데이터의 서식에는 글꼴(굴림, 11pt), 정렬은 숫자 및 회계 서식은 오른쪽 정렬, 나머지 서식은 가운데 정렬로 작성하며 예외적인 것은 ≪출력형태≫를 참조하시오.

○ 제 목 ⇒ '십자형' 도형과 '바깥쪽 : 오른쪽 그림자'를 이용하여 작성하고 "연구사업 진행 현황"을 입력한 후 다음 서식을 적용하시오(글꼴-굴림, 24pt, 검정, 진하게, 채우기-노랑).

○ 임의의 셀에 결재란을 만들고 '그림으로 복사하기' 기능을 이용하여 작성하시오(단, 원본 삭제).

○ 「B4:J4, G14, I14」 영역은 '노랑'으로 채우기 하시오.

○ 유효성 검사를 이용하여 「H14」 셀에 사업명('C5:C12」 영역)이 선택 표시되도록 하시오.

○ 셀 서식 ⇒ 「F5:F12」 영역에 셀 서식을 이용하여 숫자 뒤에 '명'을 표시하시오(예 : 7명).

○ 「F5:F12」 영역에 대해 '진행인원수'로 이름정의를 하시오.

※ ≪조건≫ 중에서 파란색으로 표시된 내용만 작업합니다.

03 다음은 '자원봉사자 모집 및 신청 현황'에 대한 자료이다. 자료를 입력하고 조건에 맞도록 작업하시오.

• 소스 파일 : [출제유형 03]-정복03_문제03.cell   • 정답 파일 : [출제유형 03]-정복03_정답03.cell

≪출력형태≫ (240점)

모집코드	봉사명	구분	활동주기	봉사시간	모집인원(단위:명)	신청인원(단위:명)	봉사시작일	순위
CB-110	안과치료	의료봉사	월 1회	8	1,300	1,783	(1)	(2)
BC-115	연극	문화봉사	월 1회	6	750	657	(1)	(2)
BC-101	사물놀이	문화봉사	주 1회	4	1,800	954	(1)	(2)
JC-112	미용	기술봉사	주 2회	3	1,230	1,450	(1)	(2)
BC-120	국악위문	문화봉사	월 1회	8	1,500	1,650	(1)	(2)
CB-101	치과치료	의료봉사	주 2회	8	1,120	1,350	(1)	(2)
BC-122	한방치료	의료봉사	주 1회	7	500	389	(1)	(2)
JC-101	도배	기술봉사	주 2회	5	1,500	1,289	(1)	(2)
문화봉사 신청인원(단위:명) 평균			(3)		최저 봉사시간			(5)
의료봉사 신청인원(단위:명) 합계			(4)		봉사명	안과치료	신청인원(단위:명)	(6)

≪조건≫

○ 모든 데이터의 서식에는 글꼴(굴림, 11pt), 정렬은 숫자 및 회계 서식은 오른쪽 정렬, 나머지 서식은 가운데 정렬로 작성하며 예외적인 것은 ≪출력형태≫를 참조하시오.
○ 제 목 ⇒ '사다리꼴' 도형과 '바깥쪽 : 오른쪽 그림자'를 이용하여 작성하고 "자원봉사자 모집 및 신청 현황"을 입력한 후 다음 서식을 적용하시오(글꼴-굴림, 24pt, 검정, 진하게, 채우기-노랑).
○ 임의의 셀에 결재란을 만들고 '그림으로 복사하기' 기능을 이용하여 작성하시오(단, 원본 삭제).
○ 「B4:J4, G14, I14」 영역은 '노랑'으로 채우기 하시오.
○ 유효성 검사를 이용하여 「H14」 셀에 봉사명(「C5:C12」 영역)이 선택 표시되도록 하시오.
○ 셀 서식 ⇒ 「F5:F12」 영역에 셀 서식을 이용하여 숫자 뒤에 '시간'을 표시하시오(예 : 8시간).
○ 「F5:F12」 영역에 대해 '봉사시간'으로 이름정의를 하시오.

※ ≪조건≫ 중에서 파란색으로 표시된 내용만 작업합니다.

04 다음은 '인기 복합기 판매 현황'에 대한 자료이다. 자료를 입력하고 조건에 맞도록 작업하시오.

- 소스 파일 : [출제유형 03]-정복03_문제04.cell
- 정답 파일 : [출제유형 03]-정복03_정답04.cell

숏츠(Shorts)

≪출력형태≫ (240점)

	B	C	D	E	F	G	H	I	J
1							확인	담당	팀장	센터장
2		인기 복합기 판매 현황							
3									
4	제품코드	제품명	제조사	판매금액	인쇄속도(ppm)	판매수량(단위:대)	재고수량(단위:대)	판매순위	평가
5	K2949	루이	레온	149,000	14	157	64	(1)	(2)
6	P3861	레옹	이지전자	150,000	16	184	48	(1)	(2)
7	L3997	지니	레온	344,000	15	154	101	(1)	(2)
8	K2789	퍼플	티파니	421,000	19	201	65	(1)	(2)
9	K6955	밴티지	이지전자	175,000	6	98	128	(1)	(2)
10	P3811	다큐프린터	레온	245,000	17	217	87	(1)	(2)
11	L3711	로사프린터	티파니	182,000	12	256	36	(1)	(2)
12	L4928	새롬레이저	이지전자	389,000	18	94	117	(1)	(2)
13	티파니 제조사 재고수량(단위:대) 합계			(3)		티파니 제조사 비율			(5)
14	레온 제조사 최고 판매금액			(4)		제품코드	K2949	판매수량(단위:대)	(6)

≪조건≫

○ 모든 데이터의 서식에는 글꼴(굴림, 11pt), 정렬은 숫자 및 회계 서식은 오른쪽 정렬, 나머지 서식은 가운데 정렬로 작성하며 예외적인 것은 ≪출력형태≫를 참조하시오.

○ 제 목 ⇒ '육각형' 도형과 '바깥쪽 : 오른쪽 그림자'를 이용하여 작성하고 "인기 복합기 판매 현황"을 입력한 후 다음 서식을 적용하시오(글꼴-굴림, 24pt, 검정, 진하게, 채우기-노랑).

○ 임의의 셀에 결재란을 만들고 '그림으로 복사하기' 기능을 이용하여 작성하시오(단, 원본 삭제).

○ 「B4:J4, G14, I14」 영역은 '노랑'으로 채우기 하시오.

○ 유효성 검사를 이용하여 「H14」 셀에 제품코드(「B5:B12」 영역)가 선택 표시되도록 하시오.

○ 셀 서식 ⇒ 「E5:E12」 영역에 셀 서식을 이용하여 숫자 뒤에 '원'을 표시하시오(예 : 149,000원).

○ 「G5:G12」 영역에 대해 '판매수량'으로 이름정의를 하시오.

※ ≪조건≫ 중에서 파란색으로 표시된 내용만 작업합니다.

[제1작업] 값 계산(함수) 및 조건부 서식

출제유형 04

PART 02 출제유형 완전정복

문제 풀이

- ☑ 다양한 함수의 기능 및 사용 방법 익히기
- ☑ 조건부 서식을 이용하여 특정 셀에 서식 지정하기

문제 미리보기

소스 파일 : [출제유형 04]-유형04_문제.cell   정답 파일 : [출제유형 04]-유형04_정답.cell

☞ 다음은 '홈케어 제품 매출 현황'에 대한 자료이다. 자료를 입력하고 조건에 맞도록 작업하시오.

≪출력형태≫ (240점)

	A	B	C	D	E	F	G	H	I	J
1									담당	팀장	본부장
2			홈케어 제품 매출 현황					결재			
3											
4		제품번호	제품명	분류	제조사	가격	3월매출(천원)	4월매출(천원)	순위	구분
5		SL1-01	리큐 제트	세탁세제	미래건강	28,700	82,570	92,600	(1)	(2)
6		FC1-01	주택세정제	청소세제	보리수	9,800	18,300	21,800	(1)	(2)
7		FK1-01	트로피칼	주방세제	해피그린	9,700	21,350	28,960	(1)	(2)
8		SL2-02	파워젤	세탁세제	해피그린	18,500	42,760	38,470	(1)	(2)
9		SK2-02	슈가버블	주방세제	미래건강	11,000	50,700	56,590	(1)	(2)
10		WC2-03	살균세정제	청소세제	미래건강	21,300	31,580	34,600	(1)	(2)
11		CC1-02	비타민베리	주방세제	해피그린	8,500	19,840	23,770	(1)	(2)
12		FL2-03	다우니 블루	세탁세제	보리수	15,300	37,960	35,600	(1)	(2)
13		가격이 평균 가격 이상인 제품수				(3)		청소세제 3월매출(천원) 합계			(5)
14		세탁세제 3월매출(천원) 평균				(4)		제품명	리큐 제트	가격	(6)

≪조건≫

◉ (1)~(6) 셀은 반드시 **주어진 함수를 이용**하여 값을 구하시오(결과값을 직접 입력하면 해당 셀은 0점 처리됨).
  (1) 순위 ⇒ 정의된 이름(매출4월)을 이용하여 4월매출(천원)의 내림차순 순위를 구하시오(RANK.EQ 함수).
  (2) 구분 ⇒ 제품번호의 세 번째 글자가 '1'이면 '농축', 그 외에는 '일반'으로 표시하시오(IF, MID 함수).
  (3) 가격이 평균 가격 이상인 제품수 ⇒ 결과값에 '개'를 붙이시오
       (COUNTIF, AVERAGE 함수, & 연산자)(예 : 1개).
  (4) 세탁세제 3월매출(천원) 평균 ⇒ 조건은 입력데이터를 이용하시오(DAVERAGE 함수).
  (5) 청소세제 3월매출(천원) 합계 ⇒ (SUMIF 함수)
  (6) 가격 ⇒ 「H14」셀에서 선택한 제품명에 대한 가격을 구하시오(VLOOKUP 함수).
  (7) 조건부 서식의 수식을 이용하여 4월매출(천원)이 '30,000' 이하인 행 전체에 다음의 서식을 적용하시오
     (글꼴 : 파랑, 진하게).

01 함수 입력 방법

❶ '함수'는 미리 정의되어 있는 수식으로 특정 값(인수)이 입력되면 일련의 규칙에 의해 그에 대응하는 값을 산출해 줍니다.

❷ 함수를 이용한 수식 계산은 **'등호, 함수 이름, 왼쪽 괄호, 인수, 오른쪽 괄호'** 순으로 작성됩니다.

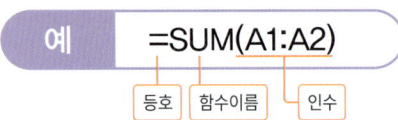

❸ 각각의 인수는 쉼표(,)로 구분하고 인수의 범위를 나타낼 경우에는 **콜론(:)** 을 이용합니다.

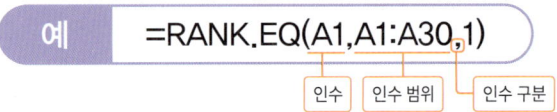

❹ 문자열을 인수로 사용할 경우에는 **큰 따옴표(" ")** 로 묶어줍니다.

예 =IF(B2>=70,"합격","불합격")

❺ 간단한 수식으로 처리가 가능한 함수는 셀에 직접 입력하고, 함수식을 정확하게 모를 경우에는 수식 입력줄의 **'함수 마법사(fx)'** 를 이용합니다.

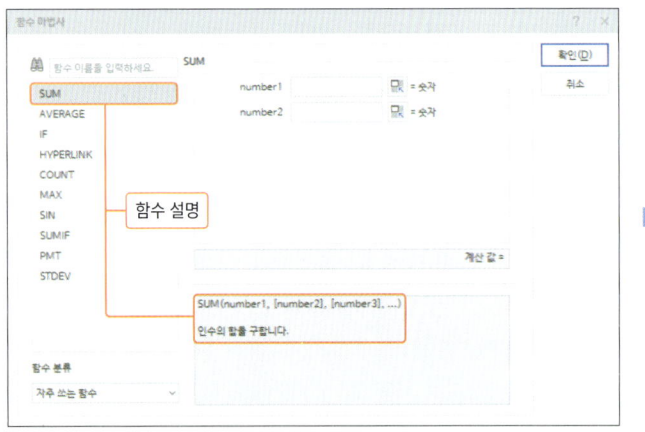

▲ [함수 마법사] 대화상자의 '함수' 설명 부분

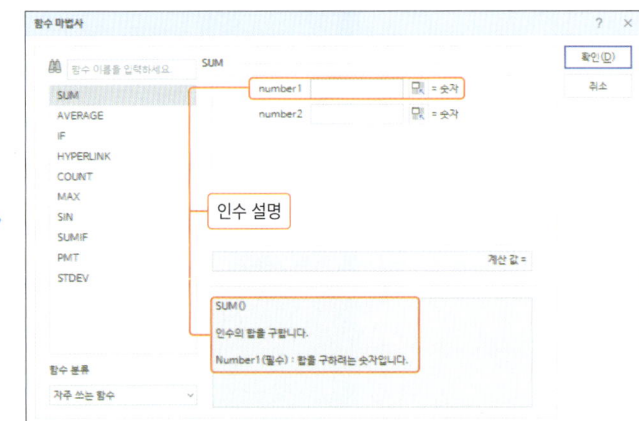

▲ [함수 마법사] 대화상자의 '인수' 설명 부분

> **TIP 인수와 상수**
> ❶ **인수** : 내장 함수의 구성 요소로 SUM 함수를 이용하여 [A1], [A2] 셀의 값을 더할 때 [A1], [A2] 셀을 '인수'라고 합니다. [예] =SUM(A1:A2)
> ❷ **상수** : 사용자가 입력하는 고정된 숫자, 문자, 날짜, 시간 데이터 등을 의미합니다.

셀 참조

① 셀 참조는 '상대 참조'와 '절대 참조'로 구분됩니다.

② '상대 참조'와 '절대 참조'를 지정하기 위해서는 셀을 선택한 후 F4 키를 이용합니다.

③ **상대 참조(=A1)**로 계산된 수식에 자동 채우기를 실행하면 셀 참조 위치가 계산식의 참조 위치에 맞게 자동으로 변경됩니다.

④ **절대 참조(=$A$1)**로 계산된 수식에 자동 채우기를 실행하면 셀 참조 위치가 고정되어 변경되지 않습니다.

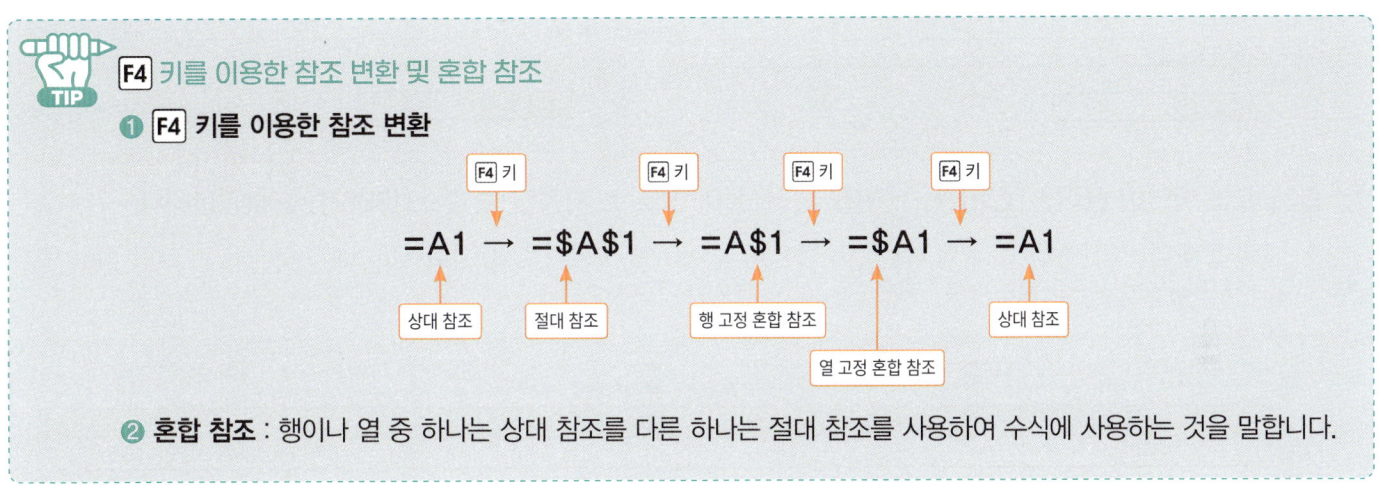

■ 상대 참조

① [파일]-[불러오기]를 클릭한 후 '유형04_상대참조.cell' 파일을 불러옵니다.

② [E3] 셀에 함수식 '**=SUM(B3:D3)**'을 입력한 후 Enter 키를 누릅니다.

③ 함수식 계산이 완료되면 **채우기 핸들(+)**을 드래그하여 [E5] 셀까지 자동 채우기를 실행한 후 합계 결과를 확인합니다.

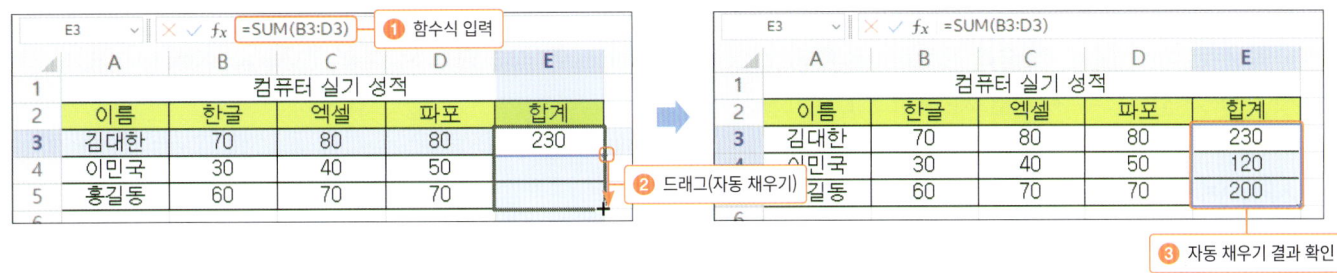

④ 합계 결과 확인이 끝나면 Ctrl + ~ 키를 눌러 '**상대 참조**'를 확인합니다.

※ Ctrl + ~ 키를 누를 때마다 '수식 보기'와 '기본 보기'로 전환합니다.

	A	B	C	D	E
1	컴퓨터 실기 성적				
2	이름	한글	엑셀	파포	합계
3	김대한	70	80	80	=SUM(B3:D3)
4	이민국	30	40	50	=SUM(B4:D4)
5	홍길동	60	70	70	=SUM(B5:D5)

■ 절대 참조

① [파일]-[불러오기]를 클릭한 후 '유형04_절대참조.cell' 파일을 불러옵니다.

② [E3] 셀에 함수식 **'=SUM(B3:D3)+$B$7'** 을 입력한 후 **Enter** 키를 누릅니다.

③ 함수식 계산이 완료되면 **채우기 핸들(+)** 을 드래그하여 [E5] 셀까지 자동 채우기를 실행한 후 합계 결과를 확인합니다.

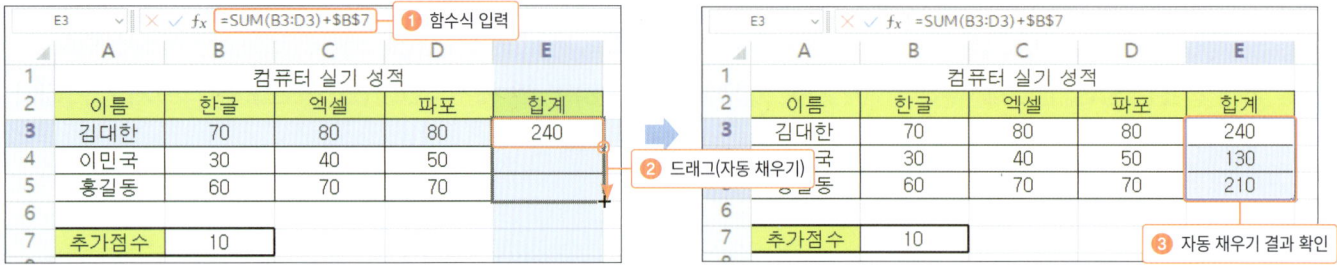

④ 합계 결과 확인이 끝나면 **Ctrl**+**~** 키를 눌러 '절대 참조'로 지정된 **셀 주소([$B$7])** 를 확인합니다.

※ '상대 참조'와 '절대 참조'를 함께 사용하여 학생별 컴퓨터 실기 성적 합계(상대 참조)에 모두 똑같이 추가 점수 10점을 더한(절대 참조) 결과입니다.

	A	B	C	D	E
1	컴퓨터 실기 성적				
2	이름	한글	엑셀	파포	합계
3	김대한	70	80	80	=SUM(B3:D3)+$B$7
4	이민국	30	40	50	=SUM(B4:D4)+$B$7
5	홍길동	60	70	70	=SUM(B5:D5)+$B$7
6					
7	추가점수	10			

03 계산식과 연산자

■ 계산식

함수를 사용하지 않고 셀 주소 값을 이용하여 연산을 수행하는 식으로 반드시 '='을 먼저 입력해야 하며, 일반적인 사칙연산 기호(+, -, *, /)로 계산합니다. [예] =A1+B1+C1

■ 산술 연산자

더하기(+), 빼기(-), 곱하기(*), 나누기(/) 등 가장 기본적인 연산을 하기 위해 필요한 연산자입니다.

[예] [A1] 셀에 입력된 값 : 50

연산자	기능	사용 예	결과	연산자	기능	사용 예	결과
+	더하기	=A1+10	60	/	나누기	=A1/10	5
-	빼기	=A1-10	40	^	거듭제곱(지수)	=A1^2	2500
*	곱하기	=A1*10	500	%	백분율	=A1%	0.5

■ 비교 연산자

두 값을 비교하여 결과가 '참'이면 논리값 'TRUE'를 표시하고, '거짓'이면 논리값 'FALSE'를 표시합니다.

[예] [A1] 셀에 입력된 값 : 10

연산자	기능	사용 예	결과	연산자	기능	사용 예	결과
=	같다	=A1=10	TRUE	>=	크거나 같다(이상)	=A1>=10	TRUE
<>	다르다(같지 않다)	=A1<>10	FALSE	<	작다(미만)	=A1<10	FALSE
>	크다(초과)	=A1>10	FALSE	<=	작거나 같다(이하)	=A1<=10	TRUE

■ 텍스트 연결 연산자(&)

- 텍스트를 연결해 주는 연산자로 '문자&문자', '숫자&숫자', '숫자&문자', '특정 셀&문자' 등 다양한 방법으로 활용됩니다.
- '숫자&숫자'의 결과는 문자로 인식합니다.

[예] [A1] 셀에 입력된 값 : 100

❶ =A1&"원" → 100원

❷ =A1&100 → 100100

❸ ="대한"&"민국" → 대한민국

04 시험에 나올 만한 함수 정리

ITQ 한셀 시험에서 가장 어려운 부분이 바로 함수 문제입니다.

최근 시행된 기출문제를 분석한 결과 아래 함수들이 중첩 함수 형태로 출제되고 있습니다. 참고로 함수 문제에서 '텍스트 연결 연산자(&)'가 연계되어 자주 출제되기 때문에 반드시 숙지하셔야 합니다.

구분	함수
통계 함수	RANK.EQ, COUNTIF, AVERAGE, MAX, MIN, LARGE
수학/삼각 함수	SUMIF, SUMPRODUCT, INT
문자열 함수	RIGHT, MID, LEFT
날짜/시간 함수	YEAR, TODAY
논리 함수	IF, AND, OR
찾기/참조 함수	VLOOKUP, CHOOSE
데이터베이스 함수	DSUM, DAVERAGE, DMIN, DCOUNT

▲ 최근 출제된 함수 목록

■ 통계 함수

- 소스 파일 : [출제유형04]-[함수]-유형04_통계 함수_문제.cell
- 정답 파일 : [출제유형04]-[함수]-유형04_통계 함수_정답.cell

❶ RANK.EQ 함수

기능	수 목록 내에서 지정한 수의 크기 순위를 구합니다.
형식	=RANK.EQ(순위를 구하려는 수, 순위를 구하려는 범위, 순위 결정 방법) ※ 순위 결정 방법 : '0' 또는 생략 시 '내림차순', '1'을 지정하면 '오름차순'으로 순위 지정
사용 예	평균을 기준으로 순위(내림차순)를 표시 ▶ 함수식 : =RANK.EQ(E2,$E$2:$E$4) | 이름	한글	엑셀	파포	평균	순위
---	---	---	---	---	---
김대한	85	75	80	80	2
이민국	70	60	60	63	3
홍길동	80	90	100	90	1	
중첩 예시	① 문제 : 서비스 순서 ⇒ 서비스 시작을 기준으로 오름차순 순위를 구한 결과값에 '위'를 붙이시오 　　　　(RANK.EQ 함수, & 연산자)(예 : 1위). ▶ 함수식 : =RANK.EQ(H5,$H$5:$H$12,1)&"위" → RANK.EQ+& 사용 ② 문제 : 판매 순위 ⇒ 판매수량(단위:EA)의 내림차순 순위를 1~3까지 구하고, 그 외에는 공백으로 나타내시오 　　　　(IF, RANK.EQ 함수). ▶ 함수식 : =IF(RANK.EQ(G5,$G$5:$G$12)<=3,RANK.EQ(G5,$G$5:$G$12),"") → IF+RANK.EQ 사용

※ '중첩 예시'는 함수가 어떤 형식으로 다른 함수와 중첩하여 출제되는지를 보여주기 위한 것으로 '유형정복 모의고사 및 기출예상문제'를 풀다가 이해가 되지 않을 경우 참고하시기 바랍니다.

❷ COUNTIF 함수

기능	지정한 범위 내에서 조건에 맞는 셀의 개수를 구하는 함수
형식	=COUNTIF(셀의 개수를 구하려는 셀 범위, 조건)
사용 예	한글, 엑셀, 파포 점수 중에서 '90'인 셀의 개수 표시 ▶ 함수식 : =COUNTIF(B2:D4,">=90") | 이름	한글	엑셀	파포	총점
---	---	---	---	---
김대한	85	75	80	240
이민국	70	75	60	205
홍길동	80	90	100	270
90점 이상인 셀의 개수				2	
중첩 예시	① 문제 : 현금 사용 개수 ⇒ 정의된 이름(거래방식)을 이용하여 구한 결과 값에 '개'를 붙이시오 　　　　(COUNTIF, & 연산자)(예 : 2개). ▶ 함수식 : =COUNTIF(거래방식,"현금")&"개" → COUNTIF+& 사용 ※ 이름으로 정의된 범위를 COUNTIF 함수식에 사용하여 개수를 구함 ② 문제 : 예상 관객수가 평균 이상인 영화제 수 ⇒ 결과 값 뒤에 '개'를 붙이시오 　　　　(COUNTIF, AVERAGE 함수, & 연산자)(예 : 2 → 2개). ▶ 함수식 : =COUNTIF(G5:G12,">="&AVERAGE(G5:G12))&"개" → COUNTIF+AVERAGE+& 사용

❸ AVERAGE 함수

기능	특정 범위(인수)의 평균 값을 구하는 함수
형식	=AVERAGE(셀 범위)
사용 예	한글, 엑셀, 파포 점수의 평균 값 표시 ▶ 함수식 : =AVERAGE(B2:D2) |	A	B	C	D	E
---	---	---	---	---	---
1	이름	한글	엑셀	파포	평균
2	김대한	85	75	80	80
3	이민국	70	75	60	68.333333
4	홍길동	80	90	100	90	
중첩 예시	① 문제 : 비고 ⇒ 4월과 5월 판매수량의 평균이 80,000 이상이면 '판매우수', 그 외에는 공백으로 구하시오 (IF, AVERAGE 함수). ▶ 함수식 : =IF(AVERAGE(F5:G5)>=80000,"판매우수","") → IF+AVERAGE 사용 ② 문제 : 판매수량(단위:대)의 평균 ⇒ 반올림하여 정수로 구하시오 (ROUND, AVERAGE 함수)(예 : 421.3 → 421). ▶ 함수식 : =ROUND(AVERAGE(G5:G12),0) → ROUND+AVERAGE 사용

❹ MAX 함수

기능	최댓값을 구하는 함수
형식	=MAX(셀 범위)
사용 예	학생들의 총점 중에서 가장 높은 총점 표시 ▶ 함수식 : =MAX(E2:E4) |	A	B	C	D	E	G
---	---	---	---	---	---	---
1	이름	한글	엑셀	파포	총점	가장 높은 총점
2	김대한	85	75	80	240	270
3	이민국	70	75	60	205	
4	홍길동	80	90	100	270		

❺ MIN 함수

기능	최솟값을 구하는 함수
형식	=MIN(셀 범위)
사용 예	학생들의 총점 중에서 가장 낮은 총점 표시 ▶ 함수식 : =MIN(E2:E4) |	A	B	C	D	E	G
---	---	---	---	---	---	---
1	이름	한글	엑셀	파포	총점	가장 낮은 총점
2	김대한	85	75	80	240	205
3	이민국	70	75	60	205	
4	홍길동	80	90	100	270		
중첩 예시	문제 : 최댓/최솟 판매량(단위:개)의 차이 ⇒ 「최댓 판매량(단위:개)-최솟 판매량(단위:개)」로 구하시오 (MAX, MIN 함수). ▶ 함수식 : =MAX(G5:G12)-MIN(G5:G12) → MAX+MIN 사용

❻ COUNT 함수

기능	지정된 셀 범위에서 숫자(날짜 포함)가 입력된 셀의 개수를 구하는 함수
형식	=COUNT(셀 범위)
사용 예	[A1:E4] 영역에서 숫자가 입력된 셀의 개수를 표시 ▶ 함수식 : =COUNT(A1:E4) |	A	B	C	D	E
---	---	---	---	---	---
1	이름	한글	엑셀	파포	기타
2	김대한	85	75	80	제출
3	이민국	70	75	60	미제출
4	홍길동	80	90	100	제출
5					
6	숫자가 입력된 셀의 개수				9	
중첩 예시	문제 : 출장일수가 3일 이하인 비율 ⇒ 「출장일수가 3일 이하인 개수÷출장일수의 개수」로 구한 결과값을 백분율로 표시하시오(COUNIF, COUNT 함수)(예 : 10%). ▶ 함수식 : =COUNTIF(G5:G12,"<=3")/COUNT(G5:G12) → COUNTIF+COUNT 사용

❼ COUNTA 함수

기능	지정된 셀 범위에서 공백을 제외한 모든(문자, 숫자, 논리값 등) 셀의 개수를 구하는 함수
형식	=COUNTA(셀 범위)
사용 예	[B2:E4] 영역에서 공백을 제외한 모든 셀의 개수를 표시 ▶ 함수식 : =COUNTA(B2:E4) |	A	B	C	D	E
---	---	---	---	---	---
1	이름	한글	엑셀	파포	기타
2	김대한	85	75	80	
3	이민국				결석
4	홍길동	80	90	100	
5					
6	공백을 제외한 셀의 개수				7	
중첩 예시	문제 : 렌트 기간이 3일 이상인 고객비율 ⇒ 전체 렌트 고객 중 렌트 기간이 3일 이상인 고객의 비율을 구한 결과 값을 백분율로 표시하시오(COUNTIF, COUNTA 함수)(예 : 10%) ▶ 함수식 : =COUNTIF(F5:F12,">=3")/COUNTA(F5:F12) → COUNTIF+COUNTA 사용

❽ LARGE 함수

기능	지정된 셀 범위에서 지정한 순위로 큰 값을 구하는 함수
형식	=LARGE(셀 범위, 몇 번째로 큰 값을 구할 숫자)
사용 예	학생들 총점 중에서 3번째로 높은 총점을 표시 ▶ 함수식 : =LARGE(E2:E6,3) |	A	B	C	D	E	F	G
---	---	---	---	---	---	---	---
1	이름	한글	엑셀	파포	총점		3번째로 높은 총점
2	김대한	85	75	80	240		250
3	이민국	70	75	60	205		
4	홍길동	80	90	100	270		
5	유재석	100	90	100	290		
6	강호동	90	80	80	250			

⑨ SMALL 함수

기능	지정된 셀 범위에서 지정한 순위로 작은 값을 구하는 함수
형식	=SMALL(셀 범위, 몇 번째로 작은 값을 구할 숫자)
사용 예	학생들 총점 중에서 2번째로 낮음 총점을 표시 ▶ 함수식 : =SMALL(E2:E6,2) |	A	B	C	D	E	F	G	H
---	---	---	---	---	---	---	---	---
1	이름	한글	엑셀	파포	총점		2번째로 낮은 총점	
2	김대한	85	75	80	240		240	
3	이민국	70	75	60	205			
4	홍길동	80	90	100	270			
5	유재석	100	90	100	290			
6	강호동	90	80	80	250			
7									

⑩ MEDIAN 함수

기능	지정된 셀 범위(주어진 수들)에서 중간 값을 구하는 함수
형식	=MEDIAN(셀 범위)
사용 예	한글, 엑셀, 파포, 인터넷 점수의 중간 값을 표시 ▶ 함수식 : =MEDIAN(B2:E2) |	A	B	C	D	E	F	G
---	---	---	---	---	---	---	---
1	이름	한글	엑셀	파포	인터넷	중간값	
2	김대한	85	75	80	80	80	
3	이민국	70	75	60	80	72.5	
4	홍길동	80	90	100	60	85	
5								
중첩 예시	문제 : 누적 판매량이 중간 값 미만인 상품의 개수 ⇒ 결과 값 뒤에 '개'를 붙이시오 (COUNTIF, MEDIAN 함수, & 연산자)(예 : 2개). ▶ 함수식 : =COUNTIF(H5:H12,"<"&MEDIAN(H5:H12))&"개" → COUNTIF+MEDIAN+& 사용

■ 수학/삼각 함수

- 소스 파일 : [출제유형04]-[함수]-유형04_수학 및 삼각 함수_문제.cell
- 정답 파일 : [출제유형04]-[함수]-유형04_수학 및 삼각 함수_정답.cell

1 ROUND 함수

기능	지정한 자릿수로 반올림하는 함수
형식	=ROUND(반올림할 수, 반올림할 자릿수)

	반올림할 자릿수	의미	함수식	결과 값
사용 예	1	소수 둘째 자리에서 반올림하여 소수 첫째 자리를 구함	=ROUND(12345.123,1)	=12345.1
	2	소수 셋째 자리에서 반올림하여 소수 둘째 자리를 구함	=ROUND(12345.123,2)	=12345.12
	3	소수 넷째 자리에서 반올림하여 소수 셋째 자리를 구함	=ROUND(12345.1234,3)	=12345.123
	0	소수 첫째 자리에서 반올림하여 일의 자리(정수)를 구함	=ROUND(12345.123,0)	=12345
	-1	정수 첫째 자리에서 반올림하여 십의 자리를 구함	=ROUND(12345,-1)	=12350
	-2	정수 둘째 자리에서 반올림하여 백의 자리를 구함	=ROUND(12345,-2)	=12300
	-3	정수 셋째 자리에서 반올림하여 천의 자리를 구함	=ROUND(12345,-3)	=12000

	A	B	C	D
1	데이터	결과		함수식
2	12345.6789	12345.679	◀	=ROUND(A2,3)
3	12345.6789	12345.7	◀	=ROUND(A3,1)
4	12345.6789	12346	◀	=ROUND(A4,0)
5	12345	12350	◀	=ROUND(A5,-1)
6				

중첩 예시

① 문제 : 상설전시 전시기간 평균 ⇒ 반올림하여 정수로 구하시오. 단, 조건은 입력데이터를 이용하시오
  (ROUND, DAVERAGE 함수)(예 : 45.6 → 46).
▶ 함수식 : =ROUND(DAVERAGE(B4:H12,H4,D4:D5),0) → ROUND+DAVERAGE 사용

② 문제 : 판매수량(단위:대)의 평균 ⇒ 반올림하여 정수로 구하시오
  (ROUND, AVERAGE 함수)(예 : 421.3 → 421).
▶ 함수식 : =ROUND(AVERAGE(G5:G12),0) → ROUND+AVERAGE 사용

③ 문제 : 개설강좌 총 수강료(단위:원) ⇒ 「수강료(단위:원)×수강인원」으로 구하되 반올림하여 천 단위까지
  구하시오(ROUND, SUMPRODUCT 함수)(예 : 12,345,670 → 12,346,000).
▶ 함수식 : =ROUND(SUMPRODUCT(G5:G12,H5:H12),-3) → ROUND+SUMPRODUCT 사용

❷ ROUNDDOWN 함수

기능	0에 가까운 방향으로 수를 내림하는 함수
형식	=ROUNDDOWN(내림할 수, 내림할 자릿수)
사용 예	<table><tr><th></th><th>A 데이터</th><th>B 결과</th><th>C</th><th>D 함수식</th></tr><tr><td>2</td><td>12345.6789</td><td>12345.678</td><td>◀</td><td>=ROUNDDOWN(A2,3)</td></tr><tr><td>3</td><td>12345.6789</td><td>12345.6</td><td>◀</td><td>=ROUNDDOWN(A3,1)</td></tr><tr><td>4</td><td>12345.6789</td><td>12345</td><td>◀</td><td>=ROUNDDOWN(A4,0)</td></tr><tr><td>5</td><td>12345</td><td>12340</td><td>◀</td><td>=ROUNDDOWN(A5,-1)</td></tr><tr><td>6</td><td></td><td></td><td></td><td></td></tr></table>
중첩 예시	① 문제 : 발라드 장르의 컬러링 다운로드 평균 ⇒ 내림하여 정수로 구하시오. 단, 조건은 입력데이터를 이용하시오(ROUNDDOWN, DAVERAGE 함수)(예 : 4,123.6 → 4,123). ▶ 함수식 : = ROUNDDOWN(DAVERAGE(B4:H12,H4,E4:E5),0) → ROUNDDOWN + DAVERAGE 사용 ② 문제 : 연령 ⇒ 「2020-생년월일의 연도」로 계산하되 내림하여 십의 단위로 구한 결과값에 '대'를 붙이시오 (ROUNDDOWN, YEAR 함수, & 연산자)(예 : 42 → 42대). ▶ 함수식 : = ROUNDDOWN(2020-YEAR(D5),-1)&"대" → ROUNDDOWN + YEAR + & 사용 ③ 문제 : 총 판매금액 ⇒ 「판매량(단위:BOX)×판매금액」으로 구하되 내림하여 천만 단위까지 구하시오 (ROUNDDOWN, SUMPRODUCT 함수)(예 : 123,456,000 → 120,000,000). ▶ 함수식 : = ROUNDDOWN(SUMPRODUCT(F5:F12,G5:G12),-7) → ROUNDDOWN + SUMPRODUCT 사용

❸ ROUNDUP 함수

기능	0에서 멀어지도록 수를 올림하는 함수
형식	=ROUNDUP(올림할 수, 올림할 자릿수)
사용 예	<table><tr><th></th><th>A 데이터</th><th>B 결과</th><th>C</th><th>D 함수식</th></tr><tr><td>2</td><td>12345.6789</td><td>12345.679</td><td>◀</td><td>=ROUNDDOWN(A2,3)</td></tr><tr><td>3</td><td>12345.6789</td><td>12345.7</td><td>◀</td><td>=ROUNDDOWN(A3,1)</td></tr><tr><td>4</td><td>12345.6789</td><td>12346</td><td>◀</td><td>=ROUNDDOWN(A4,0)</td></tr><tr><td>5</td><td>12345</td><td>12350</td><td>◀</td><td>=ROUNDDOWN(A5,-1)</td></tr><tr><td>6</td><td></td><td></td><td></td><td></td></tr></table>
중첩 예시	문제 : 네일 부문 고등부의 평균 ⇒ 올림하여 정수로 구하고, 조건은 입력데이터를 이용하시오 (ROUNDUP, DAVERAGE 함수)(예 : 212.3 → 213). ▶ 함수식 : = ROUNDUP(DAVERAGE(B4:H12,D4,B4:B5),0) → ROUNDUP + DAVERAGE 사용

④ SUMIF 함수

기능	주어진 조건으로 지정된 셀을 더하는 함수
형식	=SUMIF(조건에 맞는지 검사할 셀 범위, 조건, 합계를 구할 셀 범위)
사용 예	고학년 학생들의 '총점' 합계를 표시 ▶ 함수식 : =SUMIF(A2:A6,"고학년",F2:F6) |	A	B	C	D	E	F
---	---	---	---	---	---	---
1	학년	이름	한글	엑셀	파포	총점
2	고학년	김대한	85	75	80	240
3	저학년	이민국	70	75	60	205
4	고학년	홍길동	80	90	100	270
5	저학년	유재석	100	90	100	290
6	고학년	강호동	90	80	80	250
7	고학년 학생의 총점 합계					760	
중첩 예시	① 문제 : 대한항공 출발인원 평균 ⇒ (SUMIF, COUNTIF 함수) ▶ 함수식 : =SUMIF(D5:D12,"대한항공",F5:F12)/COUNTIF(D5:D12,"대한항공") → SUMIF +COUNTIF 사용 ② 문제 : 쌍둥이 판매수량 합계 ⇒ 쌍둥이 판매수량의 합계를 구한 결과값 뒤에 '대'를 붙이시오. (SUMIF 함수, & 연산자)(예 : 224대). ▶ 함수식 : =SUMIF(D5:D12,"쌍둥이",H5:H12)&"대" → SUMIF+& 사용

⑤ SUMPRODUCT 함수

기능	배열의 해당 요소들을 모두 곱하고 그 곱의 합계를 표시하는 함수
형식	=SUMPRODUCT(배열1, 배열2, …)
사용 예	배열1과 배열2의 값을 모두 곱한 결과를 합계로 표시 ▶ 함수식 : =SUMPRODUCT(A2:A5,B2:B5) → [A2]×[B2], [A3]×[B3], [A4]×[B4], [A5]×[B5]를 곱한 결과의 합계를 표시 |	A	B	C	D
---	---	---	---	---
1	배열1	배열2		결과
2	3	4		96
3	8	6		
4	5	3		
5	7	3			
중첩 예시	문제 : 총 판매금액 ⇒ 「판매량(단위:BOX)×판매금액」으로 구하되 내림하여 천만 단위까지 구하시오. (ROUNDDOWN, SUMPRODUCT 함수)(예 : 123,456,000 → 120,000,000). ▶ 함수식 : =ROUNDDOWN(SUMPRODUCT(F5:F12,G5:G12),-7) → ROUNDDOWN+SUMPRODUCT 사용

⑥ INT 함수

기능	소수점 아래를 버리고 가장 가까운 정수로 내림하는 함수
형식	=INT(정수로 내림하려는 실수)
사용 예	실수를 정수로 변환하여 값을 표시 ▶ 함수식 : =INT(5.5) | | A | B | C | |---|---|---|---| | 1 | 결과 | | 함수식 | | 2 | 5 | ◀ | =INT(5.5) | | 3 | -6 | ◀ | =INT(-5.5) | | 4 | 55 | ◀ | =INT(55.55) | | 5 | -56 | ◀ | =INT(-55.55) |
중첩 예시	① 문제 : 비고 ⇒ 업데이트 만족도의 소수점 이하 부분이 0.5 이상이면 '★'를 표시하고 그 외에는 공백으로 구하시오(IF, INT 함수). ▶ 함수식 : =IF(G5-INT(G5)>=0.5,"★","") → IF+INT 사용 ② 문제 : 초등학생 평균 교육비(단위:원) ⇒ 조건은 입력데이터를 이용하고, 버림하여 정수로 구하시오 (INT, DAVERAGE 함수)(예 : 27,356.7 → 27,356). ▶ 함수식 : =INT(DAVERAGE(B4:H12,G4,D4:D5)) → INT+DAVERAGE 사용

■ 문자열 함수

- 소스 파일 : [출제유형04]-[함수]-유형04_문자열 함수_문제.cell
- 정답 파일 : [출제유형04]-[함수]-유형04_문자열 함수_정답.cell

① LEFT 함수

기능	문자열의 왼쪽부터 지정한 수만큼의 문자를 표시해 주는 함수
형식	=LEFT(문자열, 추출할 문자 수)
사용 예	왼쪽부터 지정한 수만큼 문자열을 추출하여 표시 ▶ 함수식 : =LEFT(A2,5) | | A | B | C | D | |---|---|---|---|---| | 1 | 데이터 | 결과 | | 함수식 | | 2 | 한컴오피스 한셀 2016 | 한컴오피스 | ◀ | =LEFT(A2,5) | | 3 | 한컴오피스 한셀 2016 | 한컴오피스 한셀 | ◀ | =LEFT(A3,8) | | 4 | 한컴오피스 한셀 2016 | 한컴오피스 한셀 2016 | ◀ | =LEFT(A4,13) |
중첩 예시	① 문제 : 비고 ⇒ 제품코드의 첫 번째 글자가 K이면 '키즈제품', 그 외에는 공백으로 구하시오(IF, LEFT 함수). ▶ 함수식 : =IF(LEFT(B5,1)="K","키즈제품","") → IF+LEFT 사용 ② 문제 : 지역 ⇒ 관리번호의 첫 번째 글자가 1이면 '서울', 2이면 '경기', 3이면 '인천'으로 구하시오 (CHOOSE, LEFT 함수). ▶ 함수식 : =CHOOSE(LEFT(B5,1),"서울","경기","인천") → CHOOSE+LEFT 사용

❷ RIGHT 함수

기능	문자열의 오른쪽부터 지정한 수만큼의 문자를 표시해 주는 함수
형식	=RIGHT(문자열, 추출할 문자 수)
사용 예	오른쪽부터 지정한 수만큼 문자열을 추출하여 표시 ▶ 함수식 : =RIGHT(A2,5) |	A	B	C	D	E
---	---	---	---	---	---
1	데이터	결과		함수식	
2	한컴오피스 한셀 2016	2016	◀	=RIGHT(A2,5)	
3	한컴오피스 한셀 2016	한셀 2016	◀	=RIGHT(A3,7)	
4	한컴오피스 한셀 2016	한컴오피스 한셀 2016	◀	=RIGHT(A4,13)	
5						
중첩 예시	① 문제 : 분류 ⇒ 제품코드의 마지막 글자가 M이면 '메이크업', 그 외에는 '스킨케어'로 구하시오 (IF, RIGHT 함수). ▶ 함수식 : =IF(RIGHT(B5,1)="M","메이크업","스킨케어") → IF+RIGHT 사용 ② 문제 : 성별 ⇒ 사원코드의 마지막 글자가 1이면 '남자', 2이면 '여자'로 구하시오(CHOOSE, RIGHT 함수). ▶ 함수식 : =CHOOSE(RIGHT(D5,1),"남자","여자") → CHOOSE+RIGHT 사용 ③ 문제 : 광고시작일 ⇒ 광고번호의 마지막 두 자리 숫자를 월로, 일은 '10'으로 하는 2018년도 날짜를 구하시오 (DATE, RIGHT 함수)(예 : C3–07 → 2018–07–10). ▶ 함수식 : =DATE(2018,RIGHT(B5,2),10) → DATE+RIGHT 사용

❸ MID 함수

기능	문자열의 시작 위치와 추출할 문자의 수를 지정하여 문자를 표시해 주는 함수
형식	=MID(문자열, 시작 위치, 추출할 문자의 수)
사용 예	시작 위치와 추출할 문자의 개수를 입력하여 문자열을 추출하여 표시 ▶ 함수식 : =MID(A2,1,6) |	A	B	C	D	E
---	---	---	---	---	---
1	데이터	결과		함수식	
2	한컴오피스 한셀 2016	한컴오피스	◀	=MID(A2,1,6)	
3	한컴오피스 한셀 2016	한셀	◀	=MID(A3,7,2)	
4	한컴오피스 한셀 2016	2016	◀	=MID(A4,10,4)	
5						
중첩 예시	① 문제 : 그룹명 ⇒ 번호의 두 번째 글자가 A이면 'A그룹', 그 외에는 'B그룹'으로 구하시오(IF, MID 함수). ▶ 함수식 : =IF(MID(B5,2,1)="A","A그룹","B그룹") → IF+MID 사용 ② 문제 : 저장소 ⇒ 상품코드의 다섯 번째 문자 값이 1이면 '냉장보관', 2이면 '건냉한 장소', 3이면 '냉동보관'으로 표시하시오(CHOOSE, MID 함수). ▶ 함수식 : =CHOOSE(MID(B5,5,1),"냉장보관","건냉한 장소","냉동보관") → CHOOSE+MID 사용 ③ 문제 : 2차 검사일 ⇒ 최근 검사월의 여섯 개의 문자는 연도 네 자리와 월 두 자리를 표시한 것이다. 월에 3을 더해 3개월 후의 1일 날짜로 표시하시오 (DATE, MID 함수)(예 : 202009 → 2020–12–01). ▶ 함수식 : =DATE(MID(H5,1,4),MID(H5,5,2)+3,1) → DATE+MID 사용

■ 날짜/시간 함수

- 소스 파일 : [출제유형04]-[함수]-유형04_날짜와 시간 함수_문제.cell
- 정답 파일 : [출제유형04]-[함수]-유형04_날짜와 시간 함수_정답.cell

❶ DATE 함수

기능	특정한 날짜를 표시하기 위한 함수
형식	=DATE(년, 월, 일)
사용 예	'2020.12.25.'를 날짜로 표시 ▶ 함수식 : =DATE(2020,12,25)
중첩 예시	① 문제 : 광고시작일 ⇒ 광고번호의 마지막 두 자리 숫자를 월로, 일은 '10'으로 하는 2020년도 날짜를 구하시오 (DATE, RIGHT 함수)(예 : C3-07 → 2020-07-10). ▶ 함수식 : =DATE(2020,RIGHT(B5,2),10) → DATE+RIGHT 사용 ② 문제 : 2차 검사일 ⇒ 최근 검사월의 여섯 개의 문자는 연도 네 자리와 월 두 자리를 표시한 것이다. 월에 3을 더해 3개월 후의 1일 날짜로 표시하시오(DATE, MID 함수)(예 : 202009 → 2020-12-01). ▶ 함수식 : =DATE(MID(H5,1,4),MID(H5,5,2)+3,1) → DATE+MID 사용

❷ YEAR 함수

기능	날짜 데이터에서 '년'에 해당하는 숫자를 표시하는 함수
형식	=YEAR(년이 들어 있는 날짜 or 셀 주소)
사용 예	'2020-12-25'에서 연도만 추출하여 표시 ▶ 함수식 : =YEAR("2020-12-25")
중첩 예시	① 문제 : 출시연도 ⇒ 출시일의 연도를 추출하여 "년"을 붙이시오(YEAR 함수, & 연산자)(예 : 2020년). ▶ 함수식 : =YEAR(H5)&"년" → YEAR+& 사용 ② 문제 : 비고 ⇒ 출시일의 연도가 2020이면 '신상품', 그 외에는 공백으로 표시하시오(IF, YEAR 함수). ▶ 함수식 : =IF(YEAR(E5) = 2020,"신상품","") → IF+YEAR 사용 ③ 문제 : 부르즈 할리파 건물 연수 ⇒ 「시스템 오늘의 연도-완공연도」로 구한 결과값에 '년을 붙이시오(YEAR, TODAY 함수, & 연산자)(예 : 2년). ▶ 함수식 : =YEAR(TODAY())-G9&"년" → YEAR+TODAY+& 사용 ④ 문제 : 연령 ⇒ 「2020-생년월일의 연도」로 계산하되 내림하여 십의 단위로 구한 결과값에 '대'를 붙이시오 (ROUNDDOWN, YEAR 함수, & 연산자)(예 : 42 → 42대). ▶ 함수식 : =ROUNDDOWN(2020-YEAR(D5),-1)&"대" → ROUNDDOWN+YEAR+& 사용

❸ MONTH 함수

기능	날짜 데이터에서 '월'에 해당하는 숫자를 표시하는 함수
형식	=MONTH(날짜 or 셀 주소)
사용 예	'2020-12-25'에서 월만 추출하여 표시 ▶ 함수식 : =MONTH("2020-12-25") | 날짜 데이터	결과	함수식 | |---|---|---| | | 12 | =MONTH("2020-12-25") | | 2020-12-25 | 12 | =MONTH(A3) |
중첩 예시	① 문제 : 시작일 ⇒ 시작일의 월을 추출하여 '월'을 붙이시오 　　　　(MONTH 함수, & 연산자)(예 : 2020-09-05 → 9월). ▶ 함수식 : =MONTH(E5)&"월" → MONTH+& 사용 ② 문제 : 비고 ⇒ 행사일의 월이 7이면 '7월', 그 외에는 공백으로 구하시오(IF, MONTH 함수). ▶ 함수식 : =IF(MONTH(F5) = 7,"7월","") → IF+MONTH 사용

❹ WEEKDAY 함수

기능	날짜 데이터에서 '요일'에 해당하는 숫자를 표시하는 함수
형식	=WEEKDAY(날짜,유형) | 유형	월	화	수	목	금	토	일 | |---|---|---|---|---|---|---|---| | 1(생략) : 1(일요일)~7(토요일) | 2 | 3 | 4 | 5 | 6 | 7 | 1 | | 2 : 1(월요일)~7(일요일) | 1 | 2 | 3 | 4 | 5 | 6 | 7 | | 3 : 0(월요일)~6(일요일) | 0 | 1 | 2 | 3 | 4 | 5 | 6 |
사용 예	유형에 따라 '2020-12-25'에서 요일만 추출하여 표시 ▶ 함수식 : =WEEKDAY(A2,1) ※ 2020년 12월 31일의 요일은 '목요일'입니다. 	날짜 데이터	결과	함수식	 |---|---|---| | 2020-12-31 | 5 | =WEEKDAY(A2,1) | | 2020-12-31 | 4 | =WEEKDAY(A3,2) | | 2020-12-31 | 3 | =WEEKDAY(A4,3) |
중첩 예시	① 문제 : 전시 시작일 요일 ⇒ 전시 시작일의 요일을 구하시오(CHOOSE, WEEKDAY 함수)(예 : 월요일). ▶ 함수식 : =CHOOSE(WEEKDAY(F5,2),"월요일","화요일","수요일","목요일","금요일","토요일","일요일") 　　　　→ CHOOSE+WEEKDAY 사용 ② 문제 : 측정요일 ⇒ 측정날짜의 요일이 토요일과 일요일이면 '주말', 그 외에는 '평일'로 구하시오 　　　　(IF, WEEKDAY 함수)(예 : 월요일) ▶ 함수식 : =IF(WEEKDAY(B5,2)>=6,"주말","평일") → IF+WEEKDAY 사용

⑤ TODAY 함수

기능	시스템의 현재 날짜를 표시하기 위한 함수
형식	=TODAY()
사용 예	현재 날짜를 표시 ▶ 함수식 : =TODAY() |	A
1	결과
2	2020-03-23	
중첩 예시	문제 : 부르즈 할리파 건물 연수 ⇒ 「시스템 오늘의 연도-완공연도」로 구한 결과 값에 '년'을 붙이시오 (YEAR, TODAY 함수, & 연산자)(예 : 2년). ▶ 함수식 : = YEAR(TODAY())-G9&"년" → YEAR+TODAY+& 사용

■ 논리 함수

- 소스 파일 : [출제유형04]-[함수]-유형04_논리 함수_문제.cell
- 정답 파일 : [출제유형04]-[함수]-유형04_논리 함수_정답.cell

① IF 함수

기능	특정 조건을 지정하여 해당 조건에 만족하면 '참(TRUE)'에 해당하는 내용을, 그렇지 않으면 '거짓(FALSE)'에 해당하는 내용을 표시하는 함수
형식	=IF(조건, 참일 때 수행할 내용, 거짓일 때 수행할 내용)
사용 예	평균이 80 이상이면 '합격' 그렇지 않으면 '불합격'을 표시 ▶ 함수식 : =IF(E2>=80,"합격","불합격") | 이름	한글	엑셀	파포	평균	결과	함수식
---	---	---	---	---	---	---
김대한	85	75	80	80	합격	=IF(E2>=80,"합격","불합격")
이민국	70	75	60	68	불합격	=IF(E3>=80,"합격","불합격")
홍길동	80	90	100	90	합격	=IF(E4>=80,"합격","불합격")
유재석	100	90	100	97	합격	=IF(E5>=80,"합격","불합격")
강호동	90	80	80	83	합격	=IF(E6>=80,"합격","불합격")	

중첩 예시	① 문제 : 판매 순위 ⇒ 판매수량(단위:EA)의 내림차순 순위를 1~3까지 구하고, 그 외에는 공백으로 나타내시오
	        (IF, RANK.EQ 함수).
	▶ 함수식 : =IF(RANK.EQ(G5,$G$5:$G$12)<=3,RANK(G5,$G$5:$G$12),"") → IF+RANK.EQ 사용
	② 문제 : 비고 ⇒ 제품코드의 첫 번째 글자가 K이면 '키즈제품', 그 외에는 공백으로 구하시오(IF, LEFT 함수).
	▶ 함수식 : =IF(LEFT(B5,1)="K","키즈제품","") → IF+LEFT 사용
	③ 문제 : 분류 ⇒ 제품코드의 마지막 글자가 M이면 '메이크업', 그 외에는 '스킨케어'로 구하시오
	        (IF, RIGHT 함수).
	▶ 함수식 : =IF(RIGHT(B5,1)="M","메이크업","스킨케어") → IF+RIGHT 사용
	④ 문제 : 그룹명 ⇒ 번호의 두 번째 글자가 A이면 'A그룹', 그 외에는 'B그룹'으로 구하시오(IF, MID 함수).
	▶ 함수식 : =IF(MID(B5,2,1)="A","A그룹","B그룹") → IF+MID 사용
	⑤ 문제 : 비고 ⇒ 행사일의 월이 7이면 '7월', 그 외에는 공백으로 구하시오(IF, MONTH 함수).
	▶ 함수식 : =IF(MONTH(F5)=7,"7월","") → IF+MONTH 사용
	⑥ 문제 : 추가적립금(원) ⇒ 전월구매액(원)이 300,000 이상이고 총구매건수가 15 이상이면 '2,000', 그 외에는 '500'으로 표시하시오 (IF, AND 함수).
	▶ 함수식 : =IF(AND(F5>=300000,H5>=15),2000,500) → IF+AND 사용

중첩 예시	⑦ 문제 : 비고 ⇒ 품목이 '포유류'이거나 '조류'이면 '예방접종'으로 표시하고 그 외에는 공백으로 표시하시오 (IF, OR 함수). ▶ 함수식 : =IF(OR(D5="포유류",D5="조류"),"예방접종","") → IF+OR 사용 ⑧ 문제 : 측정요일 ⇒ 측정날짜의 요일이 토요일과 일요일이면 '주말', 그 외에는 '평일'로 구하시오 (IF, WEEKDAY 함수)(예 : 월요일). ▶ 함수식 : =IF(WEEKDAY(B5,2)>=6,"주말","평일") → IF+WEEKDAY 사용 ⑨ 문제 : 비고 ⇒ 출시일의 연도가 2019이면 '신상품', 그 외에는 공백으로 표시하시오(IF, YEAR 함수). ▶ 함수식 : =IF(YEAR(E5)=2019,"신상품","") → IF+YEAR 사용

❷ 중첩 IF 함수

기능	조건이 2개 이상일 때 2개 이상의 IF 함수를 사용하여 '참(TRUE)'과 '거짓(FALSE)'의 값을 표시하는 함수
형식	=IF(조건, 참일 때, IF(조건, 참일 때, 거짓일 때))
사용 예	평균이 90 이상이면 '최우수', 80 이상이면 '우수' 그렇지 않으면 '불합격'을 표시 ▶ 함수식 : =IF(E2>=90,"최우수",IF(E2>=80,"우수","노력")) |	A	B	C	D	E	F	G	H
---	---	---	---	---	---	---	---	---
1	이름	한글	엑셀	파포	평균	결과		함수식
2	김대한	85	75	80	80	우수	◀	=IF(E2>=90,"최우수",IF(E2>=80,"우수","노력"))
3	이민국	70	75	60	68	노력	◀	=IF(E3>=90,"최우수",IF(E3>=80,"우수","노력"))
4	홍길동	80	90	100	90	최우수	◀	=IF(E4>=90,"최우수",IF(E4>=80,"우수","노력"))
5	유재석	100	90	100	97	최우수	◀	=IF(E5>=90,"최우수",IF(E5>=80,"우수","노력"))
6	강호동	90	80	80	83	우수	◀	=IF(E6>=90,"최우수",IF(E6>=80,"우수","노력"))	
중첩 예시	① 문제 : 지역 ⇒ 건물코드의 마지막 글자가 1이면 '서아시아', 2이면 '동아시아', 그 외에는 '미주'로 구하시오 (IF, RIGHT 함수). ▶ 함수식 : =IF(RIGHT(B5,1)="1","서아시아",IF(RIGHT(B5,1)="2","동아시아","미주")) → 중첩 IF+RIGHT 사용 ② 문제 : 비고 ⇒ 재고율이 40% 미만이면 '히트상품', 월말재고량이 120 미만이거나 재고율이 70% 미만이면 '일반상품', 그 외에는 공백으로 구하시오(IF, OR 함수). ▶ 함수식 : =IF(G5<40%,"히트상품",IF(OR(F5<120,G5<70%),"일반상품","")) → 중첩 IF+OR 사용

❸ AND 함수

기능	모든 조건을 만족하면 '참'을 그렇지 않으면 '거짓'을 표시하는 함수
형식	=AND(조건1, 조건2, …, 조건30)
사용 예	한글, 엑셀, 파포 점수가 모두 80 이상일 경우 '우수', 그렇지 않으면 '노력'으로 표시 ▶ 함수식 : =IF(AND(B2>=80,C2>=80,D2>=80),"우수","노력") ※ 시험에서는 대부분 IF 함수와 함께 사용합니다. |	A	B	C	D	E	F	G	H
---	---	---	---	---	---	---	---	---
1	이름	한글	엑셀	파포	평균	결과		함수식
2	김대한	85	75	80	80	노력	◀	=IF(AND(B2>=80, C2>=80, D2>=80),"우수","노력")
3	이민국	70	75	60	68	노력	◀	=IF(AND(B3>=80, C3>=80, D3>=80),"우수","노력")
4	홍길동	80	90	100	90	우수	◀	=IF(AND(B4>=80, C4>=80, D4>=80),"우수","노력")
5	유재석	100	90	100	97	우수	◀	=IF(AND(B5>=80, C5>=80, D5>=80),"우수","노력")
6	강호동	80	80	80	83	우수	◀	=IF(AND(B6>=80, C6>=80, D6>=80),"우수","노력")	

④ OR 함수

기능	한 개의 조건이라도 만족하면 '참'을 그렇지 않으면 '거짓'을 표시하는 함수
형식	=OR(조건1, 조건2, …, 조건30)
사용 예	한글, 엑셀, 파포 점수 중 한 과목이라도 90 이상일 경우 '우수', 그렇지 않으면 '노력'으로 표시 ▶ 함수식 : =IF(OR(B2>=90,C2>=90,D2>=90),"우수","노력") ※ 시험에서는 대부분 IF 함수와 함께 사용합니다. | 이름	한글	엑셀	파포	평균	결과	함수식
---	---	---	---	---	---	---
김대한	85	75	80	80	노력	=IF(OR(B2>=90, C2>=90, D2>=90),"우수","노력")
이민국	70	75	60	68	노력	=IF(OR(B3>=90, C3>=90, D3>=90),"우수","노력")
홍길동	80	90	100	90	우수	=IF(OR(B4>=90, C4>=90, D4>=90),"우수","노력")
유재석	100	90	100	97	우수	=IF(OR(B5>=90, C5>=90, D5>=90),"우수","노력")
강호동	80	80	80	83	노력	=IF(OR(B6>=90, C6>=90, D6>=90),"우수","노력")	

■ 찾기/참조 함수

- 소스 파일 : [출제유형04]-[함수]-유형04_찾기 및 참조 함수_문제.cell
- 정답 파일 : [출제유형04]-[함수]-유형04_찾기 및 참조 함수_정답.cell

① VLOOKUP 함수

기능	표의 가장 왼쪽 열(찾을 값 포함)에서 특정 값을 찾은 후 지정한 열에서 같은 행에 있는 값을 표시하는 함수

형식	=VLOOKUP(찾을 값, 셀 범위, 열 번호, 찾을 방법)
	• 찾을 값 : 셀 범위(첫 번째 열)에서 찾을 값(참조 영역, 문자열 등)
	• 셀 범위 : 찾을 값을 검색할 범위(범위 지정 시 찾을 값이 있는 열이 첫 번째 열로 지정되어야 함)
	• 열 번호 : 셀 범위 내의 열 번호로 값을 추출할 열을 지정(셀 범위 중 첫 번째 열의 값이 1로 기준이 됨)
	• 찾을 방법
	  - FALSE(또는 0): 정확하게 일치하는 값을 찾음.
	  - TRUE(생략 또는 1): 비슷하게 일치하는 근삿값을 찾음

사용 예	이름이 '홍길동'인 학생의 파포 점수를 표시 ▶ 함수식 : =VLOOKUP(B4,B2:F6,4,0) ※ VLOOKUP 함수는 매회 출제되는 함수이기 때문에 완벽하게 학습해야 합니다. | 번호	이름	한글	엑셀	파포	평균
---	---	---	---	---	---
1	김대한	85	75	80	80
2	이민국	70	75	60	68
3	홍길동	80	90	100	90
4	유재석	100	90	100	97
5	강호동	90	80	80	83
이름이 '홍길동'인 학생의 파포 점수					100	

중첩 예시	문제 : 매출금액(원) ⇒ 「H14」 셀에서 선택한 제품명에 대한 「가격×판매수량(단위:EA)」으로 구하시오
	                (VLOOKUP 함수).
	▶ 함수식 : =VLOOKUP(H14,C5:H12,4,0)*VLOOKUP(H14,C5:H12,5,0)
	            → VLOOKUP×VLOOKUP 사용

❷ CHOOSE 함수

기능	인수 목록에서 번호에 해당하는 값을 찾아주는 함수
형식	=CHOOSE(값을 골라낼 위치 또는 번호, 값1, 값2, …)
사용 예	체력 등급(1~3)에 따라 지정된 값을 표시 ▶ 함수식 : =CHOOSE(B2,"우수체력","기본체력","체력보강")
중첩 예시	① 문제 : 지역 ⇒ 관리번호의 첫 번째 글자가 1이면 '서울', 2이면 '경기', 3이면 '인천'으로 구하시오 (CHOOSE, LEFT 함수). ▶ 함수식 : =CHOOSE(LEFT(B5,1),"서울","경기","인천") → CHOOSE+LEFT 사용 ② 문제 : 성별 ⇒ 사원코드의 마지막 글자가 1이면 '남자', 2이면 '여자'로 구하시오(CHOOSE, RIGHT 함수). ▶ 함수식 : =CHOOSE(RIGHT(D5,1),"남자","여자") → CHOOSE+RIGHT 사용 ③ 문제 : 저장소 ⇒ 상품코드의 다섯 번째 문자 값이 1이면 '냉장보관', 2이면 '건냉한 장소', 3이면 '냉동보관'으로 표시하시오(CHOOSE, MID 함수). ▶ 함수식 : =CHOOSE(MID(B5,5,1),"냉장보관","건냉한 장소","냉동보관") → CHOOSE+MID 사용 ④ 문제 : 전시 시작일 요일 ⇒ 전시 시작일의 요일을 구하시오(CHOOSE, WEEKDAY 함수)(예 : 월요일). ▶ 함수식 : =CHOOSE(WEEKDAY(F5,2),"월요일","화요일","수요일","목요일","금요일","토요일","일요일") → CHOOSE+WEEKDAY 사용

■ 데이터베이스 함수

- 소스 파일 : [출제유형04]-[함수]-유형04_데이터베이스 함수_문제.cell
- 정답 파일 : [출제유형04]-[함수]-유형04_데이터베이스 함수_정답.cell

❶ DSUM 함수

기능	지정한 조건에 맞는 데이터베이스에서 필드(열) 값들의 합계를 구하는 함수
형식	=DSUM(데이터베이스, 필드(열) 위치, 조건범위)
사용 예	학년이 '저학년'인 학생들의 '총점' 합계를 계산 ▶ 함수식 : =DSUM(A1:F6,F1,A1:A2) ※ [F1] 셀 주소 대신 열 번호인 '6'을 입력해도 결과는 같습니다.
중첩 예시	문제 : 스테인리스 재질의 판매금액(단위:원) 합계 ⇒ 반올림하여 천원 단위까지 구하시오. 단, 조건은 입력데이터를 이용하시오(ROUND, DSUM 함수)(예 : 53,340 → 53,000). ▶ 함수식 : =ROUND(DSUM(B4:H12,G4,E4:E5),-3) → ROUND+DSUM 사용

❷ DAVERAGE 함수

기능	지정한 조건에 맞는 데이터베이스에서 필드(열) 값들의 평균을 구하는 함수
형식	=DAVERAGE(데이터베이스, 필드(열) 위치, 조건범위)
사용 예	학년이 '저학년'인 학생들의 '총점' 평균을 계산 ▶ 함수식 : =DAVERAGE(A1:F6,F1,A1:A2) ※ [F1] 셀 주소 대신 열 번호인 '6'을 입력해도 결과는 같습니다. |	A	B	C	D	E	F
---	---	---	---	---	---	---
1	학년	이름	한글	엑셀	파포	총점
2	저학년	김대한	85	75	80	240
3	고학년	이민국	70	75	60	205
4	고학년	홍길동	80	90	100	270
5	저학년	유재석	100	90	100	290
6	저학년	강호동	90	80	80	250
7	저학년 학생의 총점 평균					260	
중첩 예시	① 문제 : 상설전시 전시기간 평균 ⇒ 반올림하여 정수로 구하시오. 단, 조건은 입력데이터를 이용하시오 (ROUND, DAVERAGE 함수)(예 : 45.6 → 46). ▶ 함수식 : =ROUND(DAVERAGE(B4:H12,H4,D4:D5),0) → ROUND+DAVERAGE 사용 ② 문제 : 발라드 장르의 컬러링 다운로드 평균 ⇒ 내림하여 정수로 구하시오. 단, 조건은 입력데이터를 이용하시오(ROUNDDOWN, DAVERAGE 함수)(예 : 4,123.6 → 4,123). ▶ 함수식 : =ROUNDDOWN(DAVERAGE(B4:H12,H4,E4:E5),0) → ROUNDDOWN+DAVERAGE 사용

❸ DMAX 함수

기능	지정한 조건에 맞는 데이터베이스의 필드(열) 값들 중에서 가장 높은 값을 구하는 함수
형식	=DMAX(데이터베이스, 필드(열) 위치, 조건범위)
사용 예	학년이 '저학년'인 학생들의 '총점' 중 가장 높은 점수 ▶ 함수식 : =DMAX(A1:F6,F1,A1:A2) ※ [F1] 셀 주소 대신 열 번호인 '6'을 입력해도 결과는 같습니다. |	A	B	C	D	E	F
---	---	---	---	---	---	---
1	학년	이름	한글	엑셀	파포	총점
2	저학년	김대한	85	75	80	240
3	고학년	이민국	70	75	60	205
4	고학년	홍길동	80	90	100	270
5	저학년	유재석	100	90	100	290
6	저학년	강호동	90	80	80	250
7	저학년 학생의 총점 중 가장 높은 점수					290	

④ DCOUNTA 함수

기능	지정한 조건에 맞는 데이터베이스의 필드(열) 값들 중에서 비어있지 않은 셀의 개수를 구하는 함수
형식	=DCOUNTA(데이터베이스, 필드(열) 위치, 조건범위)
사용 예	학년이 '저학년'인 학생들 중에서 평가가 '우수'인 학생의 인원수 ▶ 함수식 : =DCOUNTA(A1:G6,G1,A1:A2) ※ [G1] 셀 주소 대신 열 번호인 '7'을 입력해도 결과는 같습니다. |	A	B	C	D	E	F	G	H
---	---	---	---	---	---	---	---	---
1	학년	이름	한글	엑셀	파포	총점	평가	
2	저학년	김대한	85	75	80	240		
3	고학년	이민국	70	75	60	205		
4	고학년	홍길동	80	90	100	270	우수	
5	저학년	유재석	100	90	100	290	우수	
6	저학년	강호동	90	80	80	250	우수	
7	저학년 학생 중에서 평가가 우수인 학생의 인원수						2	
8									

데이터베이스 함수

데이터베이스 함수는 대부분 사용 방법(형식)이 비슷하기 때문에 어떤 기능의 함수인지만 알면 나머지 데이터베이스 함수들도 큰 어려움 없이 문제를 해결할 수 있습니다.

❶ DCOUNT : 데이터베이스 필드(열)에서 조건에 만족하는 숫자가 들어있는 셀의 개수를 구하는 함수
❷ DMIN : 데이터베이스 필드(열)에서 조건에 만족하는 값 중 최소값을 구하는 함수
❸ DGET : 데이터베이스 필드(열)에서 조건에 만족하는 하나의 값을 추출하는 함수
❹ DPRODUCT : 데이터베이스 필드(열)에서 조건에 만족하는 값을 곱해주는 함수

'순위' 구하기

(1) 순위 ⇒ 정의된 이름(매출4월)을 이용하여 4월매출(천원)의 내림차순 순위를 구하시오(RANK.EQ 함수).

■ RANK.EQ 함수

RANK.EQ 함수 : 수의 목록에 있는 어떤 수의 순위를 구하는 함수

❶ 유형04_문제.cell 파일을 불러와 **[제1작업] 시트**를 클릭합니다. 이어서, **[I5] 셀**을 클릭한 후 수식 입력줄의 '**함수 삽입(fx)**'(Shift + F3)을 클릭합니다.

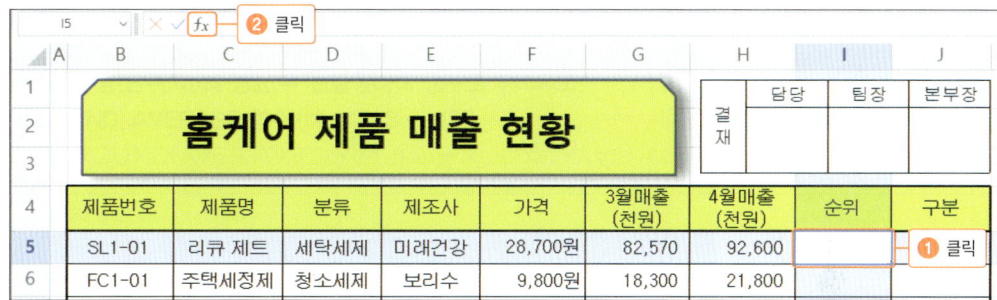

> **TIP 함수 마법사(fx)**
>
> ITQ 한셀 시험에서 함수 문제를 해결하기 위해서는 함수 마법사를 이용하거나 셀에 직접 함수식을 입력하는 방법이 있습니다. 함수에 대해 어느 정도 사용 방법을 알고 있을 경우에는 직접 셀에 함수식을 입력해도 되지만, 함수에 대해서 잘 모르거나 오류없이 정확하게 함수 문제를 해결하고자 한다면 함수 마법사를 이용하는 것이 편리합니다. 그 이유는 사용하고자 하는 함수(예 : RANK.EQ)에 대한 세부적인 설명과 함께 각각의 인수(Number, Ref, Order)들에 대한 설명이 자세히 나오기 때문입니다. 아래 내용은 함수 마법사를 이용하여 RANK.EQ 함수의 인수를 확인한 것입니다.
>
> • Number : 순위를 구하려는 수
> • Ref : 순위를 구하려는 목록의 배열(셀 범위) 또는 셀 주소
> • Order : 순위를 정할 방법을 지정하는 수. 오름차순(0이 아닌 다른 값) 또는 내림차순(0 또는 생략)을 지정
>
> ※ 오름차순 정렬 순서(내림차순은 반대) : 숫자(1,2,3,…) → 특수문자 → 영문(A→Z) → 한글(ㄱ→ㅎ) → 논리 값 → 오류값 → 공백 셀(빈 셀)

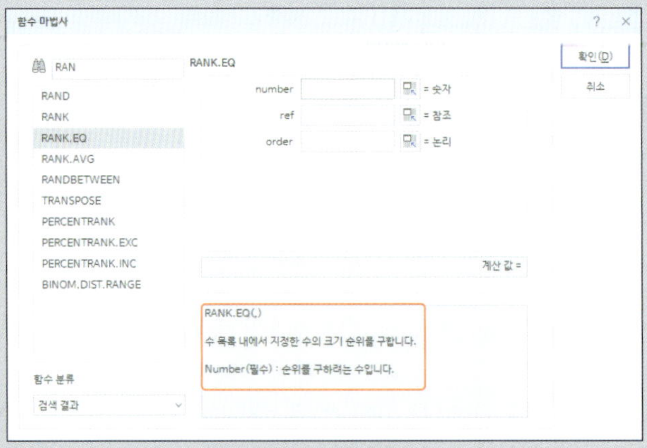

▲ 함수 및 Number 인수에 대한 설명

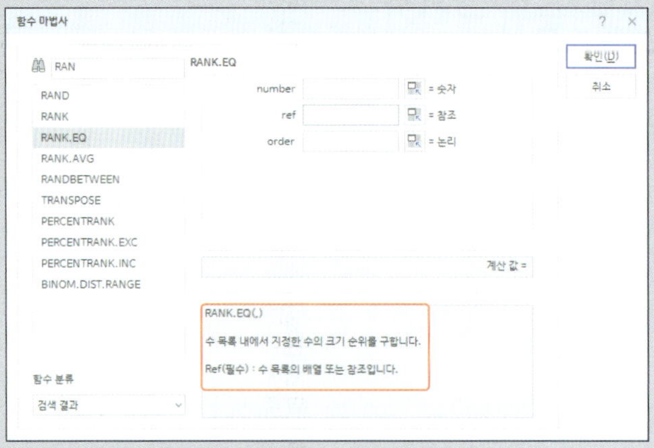

▲ Ref 인수에 대한 설명

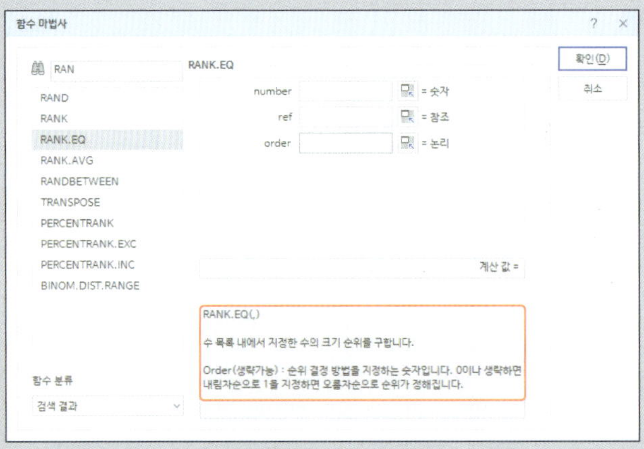

▲ Order 인수에 대한 설명

② [함수 마법사] 대화상자가 나오면 함수 검색 입력 칸에 사용할 함수명(RANK.EQ)을 입력한 다음 해당 함수를 클릭합니다.

❸ [함수 마법사] 대화상자에서 아래와 같이 각각의 인수 값을 입력한 후 〈확인〉 단추를 클릭합니다.
- **number** 입력 칸을 클릭한 후 순위를 구할 기준 값인 [H5] 셀을 클릭합니다.
- **ref** 입력 칸을 클릭한 후 순위를 구할 셀 범위([H5:H12])의 영역을 드래그합니다.
  ※ RANK.EQ 함수에서 전체 범위는 절대 참조(F4 키)을 사용해야 하나, 이 문제에서는 이름으로 정의가 되어 있기 때문에 절대 참조을 사용하지 않습니다.
- **order** 입력 칸은 내림차순으로 지정하기 위해 아무것도 입력하지 않습니다.
  ※ 'Order' 입력 칸에 '0'이 아닌 값을 입력하면 오름차순, 아무것도 입력하지 않거나 '0'을 입력하면 내림차순으로 정렬됩니다.

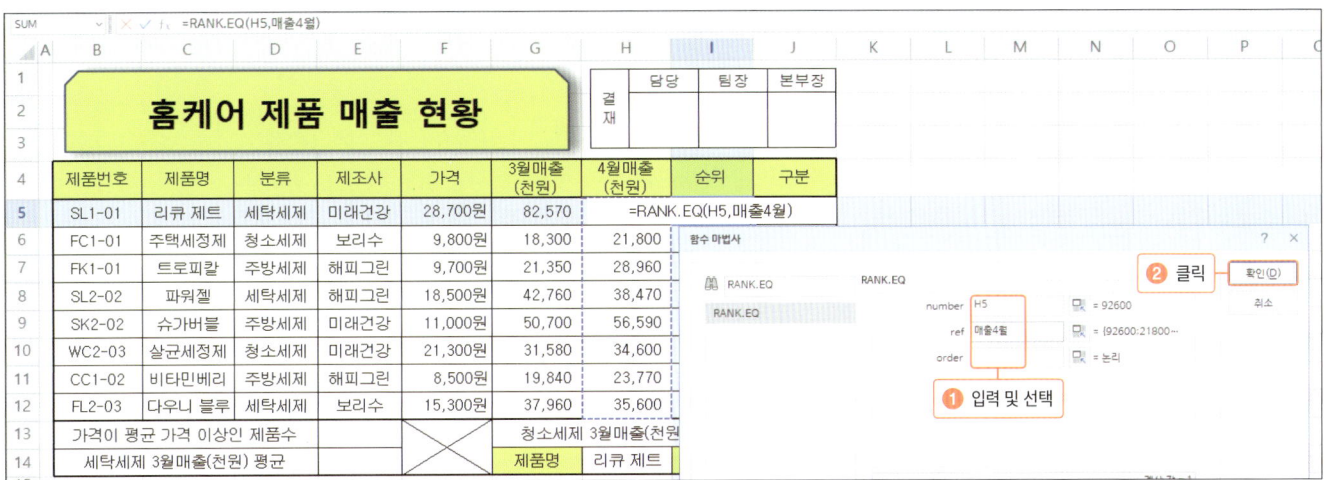

❹ [I5] 셀의 **채우기 핸들(+)**을 [I12] 셀까지 드래그 합니다.
※ 채우기 핸들(+)을 사용할 경우 테두리가 굵은 선으로 변경이 되게 되면 [셀 서식]-[테두리] 탭에서 선을 변경합니다.

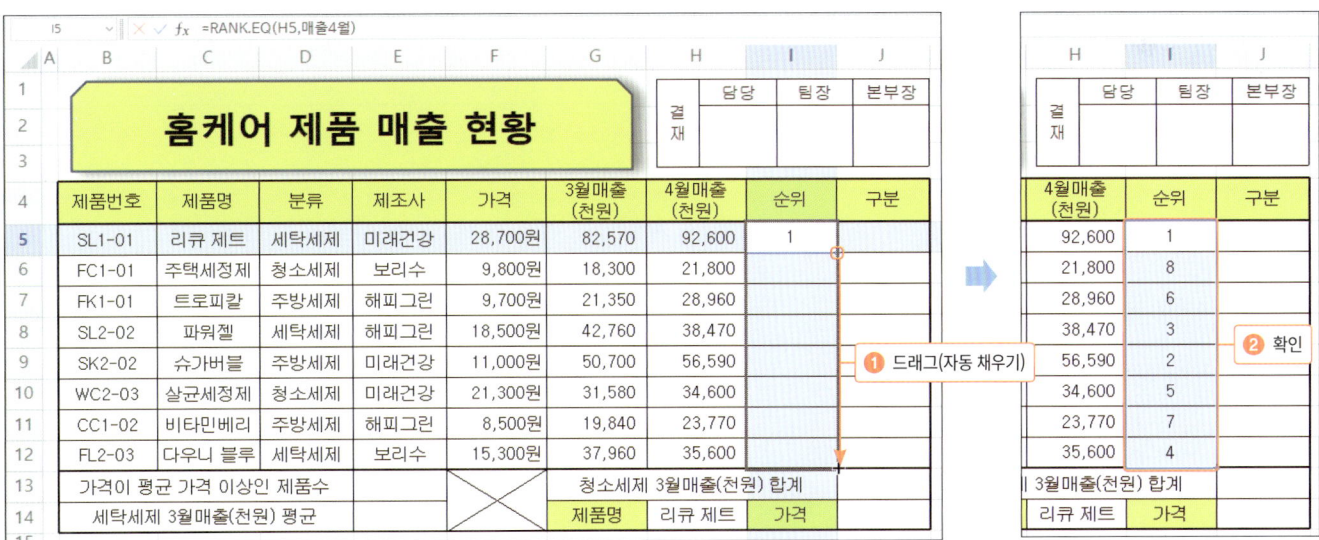

> **TIP** 함수 결과 값 정렬 및 셀 서식
> ❶ ITQ 한셀 기출문제의 정답 파일을 보면 함수식을 이용하여 값을 구하는 부분의 결과 값에 '정렬'이나 셀 서식이 적용된 것을 확인할 수 있습니다.
> ❷ 함수식을 이용하여 값을 구하는 부분의 결과 값은 별도의 《조건》이 없을 경우에는 '함수식'과 '값'을 기준으로 채점을 하기 때문에 정렬이나 셀 서식은 신경 쓰지 않아도 됩니다.

06 '구분' 구하기

(2) 구분 ⇒ 제품번호의 세 번째 글자가 '1'이면 '농축', 그 외에는 '일반'으로 표시하시오(IF, MID 함수).

■ MID 함수

MID 함수 : 문자열의 시작 위치와 추출할 문자의 수를 지정하여 문자를 표시해 주는 함수

❶ [J5] 셀을 클릭한 후 수식 입력줄의 '**함수 삽입(fx)(Shift+F3)**'을 클릭합니다.

제품번호	제품명	분류	제조사	가격	3월매출(천원)	4월매출(천원)	순위	구분
SL1-01	리큐 제트	세탁세제	미래건강	28,700원	82,570	92,600	1	
FC1-01	주택세정제	청소세제	보리수	9,800원	18,300	21,800	8	
FK1-01	트로피칼	주방세제	해피그린	9,700원	21,350	28,960	6	
SL2-02	파워젤	세탁세제	해피그린	18,500원	42,760	38,470	3	
SK2-02	슈가버블	주방세제	미래건강	11,000원	50,700	56,590	2	
WC2-03	살균세정제	청소세제	미래건강	21,300원	31,580	34,600	5	
CC1-02	비타민베리	주방세제	해피그린	8,500원	19,840	23,770	7	
FL2-03	다우니 블루	세탁세제	보리수	15,300원	37,960	35,600	4	
가격이 평균 가격 이상인 제품수					청소세제 3월매출(천원) 합계			
세탁세제 3월매출(천원) 평균					제품명	리큐 제트	가격	

❷ [함수 마법사] 대화상자가 나오면 함수 검색 입력 칸에 사용할 **함수명(MID)**을 입력한 다음 해당 함수를 클릭합니다.

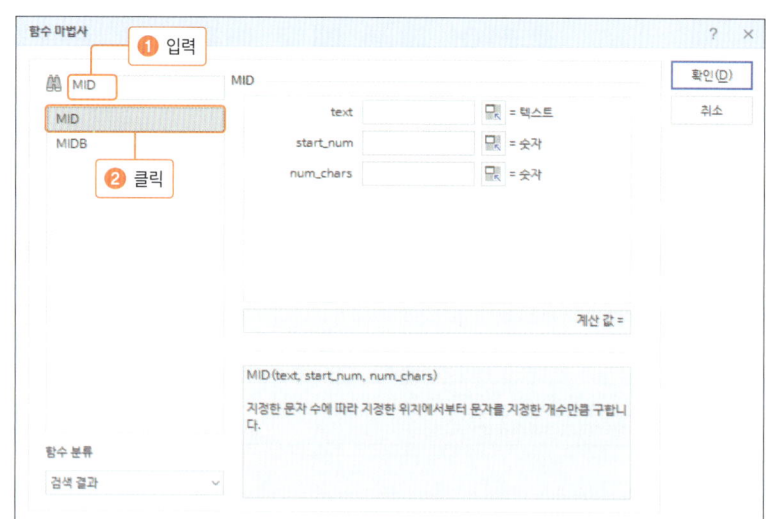

❸ [함수 마법사] 대화상자에서 아래와 같이 각각의 인수 값을 입력한 후 〈확인〉 단추를 클릭합니다.
- text 입력 칸을 클릭한 후 추출할 값인 [B5] 셀을 클릭합니다.
- start_num 입력 칸을 클릭한 후 시작 위치인 '3'을 입력합니다.
※ start_num은 시작 위치를 표시합니다.
예) '제품번호'의 세 번째 값이라고 했기 때문에 기준점이 '3'이 됩니다.

- num_chars 입력 칸을 클릭한 후 가지고 올 글자 개수인 '1'을 입력합니다.
※ num_chart은 시작 위치부터 가지고 올 글자 수를 표시합니다.
예) '제품번호'의 세 번째 값이라고 했기 때문에 글자 개수인 '1'을 입력합니다.

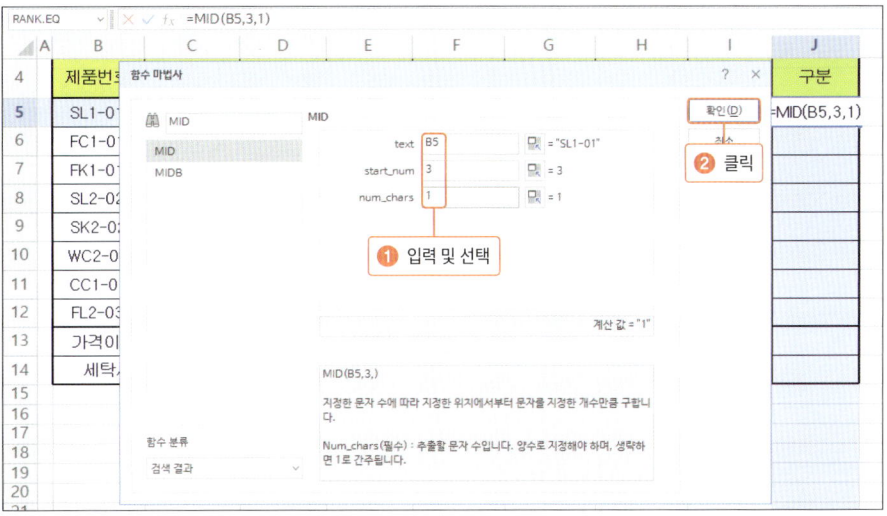

❹ IF 함수에 MID 함수의 결과를 사용해야 하기 때문에 수식 입력줄의 **MID(B5,3,1)**을 드래그하여 잘라내기(**Ctrl**+**X**)한 후 다시 '**함수 삽입**(*fx*)(**Shift**+**F3**)'을 클릭합니다.

※ [J] 열의 너비를 조절한 후 《출력형태》를 참고하여 결재란 이미지의 크기를 조절합니다.

■ IF 함수

IF 함수 : 특정 조건을 지정하여 해당 조건에 만족하면 '참(TRUE)'에 해당하는 값을 그렇지 않으면 '거짓(FALSE)'에 해당하는 값을 표시하는 함수

❶ [함수 마법사] 대화상자가 나오면 함수 검색 입력 칸에 함수명(IF)을 입력한 다음 해당 함수를 클릭합니다.

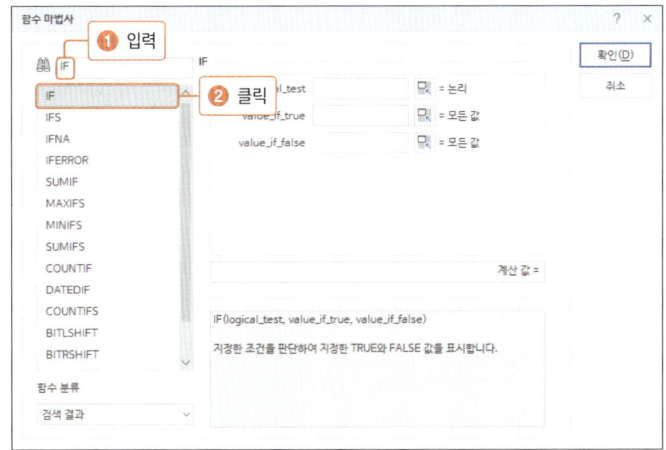

❷ [함수 마법사] 대화상자에서 아래와 같이 각각의 인수 값을 입력한 후 〈확인〉 단추를 클릭합니다.

- **logical_test** 입력 칸을 클릭하여 붙여넣기(Ctrl+V)한 후 ="1"을 입력하고 인수 MID(B5,3,1)="1"을 확인합니다. 붙여넣기로 입력된 데이터는 이전에 잘라낸 MID(B5,3,1) 함수식입니다.

    ※ logical_test 인수는 참 또는 거짓이 판정될 값이나 식을 입력합니다.

- **value_if_true** 입력 칸을 클릭하여 "농축"을 입력합니다.

    ※ value_if_true 인수는 참일 때 표시하는 값입니다.

- **value_if_falue** 입력 칸을 클릭하여 "일반"을 입력합니다.

    ※ value_if_falue 인수는 거짓일 때 표시하는 값입니다.

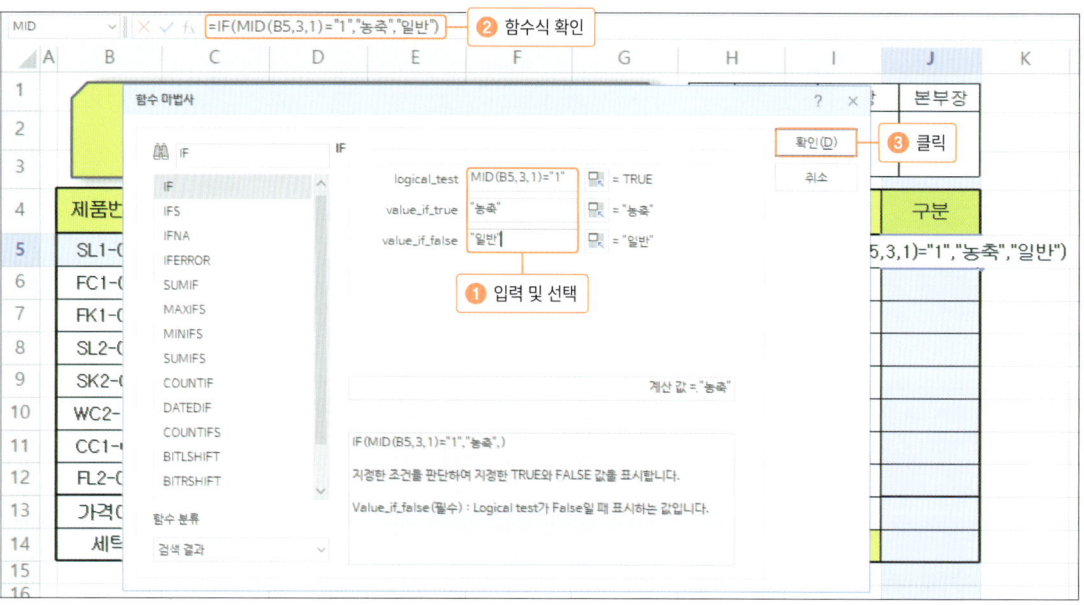

❸ 함수가 계산되면 [J5] 셀의 채우기 핸들(+)을 [J12] 셀까지 드래그합니다.

가격이 평균 가격 이상인 제품수 구하기(COUNTIF, AVERAGE 함수, & 연산자)

(3) 가격이 평균 가격 이상인 제품수 ⇒ 결과값에 '개'를 붙이시오(COUNTIF, AVERAGE 함수, & 연산자)(예 : 1개).

■ AVERAGE 함수

AVERAGE 함수 : 인수들의 평균값을 구하는 함수

① [E13] 셀을 클릭한 후 수식 입력줄의 '**함수 삽입(fx)**(**Shift**+**F3**)'을 클릭합니다.

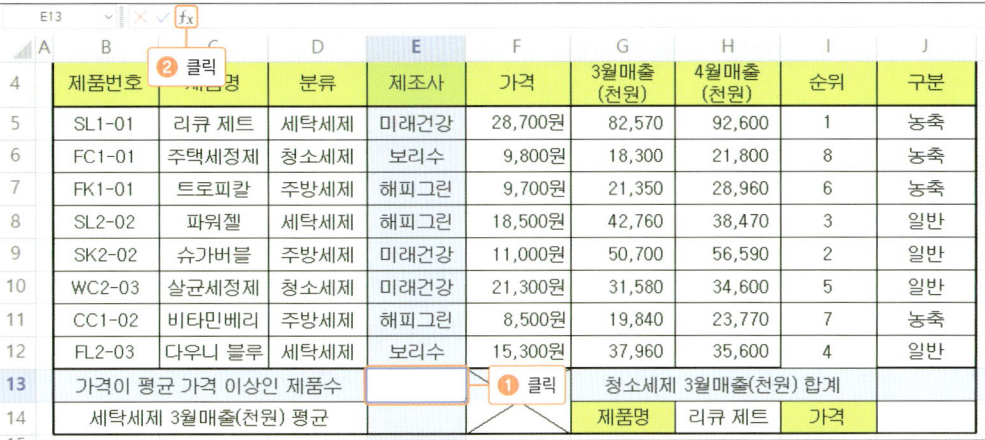

② [함수 마법사] 대화상자가 나오면 함수 검색 입력 칸에 사용할 '**함수명(AVERAGE)**'을 입력한 다음 해당 함수를 클릭합니다.

출제유형 04 · 85 · [제1작업] 값 계산(함수) 및 조건부 서식

❸ [함수 마법사] 대화상자에서 아래와 같이 인수 값을 입력한 후 〈확인〉 단추를 클릭합니다.
  - number1 입력 칸을 클릭한 후 평균을 구할 셀 범위(F5:F12)의 영역을 드래그합니다.

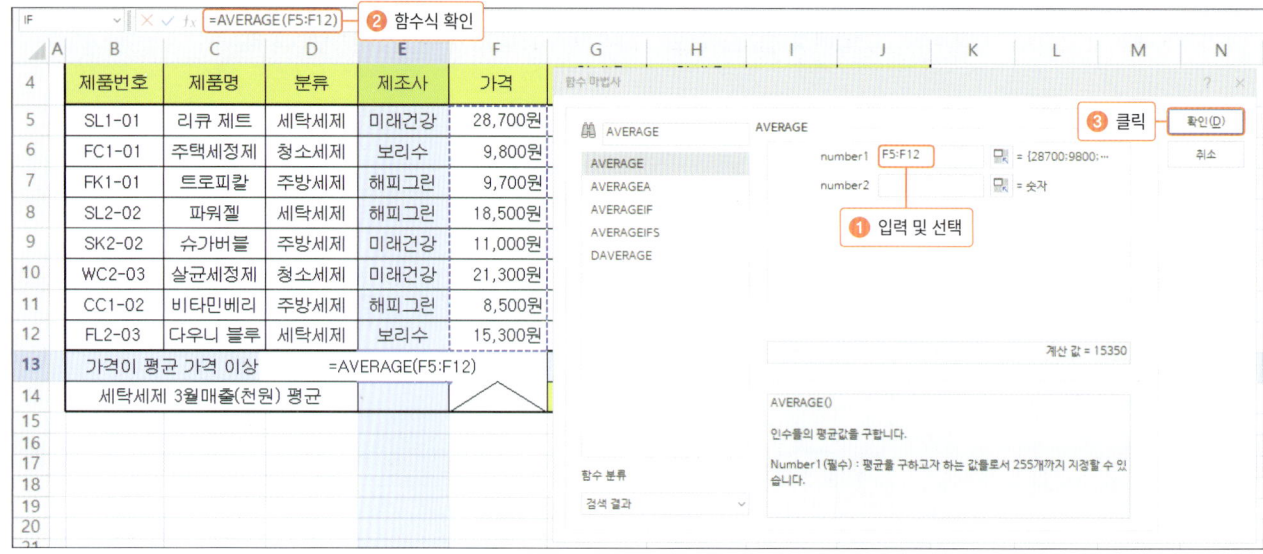

❹ COUNTIF 함수에 AVERAGE 함수의 결과를 사용해야 하기 때문에 수식 입력줄의 'AVERAGE(F3:F12)'을 드래그하여 잘라내기(Ctrl+X)한 후 다시 '함수 삽입(fx)(Shift+F3)'을 클릭합니다.

■ COUNTIF 함수

> COUNTIF 함수 : 특정 조건을 만족하는 셀의 개수를 구하는 함수

❶ [E13] 셀을 클릭한 후 수식 입력줄의 '함수 삽입(fx)(Shift+F3)'을 클릭합니다.

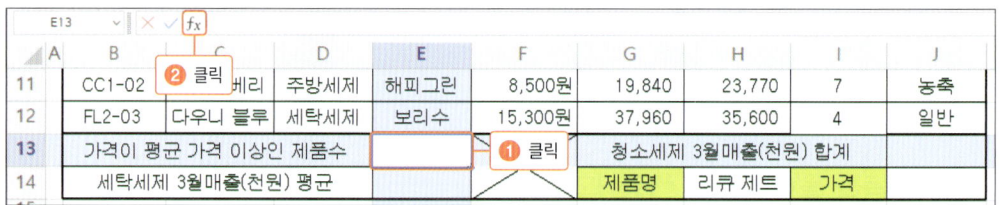

❷ [함수 마법사] 대화상자가 나오면 함수 검색 입력 칸에 '함수명(COUNTIF)'을 입력한 다음 해당 함수를 클릭합니다.

❸ [함수 인수] 대화상자가 나오면 아래와 같이 각각의 인수 값을 입력한 후 〈확인〉 단추를 클릭합니다.
- **range** 입력 칸을 클릭한 후 조건에 맞는 셀들의 개수를 구하려는 영역([F5:F12])을 드래그합니다.
  ※ range 인수는 조건(criteria에 입력한 값을 기준)에 맞는 셀의 개수를 구하려는 셀 범위입니다.
- **criteria** 입력 칸을 클릭하여 ")="&을 입력한 후 붙여넣기([Ctrl]+[V])을 하고 ")="&AVERAGE(F5:F12)을 확인합니다.
  ※ criteria 인수는 셀의 개수를 구할 조건을 지정하는 곳으로 '숫자, 식, 텍스트' 형태로 입력합니다.

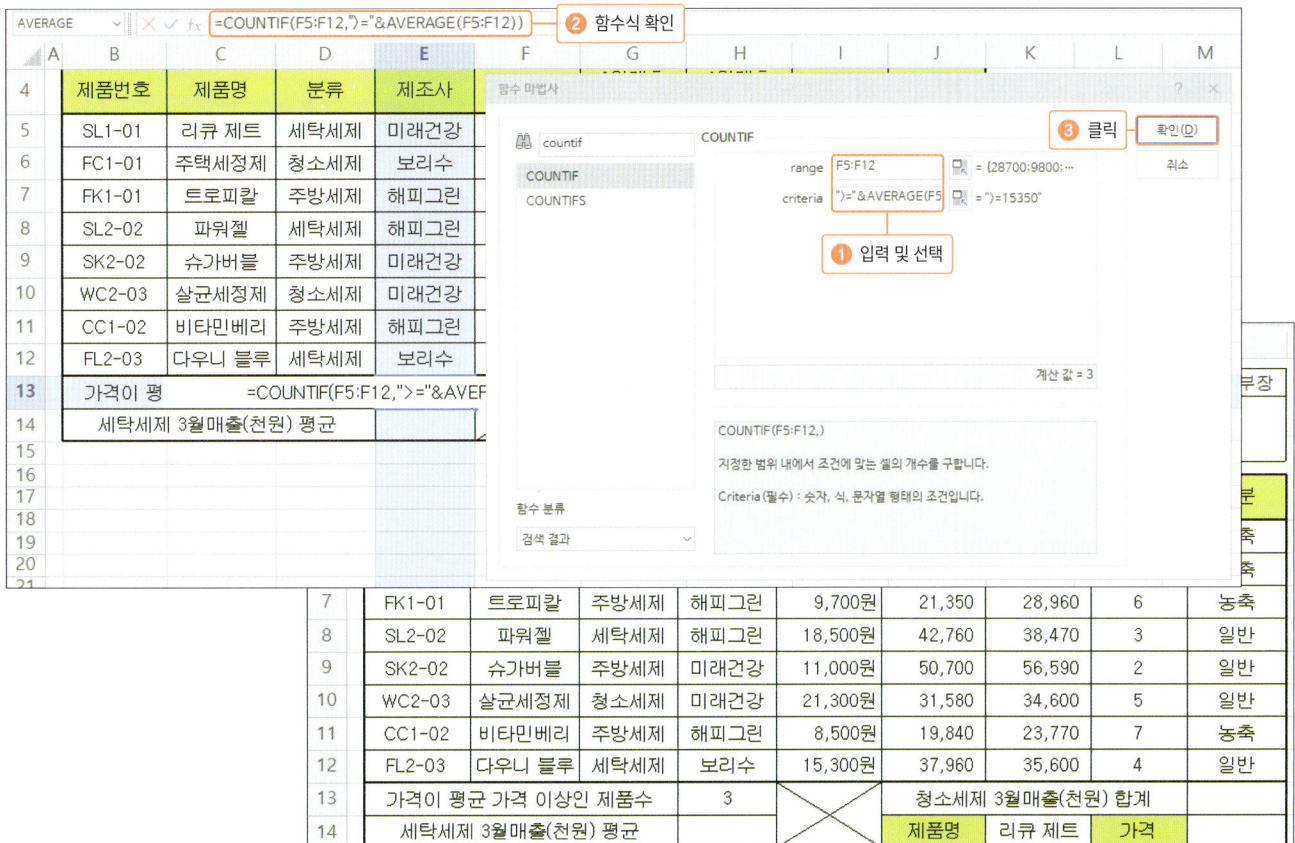

08 세탁세제 3월매출(천원) 평균 구하기(DAVERAGE 함수)

⑷ 세탁세제 3월매출(천원) 평균 ⇒ 조건은 입력데이터를 이용하시오(DAVERAGE 함수).

■ **DAVERAGE 함수**

DAVERAGE 함수 : 지정한 조건에 맞는 데이터베이스에서 필드(열) 값들의 평균을 구하는 함수

❶ [E14] 셀을 클릭한 후 수식 입력줄의 '**함수 삽입([fx])([Shift]+[F3])**'을 클릭합니다.

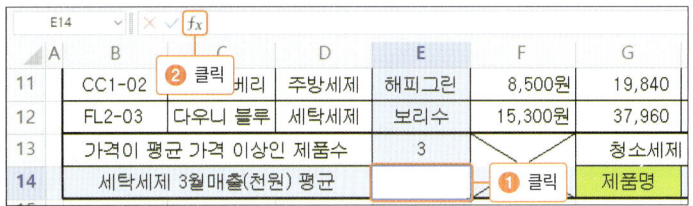

❷ [함수 마법사] 대화상자가 나오면 함수 검색 입력 칸에 '**함수명(DAVERAGE)**'을 입력한 다음 해당 함수를 클릭합니다.

❸ [함수 마법사] 대화상자에서 아래와 같이 각각의 인수 값을 입력한 후 〈확인〉 단추를 클릭합니다.

- **database** 입력 칸을 클릭한 후 [B4:H12] 영역을 드래그합니다.

    ※ database 인수는 데이터베이스나 목록으로 지정할 셀 범위입니다.

- **field** 입력 칸을 클릭한후 3월매출(천원) 평균을 계산하기 위해 [G4] 셀을 클릭하거나 6을 입력합니다.

    ※ field 인수는 목록(데이터베이스)에서 조건(criteria 인수에서 조건 지정)에 맞는 평균을 구할 열의 위치를 선택하거나 입력합니다.

- **criteria** 입력 칸을 클릭한 후 분류가 세탁세제인 조건을 지정하기 위해 [D4:D5] 영역을 드래그합니다.

    ※ criteria 인수는 찾을 조건이 있는 셀 범위로 열 레이블과 조건 레이블이 포함되어야 합니다.

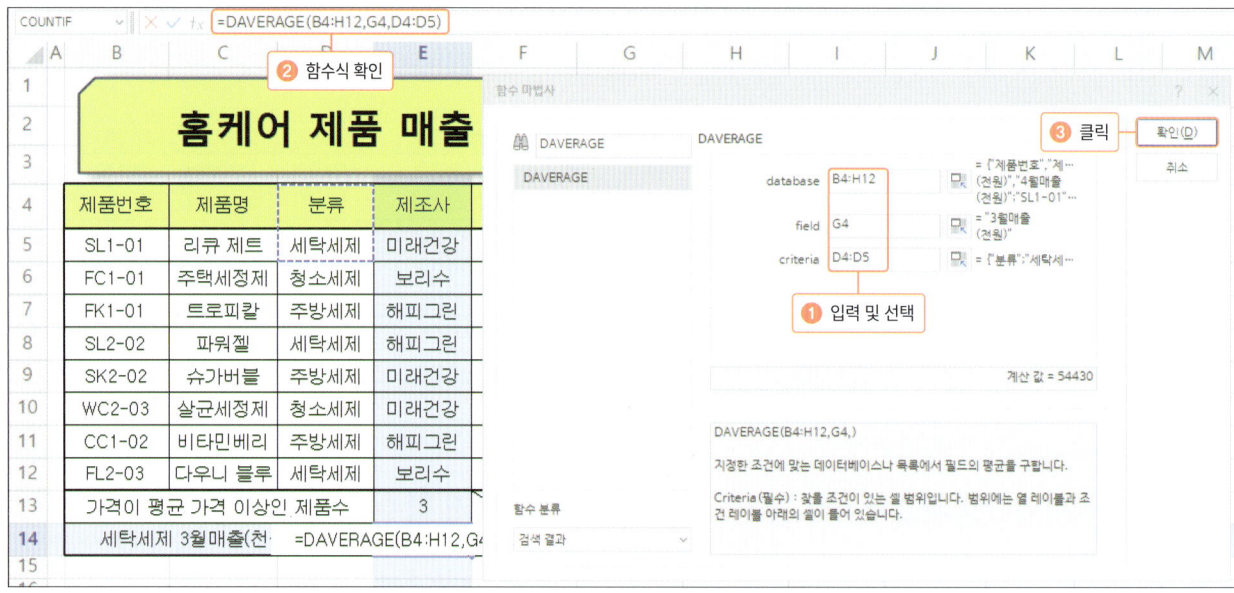

09 청소세제 3월매출(천원) 합계 구하기(SUMIF 함수)

(5) 청소세제 3월매출(천원) 합계 ⇒ (SUMIF 함수).

■ SUMIF 함수

SUMIF 함수 : 주어진 조건에 만족하는 데이터들의 합계를 구하는 함수

① [J13] 셀을 클릭한 후 수식 입력줄의 '**함수 삽입(f_x)**(**Shift**+**F3**)'을 클릭합니다.

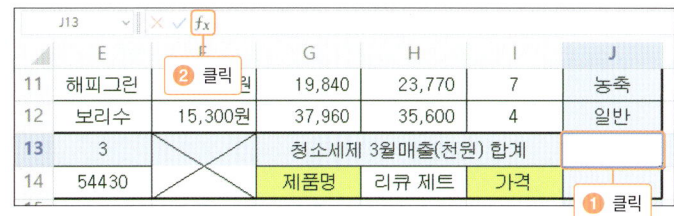

② [함수 마법사] 대화상자가 나오면 함수 검색 입력 칸에 '**함수명(SUMIF)**'을 입력한 다음 해당 함수를 클릭합니다.

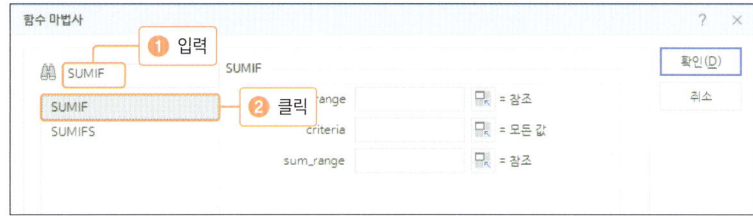

③ [함수 마법사] 대화상자에서 아래와 같이 각각의 인수 값을 입력한 후 〈확인〉 단추를 클릭합니다.
- **range** 입력 칸을 클릭한 후 조건에 맞는 셀들을 검사할 영역[B5:D12]을 드래그합니다.
  ※ range 인수는 조건(criteria에 입력한 값을 기준)에 맞는지를 검사할 셀 범위입니다.
- **criteria** 입력 칸을 클릭한 후 청소세제 상품의 3월매출(천원)만 구하기 위해 청소세제를 입력합니다.
  ※ criteria 인수는 값을 더할 셀의 조건을 지정하는 곳으로 '숫자, 식, 테스트' 형태로 입력합니다.
- **sum_range** 입력 칸을 클릭하여 합계를 계산할 영역([G5:G12])을 드래그한 후 〈확인〉 단추를 클릭합니다.
  ※ sum_range 인수는 조건에 만족하는 셀들의 합을 구하기 위한 셀 범위입니다.

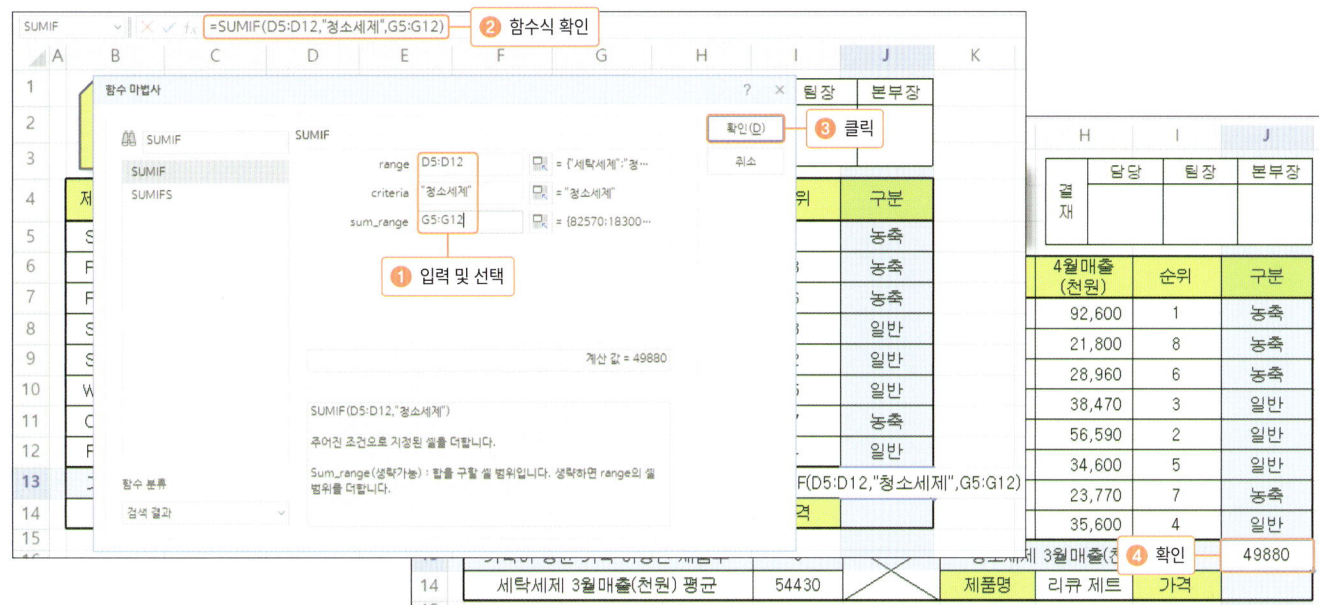

10 가격 구하기(VLOOKUP 함수)

(6) 가격 ⇒ 「H14」 셀에서 선택한 제품명에 대한 가격을 구하시오(VLOOKUP 함수).

■ VLOOKUP 함수

VLOOKUP 함수 : 지정된 셀 범위의 왼쪽 첫 번째 열에서 특정 값을 찾아 지정한 열과 같은 행에 위치한 값을 표시하는 함수

① [J14] 셀을 클릭한 후 수식 입력줄의 '**함수 삽입(fx)**' (**Shift**+**F3**)'을 클릭합니다.

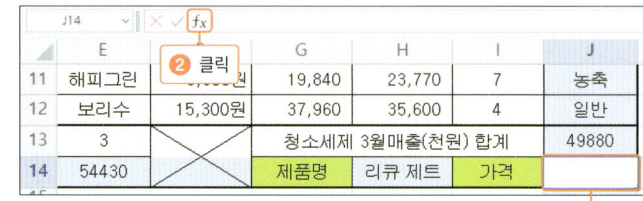

② [함수 마법사] 대화상자가 나오면 함수 검색 입력 칸에 '**함수명(VLOOKUP)**'을 입력한 다음 해당 함수를 클릭합니다.

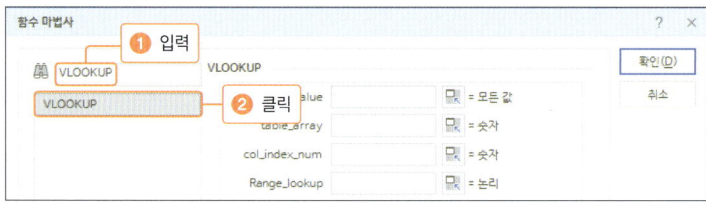

③ [함수 마법사] 대화상자에서 아래와 같이 각각의 인수 값을 입력한 후 〈확인〉 단추를 클릭합니다.

- lookup_value 입력 칸을 클릭한 후 제품명에 대한 가격을 찾기 위해 데이터 유효성 검사가 적용된 [H14] 셀을 클릭합니다.

※ lookup_value 인수는 찾으려는 값을 지정합니다.

- table_array 입력 칸을 클릭한 후 [C5:H12] 영역을 드래그합니다. 단, 범위 지정 시 찾을 값이 있는 열(제품명)이 첫 번째 열로 지정되어야 합니다.

※ table_array 인수는 찾을 값이 포함된 범위를 지정합니다.

- col_index_num 입력 칸을 클릭한 후 가격 필드의 위치 값인 4를 입력합니다.

※ [C5:H12] 범위를 기준으로 첫 번째 열(제품명)이 '1'이기 때문에 가격 필드의 위치 값은 '4'가 됩니다.
※ col_index_num 인수는 'table_array' 내의 열 번호 중 값을 추출할 열을 지정합니다. 단, table_array에서 지정한 셀 범위 중 첫 번째 열의 값이 '1'로 기준이 됩니다.

- range_lookup 입력 칸을 클릭한 후 정확하게 일치하는 값을 찾기 위해 0 또는 FALSE를 입력합니다.

※ range_lookup 인수는 셀 범위에서 정확하게 일치하는 값을 찾으려면 FALSE(또는 0)를 입력하고, 비슷하게 일치하는 근삿값을 찾으려면 TRUE(생략 또는 1)를 입력합니다.

조건부 서식 지정하기

(7) 조건부 서식의 수식을 이용하여 4월매출(천원)이 '30,000' 이하인 행 전체에 다음의 서식을 적용하시오(글꼴 : 파랑, 진하게).

① 조건부 서식을 지정할 [B5:J12] 영역을 드래그한 후 [서식] 탭에서 [조건부 서식]-'**규칙 관리**'를 선택합니다.

※ 조건부 서식 : 사용자가 지정한 조건에 만족하는 셀에만 서식을 적용하는 기능입니다. 즉, 특정한 정보를 가진 셀에만 색 등을 지정하여 다른 셀과 구분할 경우 유용하게 사용됩니다.

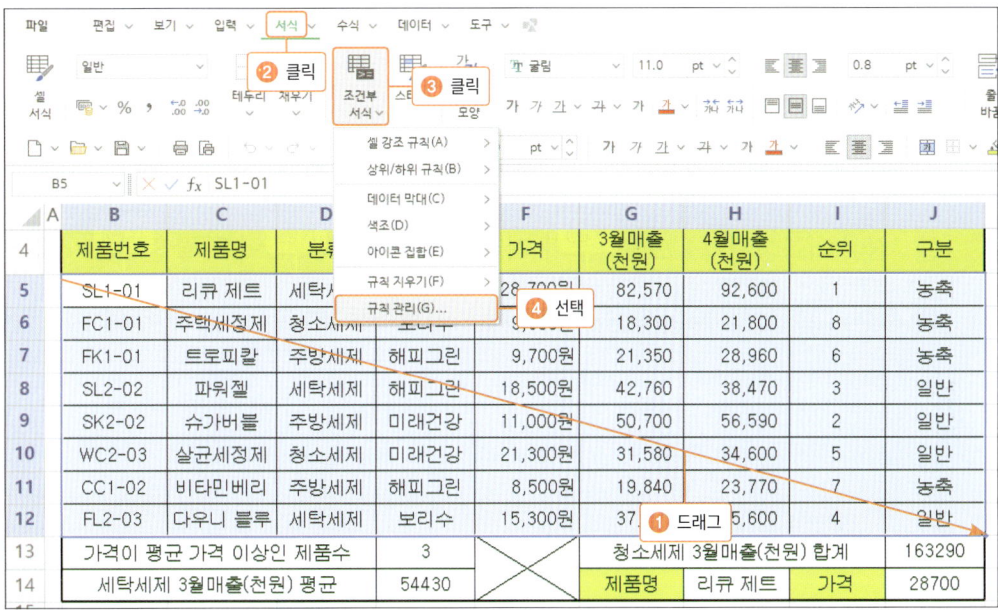

② [조건부 서식 관리] 대화상자가 나오면 '**새 규칙(+)**'을 클릭합니다.

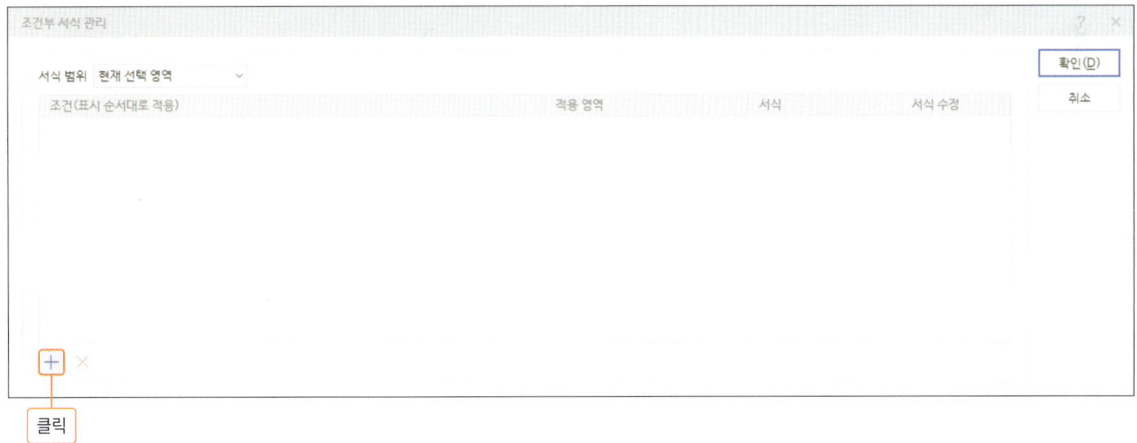

❸ 추가된 규칙 목록을 다음과 같이 지정하고 〈서식〉 단추를 클릭합니다.

※ '수식'을 이용하여 서식을 지정할 셀을 결정할 경우 F4 키를 두 번 눌러 반드시 열 고정 혼합번지([예] $H5)로 지정합니다.

❹ [셀 서식] 대화상자가 나오면 [글자 기본] 탭에서 [글자 색]의 목록 단추(⌄)를 눌러 '파랑'을 선택합니다.

❺ [셀 서식] 대화상자에서 [속성]-'진하게(가)'를 클릭하고 〈설정〉 단추를 클릭합니다.

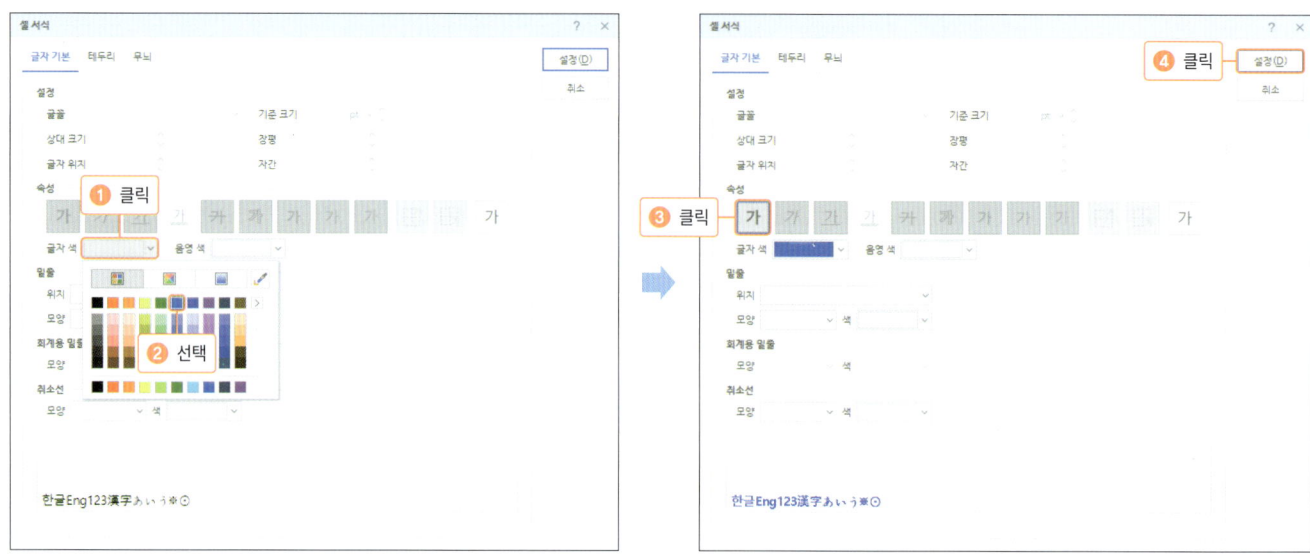

❻ [조건부 서식] 대화상자가 다시 나오면 적용될 서식을 확인한 후 〈확인〉 단추를 클릭합니다.

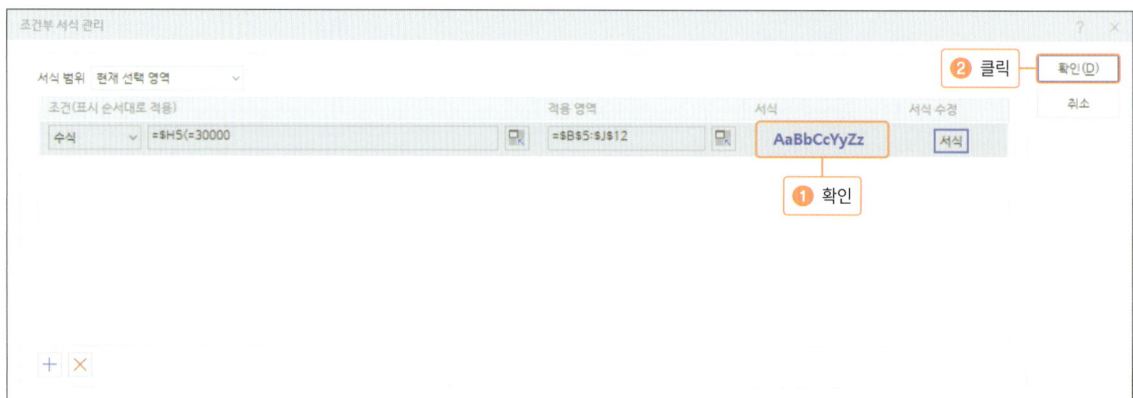

❼ 임의의 셀을 클릭하여 범위 지정을 해제한 후, 조건부 서식이 지정된 것을 확인합니다.

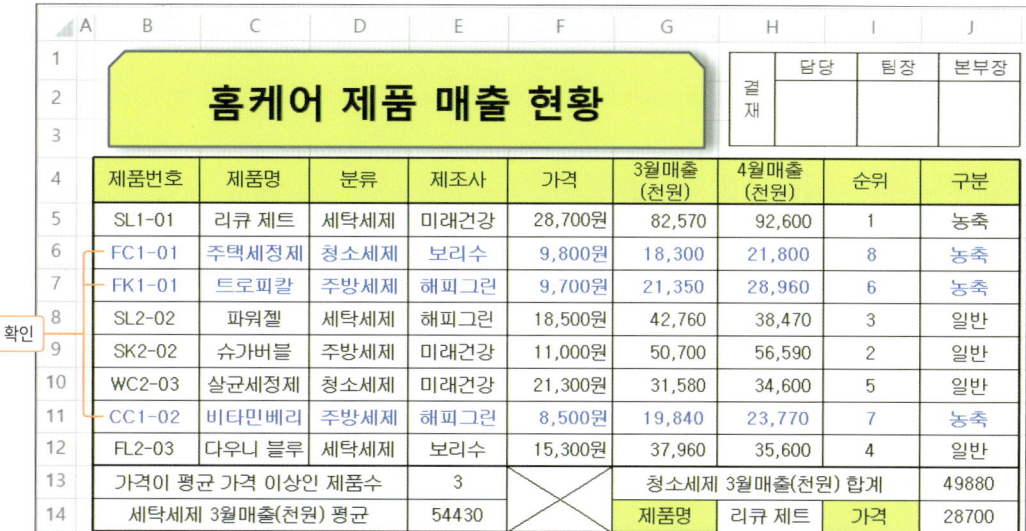

조건부 서식 지우기

❶ 조건부 서식이 지정된 셀을 클릭하고 [서식] 탭에서 [조건부 서식]-'규칙 관리'를 클릭합니다.
❷ [조건부 서식 관리] 대화상자가 나오면 규칙 목록에서 지우려는 규칙을 선택하고 '규칙 지우기(ⓧ)'를 클릭한 다음 〈확인〉 단추를 클릭합니다.

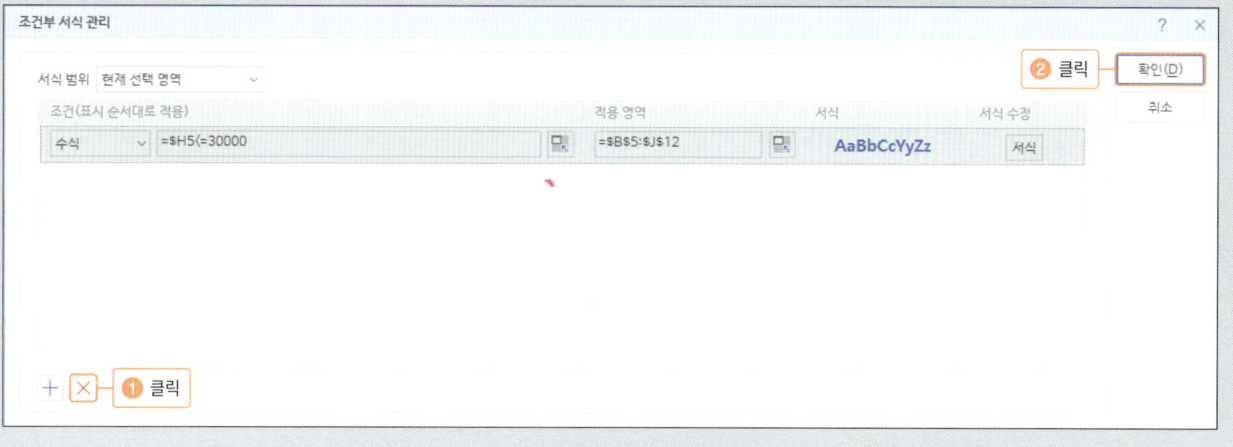

❽ 모든 작업이 끝나면 [파일]-[저장하기](Ctrl+S) 또는 [서식] 도구 상자에서 '저장하기(💾)'를 클릭합니다.

※ 실제 시험을 볼 때 작업 도중에 수시로(10분에 한 번 정도) 저장을 하는 것이 좋습니다.

조건부 서식

- 최근 출제된 시험 문제를 분석한 결과 조건부 서식은 '수식'을 이용하는 방법이 출제되고 있습니다.
- '수식'을 이용하여 조건부 서식을 작성할 때 비교 연산자 중에서 '~이상(>=)'과 '~이하(<=)'가 자주 출제되고 있기 때문에 학습이 필요합니다.

[제1작업] 값 계산(함수) 및 조건부 서식

01 다음은 '**소고기 부위별 판매 현황**'에 대한 자료이다. 자료를 입력하고 조건에 맞도록 작업하시오.

• 소스 파일 : [출제유형 04]-정복04_문제01.cell   • 정답 파일 : [출제유형 04]-정복04_정답01.cell

≪출력형태≫   (240점)

품목코드	부위	생산일	구분	kg당 가격	판매량(단위:kg)	납품한 시장 수	판매순위	비고
FVS-39	앞다리	2023-12-19	1+등급	75,600	1,294	39	(1)	(2)
SKR-86	앞다리	2023-12-29	2등급	52,000	4,188	73	(1)	(2)
ATE-38	안심	2023-12-24	1++등급	98,200	1,350	37	(1)	(2)
MYH-19	안심	2023-12-22	1등급	95,600	1,472	38	(1)	(2)
FEW-29	등심	2023-12-24	1등급	79,200	4,870	86	(1)	(2)
EUY-39	앞다리	2023-12-30	1++등급	73,000	3,765	71	(1)	(2)
TVE-68	등심	2023-12-27	2등급	66,400	5,760	98	(1)	(2)
MTT-92	등심	2023-12-24	1+등급	88,700	3,240	56	(1)	(2)
kg당 최고 가격			(3)		앞다리 부위 판매량(단위:kg) 합계			(5)
등심 부위 납품한 시장 수 평균			(4)		품목코드	FVS-39	생산일	(6)

≪조건≫

⊙ (1)~(6) 셀은 반드시 **주어진 함수를 이용**하여 값을 구하시오(결과값을 직접 입력하면 해당 셀은 0점 처리됨).

(1) 판매순위 ⇒ 판매량(단위:kg)의 내림차순 순위를 구한 결과값에 '위'를 붙이시오
  (RANK.EQ 함수, & 연산자)(예 : 1위).

(2) 비고 ⇒ kg당 가격이 '90,000' 이상이거나 판매량(단위:kg)이 '5,000' 이상이면 '★',
  그 외에는 공백으로 구하시오(IF, OR 함수).

(3) kg당 최고 가격 ⇒ 정의된 이름(가격)을 이용하여 구하시오(MAX 함수).

(4) 등심 부위 납품한 시장 수 평균 ⇒ (SUMIF, COUNTIF 함수).

(5) 앞 다리 부위 판매량(단위:kg) 합계 ⇒ 조건은 입력데이터를 이용하여 구하시오(DSUM 함수).

(6) 생산일 ⇒ 「H14」셀에서 선택한 품목코드에 대한 생산일을 구하시오(VLOOKUP 함수)
  (예 : 2024-01-01).

(7) 조건부 서식의 수식을 이용하여 납품한 시장 수가 '50' 이하인 행 전체에 다음의 서식을 적용하시오
  (글꼴 : 파랑, 진하게).

02 다음은 '**연구사업 진행 현황**'에 대한 자료이다. 자료를 입력하고 조건에 맞도록 작업하시오.

• 소스 파일 : [출제유형 04]-정복04_문제02.cell　　• 정답 파일 : [출제유형 04]-정복04_정답02.cell

≪출력형태≫　　　　　　　　　　　　　　　　　　　　　　　　　　　　　　　(240점)

관리코드	사업명	관리팀	사업구분	진행인원수	시작일	기본예산(단위:원)	진행기간	예산순위
EA4-06	이러닝	교육관리	교육	7	2023-07-10	46,200,000	(1)	(2)
TA3-07	AR개발	개발1팀	기술	11	2023-07-01	83,700,000	(1)	(2)
TS1-12	홈네트워크	개발2팀	기술	13	2023-06-20	185,000,000	(1)	(2)
MA2-03	마케팅	개발1팀	영업	3	2023-10-05	22,700,000	(1)	(2)
TE1-10	네트워크보안	개발1팀	기술	10	2023-06-01	136,000,000	(1)	(2)
SA2-05	VR개발	개발2팀	기술	9	2023-08-10	34,700,000	(1)	(2)
EA4-04	연수원관리	교육관리	교육	6	2023-09-20	28,000,000	(1)	(2)
TE3-05	환경개선	개발2팀	기술	7	2023-09-01	103,000,000	(1)	(2)
개발1팀 기본예산(단위:원) 평균			(3)		교육 사업의 총 기본예산(단위:원)			(5)
최다 진행인원수			(4)		사업명	이러닝	사업구분	(6)

≪조건≫

◉ (1)~(6) 셀은 반드시 **주어진 함수를 이용**하여 값을 구하시오(결과값을 직접 입력하면 해당 셀은 0점 처리됨).

　(1) 진행기간 ⇒ 「14-시작일의 월」의 결과 값에 '개월'을 붙이시오(MONTH 함수, & 연산자)(예 : 1개월).

　(2) 예산순위 ⇒ 기본예산(단위:원)의 내림차순 순위를 '1~3' 위까지 표시하고 그 외에는 공백으로 구하시오
　　　　　　　　(IF, RANK.EQ 함수).

　(3) 개발1팀 기본예산(단위:원) 평균 ⇒ 개발1팀의 기본예산(단위:원) 평균을 구하시오
　　　　　　　　　　(SUMIF, COUNTIF 함수).

　(4) 최다 진행인원수 ⇒ 정의된 이름(진행인원수)을 이용하여 구하시오(MAX 함수).

　(5) 교육 사업의 총 기본예산(단위:원) ⇒ 조건은 입력데이터를 이용하여 구하시오(DSUM 함수).

　(6) 사업구분 ⇒ 「H14」 셀에서 선택한 사업명의 사업구분을 구하시오(VLOOKUP 함수).

　(7) 조건부 서식의 수식을 이용하여 진행인원수가 '10' 이상인 행 전체에 다음의 서식을 적용하시오
　　　(글꼴 : 파랑, 진하게).

03 다음은 '**자원봉사자 모집 및 신청 현황**'에 대한 자료이다. 자료를 입력하고 조건에 맞도록 작업하시오.

- 소스 파일 : [출제유형 04]-정복04_문제03.cell
- 정답 파일 : [출제유형 04]-정복04_정답03.cell

≪출력형태≫ (240점)

모집코드	봉사명	구분	활동주기	봉사시간	모집인원(단위:명)	신청인원(단위:명)	봉사시작일	순위
CB-110	안과치료	의료봉사	월 1회	8	1,300	1,783	(1)	(2)
BC-115	연극	문화봉사	월 1회	6	750	657	(1)	(2)
BC-101	사물놀이	문화봉사	주 1회	4	1,800	954	(1)	(2)
JC-112	미용	기술봉사	주 2회	3	1,230	1,450	(1)	(2)
BC-120	국악위문	문화봉사	월 1회	8	1,500	1,650	(1)	(2)
CB-101	치과치료	의료봉사	주 2회	8	1,120	1,350	(1)	(2)
BC-122	한방치료	의료봉사	주 1회	7	500	389	(1)	(2)
JC-101	도배	기술봉사	주 2회	5	1,500	1,289	(1)	(2)
문화봉사 신청인원(단위:명) 평균			(3)		최저 봉사시간			(5)
의료봉사 신청인원(단위:명) 합계			(4)		봉사명	안과치료	신청인원(단위:명)	(6)

≪조건≫

● (1)~(6) 셀은 반드시 **주어진 함수를 이용**하여 값을 구하시오(결과값을 직접 입력하면 해당 셀은 0점 처리됨).

(1) 봉사시작일 ⇒ 모집코드의 마지막 두 글자를 '일'로 하는 2024년, 4월의 날짜를 구하시오
　　　　　 (DATE, RIGHT 함수)(예 : CB-110 → 2024-04-10).

(2) 순위 ⇒ 신청인원(단위:명)의 내림차순 순위를 구한 결과값에 '위'를 붙이시오
　　　 (RANK.EQ 함수, & 연산자)(예 : 1위).

(3) 문화봉사 신청인원(단위:명) 평균 ⇒ (SUMIF, COUNTIF 함수)

(4) 의료봉사 신청인원(단위:명) 합계 ⇒ 조건은 입력데이터를 이용하여 구하시오(DSUM 함수).

(5) 최저 봉사시간 ⇒ 정의된 이름(봉사시간)을 이용하여 구하시오(MIN 함수).

(6) 신청인원(단위:명) ⇒ 「H14」셀에서 선택한 봉사명에 대한 신청인원(단위:명)을 구하시오
　　　　　　 (VLOOKUP 함수).

(7) 조건부 서식의 수식을 이용하여 봉사시간이 '5' 이하인 행 전체에 다음의 서식을 적용하시오
　　(글꼴 : 파랑, 진하게).

04 다음은 '인기 복합기 판매 현황'에 대한 자료이다. 자료를 입력하고 조건에 맞도록 작업하시오.

• 소스 파일 : [출제유형 04]-정복04_문제04.cell   • 정답 파일 : [출제유형 04]-정복04_정답04.cell

≪출력형태≫   (240점)

	B	C	D	E	F	G	H	I	J
							확인	담당	팀장	센터장
			인기 복합기 판매 현황						
	제품코드	제품명	제조사	판매금액	인쇄속도(ppm)	판매수량(단위:대)	재고수량(단위:대)	판매순위	평가
	K2949	루이	레온	149,000	14	157	64	(1)	(2)
	P3861	레옹	이지전자	150,000	16	184	48	(1)	(2)
	L3997	지니	레온	344,000	15	154	101	(1)	(2)
	K2789	퍼플	티파니	421,000	19	201	65	(1)	(2)
	K6955	밴티지	이지전자	175,000	6	98	128	(1)	(2)
	P3811	다큐프린터	레온	245,000	17	217	87	(1)	(2)
	L3711	로사프린터	티파니	182,000	12	256	36	(1)	(2)
	L4928	새롬레이저	이지전자	389,000	18	94	117	(1)	(2)
	티파니 제조사 재고수량(단위:대) 합계			(3)		티파니 제조사 비율			(5)
	레온 제조사 최고 판매금액			(4)		제품코드	K2949	판매수량(단위:대)	(6)

≪조건≫

◉ (1)~(6) 셀은 반드시 **주어진 함수를 이용**하여 값을 구하시오(결과값을 직접 입력하면 해당 셀은 0점 처리됨).

  (1) 판매순위 ⇒ 정의된 이름(판매수량)을 이용하여 내림차순 순위를 구한 결과값에 '위'를 붙이시오
          (RANK.EQ 함수, & 연산자)(예 : 1위).

  (2) 평가 ⇒ 인쇄속도(ppm)가 전체 인쇄속도(ppm)에서 세 번째로 큰 값 이상이면 '우수',
          그 외에는 공백으로 표시하시오(IF, LARGE 함수).

  (3) 티파니 제조사 재고수량(단위:대) 합계 ⇒ (SUMIF 함수)

  (4) 레온 제조사 최고 판매금액 ⇒ 조건은 입력데이터를 이용하여 구하시오(DMAX 함수).

  (5) 티파니 제조사 비율 ⇒ 결과값을 백분율로 표시하시오(COUNTIF, COUNTA 함수).

  (6) 판매수량(단위:대) ⇒ 「H14」 셀에서 선택한 제품코드에 대한 판매수량(단위:대)을 구하시오
          (VLOOKUP 함수).

  (7) 조건부 서식의 수식을 이용하여 재고수량(단위:대)이 '100' 이상인 행 전체에 다음의 서식을 적용하시오
      (글꼴 : 파랑, 진하게).

PART 02 출제유형 완전정복

[제2작업] 목표값 찾기 및 필터

- ☑ 함수를 이용하여 목표값 찾기에 필요한 값을 계산한 후 원하는 목표값 찾기
- ☑ 고급 필터(논리 연산자 및 비교 연산자를 이용)를 이용하여 원하는 데이터 추출하기

문제 미리보기
소스 파일 : [출제유형 05]-유형05_문제.cell   **정답 파일** : [출제유형 05]-유형05_정답.cell

☞ **"제1작업"** 시트의 「B4:H12」 영역을 복사하여 **"제2작업"** 시트의 「B2」 셀부터 모두 붙여넣기를 한 후 다음의 조건과 같이 작업하시오.

≪조건≫ (80점)

(1) 목표값 찾기 - 「B11:G11」 셀을 병합하고 가운데 맞춤한 후 "세탁세제 4월매출(천원) 전체 합계"를 입력하고 「H11」 셀에 세탁세제 4월매출(천원) 전체 합계를 구하시오.
   단, 조건은 입력데이터를 이용하시오(DSUM 함수, 테두리).
   - '세탁세제 4월매출(천원) 전체 합계'가 '166,700'이 되려면 리큐 제트의 4월매출(천원)이 얼마가 되어야 하는지 목표값을 구하시오.

(2) 고급 필터 - 제조사가 '보리수'이거나 3월매출(천원)이 '20,000' 이하인 자료의 '제품명, 제조사, 3월매출(천원), 4월매출(천원)' 데이터만 추출하시오.
   - 찾을 조건 범위 : 「B14」 셀부터 입력하시오.
   - 복사 위치 : 「B18」 셀부터 나타나도록 하시오.

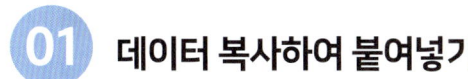
데이터 복사하여 붙여넣기

☞ "제1작업" 시트의 「B4:H12」 영역을 복사하여 "제2작업" 시트의 「B2」 셀부터 모두 붙여넣기를 한 후 다음의 조건과 같이 작업하시오.

① '유형05_문제.cell' 파일을 불러와 [제1작업] 시트를 클릭합니다.

※ 파일 불러오기 : [파일]–[불러오기]([Ctrl]+[O])를 클릭한 후 [불러오기] 대화상자에서 파일을 선택합니다.

② [B4:H12] 영역을 드래그한 후 [편집] 탭에서 **'복사하기( )'**([Ctrl]+[C])를 클릭합니다.

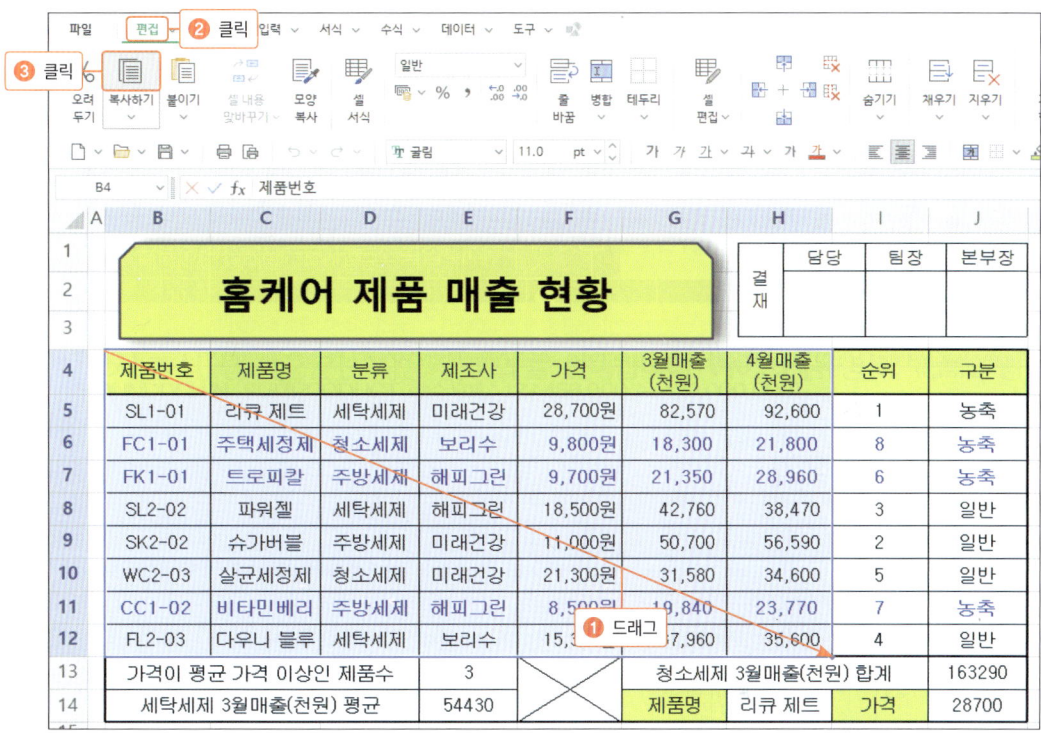

③ [제2작업] 시트를 클릭한 후 [B2] 셀을 클릭합니다. 이어서, [편집] 탭에서 **'붙이기( )'**([Ctrl]+[V])를 클릭합니다.

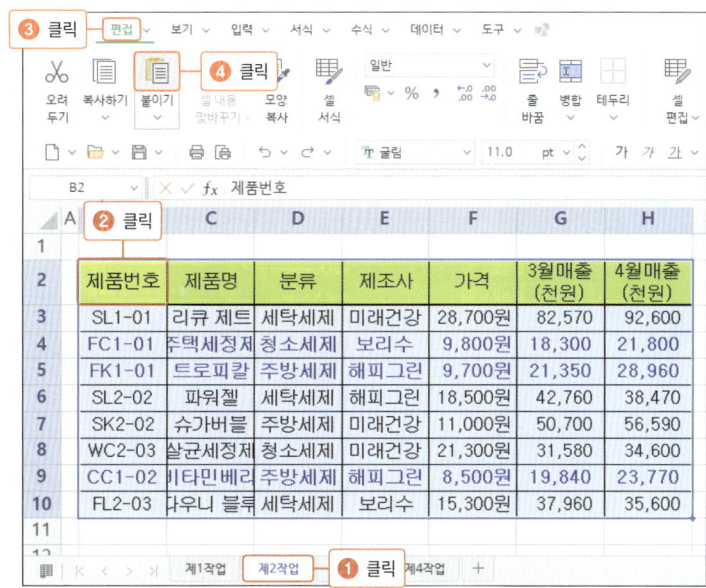

출제유형 05 · **99** · [제2작업] 목표값 찾기 및 필터

④ 데이터가 복사되면 [편집] 탭에서 '붙이기(📋)'의 목록 단추(붙이기)를 클릭한 후 **'골라 붙이기'**를 선택합니다.

⑤ [골라 붙이기] 대화상사가 나오면 **'열 너비'**를 선택한 후 〈확인〉 단추를 클릭합니다.

  ※ 골라 붙이기 기능으로 열의 너비를 변경하지 않을 경우 열 머리글 사이를 마우스로 더블 클릭하여 가장 긴 글자에 맞추어 해당 열의 너비를 자동으로 조절합니다.

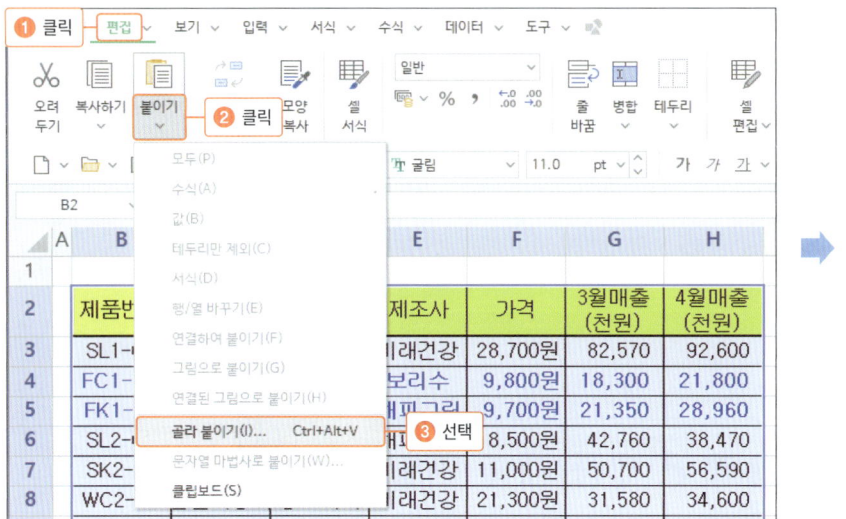 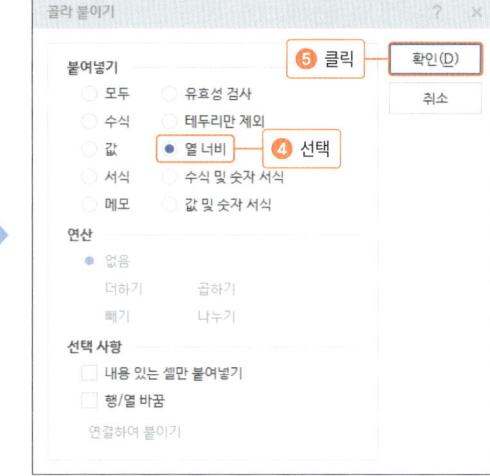

02 목표값 찾기

(1) 목표값 찾기 – 「B11:G11」 셀을 병합하고 가운데 맞춤한 후 "세탁세제 4월매출(천원) 전체 합계"를 입력하고 「H11」 셀에 세탁세제 4월매출(천원) 전체 합계를 구하시오.
  단, 조건은 입력데이터를 이용하시오(DSUM 함수, 테두리).
  – '세탁세제 4월매출(천원) 전체 합계'가 '166,700'이 되려면 리큐 제트의 4월매출(천원)이 얼마가 되어야 하는지 목표값을 구하시오.

■ 내용 입력과 세탁세제 4월매출(천원) 전체 합계 계산하기

① [B11:G11] 영역을 드래그한 후 [서식] 도구 상자에서 **'병합하고 가운데 맞춤()'**을 클릭합니다.

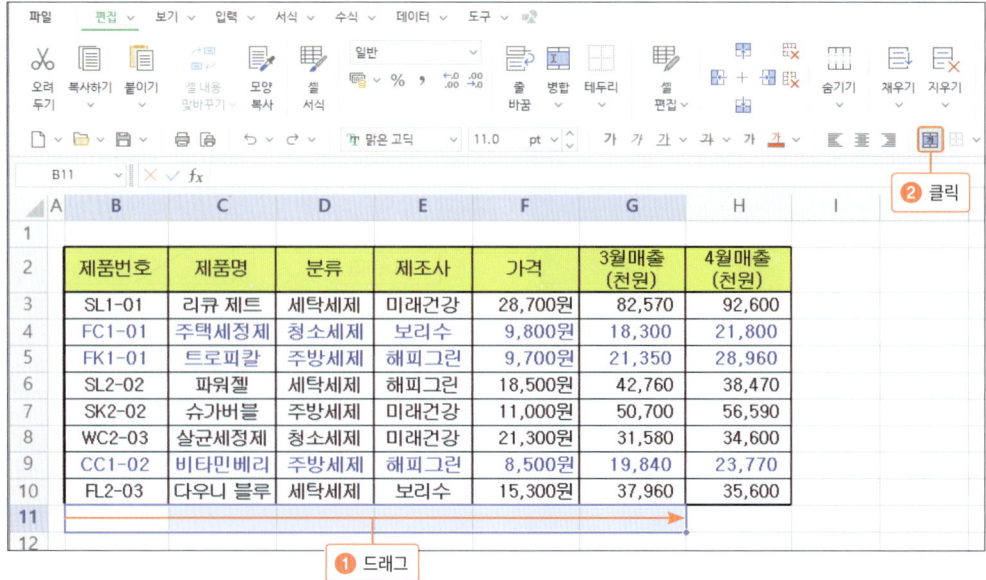

❷ 셀이 병합되면 '**세탁세제 4월매출(천원) 전체 합계**'를 입력합니다.

❸ 목표값 찾기에 필요한 합계를 계산하기 위해 [**H11**] **셀**을 클릭한 후 수식 입력줄의 '**함수 마법사(f_x)**'를 클릭합니다.

❹ [**함수 마법사**] 대화상자가 나오면 '**DSUM**' **함수**를 찾아 아래와 같이 인수 값을 입력한 후 〈확인〉 단추를 클릭합니다.

❺ [H11] 셀에서 합계가 계산된 것을 확인하고 [서식] 도구 상자에서 '**가운데 정렬**'을 클릭합니다.

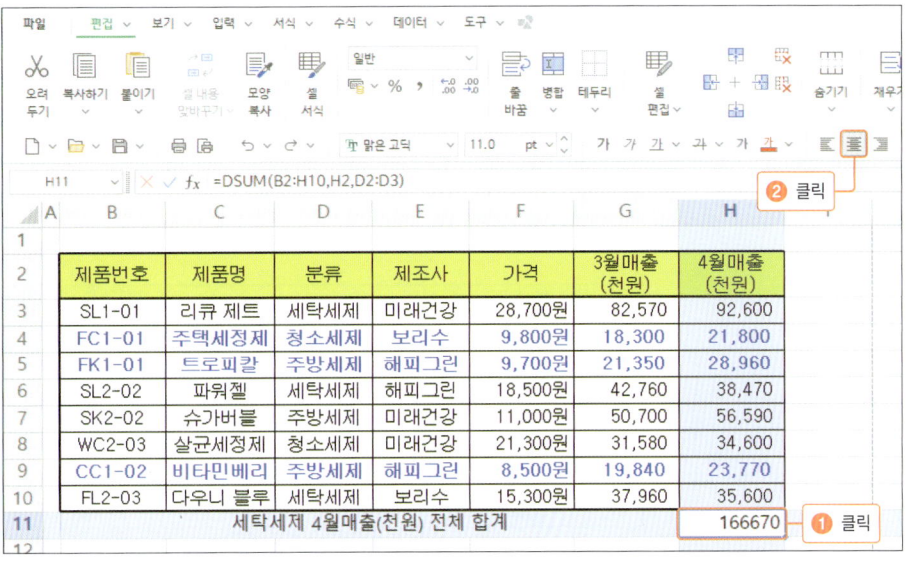

❻ [B11:H11] 영역을 드래그한 후 [서식] 도구 상자에서 '테두리(▦)'의 목록 단추(⌄)를 눌러 '**모두 적용(▦)**'을 선택합니다.

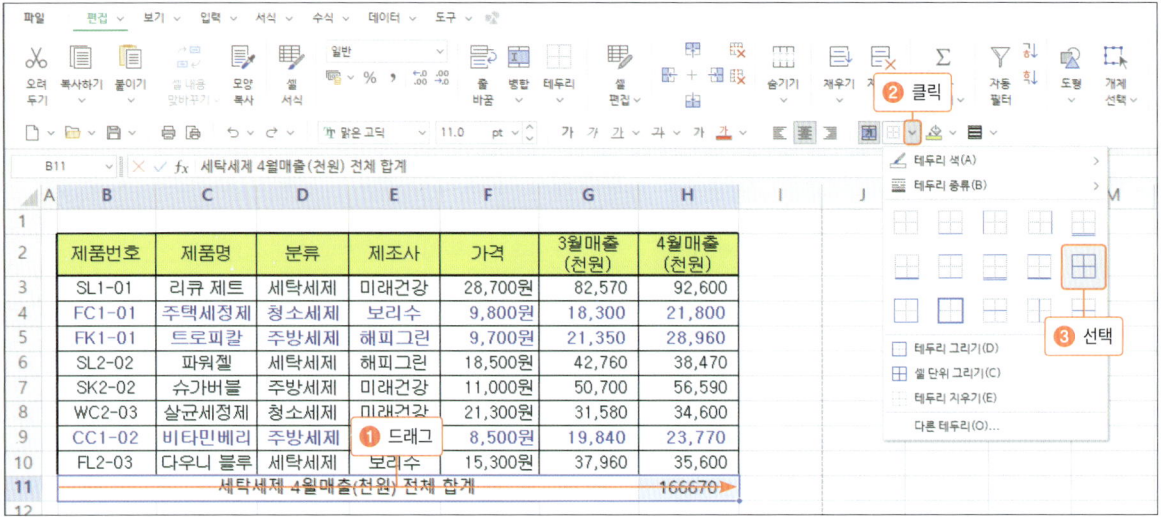

■ 목표값 찾기

❶ 수식이 입력된 [H11] 셀에서 [데이터] 탭의 '**목표 값 찾기**'를 클릭합니다.

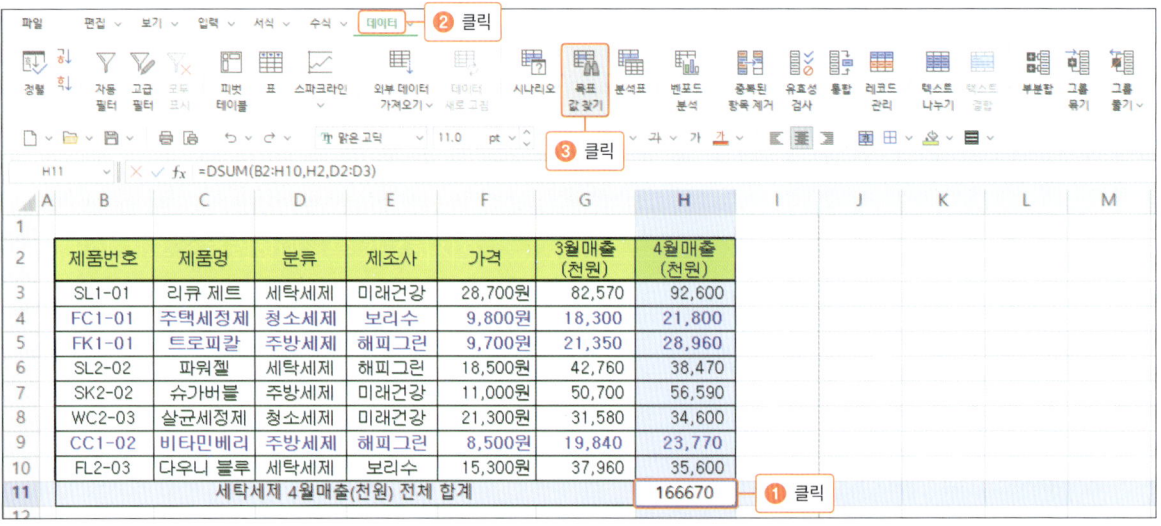

❷ [목표 값 찾기] 대화상자가 나오면 '**수식 셀([H11]), 찾는 값(166700), 값을 바꿀 셀([H3])**'을 각각 입력 및 선택한 후 〈확인〉 단추를 클릭합니다.

※ 값을 바꿀 셀은 원하는 목표값을 찾기 위해서 '리큐 제트 제품명의 4월매출(천원)'이 얼마가 되어야 하는지 알아야하기 때문에 [H3] 셀을 클릭합니다.

> **TIP [목표 값 찾기] 대화상자**
> ① **수식 셀** : '찾는 값'에서 입력한 값(목표값)을 적용시켜 결과 값이 변경되는 셀로 반드시 수식(=DSUM(B2:H10, H2,D2:D3)) 형태로 입력되어 있어야 합니다.
> ② **찾는 값** : 원하는 목표값을 입력합니다.
> ③ **값을 바꿀 셀** : 목표값을 찾기 위해 값이 변경되어야 할 셀을 선택 또는 입력합니다.

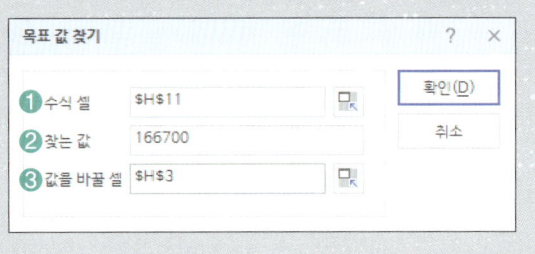

③ [목표 값 찾기 상태] 대화상자가 나오면 변경된 목표값을 확인한 후 〈확인〉 단추를 클릭합니다.

※ [H3] 셀을 보면 '92,600'에서 '92,630'으로 값이 변경된 것을 확인할 수 있습니다.

03 고급 필터

(2) 고급 필터 – 제조사가 '보리수'이거나 3월매출(천원)이 '20,000' 이하인 자료의 '제품명, 제조사, 3월매출(천원), 4월매출(천원)' 데이터만 추출하시오.
 – 찾을 조건 범위 : 「B14」 셀부터 입력하시오.
 – 복사 위치 : 「B18」 셀부터 나타나도록 하시오.

① 조건에 사용할 '**제조사(E2)**'와 '**3월매출(천원)(G2)**' 필드 제목을 클릭한 후 [편집] 탭에서 '**복사하기(📋)**'(`Ctrl`+`C`)를 클릭합니다.

※ [E2] 셀을 클릭한 후 `Ctrl` 키를 누른 상태에서 [G2] 셀을 클릭합니다.

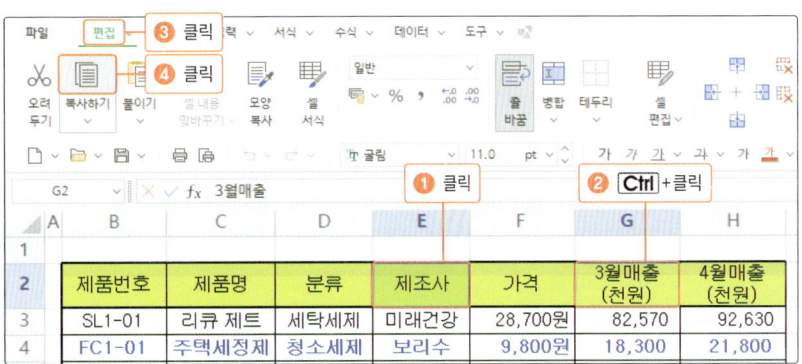

② 조건 위치인 [B14] 셀을 클릭한 후 [편집] 탭에서 '**붙이기(📋)**'(`Ctrl`+`V`)를 클릭합니다.

③ 15행과 16행에 조건식을 입력합니다.

※ 제조사가 '보리수'이거나 3월매출(천원)이 '20,000' 이하인 데이터 검색

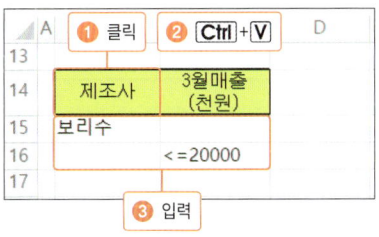

고급 필터 조건 지정

❶ **비교 연산자** : =(같다), 〈〉(같지 않다), 〉=(~이상), 〈=(이하)
❷ **별표(*)** : 모든 문자를 찾을 수 있습니다.
   [예1] 가* : '가'로 시작하는 모든 문자 검색   [예2] *가 : '가'로 끝나는 모든 문자 검색
   [예3] *가* : '가'를 포함하는 모든 문자 검색
❸ **물음표(?)** : 글자 수에 맞춰서 찾을 수 있습니다.
   [예1] 가? : '가'로 시작하는 두 글자 검색   [예2] 가?? : '가'로 시작하는 세 글자 검색
   [예3] ?가 : '가'로 끝나는 두 글자 검색   [예4] ??가 : '가'로 끝나는 세 글자 검색
❹ **논리 연산자(AND, OR)**
   – AND 조건(~이면서, ~이고) : 한 줄에 조건 입력

제조사가 '보리수'이면서 가격이 '20,000' 이상인 데이터	제조사가 '보'로 시작하면서 가격이 '20,000' 이하인 데이터
제조사 | 가격 보리수 | >=20000	제조사 | 가격 보* | <=20000

   – OR 조건(~이거나, ~또는) : 두 줄에 조건 입력

제조사가 '보리수'가 아니거나 가격이 '20,000' 이상인 데이터	제조사가 '보리'가 포함되거나 가격이 '20,000' 이하인 데이터
제조사 | 가격 <>보리수 　　　　>=20000	제조사 | 가격 *보리* 　　　　<=20000

   – AND+OR 조건 : 2개의 조건을 모두 입력
   [예] 제조사가 '보리수'이면서 가격이 '20,000' 이하이거나 제조사가 '미래건강'인 데이터

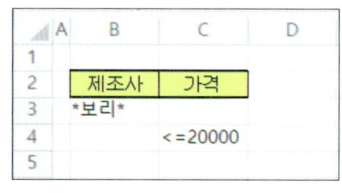

④ 복사 위치로 사용할 '제품명([C2]), 제조사([E2]), 3월매출(천원)([F2]), 4월매출(천원)([H2])'의 필드 제목을 클릭한 후 [편집] 탭에서 '복사하기( )'를 클릭합니다.

※ 떨어져 있는 셀을 선택할 때는 Ctrl 키를 누른 상태에서 선택합니다. 고급 필터의 복사 위치는 특정 필드만 추출하는 것이 아닌 모든 데이터를 추출하는 문제도 출제되고 있으니 참고하시기 바랍니다.

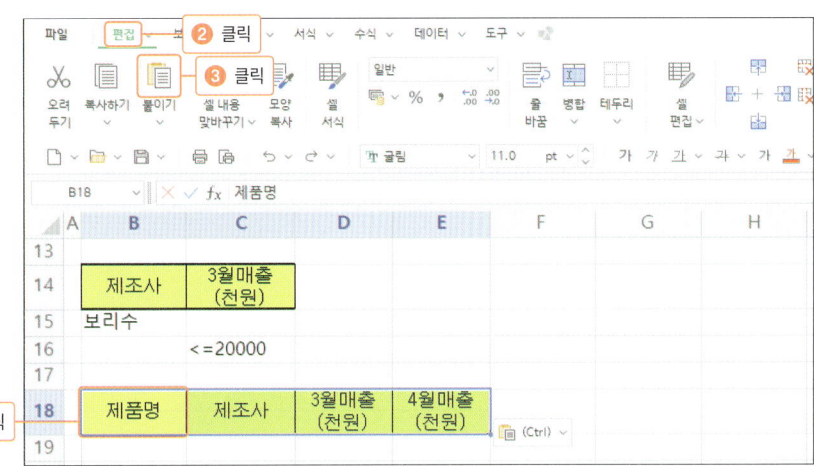

⑤ 복사 위치인 [B18] 셀을 클릭한 후 [편집] 탭에서 '붙이기( )'를 클릭합니다.

⑥ [B2:H10] 영역을 드래그한 후 [데이터] 탭에서 **'고급 필터'**를 클릭합니다.

⑦ [고급 필터] 대화상자가 나오면 다음과 같이 각각의 범위를 지정한 후 〈설정〉 단추를 클릭합니다.
 – '결과'에서 '다른 장소에 복사'로 선택
 – 데이터 범위 : 자동으로 지정된 목록 범위($B$2:$H$10)를 확인
 – 찾을 조건 범위 : [B14:C16]을 영역 지정
 – 복사 위치 : [B18:E18]을 영역 지정

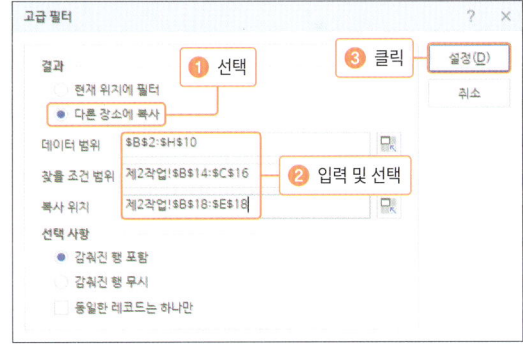

⑧ OR 조건(제조사, 3월매출(천원))에 맞게 데이터가 추출되었는지 확인한 후 [파일]-[저장하기](Ctrl+S) 또는 [서식] 도구 상자에서 **'저장하기( )'**를 클릭합니다.

※ 실제 시험을 볼 때 작업 도중에 수시로(10분에 한 번 정도) 저장을 하는 것이 좋습니다.

시험분석 고급 필터

❶ 고급 필터를 사용하여 조건에 맞는 데이터만 다른 위치에 표시하는 문제가 출제되고 있습니다.
❷ 고급 필터의 조건을 입력할 때 비교 연산자는 '〈 〉(같지 않다)', '〉=(~이상)', '〈=(~이하)'와 같이 와일드 문자 '*'가 출제되고 있습니다.
❸ 조건을 입력할 때 AND는 한 줄에, OR은 두 줄로 구분하여 입력합니다.

[제2작업] 목표값 찾기 및 필터

01 "제1작업" 시트의 「B4:H12」 영역을 복사하여 "제2작업" 시트의 「B2」 셀부터 모두 붙여넣기를 한 후 다음의 조건과 같이 작업하시오.

• 소스 파일 : [출제유형 05]-정복05_문제01.cell   • 정답 파일 : [출제유형 05]-정복05_정답01.cell

《조건》 (80점)

(1) 목표값 찾기 – 「B11:G11」 셀을 병합하고 가운데 맞춤한 후 "판매량(단위:kg) 전체 평균"을 입력하고, 「H11」 셀에 판매량(단위:kg)의 전체 평균을 구하시오. 단, 조건은 입력데이터를 이용하시오 (AVERAGE 함수, 테두리)
 – '판매량(단위:kg) 전체 평균'이 '3,300'이 되려면 FVS-39의 판매량(단위:kg)이 얼마가 되어야 하는지 목표값을 구하시오.

(2) 고급 필터 – 부위가 '앞다리'가 아니면서 kg당 가격이 '90,000' 이하인 자료의 '품목코드, 구분, kg당 가격, 판매량(단위:kg)' 데이터만 추출하시오.
 – 찾을 조건 범위 : 「B14」 셀부터 입력하시오.
 – 복사 위치 : 「B18」 셀부터 나타나도록 하시오.

 02 "제1작업" 시트의 「B4:H12」 영역을 복사하여 "제2작업" 시트의 「B2」 셀부터 모두 붙여넣기를 한 후 다음의 조건과 같이 작업하시오.

• 소스 파일 : [출제유형 05]-정복05_문제02.cell   • 정답 파일 : [출제유형 05]-정복05_정답02.cell

《조건》 (80점)

(1) 목표값 찾기 – 「B11:G11」 셀을 병합하고 가운데 맞춤한 후 '진행인원수의 평균'을 입력하고, 「H11」 셀에 진행인원수의 평균을 구하시오. 단, 조건은 입력데이터를 이용하시오(AVERAGE 함수, 테두리).
 – '진행인원수의 평균'이 '9'가 되려면 '이러닝' 사업의 진행인원수가 얼마가 되어야 하는지 목표값을 구하시오.

(2) 고급 필터 – 사업구분이 '영업'이거나 기본예산(단위:원)이 '130,000,000' 이상인 자료의 '관리코드, 사업명, 진행인원수, 기본예산(단위:원)' 데이터만 추출하시오.
 – 찾을 조건 범위 : 「B14」 셀부터 입력하시오.
 – 복사 위치 : 「B18」 셀부터 나타나도록 하시오.

03 "제1작업" 시트의 「B4:H12」 영역을 복사하여 "제2작업" 시트의 「B2」 셀부터 모두 붙여넣기를 한 후 다음의 조건과 같이 작업하시오.

• 소스 파일 : [출제유형 05]-정복05_문제03.cell   • 정답 파일 : [출제유형 05]-정복05_정답03.cell

≪조건≫ (80점)

(1) 목표값 찾기 – 「B11:G11」 셀을 병합하고 가운데 맞춤한 후 "의료봉사 모집인원(단위:명) 평균"을 입력하고, 「H11」 셀에 의료봉사의 모집인원(단위:명) 평균을 구하시오.
  단, 조건은 입력데이터를 이용하시오(DAVERAGE 함수, 테두리).
  – '의료봉사 모집인원(단위:명) 평균'이 '980'이 되려면 안과치료 모집인원(단위:명)이 얼마가 되어야 하는지 목표값을 구하시오.

(2) 고급 필터 – 활동주기가 '월 1회'가 아니면서 신청인원(단위:명)이 '1,000' 이하인 자료의 '모집코드, 봉사명, 봉사시간, 모집인원(단위:명), 신청인원(단위:명)' 데이터만 추출하시오.
  – 찾을 조건 범위 : 「B14」 셀부터 입력하시오.
  – 복사 위치 : 「B18」 셀부터 나타나도록 하시오.

04 "제1작업" 시트의 「B4:H12」 영역을 복사하여 "제2작업" 시트의 「B2」 셀부터 모두 붙여넣기를 한 후 다음의 조건과 같이 작업하시오.

• 소스 파일 : [출제유형 05]-정복05_문제04.cell   • 정답 파일 : [출제유형 05]-정복05_정답04.cell

≪조건≫ (80점)

(1) 목표값 찾기 – 「B11:G11」 셀을 병합하고 가운데 맞춤한 후 "재고수량(단위:대)의 평균"을 입력하고, 「H11」 셀에 재고수량(단위:대)의 평균을 구하시오. 단, 조건은 입력데이터를 이용하시오 (AVERAGE 함수, 테두리).
  – '재고수량(단위:대)의 평균'이 '80'이 되려면 '루이' 제품의 재고수량(단위:대)이 얼마가 되어야 하는지 목표값을 구하시오.

(2) 고급 필터 – 제품코드가 'L'로 시작하거나 판매수량(단위:대)이 '100' 이하인 자료의 '제품코드, 제품명, 판매수량(단위:대), 재고수량(단위:대)' 데이터만 추출하시오.
  – 찾을 조건 범위 : 「B14」 셀부터 입력하시오.
  – 복사 위치 : 「B18」 셀부터 나타나도록 하시오.

출제유형 06-1 [제3작업] 정렬 및 부분합

PART 02 출제유형 완전정복

- ☑ ≪출력형태≫를 참고하여 데이터를 정렬하기
- ☑ 부분합 작성 및 윤곽 지우기

문제 미리보기
소스 파일 : [출제유형 06-1]-유형06-1_문제.cell **정답 파일** : [출제유형 06-1]-유형06-1_정답.cell

☞ "**제1작업**" 시트의 「B4:H12」 영역을 복사하여 "**제3작업**" 시트의 「B2」 셀부터 모두 붙여넣기를 한 후 다음의 조건과 같이 작업하시오.

≪조건≫ (80점)

(1) 부분합 – ≪출력형태≫처럼 정렬하고, 분류의 개수와 4월매출(천원)의 평균을 구하시오.
(2) 윤곽 – 지우시오.
(3) 나머지 사항은 ≪출력형태≫에 맞게 작성하시오.

≪출력형태≫

	A	B	C	D	E	F	G	H
1								
2		제품번호	제품명	분류	제조사	가격	3월매출(천원)	4월매출(천원)
3		FK1-01	트로피칼	주방세제	해피그린	9,700원	21,350	28,960
4		SL2-02	파워젤	세탁세제	해피그린	18,500원	42,760	38,470
5		CC1-02	비타민베리	주방세제	해피그린	8,500원	19,840	23,770
6					해피그린 평균			30,400
7				3	해피그린 개수			
8		FC1-01	주택세정제	청소세제	보리수	9,800원	18,300	21,800
9		FL2-03	다우니 블루	세탁세제	보리수	15,300원	37,960	35,600
10					보리수 평균			28,700
11				2	보리수 개수			
12		SL1-01	리큐 제트	세탁세제	미래건강	28,700원	82,570	92,600
13		SK2-02	슈가버블	주방세제	미래건강	11,000원	50,700	56,590
14		WC2-03	살균세정제	청소세제	미래건강	21,300원	31,580	34,600
15					미래건강 평균			61,263
16				3	미래건강 개수			
17					전체 평균			41,549
18				8	전체 개수			

시험분석

[제3작업]

❶ [제3작업]은 '정렬 및 부분합'과 '피벗 테이블' 두 가지 유형의 문제가 번갈아 가며 출제되고 있습니다.
❷ '정렬 및 부분합'과 '피벗 테이블'은 전혀 다른 기능을 사용하기 때문에 두 가지 기능에 대한 학습이 반드시 필요합니다.

 **데이터 복사하여 붙여넣기**

☞ "제1작업" 시트의 「B4:H12」 영역을 복사하여 "제3작업" 시트의 「B2」 셀부터 모두 붙여넣기를 한 후 다음의 조건과 같이 작업하시오.

❶ '유형06-1_문제.cell' 파일을 불러와 [제1작업] 시트를 클릭합니다.

   ※ 파일 불러오기 : [파일]-[불러오기]([Ctrl]+[O])를 클릭한 후 [불러오기] 대화상자에서 파일을 선택합니다.

❷ **[B4:H12] 영역**을 드래그한 후 [편집] 탭에서 **'복사하기( )'**([Ctrl]+[C])를 클릭합니다.

❸ [제3작업] 시트를 클릭한 후 **[B2] 셀**을 클릭합니다. 이어서, [편집] 탭에서 **'붙이기( )'**([Ctrl]+[V])를 클릭합니다.

❹ 데이터가 복사되면 [편집] 탭에서 '붙이기( )'의 목록 단추( )를 클릭한 후 **'골라 붙이기'**를 선택합니다.

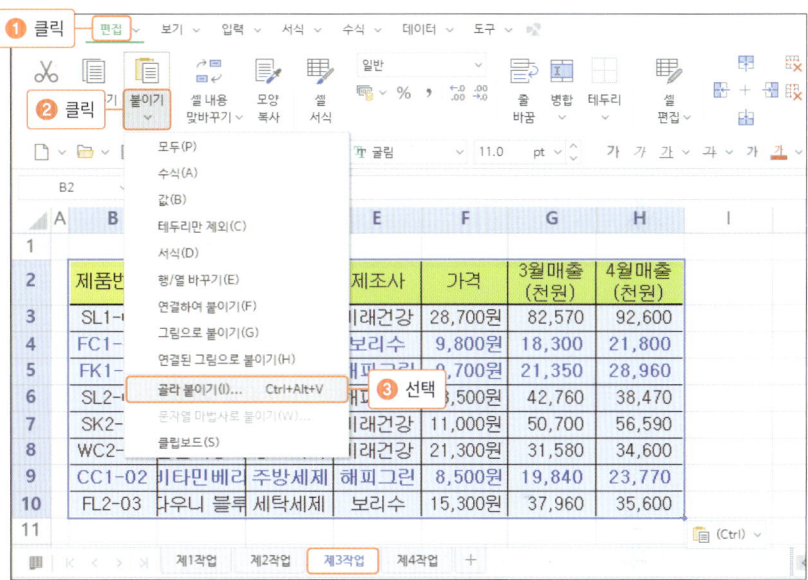

❺ [골라 붙이기] 대화상자가 나오면 **'열 너비'**를 선택한 후 〈확인〉 단추를 클릭합니다.

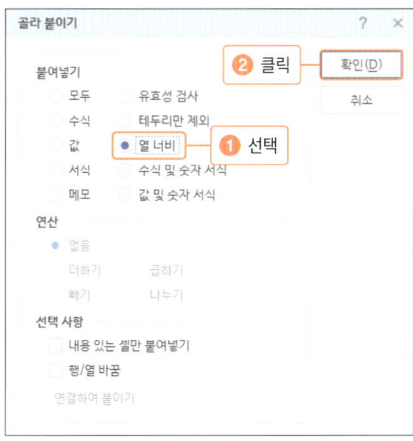

02 데이터 정렬

(1) 부분합 – ≪출력형태≫처럼 정렬하고, 분류의 개수와 4월매출(천원)의 평균을 구하시오.

❶ [E2] 셀을 클릭한 후 [데이터] 탭에서 '**내림차순(힉↓)**'을 클릭합니다.

   ※ 데이터 정렬은 ≪출력형태≫에서 부분합으로 그룹화된 항목 '제조사' 부분을 참고하여 '내림차순'인지 아니면 '오름차순'인지 판단합니다.

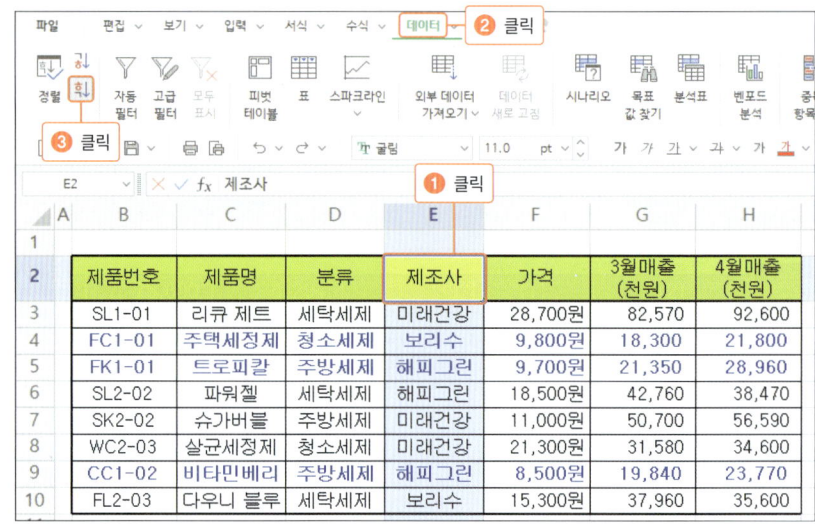

❷ 데이터가 정렬되면 ≪출력형태≫와 비교하여 결과가 같은지 반드시 확인합니다.

   ※ ≪출력형태≫와 비교할 때 '제조사' 필드를 기준으로 왼쪽 필드(분류)와 오른쪽 필드(가격)에도 정렬이 적용되어 있는지 반드시 확인합니다.

데이터 정렬 방법

❶ 오름차순 정렬 순서(내림차순은 반대) : 숫자(1, 2, 3, … 순) → 특수문자 → 영문(A→Z 순) → 한글(ㄱ→ㅎ 순) → 논리값 → 오류값 → 공백 셀(빈 셀)

❷ 정렬 기준이 하나인 경우 : 정렬할 셀을 클릭하고 [데이터] 탭에서 '오름차순(김↓)' 또는 '내림차순(힉↓)'을 이용합니다.

❸ 정렬 기준이 하나 이상인 경우 : [데이터] 탭에서 '정렬'을 이용합니다.

❹ 내림차순 또는 오름차순으로 정렬을 실행한 후 결과가 ≪출력형태≫와 다를 경우에는 [서식] 도구 상자에서 '되돌리기(↶)'(**Ctrl**+**Z**)를 클릭합니다.

 부분합

(1) 부분합 – ≪출력형태≫처럼 정렬하고, 분류의 개수와 4월매출(천원)의 평균을 구하시오.

① **[B2] 셀**을 클릭한 후 [데이터] 탭에서 '**부분합**'을 클릭합니다.

※ 부분합 작성 시 데이터 범위([B2:H10])를 드래그하거나, [B2:H10] 영역 안에서 한 개의 셀만 클릭한 후 작업합니다.

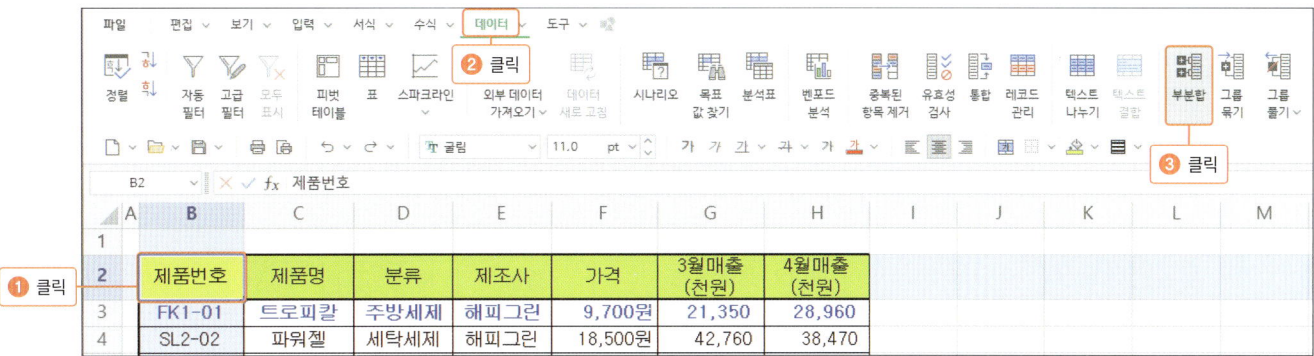

② [부분합] 대화상자가 나오면 ≪조건≫ 및 ≪출력형태≫를 참고하여 [그룹화할 항목]–'제조사', [사용할 함수]–'개수', [부분합 계산 항목]–'분류'만 선택한 후 〈실행〉 단추를 클릭합니다.

※ 중첩 부분합을 작성할 때는 문제의 ≪조건≫ 순서('분류' 개수 → '4월매출(천원)' 평균)에 맞추어 작성해야 합니다.

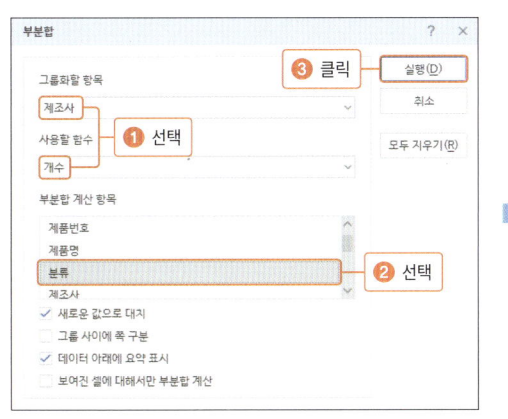

[부분합] 대화상자

① **그룹화할 항목** : 데이터를 그룹화할 항목을 선택
② **사용할 함수** : 그룹화된 데이터의 계산 방법을 선택
③ **부분합 계산 항목** : 그룹화된 데이터에서 계산할 항목(필드)을 선택
④ **새로운 값으로 대치** : 이전 부분합을 지우고 새롭게 계산된 부분합으로 변경하여 표시
⑤ **그룹 사이에서 쪽 구분** : 부분합이 계산된 그룹을 각 페이지 별로 분리
⑥ **데이터 아래에 요약 표시** : 그룹별로 부분합이 구해져 그 결과 값이 해당 그룹 아래에 표시
⑦ **보여진 셀에 대해서만 부분합 계산** : 숨겨진 셀을 제외하고 화면에 보여지는 셀에서만 부분합 계산해서 표시
⑧ 〈**모두 지우기**〉 단추 : 부분합 결과를 모두 지우기

③ 2차 부분합을 생성하기 위해 한 번 더 [데이터] 탭에서 '**부분합**'을 클릭합니다.

④ [부분합 대화상자가 나오면 [그룹화할 항목]-'**제조사**', [사용할 함수]-'**평균**', [부분합 계산 항목]-'**4월매출(천원)**'만 선택합니다. 이어서, '**새로운 값으로 대치**' 항목의 체크 표시()를 반드시 해제한 후 〈실행〉 단추를 클릭합니다.

> **중첩 부분합에서 주의해야 할 사항**
>
> 중첩 부분합(2차 부분합)을 생성하기 위해서는 1차 부분합 범위 내에서 임의의 셀([예] [B2])을 하나만 선택한 후 작업해야 하며, 반드시 '새로운 값으로 대치' 항목의 체크 표시()를 반드시 해제해 주어야 합니다. 만일, 체크 표시를 해제하지 않을 경우 1차 부분합 결과는 사라지고 2차 부분합 결과만 표시됩니다.

04 윤곽 지우기

(2) 윤곽 – 지우시오.

① 완성된 부분합을 ≪출력형태≫와 비교하여 결과가 같은지 확인합니다. 이어서, [데이터] 탭에서 [그룹 풀기]-'**윤곽 지우기**'를 선택합니다.

※ 완성된 부분합의 특정 열이 '###'으로 표시되거나, 열 간격이 너무 좁다고 판단되면 ≪출력형태≫를 참고하여 열의 너비를 조절합니다.

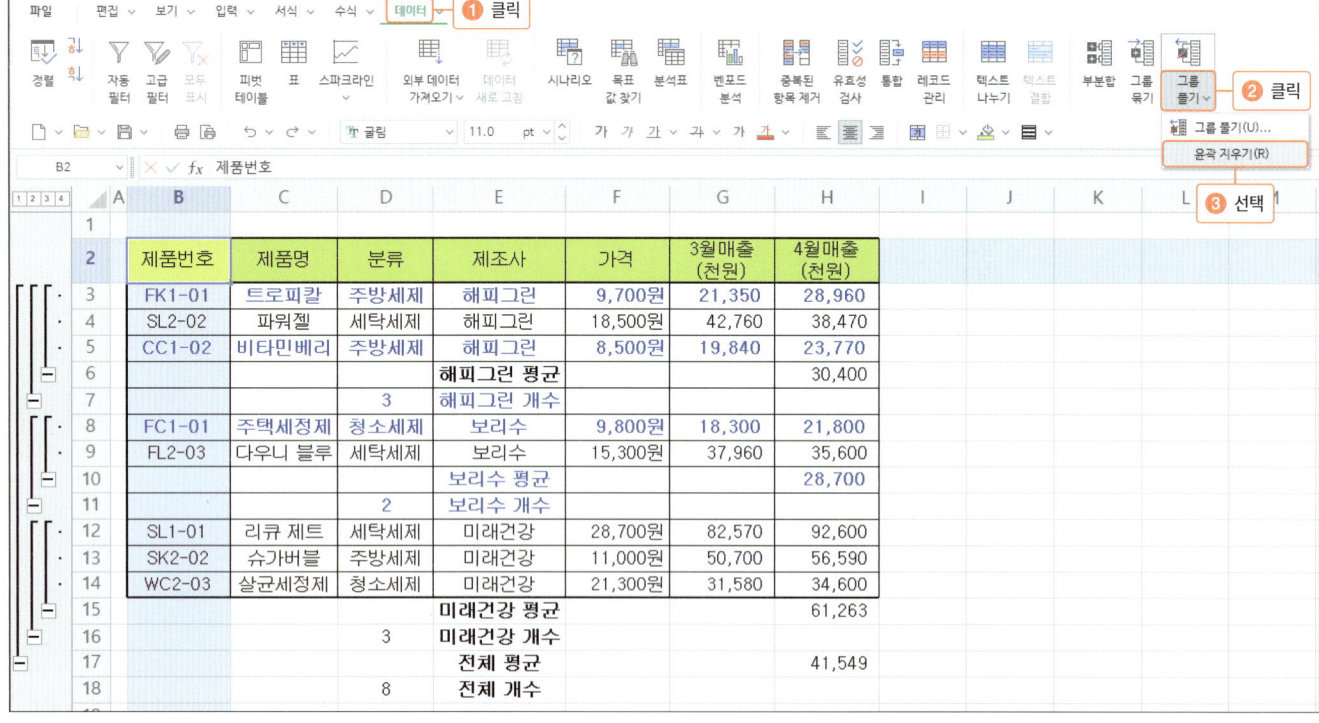

❷ 부분합의 윤곽이 지워지면 **[파일]-[저장하기]**(`Ctrl`+`S`) 또는 [서식] 도구 상자에서 '**저장하기(🖫)**'를 클릭합니다.

※ 실제 시험을 볼 때 작업 도중에 수시로(10분에 한 번 정도) 저장을 하는 것이 좋습니다.

	B	C	D	E	F	G	H
1							
2	제품번호	제품명	분류	제조사	가격	3월매출 (천원)	4월매출 (천원)
3	FK1-01	트로피칼	주방세제	해피그린	9,700원	21,350	28,960
4	SL2-02	파워젤	세탁세제	해피그린	18,500원	42,760	38,470
5	CC1-02	비타민베리	주방세제	해피그린	8,500원	19,840	23,770
6				해피그린 평균			30,400
7			3	해피그린 개수			
8	FC1-01	주택세정제	청소세제	보리수	9,800원	18,300	21,800
9	FL2-03	다우니 블루	세탁세제	보리수	15,300원	37,960	35,600
10				보리수 평균			28,700
11			2	보리수 개수			
12	SL1-01	리큐 제트	세탁세제	미래건강	28,700원	82,570	92,600
13	SK2-02	슈가버블	주방세제	미래건강	11,000원	50,700	56,590
14	WC2-03	살균세정제	청소세제	미래건강	21,300원	31,580	34,600
15				미래건강 평균			61,263
16			3	미래건강 개수			
17				전체 평균			41,549
18			8	전체 개수			

부분합 제거

부분합을 잘못 만들었을 경우 [부분합] 대화상자의 〈모두 지우기〉 단추를 클릭한 후 처음부터 다시 작업합니다. 부분합을 처음부터 다시 만들 때는 '정렬 확인 → 1차 부분합 → 2차 부분합' 순서로 작업합니다.

시험 분석

정렬과 부분합

❶ **정렬** : 거의 기본 정렬(내림차순)로 출제되었지만, 2개 이상을 정렬하는 문제가 출제될 수 있기 때문에 두 가지 방법을 알고 있어야 합니다.

❷ **부분합** : 부분합에서 출제된 함수는 '평균'과 '개수', '최댓값'이 반복되어 출제되고 있습니다.

[제3작업] 정렬 및 부분합

01 "제1작업" 시트의 「B4:H12」 영역을 복사하여 "제3작업" 시트의 「B2」 셀부터 모두 붙여넣기를 한 후 다음의 조건과 같이 작업하시오.

- 소스 파일 : [출제유형 06-1]-정복06-1_문제01.cell
- 정답 파일 : [출제유형 06-1]-정복06-1_정답01.cell

(80점)

≪조건≫

(1) 부분합 - ≪출력형태≫처럼 정렬하고, 품목코드의 개수와 판매량(단위:kg)의 평균을 구하시오.
(2) 윤곽 - 지우시오.
(3) 나머지 사항은 ≪출력형태≫에 맞게 작성하시오.

≪출력형태≫

⏴	A	B	C	D	E	F	G	H
1								
2		품목코드	부위	생산일	구분	kg당 가격	판매량 (단위:kg)	납품한 시장 수
3		FVS-39	앞다리	2023-12-19	1+등급	75,600원	1,294	39
4		SKR-86	앞다리	2023-12-29	2등급	52,000원	4,188	73
5		EUY-39	앞다리	2023-12-30	1++등급	73,000원	3,765	71
6			앞다리 평균				3,082	
7		3	앞다리 개수					
8		ATE-38	안심	2023-12-24	1++등급	98,200원	1,350	37
9		MYH-19	안심	2023-12-22	1등급	95,600원	1,472	38
10			안심 평균				1,411	
11		2	안심 개수					
12		FEW-29	등심	2023-12-24	1등급	79,200원	4,870	86
13		TVE-68	등심	2023-12-27	2등급	66,400원	5,760	98
14		MTT-92	등심	2023-12-24	1+등급	88,700원	3,240	56
15			등심 평균				4,623	
16		3	등심 개수					
17			전체 평균				3,242	
18		8	전체 개수					

02 "제1작업" 시트의 「B4:H12」 영역을 복사하여 "제3작업" 시트의 「B2」 셀부터 모두 붙여넣기를 한 후 다음의 조건과 같이 작업하시오.

· 소스 파일 : [출제유형 06-1]-정복06-1_문제02.cell   · 정답 파일 : [출제유형 06-1]-정복06-1_정답02.cell

≪조건≫ (80점)

(1) 부분합 - ≪출력형태≫처럼 정렬하고, 관리코드의 개수와 기본예산(단위;원)의 평균을 구하시오.

(2) 윤곽 - 지우시오.

(3) 나머지 사항은 ≪출력형태≫에 맞게 작성하시오.

≪출력형태≫

A	B	C	D	E	F	G	H
1							
2	관리코드	사업명	관리팀	사업구분	진행 인원수	시작일	기본예산 (단위:원)
3	TA3-07	AR개발	개발1팀	기술	11명	2023-07-01	83,700,000
4	MA2-03	마케팅	개발1팀	영업	3명	2023-10-05	22,700,000
5	TE1-10	네트워크보안	개발1팀	기술	10명	2023-06-01	136,000,000
6			개발1팀 평균				80,800,000
7	3		개발1팀 개수				
8	TS1-12	홈네트워크	개발2팀	기술	13명	2023-06-20	185,000,000
9	SA2-05	VR개발	개발2팀	기술	9명	2023-08-10	34,700,000
10	TE3-05	환경개선	개발2팀	기술	7명	2023-09-01	103,000,000
11			개발2팀 평균				107,566,667
12	3		개발2팀 개수				
13	EA4-06	이러닝	교육관리	교육	7명	2023-07-10	46,200,000
14	EA4-04	연수원관리	교육관리	교육	6명	2023-09-20	28,000,000
15			교육관리 평균				37,100,000
16	2		교육관리 개수				
17			전체 평균				79,912,500
18	8		전체 개수				

03 "제1작업" 시트의 「B4:H12」 영역을 복사하여 "제3작업" 시트의 「B2」 셀부터 모두 붙여넣기를 한 후 다음의 조건과 같이 작업하시오.

• 소스 파일 : [출제유형 06-1]-정복06-1_문제03.cell   • 정답 파일 : [출제유형 06-1]-정복06-1_정답03.cell

≪조건≫ (80점)

(1) 부분합 - ≪출력형태≫처럼 정렬하고, 봉사명의 개수와 신청인원(단위:명)의 평균을 구하시오.
(2) 윤곽 - 지우시오.
(3) 나머지 사항은 ≪출력형태≫에 맞게 작성하시오.

≪출력형태≫

A	B	C	D	E	F	G	H
1							
2	모집코드	봉사명	구분	활동주기	봉사시간	모집인원 (단위:명)	신청인원 (단위:명)
3	CB-110	안과치료	의료봉사	월 1회	8시간	1,300	1,783
4	CB-101	치과치료	의료봉사	주 2회	8시간	1,120	1,350
5	BC-122	한방치료	의료봉사	주 1회	7시간	500	389
6			의료봉사 평균				1,174
7		3	의료봉사 개수				
8	BC-115	연극	문화봉사	월 1회	6시간	750	657
9	BC-101	사물놀이	문화봉사	주 1회	4시간	1,800	954
10	BC-120	국악위문	문화봉사	월 1회	8시간	1,500	1,650
11			문화봉사 평균				1,087
12		3	문화봉사 개수				
13	JC-112	미용	기술봉사	주 2회	3시간	1,230	1,450
14	JC-101	도배	기술봉사	주 2회	5시간	1,500	1,289
15			기술봉사 평균				1,370
16		2	기술봉사 개수				
17			전체 평균				1,190
18		8	전체 개수				

04 "제1작업" 시트의 「B4:H12」 영역을 복사하여 "제3작업" 시트의 「B2」 셀부터 모두 붙여넣기를 한 후 다음의 조건과 같이 작업하시오.

· 소스 파일 : [출제유형 06-1]-정복06-1_문제04.cell   · 정답 파일 : [출제유형 06-1]-정복06-1_정답04.cell

≪조건≫ (80점)

(1) 부분합 – ≪출력형태≫처럼 정렬하고, 제품명의 개수와 판매수량(단위:대)의 합계를 구하시오.

(2) 윤곽 – 지우시오.

(3) 나머지 사항은 ≪출력형태≫에 맞게 작성하시오.

≪출력형태≫

A	B	C	D	E	F	G	H
1							
2	제품코드	제품명	제조사	판매금액	인쇄속도 (ppm)	판매수량 (단위:대)	재고수량 (단위:대)
3	K2789	퍼플	티파니	421,000원	19	201	65
4	L3711	로사프린터	티파니	182,000원	12	256	36
5			티파니 합계			457	
6		2	티파니 개수				
7	P3861	레옹	이지전자	150,000원	16	184	48
8	K6955	밴티지	이지전자	175,000원	6	98	128
9	L4928	새롬레이저	이지전자	389,000원	18	94	117
10			이지전자 합계			376	
11		3	이지전자 개수				
12	K2949	루이	레온	149,000원	14	157	64
13	L3997	지니	레온	344,000원	15	154	101
14	P3811	다큐프린터	레온	245,000원	17	217	87
15			레온 합계			528	
16		3	레온 개수				
17			총 합계			1,361	
18		8	전체 개수				

출제유형 06-2 [제3작업] 피벗 테이블

- ☑ 피벗 테이블 작성하기
- ☑ 피벗 테이블 옵션 지정하기
- ☑ 필드 함수 지정하기

문제 미리보기

소스 파일 : [출제유형 06-2]-유형06-2_문제.cell   **정답 파일** : [출제유형 06-2]-유형06-2_정답.cell

☞ "제1작업" 시트를 이용하여 "제3작업" 시트에 조건에 따라 ≪출력형태≫와 같이 작업하시오.

≪조건≫

(1) 가격 및 분류별 제품명의 개수와 4월매출(천원)의 평균을 구하시오.
(2) 가격으로 그룹화하고, 보고서 레이아웃은 개요 형식으로 설정하시오.
(3) 분류를 ≪출력형태≫와 같이 정렬하고, 빈 셀은 '**'으로 표시하시오.
(4) 행의 총합계를 지우고, 나머지 사항은 ≪출력형태≫에 맞게 작성하시오.

≪출력형태≫

▲ A	B	C	D	E	F	G	H
1							
2		분류 ▼	데이터 ▼				
3		청소세제		주방세제		세탁세제	
4	가격 ▼	개수 : 제품명	평균 : 4월매출 (천원)	개수 : 제품명	평균 : 4월매출 (천원)	개수 : 제품명	평균 : 4월매출 (천원)
5	1-10000	1	21,800	2	26,365	**	**
6	10001-20000	**	**	1	56,590	2	37,035
7	20001-30000	1	34,600	**	**	1	92,600
8	총 합계	2	28,200	3	36,440	3	55,557

01 분석할 데이터 범위 선택 및 필드 목록 지정

☞ "제1작업" 시트를 이용하여 "제3작업" 시트에 조건에 따라 ≪출력형태≫와 같이 작업하시오.

① '유형06-2_문제.cell' 파일을 불러와 [제1작업] 시트를 클릭합니다.

※ 파일 불러오기 : [파일]-[불러오기](Ctrl+O)를 클릭한 후 [불러오기] 대화상자에서 파일을 선택합니다.

② **[B4:H12] 영역**을 드래그한 후 [데이터] 탭에서 **'피벗 테이블'**을 클릭합니다.

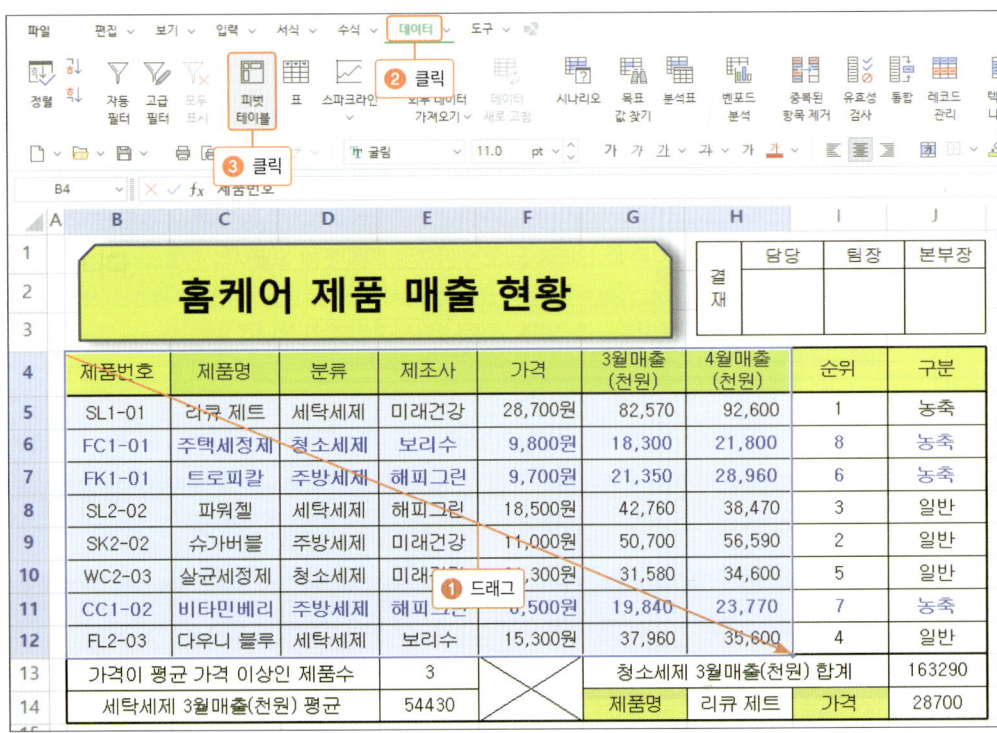

③ [피벗 테이블 대화상자가 나오면 [데이터의 위치 및 범위 선택]-'**호셀 시트나 데이베이스(제1작업!$B$4:$H$12)**'를 확인합니다. 이어서, [피벗 테이블 넣을 위치 선택]-'**기존 워크시트**'로 선택하고, [제3작업] 시트의 **[B2] 셀**을 클릭한 후 〈실행〉 단추를 클릭합니다.

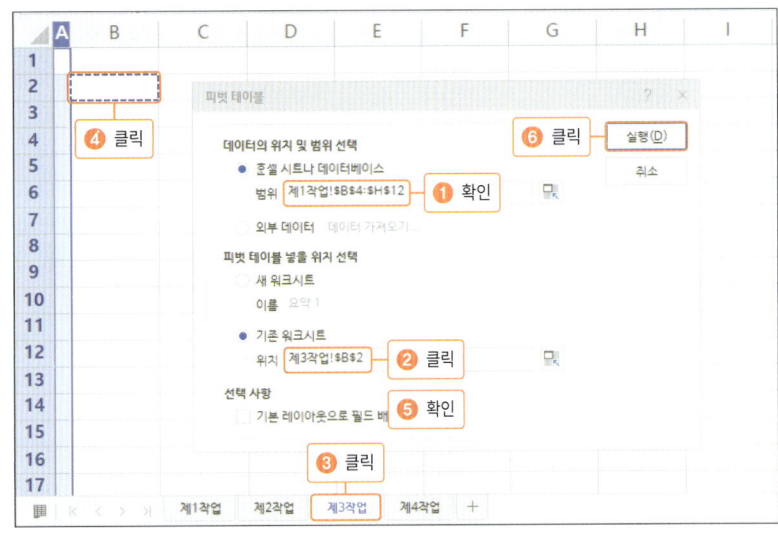

❹ [제3작업] 시트에 빈 피벗 테이블이 만들어지면 [피벗 테이블 필드 목록] 창의 [보고서에 추가할 필드 선택] 항목에서 **'가격'** 필드를 **'행 영역'** 위치로 드래그 합니다. 이어서, **'분류'** 필드는 **'열 영역'** 위치로 드래그 합니다.

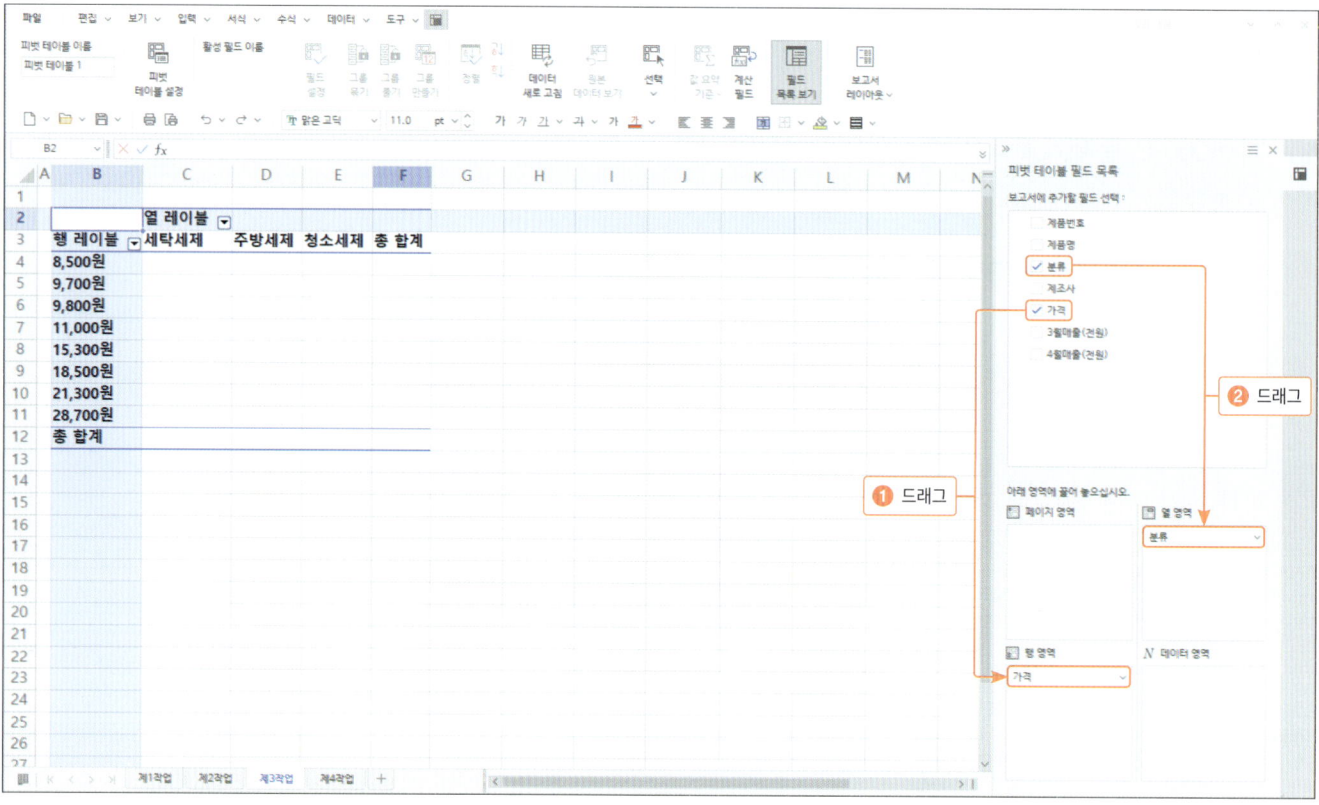

❺ **'제품명'**과 **'4월매출(천원)'** 필드를 **'데이터 영역'** 위치로 각각 드래그 합니다.

※ '제품명'과 '4월매출(천원)' 필드를 '데이터 영역' 위치로 드래그할 때 반드시 《조건》과 동일한 순서(제품명 → 4월매출(천원))으로 드래그해야 합니다.

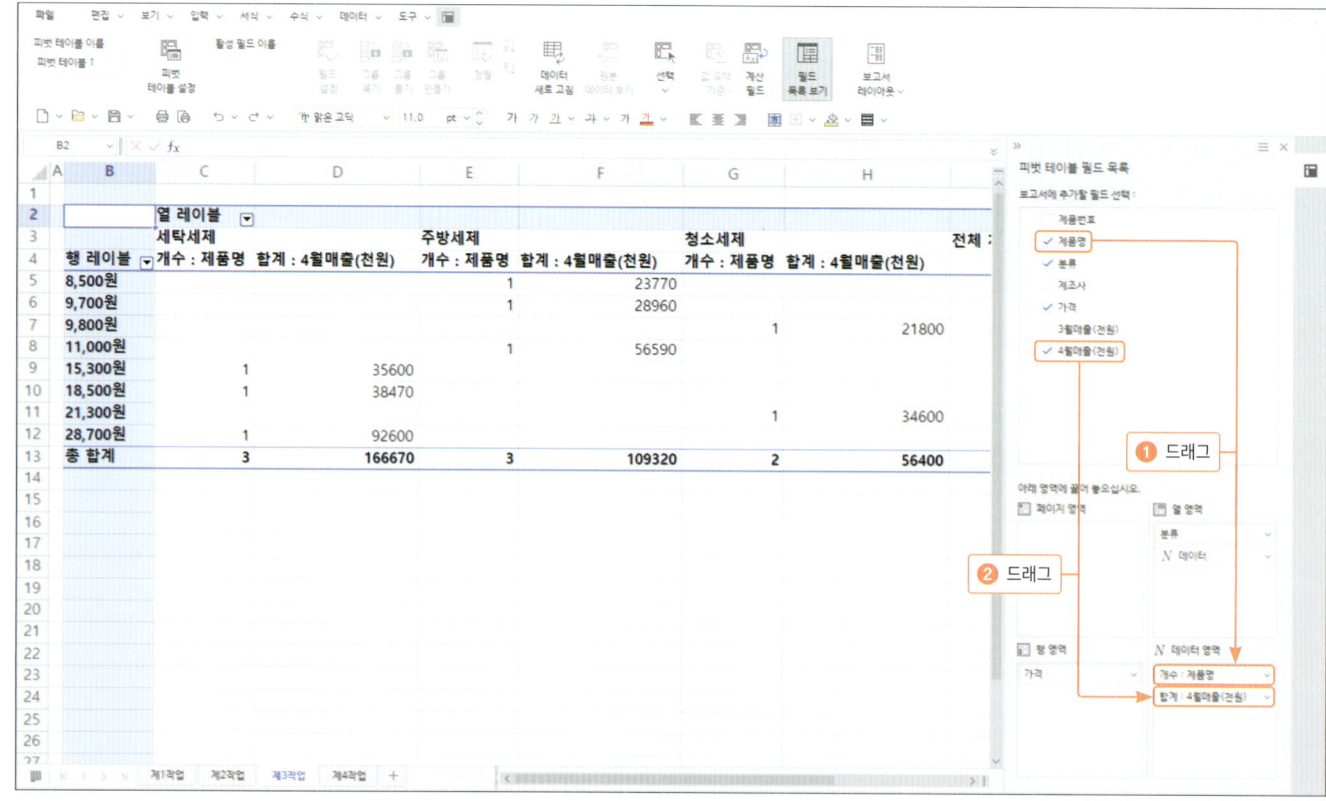

출력형태 로 필드 위치 확인하기

① ≪출력형태≫를 참고하여 '행 영역, 열 영역, 데이터 영역' 위치에 들어갈 필드를 미리 확인할 수 있습니다.

② **필드 삭제** : 삭제할 필드를 워크시트 쪽으로 드래그하거나, 필드를 클릭한 후 [필드 제거]를 클릭합니다.

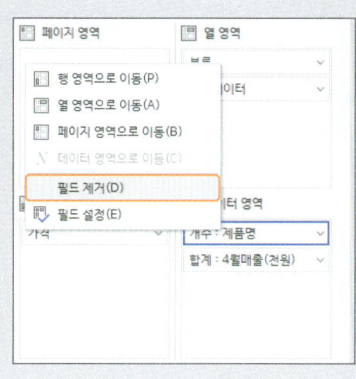

02 필드 설정 및 그룹 지정

(1) 가격 및 분류별 제품명의 개수와 4월매출(천원)의 평균을 구하시오.
(2) 가격으로 그룹화하고, 보고서 레이아웃은 개요 형식으로 설정하시오.

① '데이터 영역'에서 `합계 : 4월매출(천원)` 을 클릭한 후 [**필드 설정**]을 선택합니다.

② [피벗 테이블 필드] 대화상자가 나오면 [사용할 함수]-'**평균**'을 선택한 후 〈확인〉 단추를 클릭합니다.

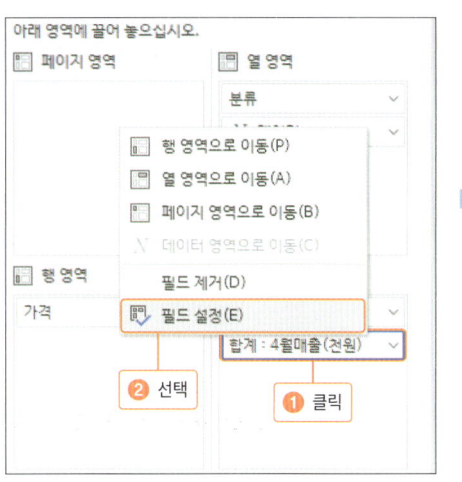

[피벗 테이블 필드] 이름

기본적인 피벗 테이블이 완성되면 필드명이 ≪출력형태≫와 같은지 반드시 확인합니다.
만약, 필드명이 다를 경우에는 [피벗 테이블 필드] 대화상자의 이름 입력 칸에서 필드명을 수정합니다.
[예] '4월매출 (천원)' 필드를 데이터 영역으로 이동한 후 필드 이름 수정과 사용할 함수를 '평균'으로 변경하는 경우

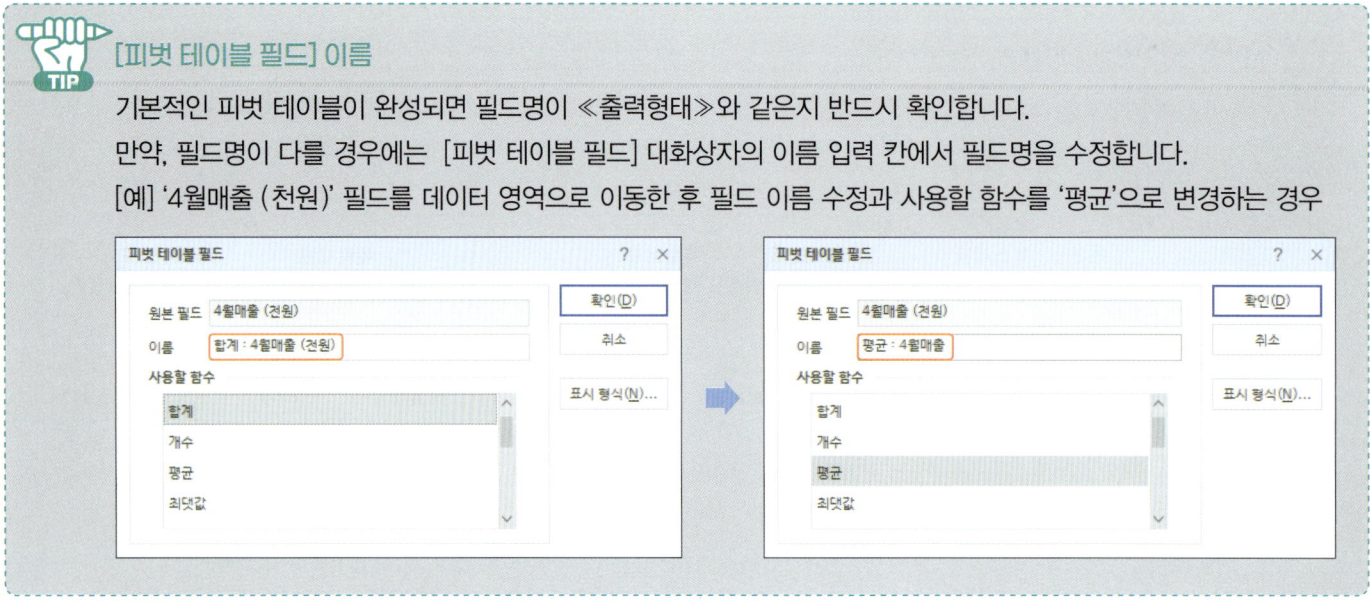

❸ [B5] 셀 위에서 마우스 오른쪽 단추를 눌러 바로 가기 메뉴가 나오면 [그룹 묶기]를 클릭합니다. 이어서, [그룹 만들기] 대화상자가 나오면 '**시작(1), 종료(30000), 단위(10000)**'를 입력하고 〈확인〉 단추를 클릭하여 '가격'을 그룹화합니다.

※ 그룹화 작업은 ≪출력형태≫를 참고하여 작업합니다.

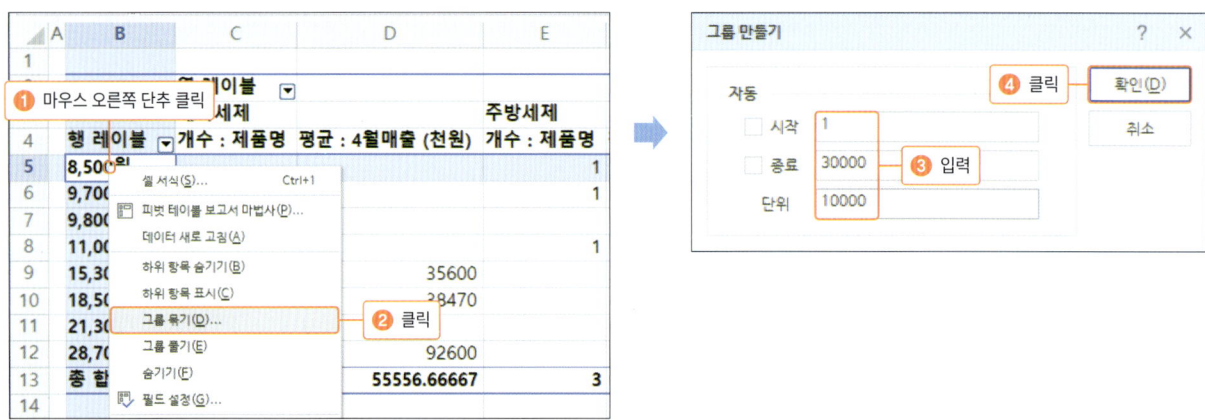

❹ [피벗 테이블( )] 탭에서 [보고서 레이아웃]-'개요 형식으로 표시'를 선택합니다.

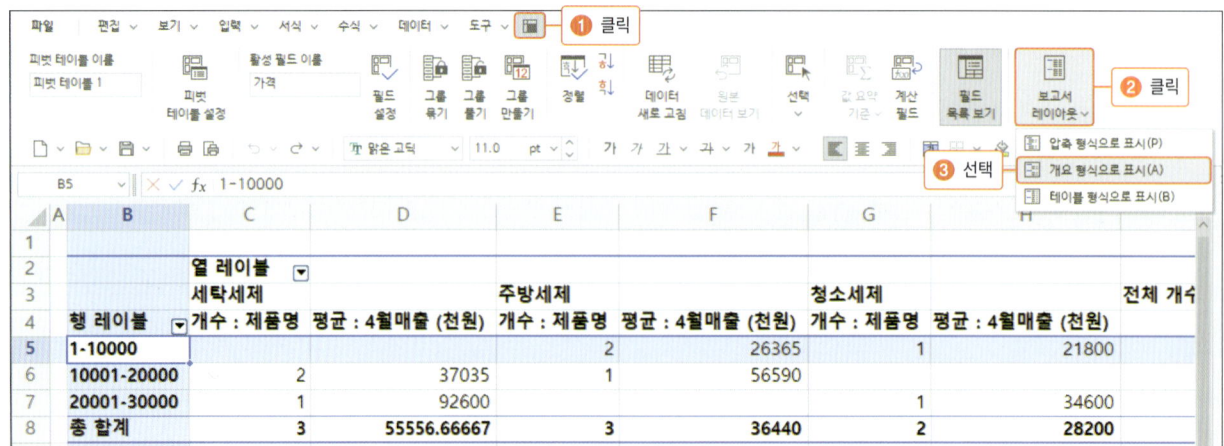

정렬 및 피벗 테이블 설정하기

(3) 분류를 ≪출력형태≫와 같이 정렬하고, 빈 셀은 '**'으로 표시하시오.
(4) 행의 총합계를 지우고, 나머지 사항은 ≪출력형태≫에 맞게 작성하시오.

❶ [C3] 셀을 클릭한 후 [피벗 테이블( )] 탭에서 '**내림차순( )**'을 클릭합니다.

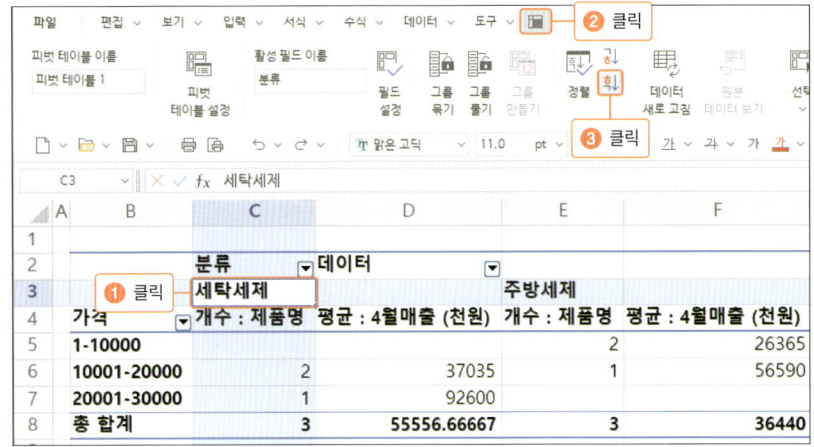

❷ [피벗 테이블( )] 탭에서 '**피벗 테이블 설정**'을 클릭합니다.

❸ [피벗 테이블 설정] 대화상자가 나오면 [레이아웃 및 서식] 탭에서 [서식]-[빈 셀 표시]-'**'를 입력합니다.

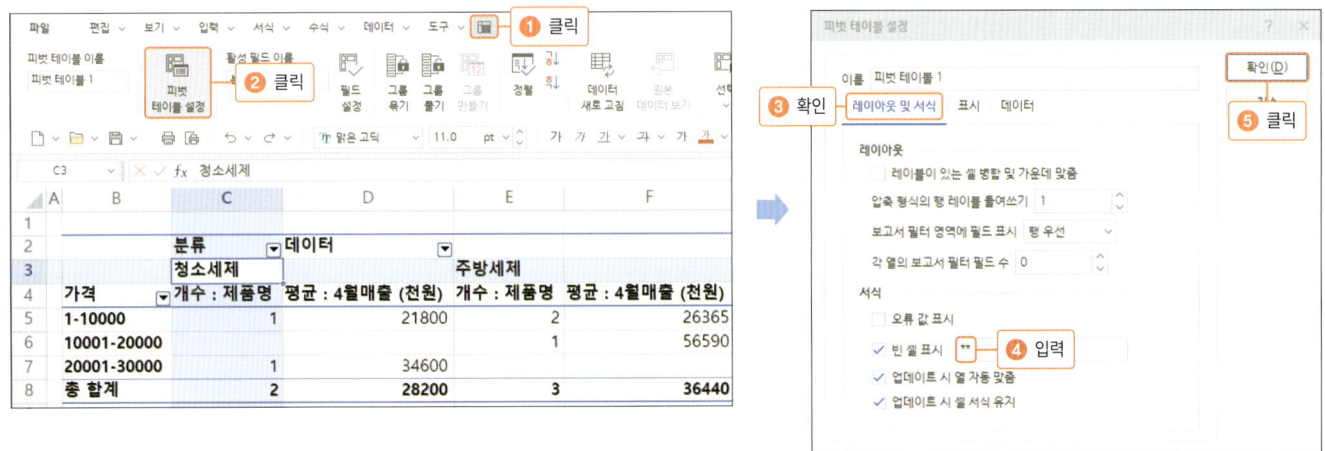

❹ [피벗 테이블 설정] 대화상자에서 [표시] 탭을 클릭합니다. 이어서, '**행의 총 합계**'를 클릭하여 체크 표시( )를 해제하고 〈확인〉 단추를 클릭합니다.

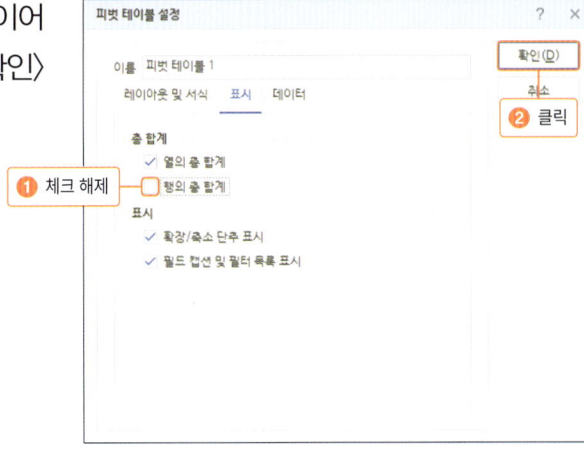

❺ **[C5:H8] 영역**을 드래그한 후 [편집] 탭에서 '**쉼표 스타일(,)**'를 클릭합니다. 이어서, [서식] 도구 상자에서 '**가운데 정렬(≡)**'을 클릭합니다.

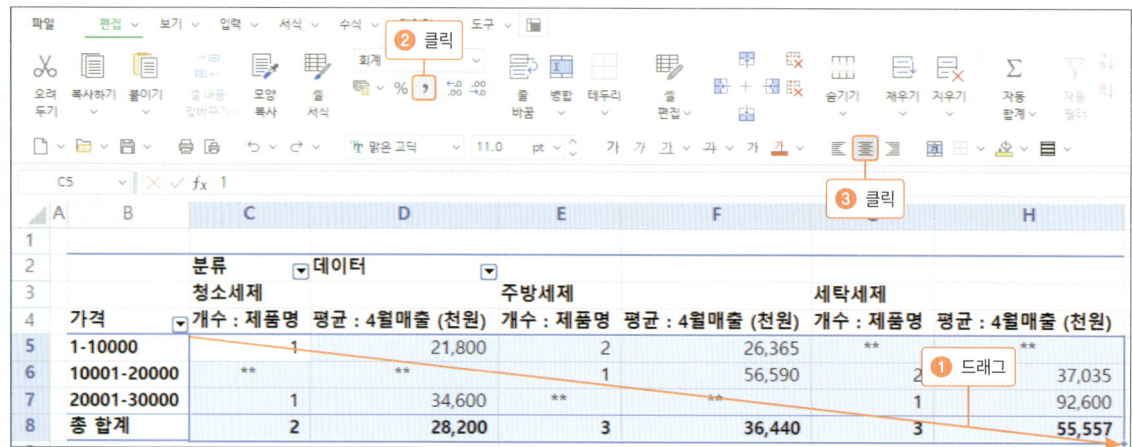

❻ 모든 작업이 끝나면 [**파일**]-[**저장하기**](Ctrl + S) 또는 [서식] 도구 상자에서 '**저장하기(💾)**'를 클릭합니다.

※ 실제 시험을 볼 때 작업 도중에 수시로(10분에 한 번 정도) 저장을 하는 것이 좋습니다.

시험분석

피벗 테이블

❶ [제3작업] 시트에 피벗 테이블을 삽입한 후 그룹화하고 개요 형식으로 보고서 레이아웃을 지정, 빈 셀에 '******'를 표시하는 형태로 문제가 출제되고 있습니다.

❷ 그룹 지정은 ≪출력형태≫를 참고하여 '시작, 종료, 단위'를 직접 입력합니다.

[제3작업] 피벗 테이블

01 "제1작업" 시트를 이용하여 "제3작업" 시트에 조건에 따라 ≪출력형태≫와 같이 작업하시오.

• 소스 파일 : [출제유형 06-2]-정복06-2_문제01.cell   • 정답 파일 : [출제유형 06-2]-정복06-2_정답01.cell

≪조건≫ (80점)

(1) 생산일 및 부위별 구분의 개수와 kg당 가격의 평균을 구하시오.
(2) 생산일을 그룹화하고, 보고서 레이아웃은 개요 형식으로 설정하시오.
(3) 부위를 ≪출력형태≫와 같이 정렬하고, 빈 셀은 '***'로 표시하시오.
(4) 행의 총합계를 지우고, 나머지 사항은 ≪출력형태≫에 맞게 작성하시오.

≪출력형태≫

▲	A	B	C	D	E	F	G	H
1								
2			부위 ▼	데이터 ▼				
3			앞다리		안심		등심	
4		생산일 ▼	개수 : 구분	평균 : kg당 가격	개수 : 구분	평균 : kg당 가격	개수 : 구분	평균 : kg당 가격
5		2023-12-19 - 2023-12-23	1	75,600	1	95,600	***	***
6		2023-12-24 - 2023-12-28	***	***	1	98,200	3	78,100
7		2023-12-29 - 2023-12-31	2	62,500	***	***	***	***
8		총 합계	3	66,867	2	96,900	3	78,100

02 "제1작업" 시트를 이용하여 "제3작업" 시트에 조건에 따라 ≪출력형태≫와 같이 작업하시오.

• 소스 파일 : [출제유형 06-2]-정복06-2_문제02.cell   • 정답 파일 : [출제유형 06-2]-정복06-2_정답02.cell

≪조건≫ (80점)

(1) 진행인원수 및 사업구분별 사업명의 개수와 기본예산(단위:원)의 평균을 구하시오.
(2) 진행인원수로 그룹화하고, 보고서 레이아웃은 개요 형식으로 설정하시오.
(3) 사업구분을 ≪출력형태≫와 같이 정렬하고, 빈 셀은 '***'로 표시하시오.
(4) 행의 총합계를 지우고, 나머지 사항은 ≪출력형태≫에 맞게 작성하시오.

≪출력형태≫

▲	A	B	C	D	E	F	G	H
1								
2			사업구분 ▼	데이터 ▼				
3			영업		기술		교육	
4		진행인원수 ▼	개수 : 사업명	평균 : 기본예산(단위:원)	개수 : 사업명	평균 : 기본예산(단위:원)	개수 : 사업명	평균 : 기본예산(단위:원)
5		3-6	1	22,700,000	***	***	1	28,000,000
6		7-10	***	***	3	91,233,333	1	46,200,000
7		11-14	***	***	2	134,350,000	***	***
8		총 합계	1	22,700,000	5	108,480,000	2	37,100,000

03 "제1작업" 시트를 이용하여 "제3작업" 시트에 조건에 따라 ≪출력형태≫와 같이 작업하시오.

- 소스 파일 : [출제유형 06-2]-정복06-2_문제03.cell
- 정답 파일 : [출제유형 06-2]-정복06-2_정답03.cell

≪조건≫ (80점)

(1) 봉사시간 및 구분별 활동주기의 개수와 신청인원(단위:명)의 평균을 구하시오.
(2) 봉사시간을 그룹화하고, 보고서 레이아웃은 개요 형식으로 설정하시오.
(3) 구분을 ≪출력형태≫와 같이 정렬하고, 빈 셀은 '**'로 표시하시오.
(4) 행의 총합계를 지우고, 나머지 사항은 ≪출력형태≫에 맞게 작성하시오.

≪출력형태≫

	A	B	C	D	E	F	G	H
1								
2			구분	데이터				
3			의료봉사		문화봉사		기술봉사	
4		봉사시간	개수 : 활동주기	평균 : 신청인원(단위:명)	개수 : 활동주기	평균 : 신청인원(단위:명)	개수 : 활동주기	평균 : 신청인원(단위:명)
5		3-4	**	**	1	954	1	1,450
6		5-6	**	**	1	657	1	1,289
7		7-8	3	1,174	1	1,650	**	**
8		총 합계	3	1,174	3	1,087	2	1,370

 04 "제1작업" 시트를 이용하여 "제3작업" 시트에 조건에 따라 ≪출력형태≫와 같이 작업하시오.

- 소스 파일 : [출제유형 06-2]-정복06-2_문제04.cell
- 정답 파일 : [출제유형 06-2]-정복06-2_정답04.cell

≪조건≫ (80점)

(1) 판매금액 및 제조사별 제품명의 개수와 판매수량(단위:대)의 평균을 구하시오.
(2) 판매금액으로 그룹화하고, 보고서 레이아웃은 개요 형식으로 설정하시오.
(3) 제조사를 ≪출력형태≫와 같이 정렬하고, 빈 셀은 '**'로 표시하시오.
(4) 행의 총합계를 지우고, 나머지 사항은 ≪출력형태≫에 맞게 작성하시오.

≪출력형태≫

	A	B	C	D	E	F	G	H
1								
2			제조사	데이터				
3			티파니		이지전자		레온	
4		판매금액	개수 : 제품명	평균 : 판매수량(단위:대)	개수 : 제품명	평균 : 판매수량(단위:대)	개수 : 제품명	평균 : 판매수량(단위:대)
5		1-200000	1	256	2	141	1	157
6		200001-400000	**	**	1	94	2	186
7		400001-600000	1	201	**	**	**	**
8		총 합계	2	229	3	125	3	176

출제유형 **07-1**

PART 02 출제유형 완전정복

[제4작업] 그래프(3차원 원형)

- ☑ 차트(3차원 원형) 작성하기
- ☑ 차트 제목 서식 및 차트 속성 지정하기
- ☑ 차트 스타일과 배경 서식 지정하기
- ☑ 도형 삽입하기

문제 미리보기

소스 파일 : [출제유형 07-1]-유형07-1_문제.cell　　**정답 파일** : [출제유형 07-1]-유형07-1_정답.cell

☞ "제1작업" 시트를 이용하여 "제4작업" 시트에 ≪출력형태≫와 같이 작업하시오.

≪조건≫ (100점)

(1) 차트 종류 ⇒ 〈3차원 원형〉으로 작업하시오.
(2) 데이터 범위 ⇒ "제1작업" 시트의 내용을 이용하여 작업하시오.
(3) 차트 위치 ⇒ 「B2:K28」 영역에 배치하여 ≪출력형태≫와 같이 작업하시오.
(4) 차트 스타일 ⇒ 레이아웃6, 스타일3을 적용하시오.
(5) 배경 서식 ⇒ 차트 영역(노랑), 그림 영역(하양), 전체 글꼴(굴림, 11pt)을 적용하여 작업하시오.
(6) 제목 서식 ⇒ 글꼴(궁서, 20pt, 진하게), 채우기(하양), 실선, 그림자(바깥쪽 : 대각선 오른쪽 아래)
(7) 서식 ⇒ 계열 : 리큐 제트 조각을 쪼개진 요소 20%로 지정하여 분리하시오.
　　　　　　레이블 : 값을 표시하고 위치 및 채우기 색(하양)은 ≪출력형태≫와 같이 표시하시오.
(8) 범례 ⇒ ≪출력형태≫를 참조하시오.
(9) 도형 ⇒ '모서리가 둥근 사각형 설명선'을 삽입한 후 내용을 입력하시오.
(10) 나머지 사항은 ≪출력형태≫에 맞게 작성하시오.

≪출력형태≫

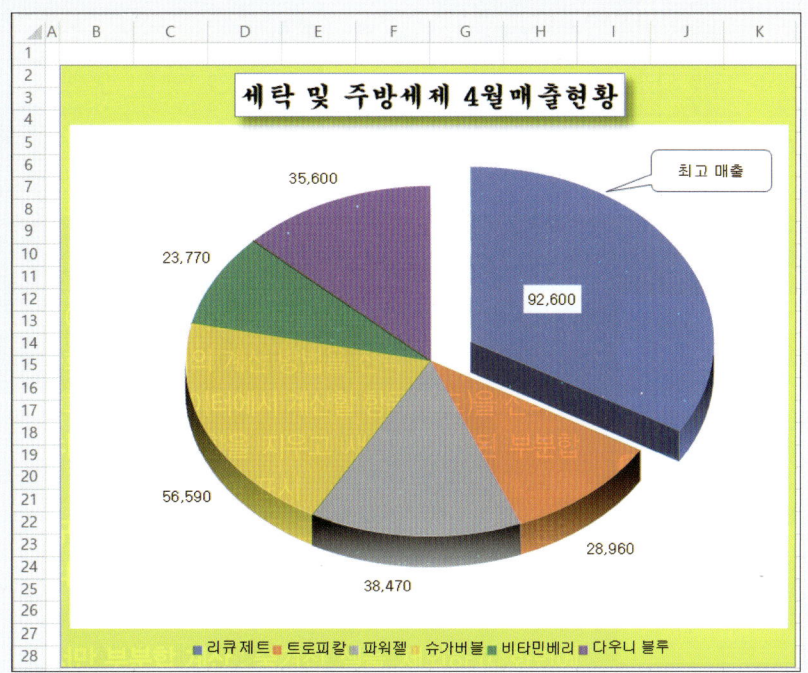

주의 ☞ 시트명 순서가 차례대로 "제1작업", "제2작업", "제3작업", "제4작업"이 되도록 할 것.

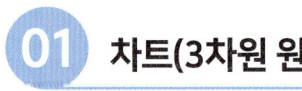

차트(3차원 원형) 작성하기

(1) 차트 종류 ⇒ 〈3차원 원형〉으로 작업하시오.
(2) 데이터 범위 ⇒ "제1작업" 시트의 내용을 이용하여 작업하시오.
(3) 차트 위치 ⇒ 「B2:K28」 영역에 배치하여 ≪출력형태≫와 같이 작업하시오.

❶ '유형07-1_문제.cell' 파일을 불러와 [제1작업] 시트를 클릭합니다.

※ 파일 불러오기 : [파일]-[불러오기](Ctrl+O)를 클릭한 후 [불러오기] 대화상자에서 파일을 선택합니다.

❷ ≪출력형태≫를 참고하여 아래 그림처럼 차트를 만들 범위를 지정한 후 [입력] 탭에서 [원형]-[3차원 원형]-'**3차원 원형**'을 선택합니다.

※ [C4:C5] 영역 드래그 → Ctrl 키를 누른 상태에서 [C7:C9] 영역 드래그 → Ctrl 키를 누른 상태에서 [C11:C12] 영역 드래그 → Ctrl 키를 누른 상태에서 [H4:H5] 영역 드래그 → Ctrl 키를 누른 상태에서 [H7:H9] 영역 드래그 → Ctrl 키를 누른 상태에서 [H11:H12] 영역 드래그

※ 차트를 만들 때 가장 중요한 것은 데이터 범위를 지정하는 것으로 ≪출력형태≫의 '제품명'과 '4월매출(천원)'을 참고하여 작업합니다.

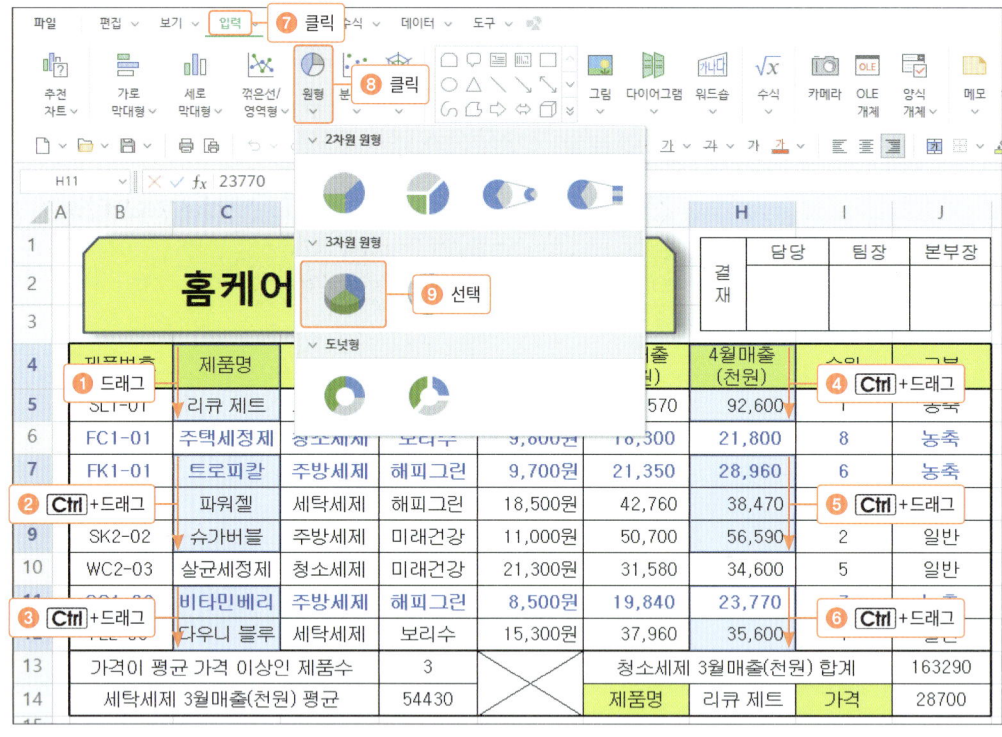

❸ 차트가 선택된 상태에서 [차트 디자인( )] 탭에서 **'차트 이동'**을 클릭합니다.

※ [차트 디자인( )] 탭에서 차트 종류, 축, 범례 등 여러 가지 속성을 바꿀 수 있습니다.

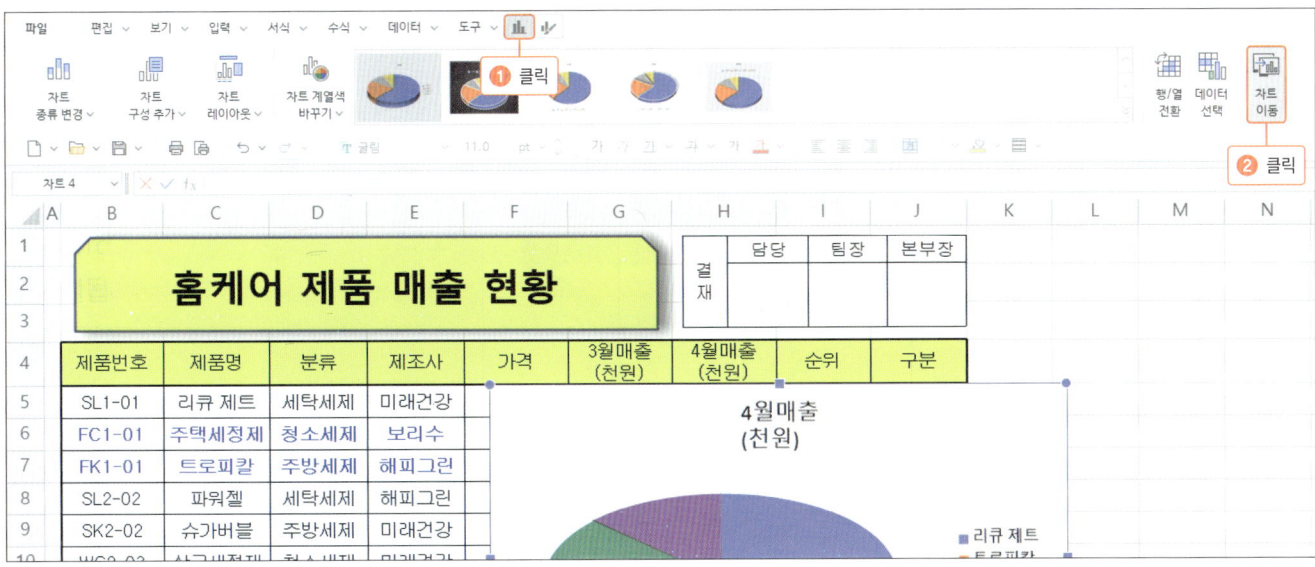

❹ [차트 이동] 대화상자가 나오면 **'제4작업'**을 선택하고 〈확인〉 단추를 클릭합니다.

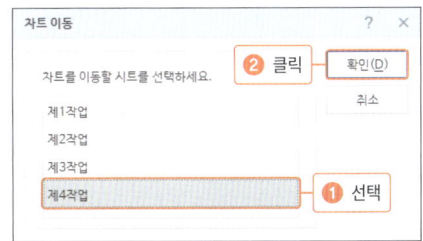

❺ 차트를 클릭한 후 차트 테두리 위에서 마우스 포인터가 로 변경되면 왼쪽 위 모서리가 **[B2] 셀**에 위치하도록 드래그하여 이동합니다.

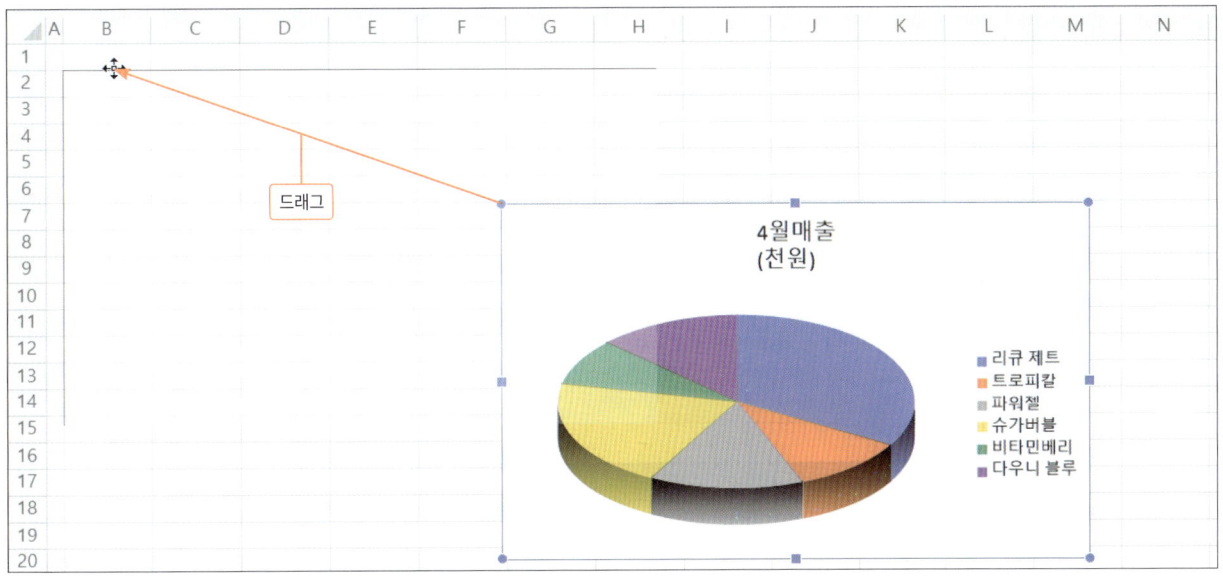

❻ 차트의 오른쪽 아래 모서리가 **[K28]** 셀에 위치하도록 드래그하여 **[B2:K28]** 영역에 맞게 크기를 조절합니다.

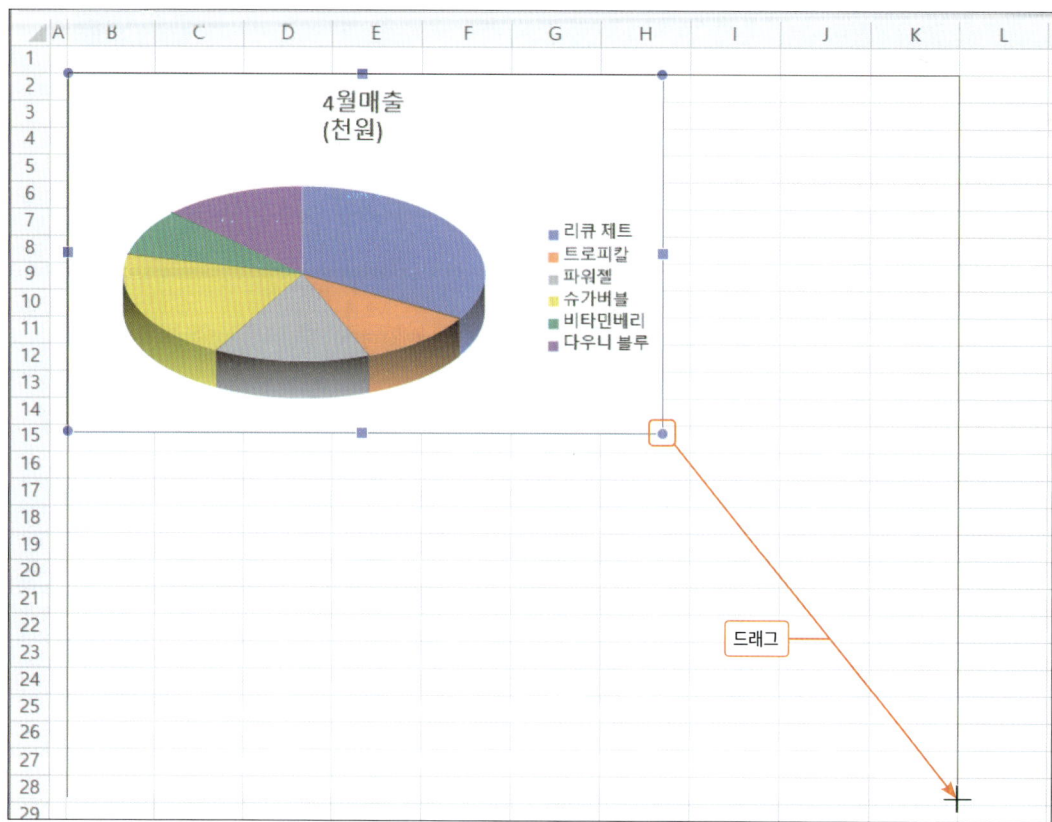

02 차트 스타일과 배경 서식 지정하기

(4) 차트 스타일 ⇒ 레이아웃6, 스타일3을 적용하시오.
(5) 배경 서식 ⇒ 차트 영역(노랑), 그림 영역(하양), 전체 글꼴(굴림, 11pt)을 적용하여 작업하시오.
(8) 범례 ⇒ ≪출력형태≫를 참조하시오.

❶ 차트 스타일을 지정하기 위해 [차트 디자인( )] 탭에서 [차트 레이아웃]-'**레이아웃6**'을 선택합니다.

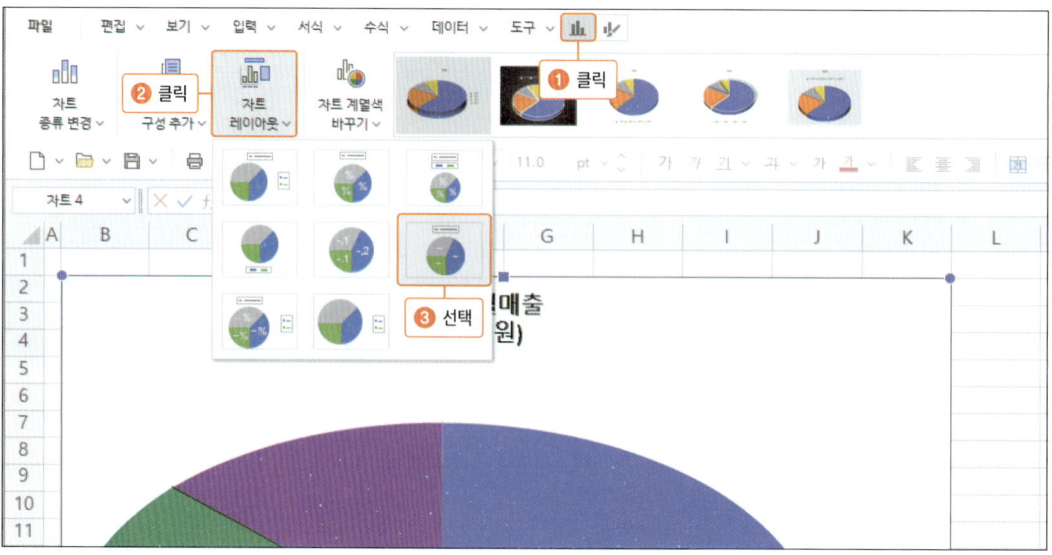

❷ 차트 스타일 꾸러미 '**스타일3**'을 클릭합니다.

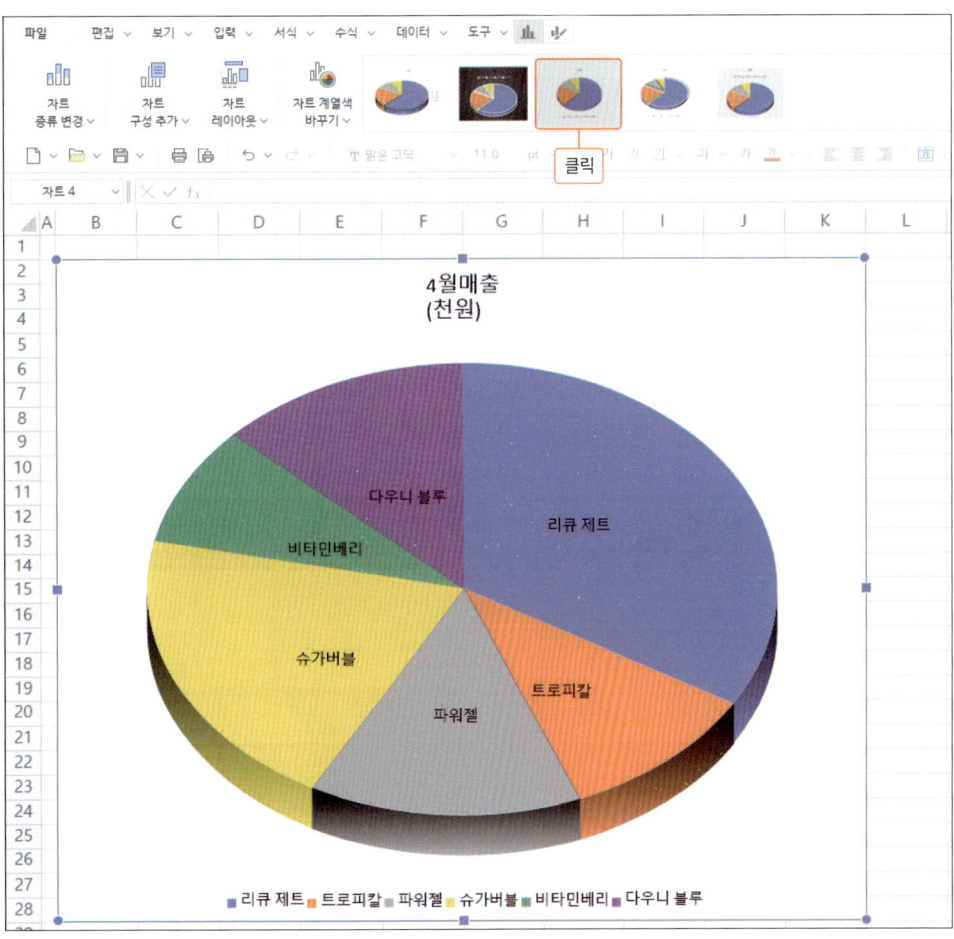

❸ 차트 전체 영역의 배경색을 지정하기 위해 차트 영역을 더블 클릭합니다.

❹ [개체 속성] 창이 오른쪽에 나오면 [채우기]-[단색]-[색]-'**노랑(RGB: 255, 255, 0)**'을 선택합니다.

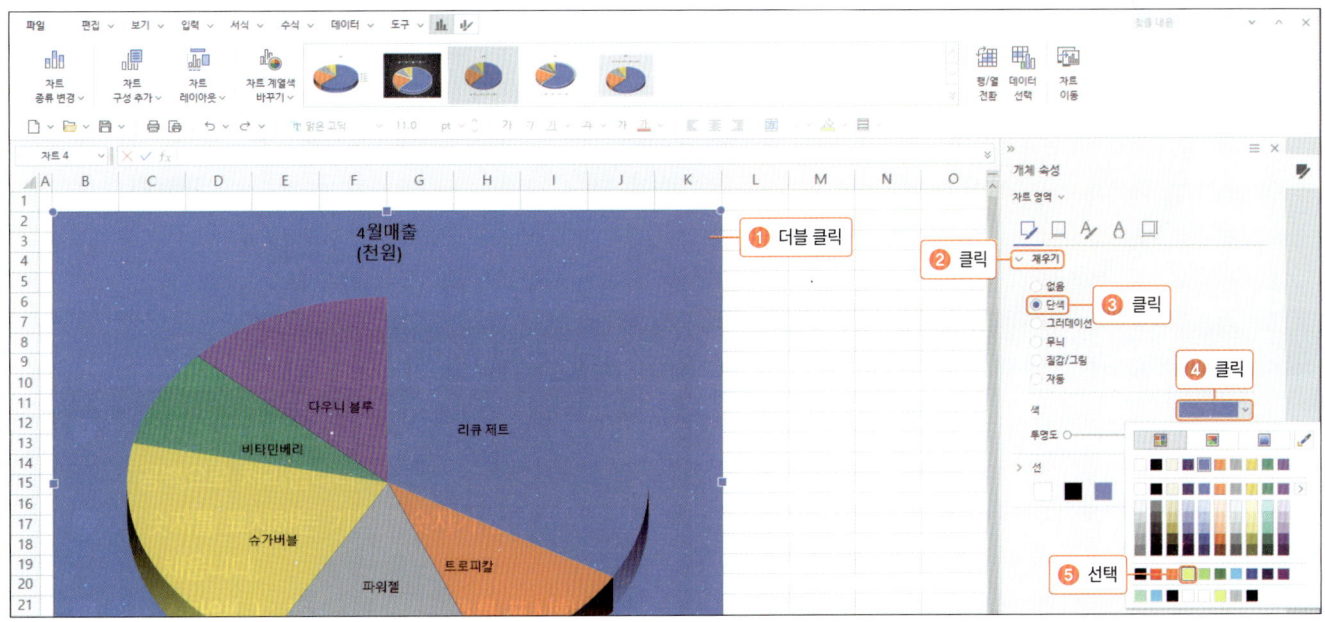

⑤ 차트에서 그림 영역을 더블 클릭합니다.

⑥ [개체 속성] 창이 오른쪽에 나오면 [채우기]-[단색]-[색]-'**본문/배경 – 밝은 색 1 하양**(RGB: 255, 255, 255)'을 선택합니다.

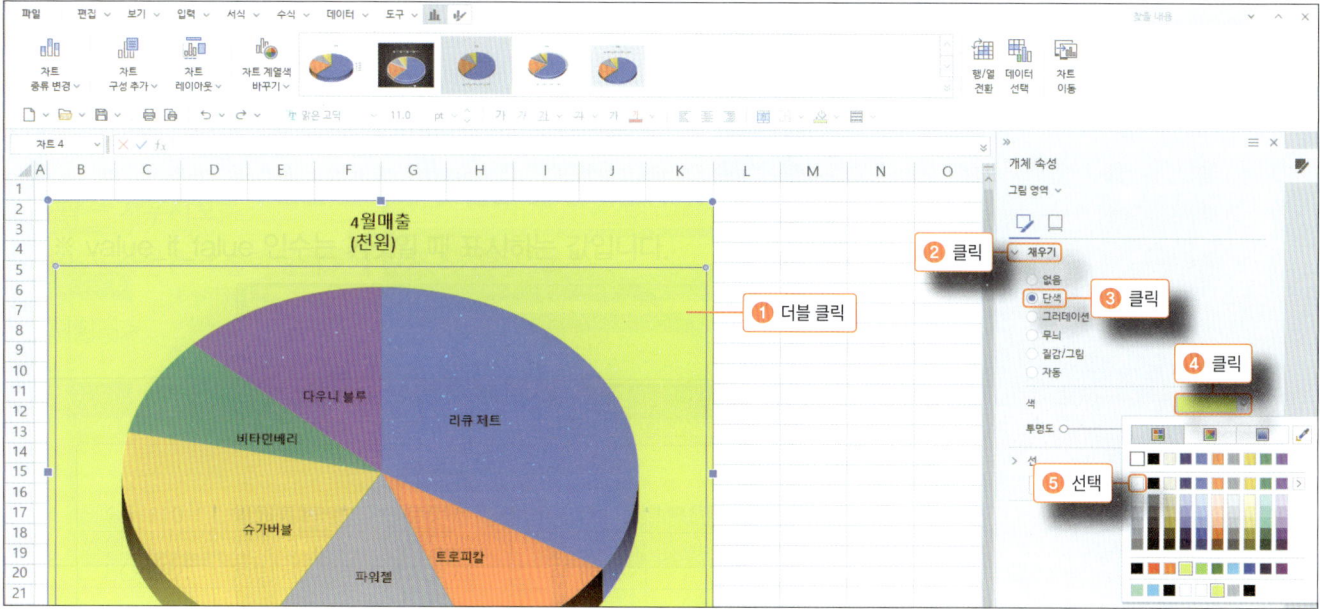

⑦ 전체 글꼴과 크기를 지정하기 위해 데이터 항목 이름 위에서 마우스 오른쪽 단추를 눌러 바로 가기 메뉴가 나오면 [**글자 모양 편집**]을 클릭합니다.

⑧ [차트 글자 모양] 대화상자가 나오면 '**글꼴(굴림), 크기(11pt)**'를 지정하고 〈설정〉 단추를 클릭합니다.

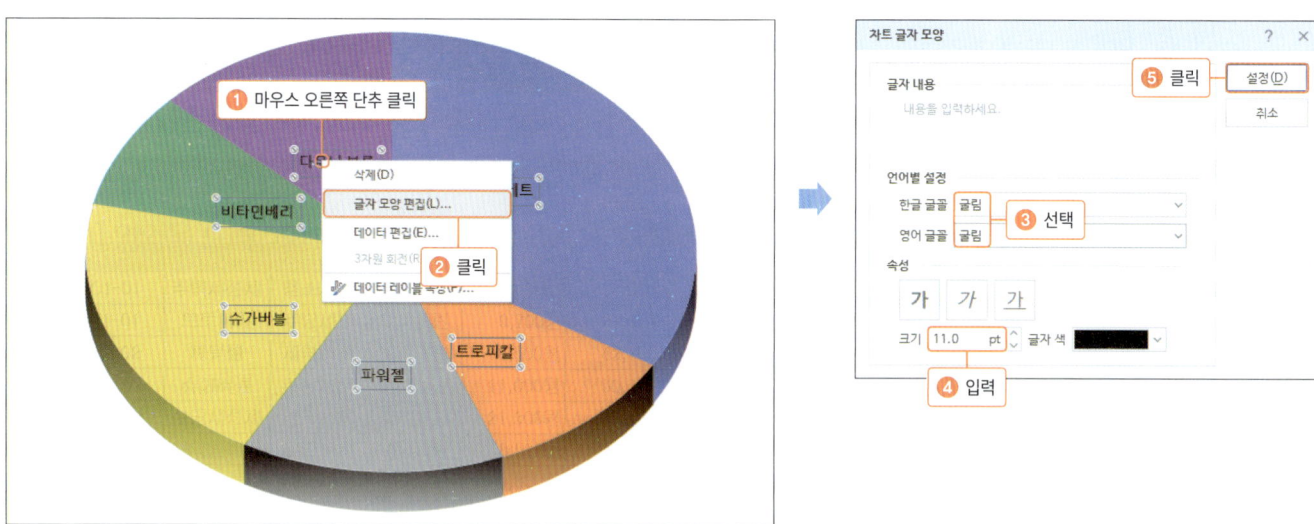

⑨ 범례 위에서 마우스 오른쪽 단추를 눌러 바로 가기 메뉴가 나오면 [**글자 모양 편집**]을 클릭합니다.

⑩ [차트 글자 모양] 대화상자가 나오면 '**글꼴(굴림), 크기(11pt)**'를 지정하고 〈설정〉 단추를 클릭합니다.

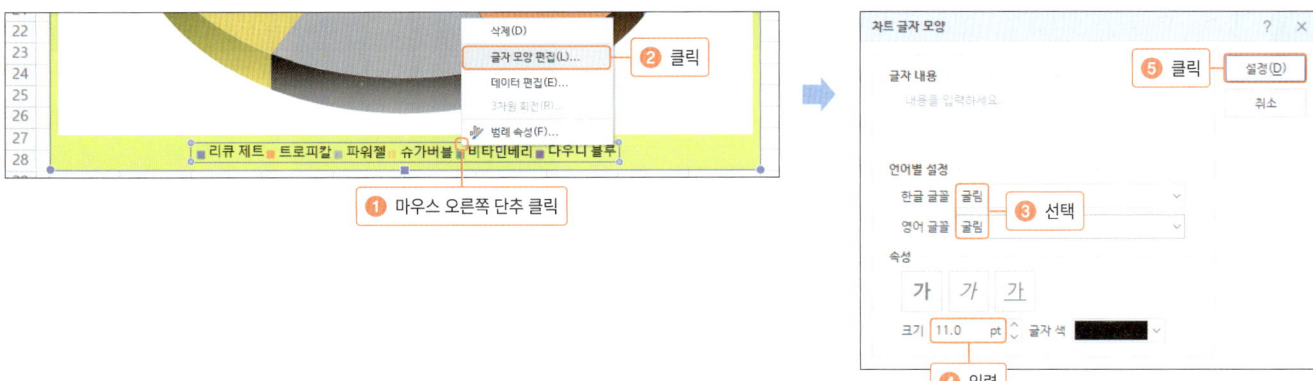

03 차트 제목 서식 지정하기

⑹ 제목 서식 ⇒ 글꼴(궁서, 20pt, 진하게), 채우기(하양), 실선, 그림자(바깥쪽 : 대각선 오른쪽 아래)

❶ 차트 제목 위에서 마우스 오른쪽 단추를 눌러 바로 가기 메뉴가 나오면 [**제목 편집**]을 클릭합니다.

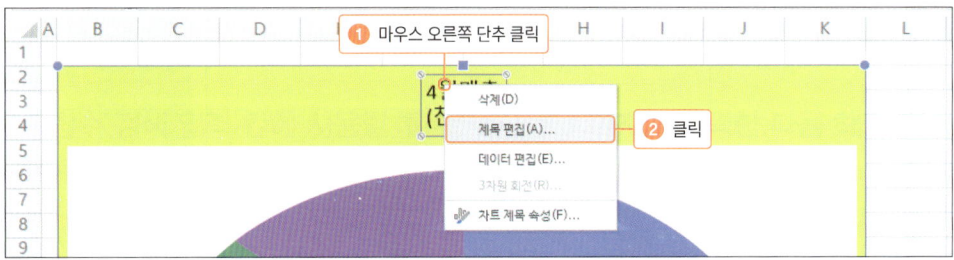

❷ [차트 글자 모양] 대화상자가 나오면 '**내용(세탁 및 주방세제 4월매출현황)**'을 입력하고 '**글꼴(궁서), 크기(20pt), 진하게(가)**'를 지정하고 〈설정〉 단추를 클릭합니다.

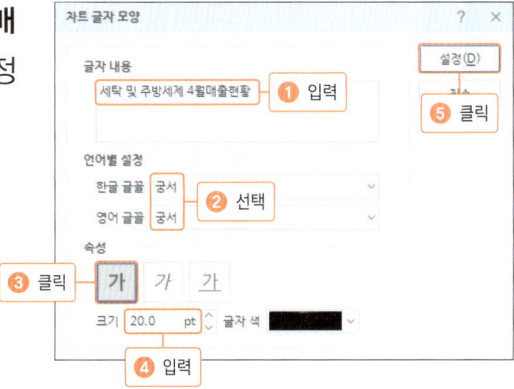

❸ 차트 제목을 더블 클릭합니다.

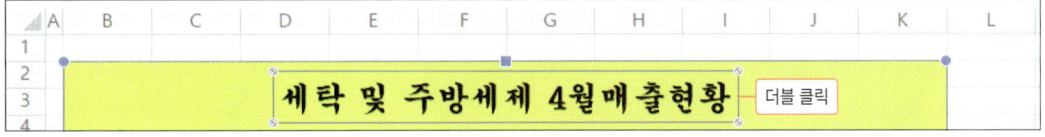

④ [개체 속성] 창이 오른쪽에 나오면 [채우기]-[단색]-[색]-'**본문/배경 - 밝은 색 1 하양**(RGB: 255, 255, 255)' 을 선택합니다.

⑤ [개체 속성] 창에서 [선]-[단색]-[선 종류]-'**실선**'을 지정합니다.

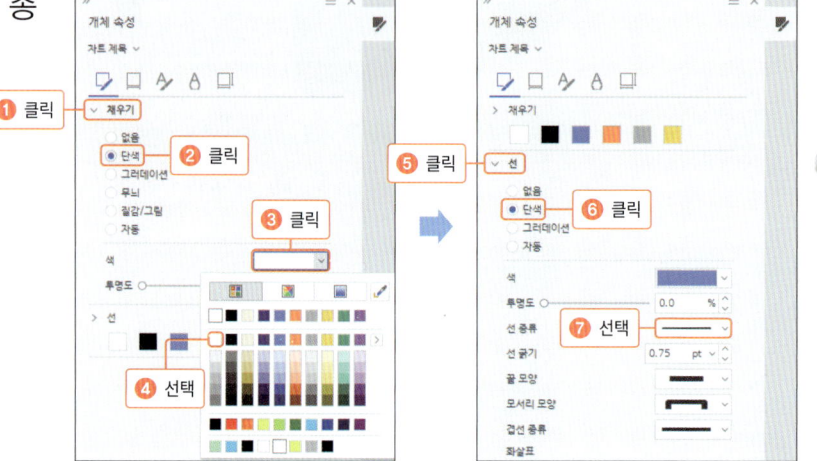

⑥ [효과] 탭을 클릭한 후 [그림자]-[바깥쪽]-'**대각선 오른쪽 아래**'를 선택합니다.

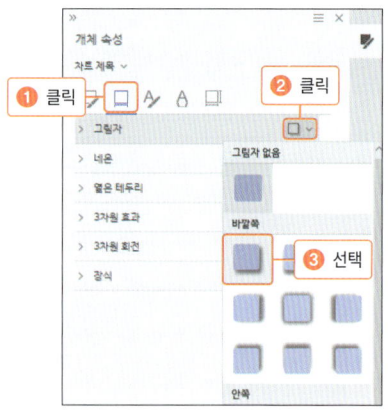

04 속성(계열과 레이블) 지정하기

(7) 서식 ⇒ 계열 : 리큐 제트 조각을 쪼개진 요소 20%로 지정하여 분리하시오.
　　　　　레이블 : 값을 표시하고 위치 및 채우기 색(하양)은 ≪출력형태≫와 같이 표시하시오.

① 계열 속성을 지정하기 위해 차트에서 계열을 클릭하고 '**리큐 제트**'을 다시 한 번 더 클릭합니다.

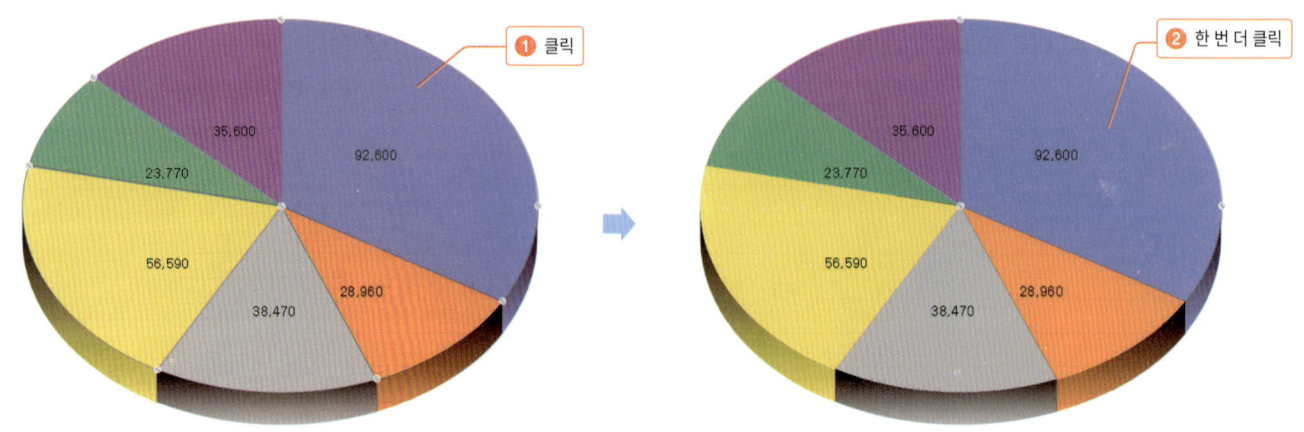

② 마우스 오른쪽 단추를 눌러 바로 가기 메뉴가 나오면 **[데이터 계열 속성]**을 클릭합니다.

③ [개체 속성] 창이 오른쪽에 나오면 [계열 속성]-[쪼개진 원형]-'**20%**'를 입력합니다.

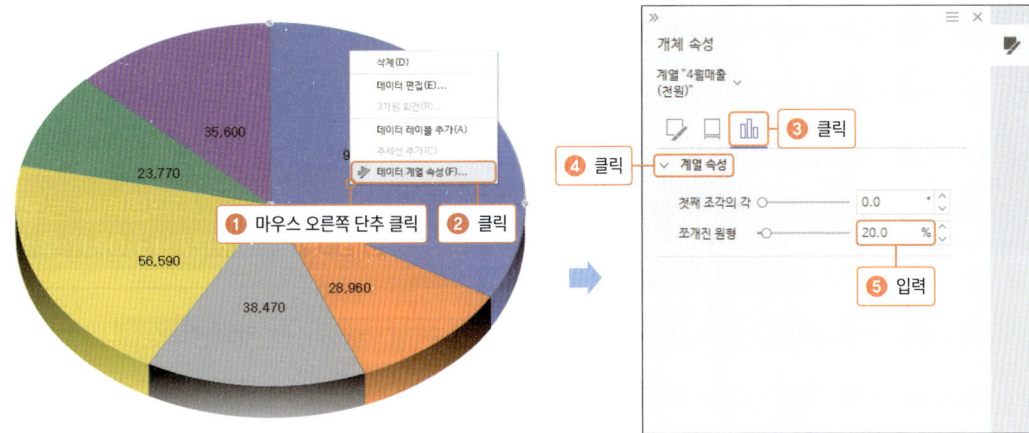

④ 데이터 레이블을 클릭한 후 마우스 오른쪽 단추를 클릭합니다. 이어서, [데이터 레이블 속성]을 클릭한 다음 [레이블 위치]-'**바깥쪽 끝에**'을 선택합니다.

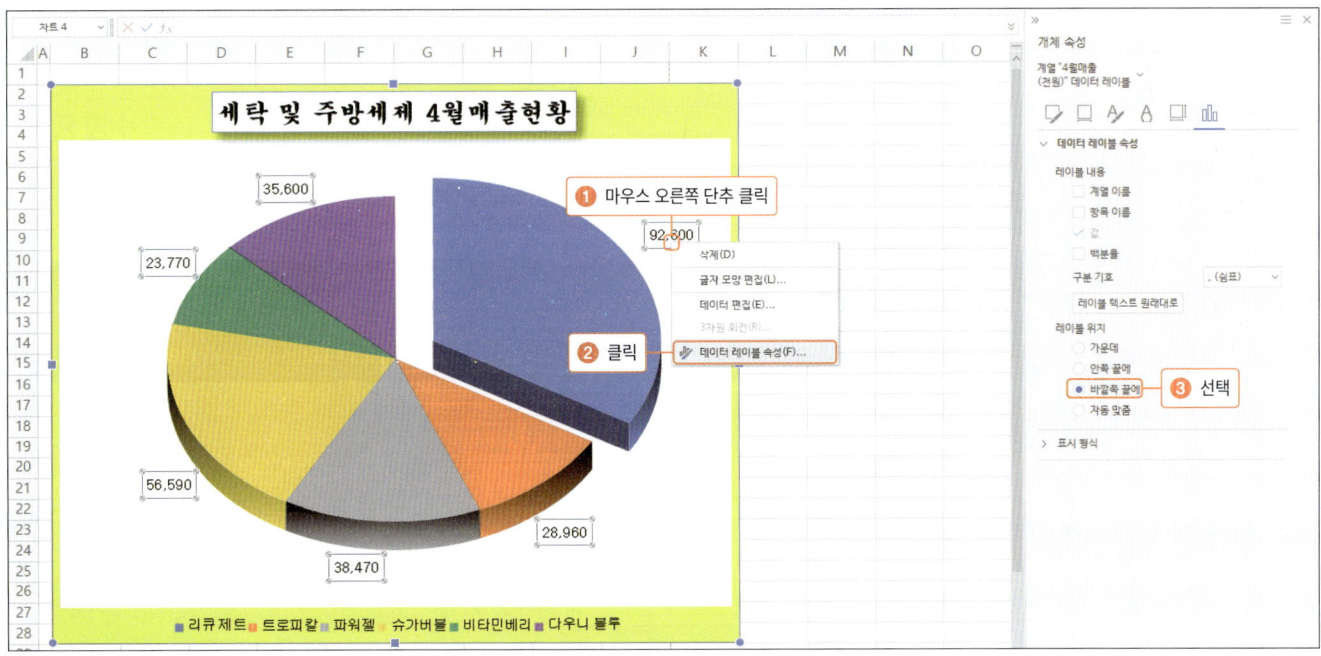

⑤ '**리큐 제트**' 데이터 레이블만 선택한 후 차트 안으로 드래그합니다.

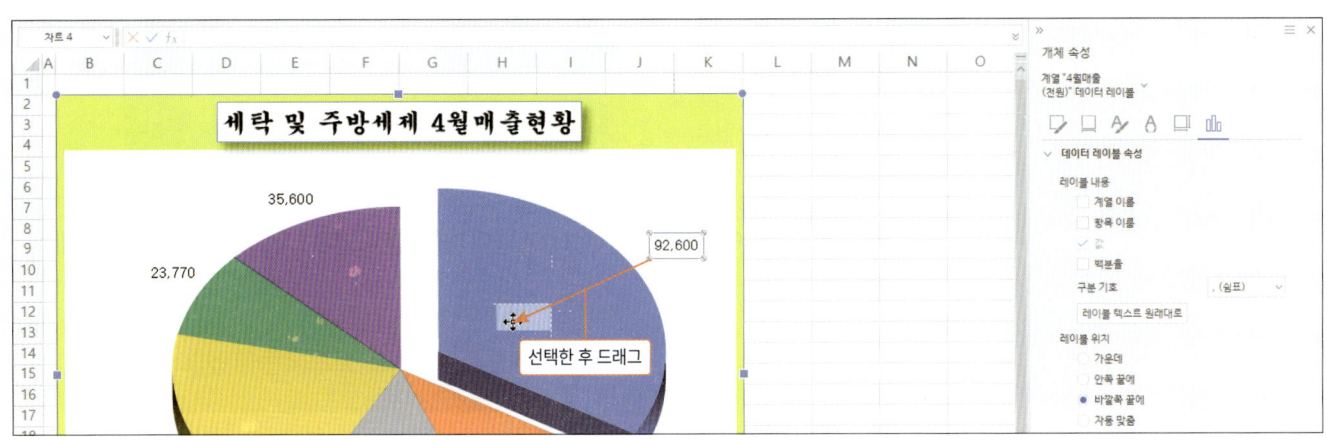

❻ 데이터 레이블을 선택한 후 마우스 오른쪽 단추를 클릭합니다. 이어서, **[데이터 레이블 속성]**을 클릭한 다음 [채우기]-[단색]-[색]-'**본문/배경 - 밝은 색 1 하양(RGB: 255, 255, 255)**'을 선택합니다.

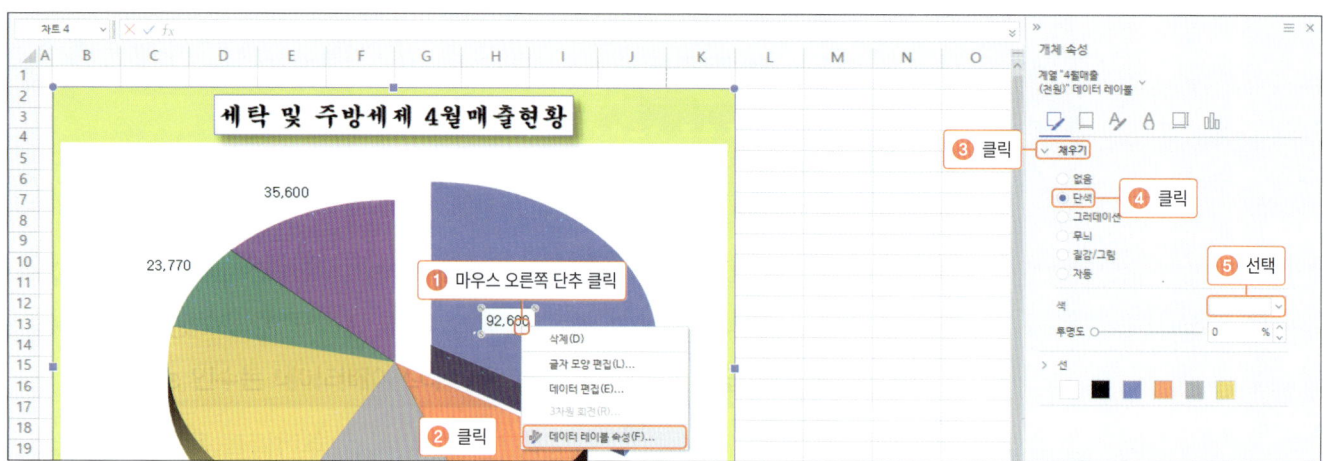

05 도형 삽입하기

(9) 도형 ⇒ '모서리가 둥근 사각형 설명선'을 삽입한 후 내용을 입력하시오.

❶ [입력] 탭에서 [도형] 이미지 꾸러미의 자세히 단추(⌄)를 눌러 [설명선]-'**모서리가 둥근 사각형 설명선(▢)**'을 클릭합니다.

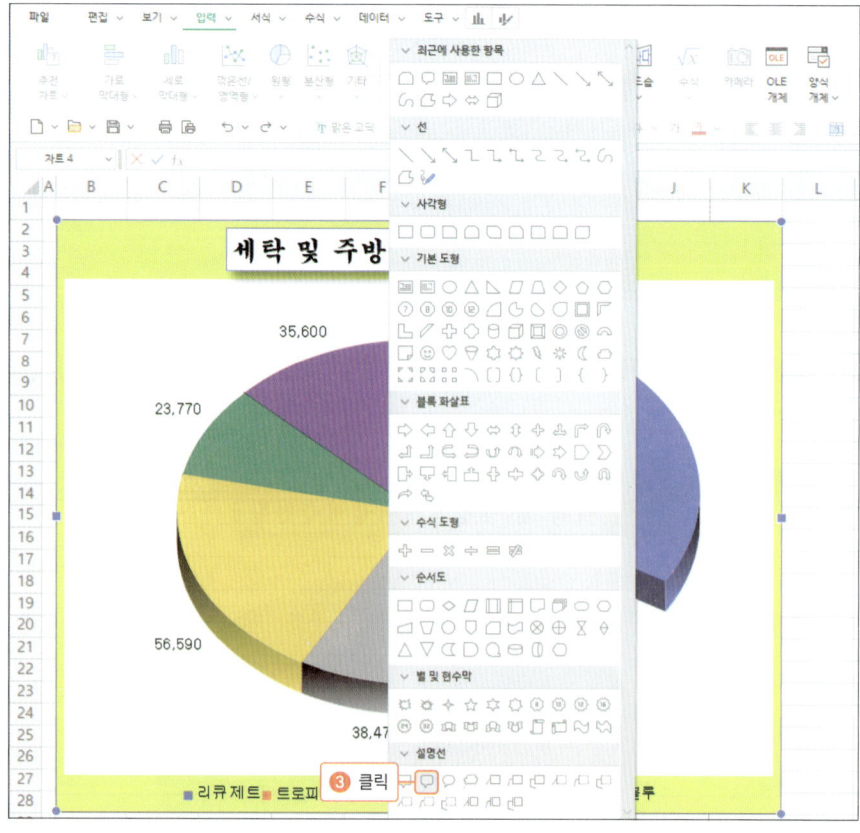

❷ 다음 그림과 같은 위치에 도형을 삽입한 후 '**최고 매출**'을 입력합니다.

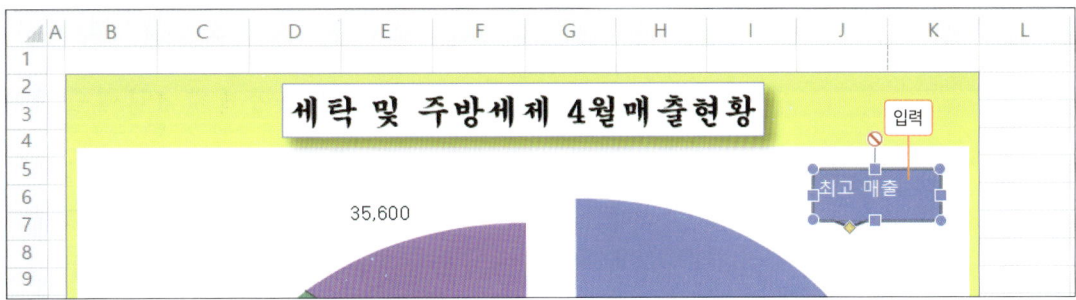

❸ 도형 테두리를 클릭하고 [서식] 도구 상자에서 '**글꼴(굴림), 크기(11pt), 글자 색(검정(RGB: 0,0,0))**'을 지정합니다.

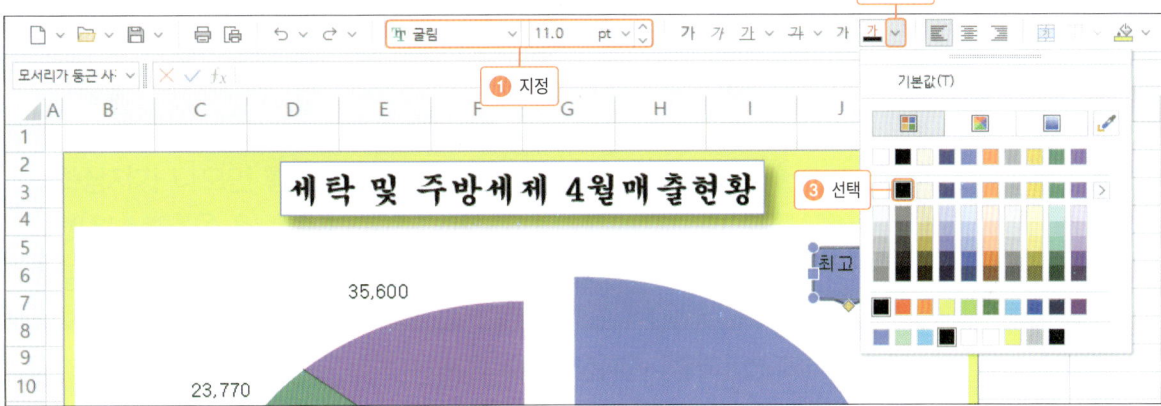

❹ 도형 위에서 마우스 오른쪽 단추를 눌러 [개체 속성]을 클릭합니다.

   ※ 도형 '선' 색이나 '선 굵기'은 조건이 지정되지 않았으므로 수정하지 않아도 되지만, 본 교재에서는 [선] 색 '검정', [선 굵기]-'0.75pt'로 지정되어 있습니다.

❺ [개체 속성] 창이 오른쪽에 나오면 [그리기 속성] 탭에서 [채우기]-[단색]-[색]-'**본문/배경 − 밝은 색 1 하양(RGB: 255, 255, 255)**'을 선택합니다.

❻ [크기 및 속성] 탭을 클릭한 후 [글상자]-[가로]-'**가운데 정렬**', [세로]-'**중간**'을 선택합니다.

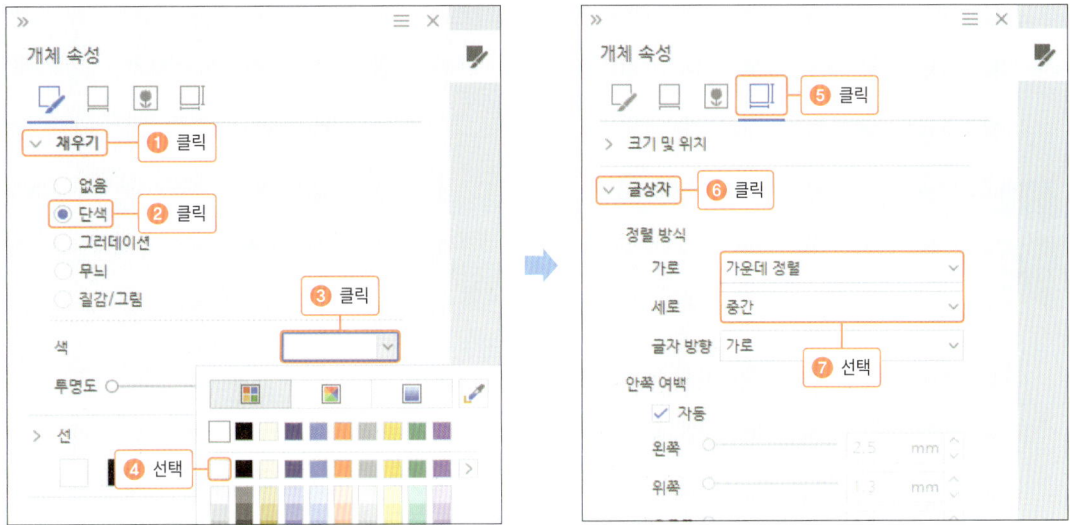

❼ 노란색 마름모 모양 조절점(◆)을 드래그하여 ≪출력형태≫처럼 모양을 변경합니다.

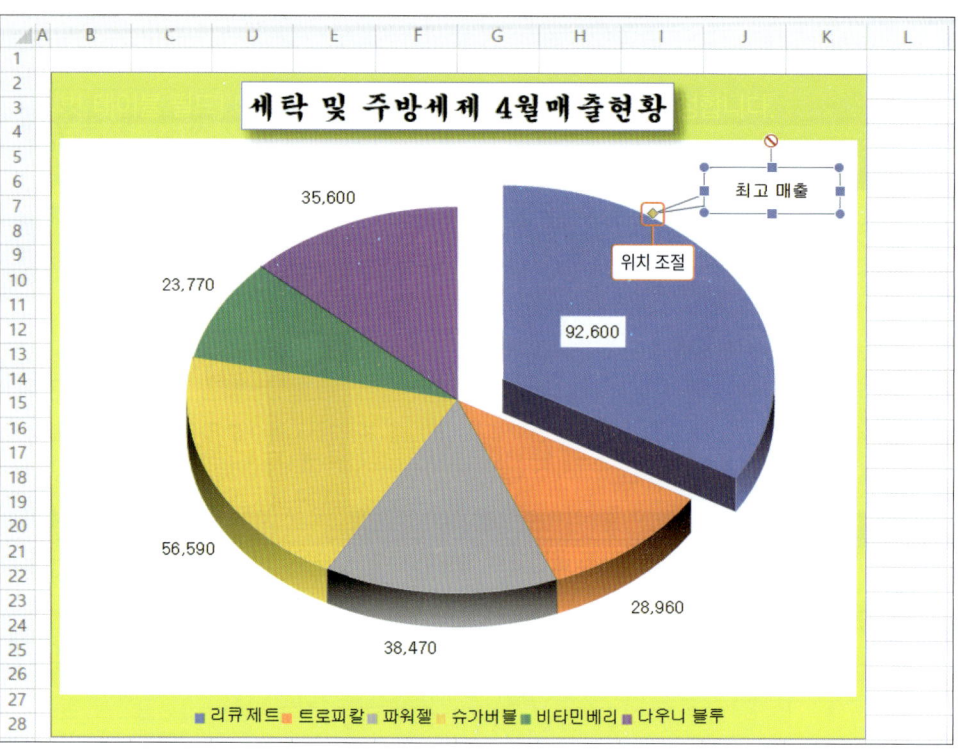

❽ 도형을 이용한 제목이 완성되면 [파일]-[저장하기](Ctrl+S) 또는 [서식] 도구 상자에서 '**저장하기(💾)**'를 클릭합니다.

※ 실제 시험을 볼 때 작업 도중에 수시로(10분에 한 번 정도) 저장을 하는 것이 좋습니다.

시험분석

차트

❶ **차트 종류** : '3차원 원형'과 '묶은 세로 막대형' 차트 중에서 번갈아 출제됩니다.
❷ **서식** : 특정 계열 요소 조각을 쪼개진 요소로 지정하여 분리하고, 레이블에 항목 이름과 값을 표시하고 위치와 채우기 색(하양)을 지정하는 문제가 출제될 수 있습니다.
❸ **범례** : 범례 위치는 '아래쪽'으로 고정되어 출제되고 있습니다.
❹ **도형** : 차트에 삽입되는 도형은 대부분 '모서리가 둥근 사각형 설명선'으로 출제되고 있으며, 도형 안에 글자를 입력한 후 글꼴(굴림)과 글자 크기(11pt)를 변경합니다.

[제4작업] 그래프(3차원 원형)

숏츠(Shorts)

01 "제1작업" 시트를 이용하여 "제4작업" 시트에 ≪출력형태≫와 같이 작업하시오.

- 소스 파일 : [출제유형 07-1]-정복07-1_문제01.cell
- 정답 파일 : [출제유형 07-1]-정복07-1_정답01.cell

(100점)

≪조건≫

(1) 차트 종류 ⇒ 〈3차원 원형〉으로 작업하시오.
(2) 데이터 범위 ⇒ "제1작업" 시트의 내용을 이용하여 작업하시오.
(3) 차트 위치 ⇒ 「B2:K28」 영역에 배치하여 ≪출력형태≫와 같이 작업하시오.
(4) 차트 스타일 ⇒ 레이아웃6, 스타일3을 적용하시오.
(5) 배경 서식 ⇒ 차트 영역(노랑), 그림 영역(하양), 전체 글꼴(굴림, 11pt)을 적용하여 작업하시오.
(6) 제목 서식 ⇒ 글꼴(궁서, 20pt, 진하게), 채우기(하양), 실선, 그림자(바깥쪽 : 오른쪽)
(7) 서식 ⇒ 계열 : TVE-68 조각을 쪼개진 요소 20%로 지정하여 분리하고 ≪출력형태≫와 같이 표시하시오.
　　　　　레이블 : 값을 표시하고, 위치 및 채우기 색(하양)은 ≪출력형태≫와 같이 표시하시오.
(8) 범례 ⇒ ≪출력형태≫를 참조하시오.
(9) 도형 ⇒ '모서리가 둥근 사각형 설명선'을 삽입한 후 내용을 입력하시오.
(10) 나머지 사항은 ≪출력형태≫에 맞게 작성하시오.

≪출력형태≫

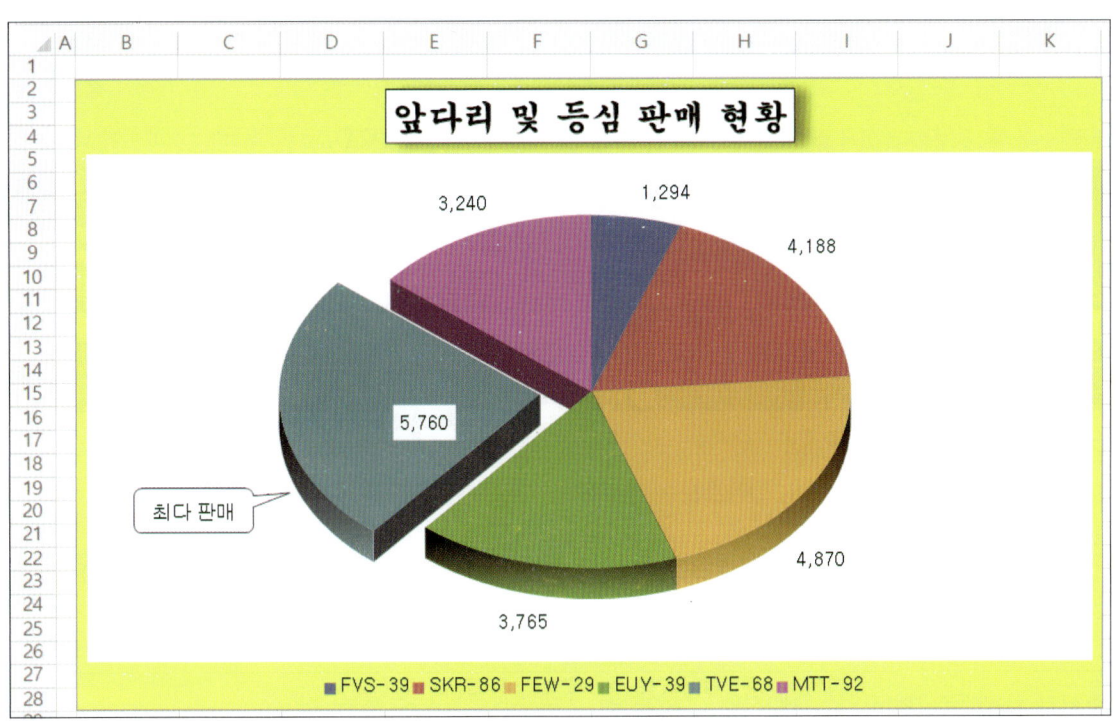

주의 ☞ 시트명 순서가 차례대로 "제1작업", "제2작업", "제3작업", "제4작업"이 되도록 할 것.

02 "제1작업" 시트를 이용하여 "제4작업" 시트에 ≪출력형태≫와 같이 작업하시오.

- 소스 파일 : [출제유형 07-1]-정복07-1_문제02.cell
- 정답 파일 : [출제유형 07-1]-정복07-1_정답02.cell

≪조건≫ (100점)

⑴ 차트 종류 ⇒ 〈3차원 원형〉으로 작업하시오.

⑵ 데이터 범위 ⇒ "제1작업" 시트의 내용을 이용하여 작업하시오.

⑶ 차트 위치 ⇒ 「B2:K28」 영역에 배치하여 ≪출력형태≫와 같이 작업하시오.

⑷ 차트 스타일 ⇒ 레이아웃6, 스타일3을 적용하시오.

⑸ 배경 서식 ⇒ 차트 영역(노랑), 그림 영역(하양), 전체 글꼴(굴림, 11pt)을 적용하여 작업하시오.

⑹ 제목 서식 ⇒ 글꼴(궁서, 20pt, 진하게), 채우기(하양), 실선, 그림자(바깥쪽 : 대각선 오른쪽 위)

⑺ 서식 ⇒ 계열 : 홈네트워크 조각을 쪼개진 요소 20%로 지정하여 분리하고 ≪출력형태≫와 같이 표시하시오.
　　　　레이블 : 값을 표시하고, 위치 및 채우기 색(하양)은 ≪출력형태≫와 같이 표시하시오.

⑻ 범례 ⇒ ≪출력형태≫를 참조하시오.

⑼ 도형 ⇒ '모서리가 둥근 사각형 설명선'을 삽입한 후 내용을 입력하시오.

⑽ 나머지 사항은 ≪출력형태≫에 맞게 작성하시오.

≪출력형태≫

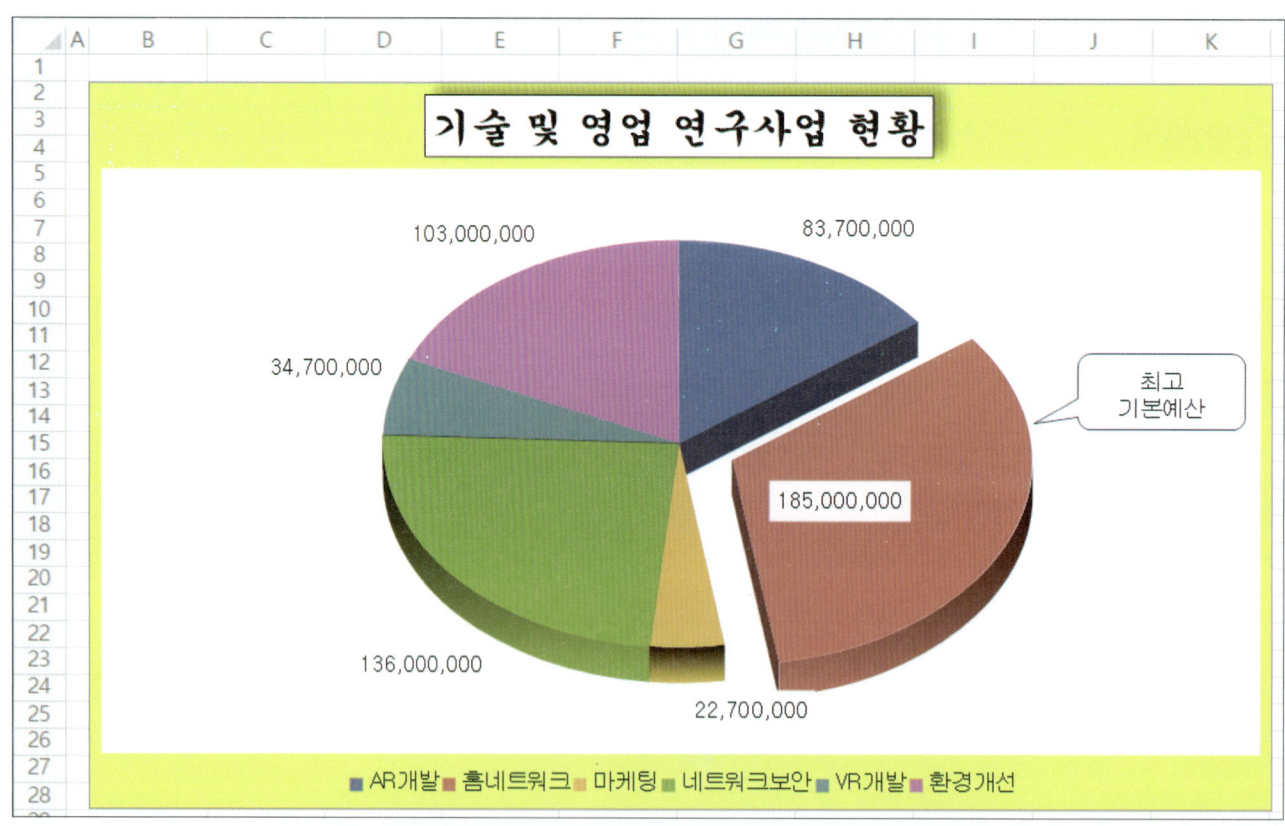

주의 ☞ 시트명 순서가 차례대로 "제1작업", "제2작업", "제3작업", "제4작업"이 되도록 할 것.

03 "제1작업" 시트를 이용하여 "제4작업" 시트에 ≪출력형태≫와 같이 작업하시오.

• 소스 파일 : [출제유형 07-1]-정복07-1_문제03.cell • 정답 파일 : [출제유형 07-1]-정복07-1_정답03.cell

≪조건≫ (100점)

(1) 차트 종류 ⇒ 〈3차원 원형〉으로 작업하시오.
(2) 데이터 범위 ⇒ "제1작업" 시트의 내용을 이용하여 작업하시오.
(3) 차트 위치 ⇒ 「B2:K28」 영역에 배치하여 ≪출력형태≫와 같이 작업하시오.
(4) 차트 스타일 ⇒ 레이아웃6, 스타일3을 적용하시오.
(5) 배경 서식 ⇒ 차트 영역(노랑), 그림 영역(하양), 전체 글꼴(굴림, 11pt)을 적용하여 작업하시오.
(6) 제목 서식 ⇒ 글꼴(궁서, 20pt, 진하게), 채우기(하양), 실선, 그림자(바깥쪽 : 대각선 오른쪽 아래)
(7) 서식 ⇒ 계열 : 국악위문 조각을 쪼개진 요소 20%로 지정하여 분리하고 ≪출력형태≫와 같이 표시하시오.
    레이블 : 값을 표시하고, 위치 및 채우기 색(하양)은 ≪출력형태≫와 같이 표시하시오.
(8) 범례 ⇒ ≪출력형태≫를 참조하시오.
(9) 도형 ⇒ '모서리가 둥근 사각형 설명선'을 삽입한 후 내용을 입력하시오.
(10) 나머지 사항은 ≪출력형태≫에 맞게 작성하시오.

≪출력형태≫

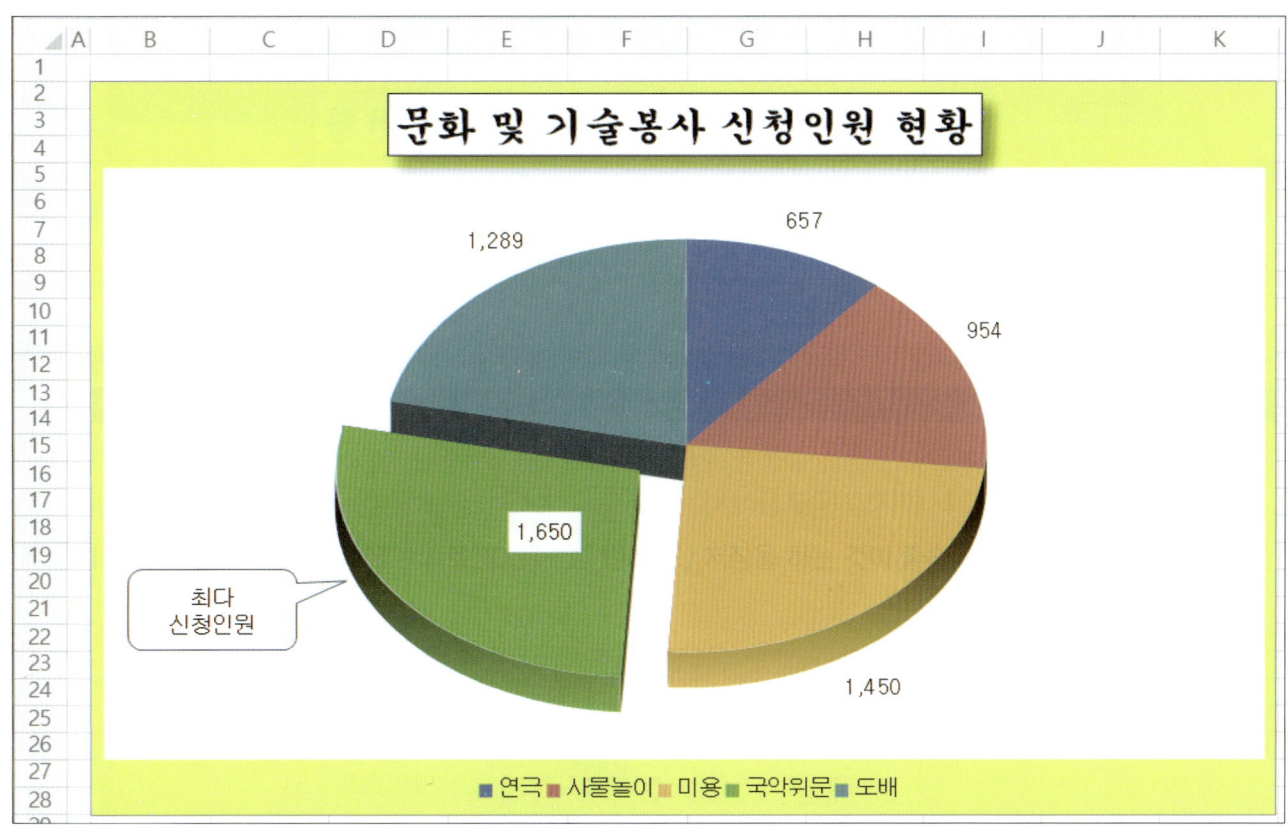

주의 ☞ 시트명 순서가 차례대로 "제1작업", "제2작업", "제3작업", "제4작업"이 되도록 할 것.

04 "제1작업" 시트를 이용하여 "제4작업" 시트에 ≪출력형태≫와 같이 작업하시오.

· 소스 파일 : [출제유형 07-1]-정복07-1_문제04.cell   · 정답 파일 : [출제유형 07-1]-정복07-1_정답04.cell

(100점)

≪조건≫

(1) 차트 종류 ⇒ 〈3차원 원형〉으로 작업하시오.

(2) 데이터 범위 ⇒ "제1작업" 시트의 내용을 이용하여 작업하시오.

(3) 차트 위치 ⇒ 「B2:K28」 영역에 배치하여 ≪출력형태≫와 같이 작업하시오.

(4) 차트 스타일 ⇒ 레이아웃6, 스타일3을 적용하시오.

(5) 배경 서식 ⇒ 차트 영역(노랑), 그림 영역(하양), 전체 글꼴(굴림, 11pt)을 적용하여 작업하시오.

(6) 제목 서식 ⇒ 글꼴(궁서, 20pt, 진하게), 채우기(하양), 실선, 그림자(바깥쪽 : 가운데)

(7) 서식 ⇒ 계열 : 다큐프린터 조각을 쪼개진 요소 20%로 지정하여 분리하고 ≪출력형태≫와 같이 표시하시오.
레이블 : 값을 표시하고, 위치 및 채우기 색(하양)은 ≪출력형태≫와 같이 표시하시오.

(8) 범례 ⇒ ≪출력형태≫를 참조하시오.

(9) 도형 ⇒ '모서리가 둥근 사각형 설명선'을 삽입한 후 내용을 입력하시오.

(10) 나머지 사항은 ≪출력형태≫에 맞게 작성하시오.

≪출력형태≫

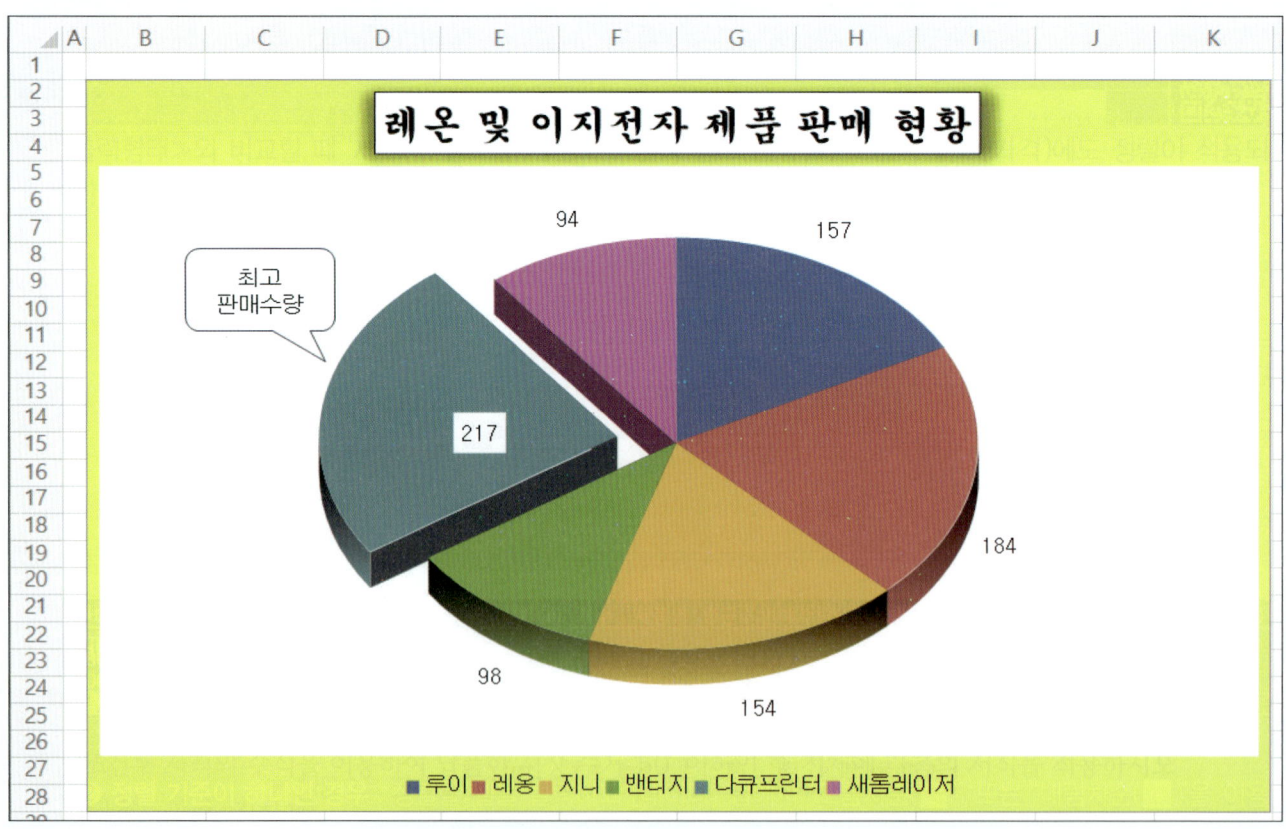

주의 ☞ 시트명 순서가 차례대로 "제1작업", "제2작업", "제3작업", "제4작업"이 되도록 할 것.

출제유형 07-2 [제4작업] 그래프(묶은 세로 막대형)

PART 02 출제유형 완전정복

- ☑ 차트를 작성할 데이터 범위 지정하기
- ☑ 차트 요소에 서식 지정하기
- ☑ 차트를 삽입한 후 레이아웃 변경하기
- ☑ 도형 삽입하기

문제 풀이

문제 미리보기
소스 파일 : [출제유형 07-2]-유형07-2_문제.cell   정답 파일 : [출제유형 07-2]-유형07-2_정답.cell

☞ "제1작업" 시트를 이용하여 "제4작업" 시트에 ≪출력형태≫와 같이 작업하시오.

≪조건≫ (100점)

(1) 차트 종류 ⇒ 〈묶은 세로 막대형〉으로 작업하시오.
(2) 데이터 범위 ⇒ "제1작업" 시트의 내용을 이용하여 작업하시오.
(3) 차트 위치 ⇒ 「B2:K28」 영역에 배치하여 ≪출력형태≫와 같이 작업하시오.
(4) 차트 스타일 ⇒ 레이아웃6을 적용하시오.
(5) 배경 서식 ⇒ 차트 영역(노랑), 그림 영역(하양), 전체 글꼴(굴림, 11pt)을 적용하여 작업하시오.
(6) 제목 서식 ⇒ 글꼴(궁서, 20pt, 진하게), 채우기(하양), 실선, 그림자(바깥쪽 : 대각선 오른쪽 아래)
(7) 서식 ⇒ 4월매출(천원) 계열을 보조축으로 지정하고 표식이 있는 꺾은선형으로 변경하시오.
     계열 : ≪출력형태≫를 참조하여 표식(세모, 크기 12)과 레이블 값을 표시하시오.
     축 및 주 눈금선(종류-파선)은 ≪출력형태≫와 같이 표시하시오.
(8) 범례 ⇒ ≪출력형태≫를 참조하시오.
(9) 도형 ⇒ '모서리가 둥근 사각형 설명선'을 삽입한 후 내용을 입력하시오.
(10) 나머지 사항은 ≪출력형태≫에 맞게 작성하시오.

≪출력형태≫

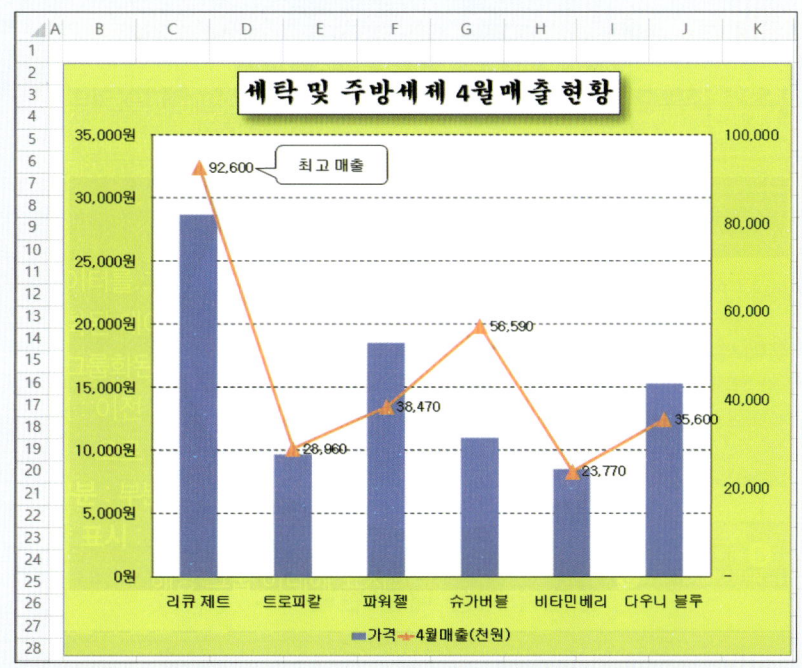

주의 ☞ 시트명 순서가 차례대로 "제1작업", "제2작업", "제3작업", "제4작업"이 되도록 할 것.

01 차트(묶은 세로 막대형) 작성하기

(1) 차트 종류 ⇒ 〈묶은 세로 막대형〉으로 작업하시오.
(2) 데이터 범위 ⇒ "제1작업" 시트의 내용을 이용하여 작업하시오.
(3) 차트 위치 ⇒ 「B2:K28」 영역에 배치하여 ≪출력형태≫와 같이 작업하시오.

① '유형07-2_문제.cell' 파일을 불러와 [제1작업] 시트를 클릭합니다.

※ 파일 불러오기 : [파일]-[불러오기]([Ctrl]+[O])를 클릭한 후 [불러오기] 대화상자에서 파일을 선택합니다.

② ≪출력형태≫를 참고하여 아래 그림처럼 차트를 만들 범위를 지정한 후 [입력] 탭에서 [세로 막대형]-'**묶은 세로 막대형**'을 선택합니다.

※ [C4:C5] 영역 드래그 → [Ctrl] 키를 누른 상태에서 [C7:C9] 영역 드래그 → [Ctrl] 키를 누른 상태에서 [C11:C12] 영역 드래그 → [Ctrl] 키를 누른 상태에서 [F4:F5] 영역 드래그 → [Ctrl] 키를 누른 상태에서 [F7:F9] 영역 드래그 → [Ctrl] 키를 누른 상태에서 [F11:F12] 영역 드래그 → [Ctrl] 키를 누른 상태에서 [H4:H5] 영역 드래그 → [Ctrl] 키를 누른 상태에서 [H7:H9] 영역 드래그 → [Ctrl] 키를 누른 상태에서 [H11:H12] 영역 드래그

※ 차트를 만들 때 가장 중요한 것은 데이터 범위를 지정하는 것으로 ≪출력형태≫의 '제품명', '가격', '4월매출(천원)'을 참고하여 작업합니다.

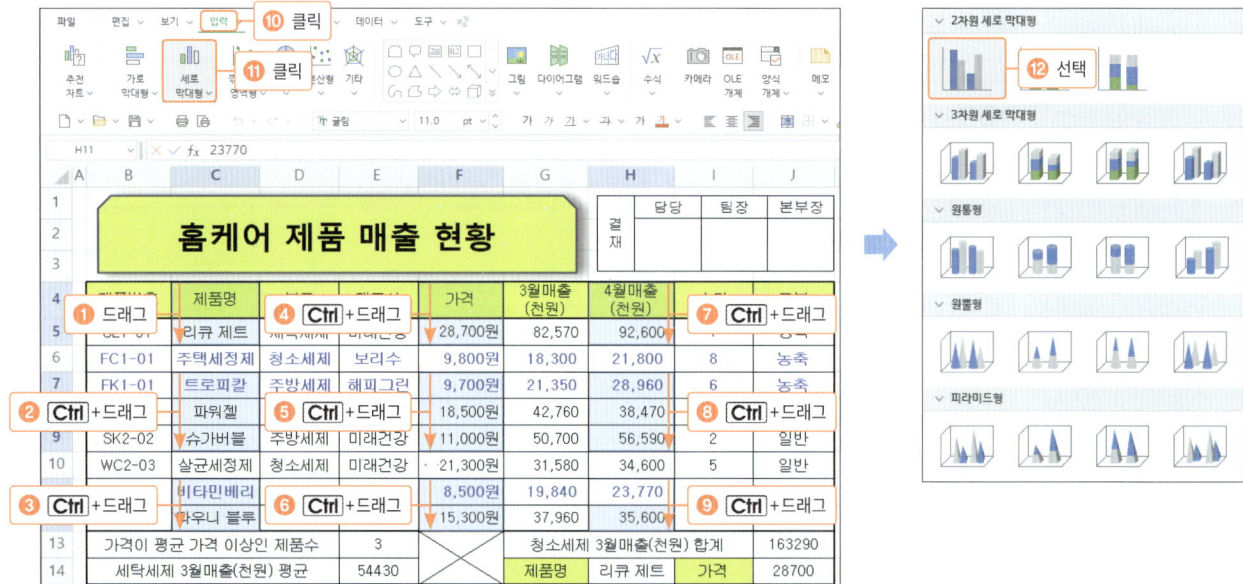

③ 차트가 선택된 상태에서 [차트 디자인( )] 탭에서 '**차트 이동**'을 클릭합니다.

※ [차트 디자인( )] 탭에서 차트 종류, 축, 범례 등 여러 가지 속성을 바꿀 수 있습니다.

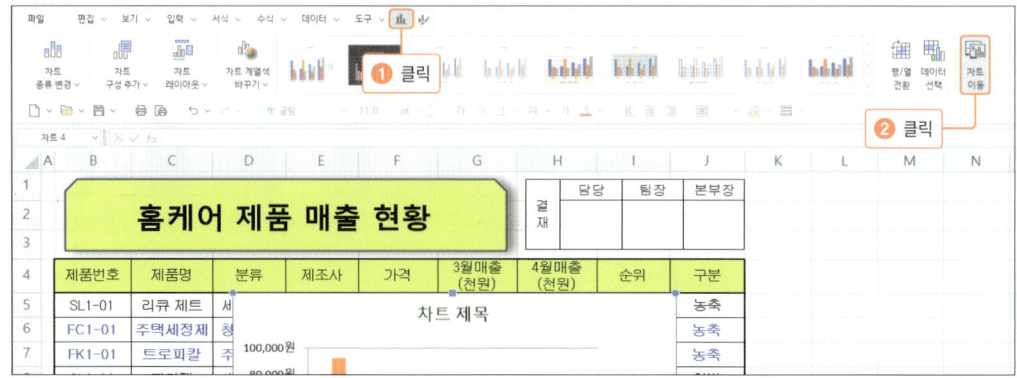

④ [차트 이동] 대화상자에서 '**제4작업**'을 선택하고 〈확인〉 단추를 클릭합니다.

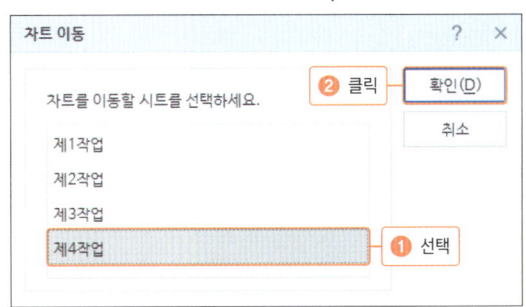

⑤ 차트를 클릭한 후 차트 테두리 위에서 마우스 포인터가 변경되면 왼쪽 위 모서리가 **[B2] 셀**에 위치하도록 드래그하여 이동합니다.

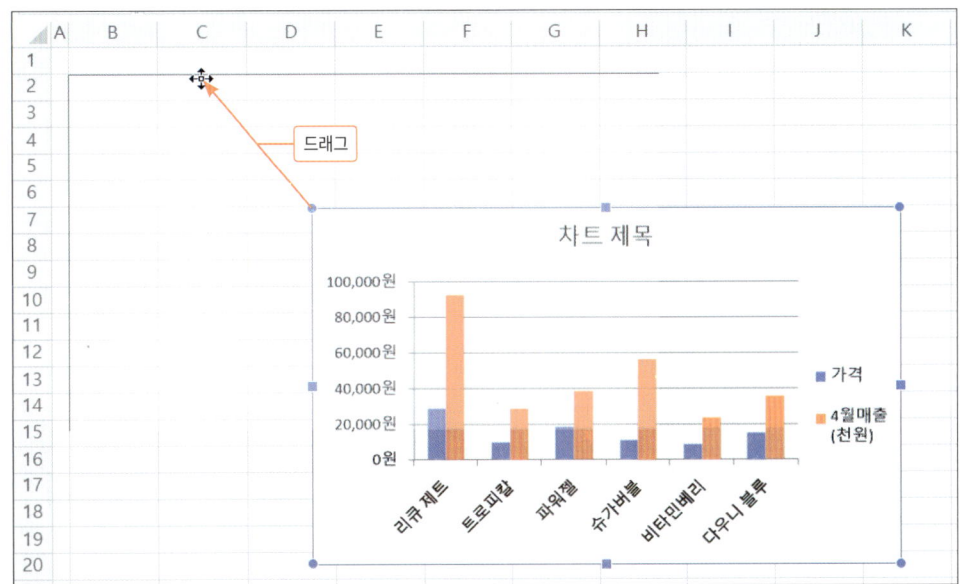

⑥ 차트의 오른쪽 아래 모서리가 **[K28]** 셀에 위치하도록 드래그하여 **[B2:K28]** 영역에 맞게 크기를 조절합니다.

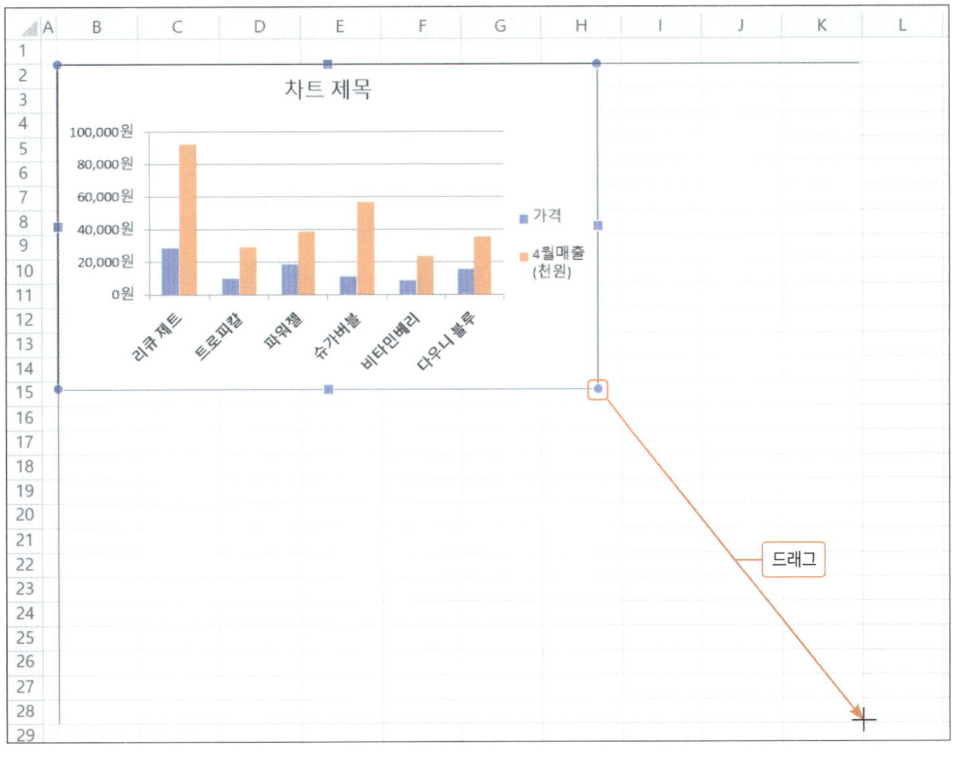

02 차트 스타일과 배경 서식 지정하기

(4) 차트 스타일 ⇒ 레이아웃6을 적용하시오.
(5) 배경 서식 ⇒ 차트 영역(노랑), 그림 영역(하양), 전체 글꼴(굴림, 11pt)을 적용하여 작업하시오.
(8) 범례 ⇒ ≪출력형태≫를 참조하시오.

❶ 차트 스타일을 지정하기 위해 [차트 디자인()] 탭에서 [차트 레이아웃]-'레이아웃6'을 선택합니다.

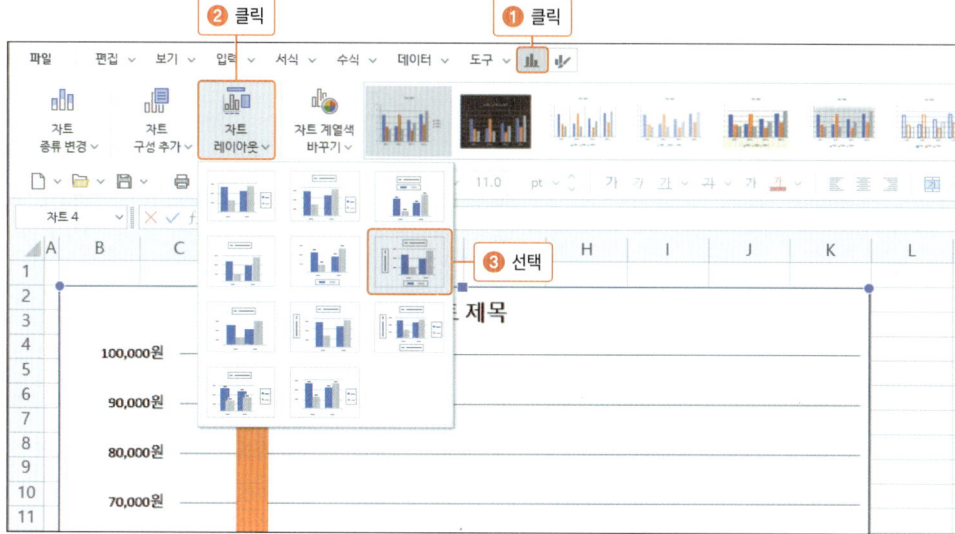

❷ 차트에서 '값 축 제목'을 클릭한 후 Delete 키를 눌러 삭제합니다.

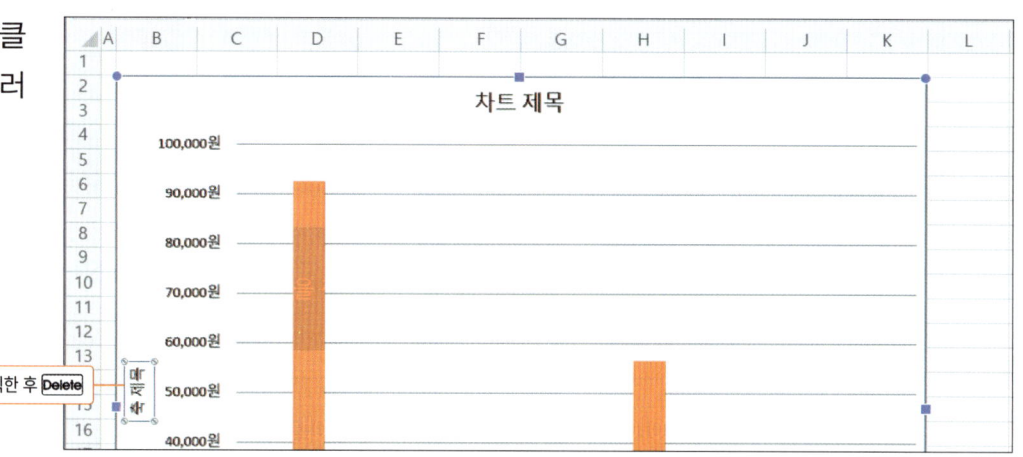

❸ 차트 전체 영역의 배경색을 지정하기 위해 차트 영역을 더블 클릭합니다.

❹ [개체 속성] 창이 오른쪽에 나오면 [채우기]-[단색]-[색]-'노랑(RGB: 255, 255, 0)'을 선택합니다.

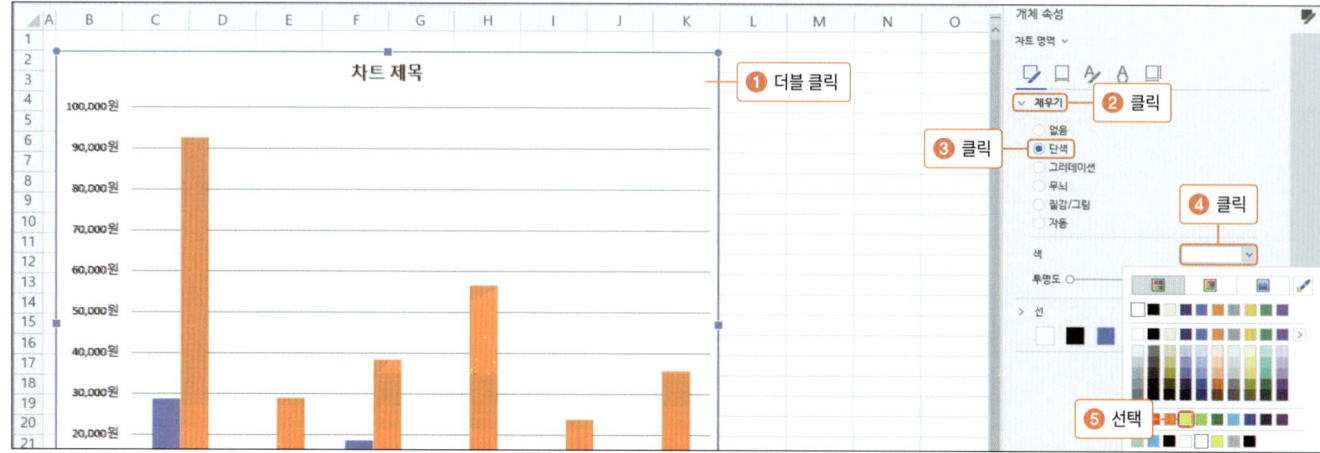

⑤ 차트에서 그림 영역을 더블 클릭합니다.

⑥ [개체 속성] 창이 오른쪽에 나오면 [채우기]-[단색]-[색]-'**본문/배경 - 밝은 색 1 하양(RGB: 255, 255, 255)**'을 선택합니다.

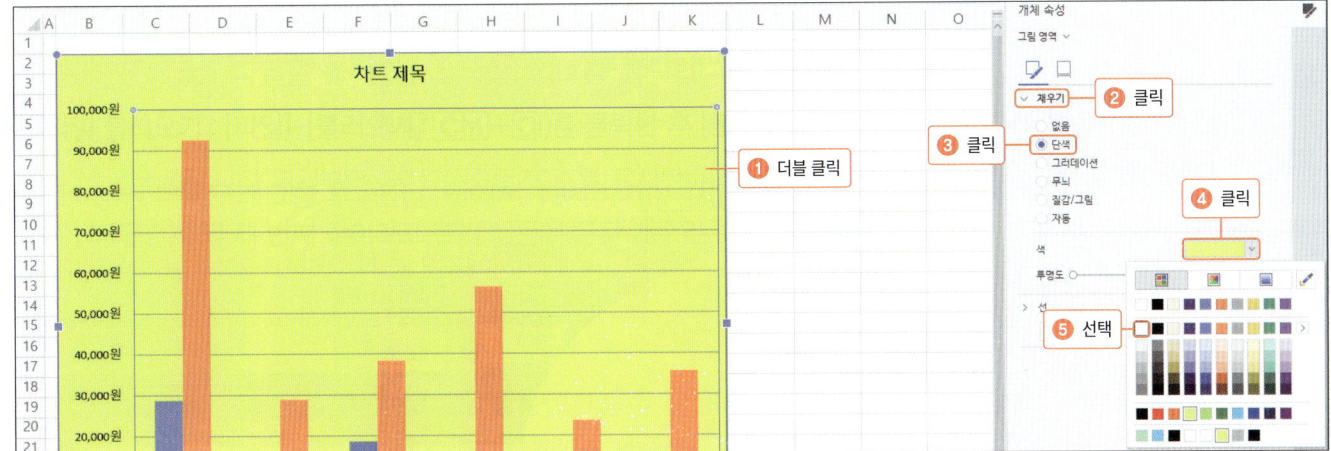

⑦ 전체 글꼴과 크기를 지정하기 위해 세로 값 축을 클릭합니다. 이어서, 마우스 오른쪽 단추를 누른 후 **[글자 모양 편집]**을 클릭합니다.

⑧ [차트 글자 모양] 대화상자가 나오면 '**글꼴(굴림), 크기(11pt)**'를 지정하고 〈설정〉 단추를 클릭합니다.

※ 가로 항목 축 및 범례도 똑같이 글꼴 및 크기를 변경합니다.

⑨ 범례를 변경하기 위해 마우스 오른쪽 단추를 클릭한 후 **[데이터 선택]**을 클릭합니다. 이어서, [계열]-'**4월매출(천원)**'을 선택한 다음 '이름("**4월매출(천원)**")'을 입력한 후 〈확인〉 단추를 클릭합니다.

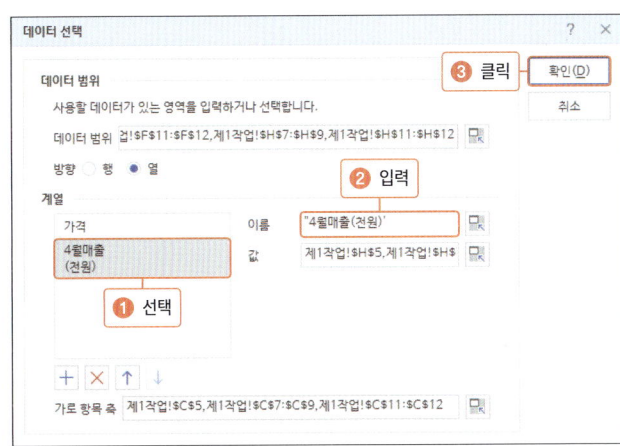

03 차트 제목 서식 지정하기

⑹ 제목 서식 ⇒ 글꼴(궁서, 20pt, 진하게), 채우기(하양), 실선, 그림자(바깥쪽 : 대각선 오른쪽 아래)

❶ 차트 제목 위에서 마우스 오른쪽 단추를 눌러 바로 가기 메뉴가 나오면 [제목 편집]을 클릭합니다.

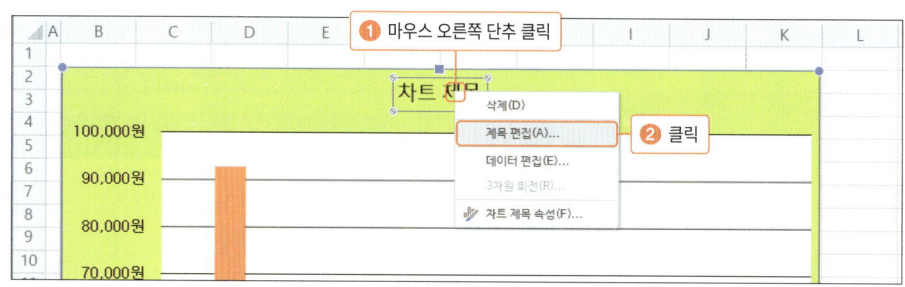

❷ [차트 글자 모양] 대화상자가 나오면 '**내용(세탁 및 주방세제 4월매출 현황)**'을 입력하고 '**글꼴(궁서), 크기(20pt), 진하게(가)**'를 지정하고 〈설정〉 단추를 클릭합니다.

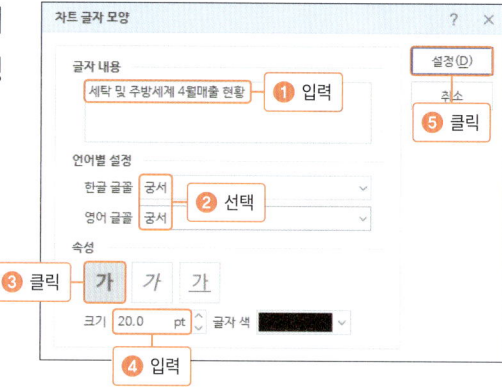

❸ 차트 제목을 더블 클릭합니다.

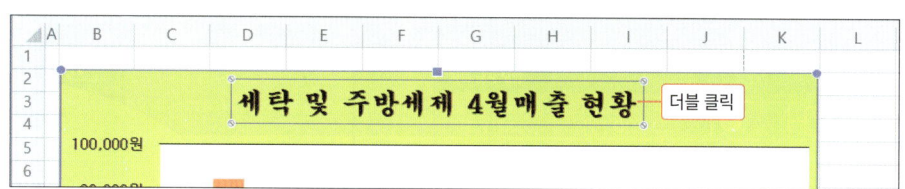

❹ [개체 속성] 창이 오른쪽에 나오면 [채우기]-[단색]-[색]-'**본문/배경 - 밝은 색 1 하양(RGB: 255, 255, 255)**'을 선택합니다. 이어서, [선]-[단색]-'**검정**', [선 종류]-'**실선**'을 선택합니다.

❺ [개체 속성] 창에서 [효과] 탭을 클릭한 후 [그림자]-[바깥쪽]-'**대각선 오른쪽 아래**'를 선택합니다.

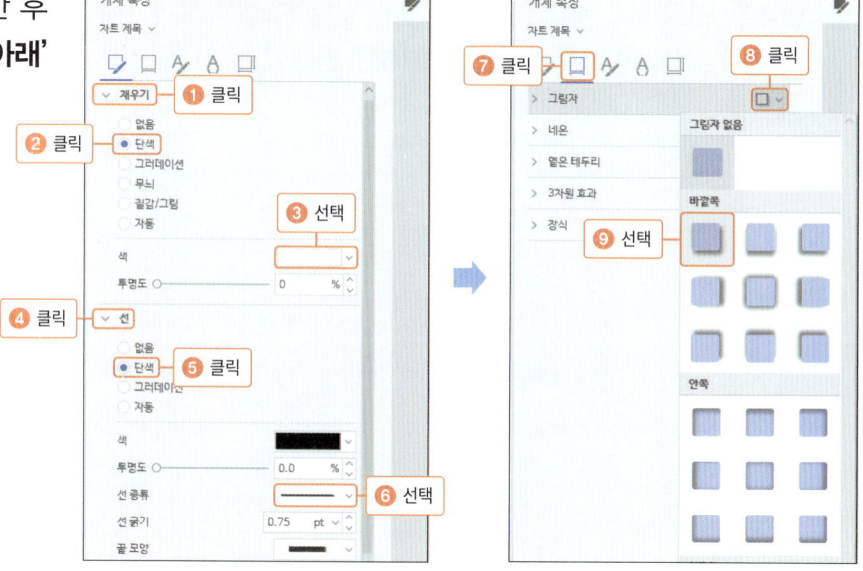

04 보조축 및 계열 서식 변경하기

(7) 서식 ⇒ 4월매출(천원) 계열을 보조축으로 지정하고 표식이 있는 꺾은선형으로 변경하시오.
　　계열 : ≪출력형태≫을 참조하여 표식(세모, 크기 12)과 레이블 값을 표시하시오.
　　축 및 주 눈금선(종류-파선)은 ≪출력형태≫와 같이 표시하시오.

❶ '**4월매출(천원)**' 데이터를 클릭한 후 [차트 디자인( )]-[차트 종류 변경]-[꺾은형/영역형]-'**표식이 있는 꺾은선형**'을 선택합니다.

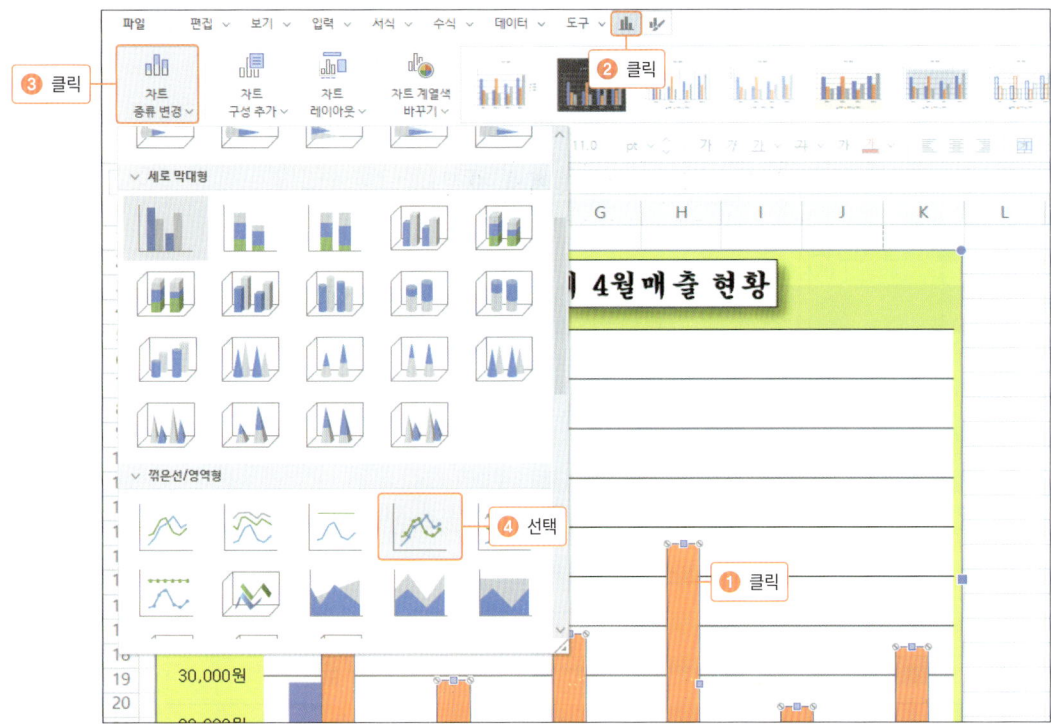

❷ '**4월매출(천원)**' 데이터를 더블 클릭한 후 [계열 속성]-[데이터 계열 지정]-'**보조 축**'을 선택합니다. 이어서, [표식 속성]-[표식 종류]-[기본 제공]을 선택한 다음 '**형식(삼각형)**', '**크기(12)**'로 지정합니다.

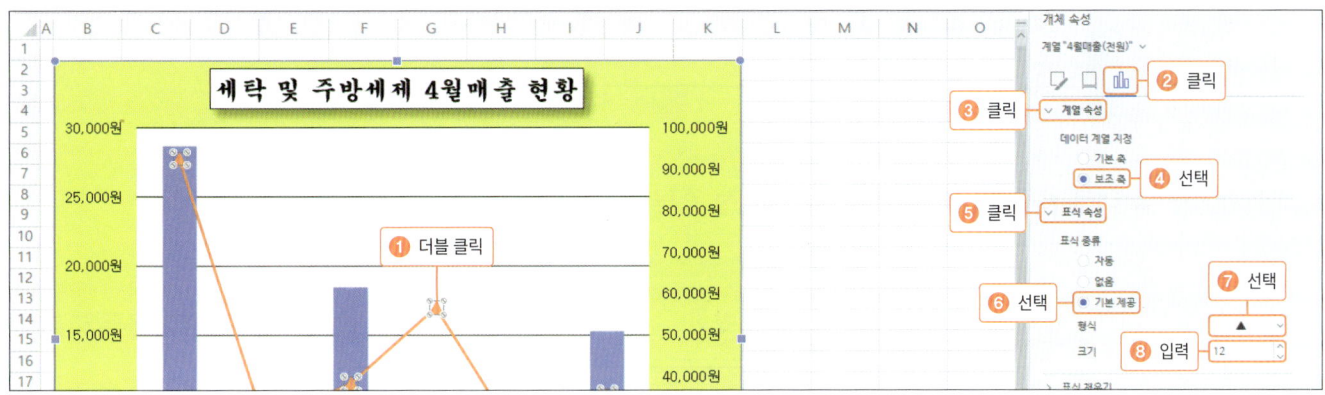

❸ 보조 값 축을 변경하기 위해 보조 값 축을 더블 클릭합니다. 이어서, [축 속성]-[단위]에서 '**주(20000)**'으로 변경하고 [표시형식]-[범주]-'**회계**', [기호]-'**없음**'으로 각각 지정합니다.

※ 세로 값 축 눈금도 ≪출력형태≫를 참고하여 수정합니다.

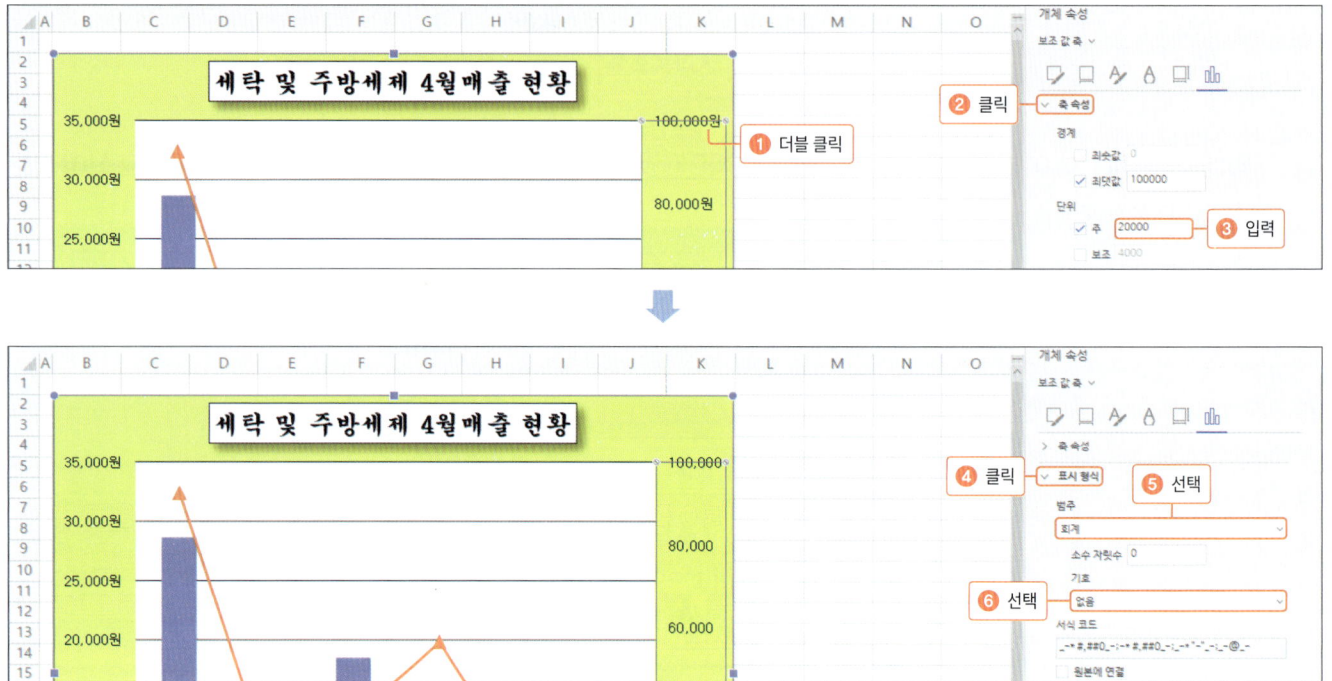

❹ 세로 값 축을 더블 클릭합니다. 이어서, [그리기 속성]-[선]-[단색]-[색]-'**검정**'으로 선택합니다.

※ 가로 항목 축 및 보조 값 축도 마찬가지로 '선' 색을 지정합니다.

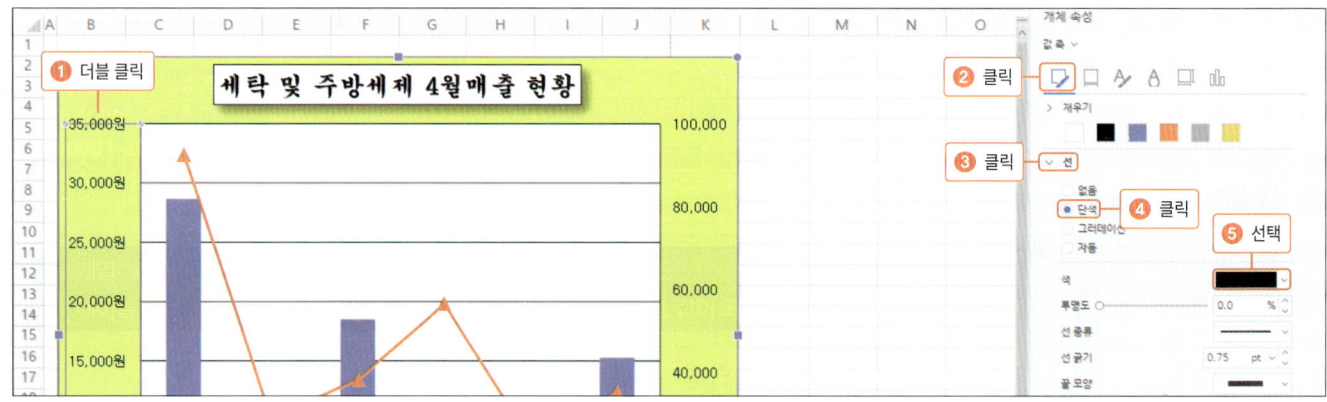

❺ 주 눈금선을 더블 클릭합니다. 이어서, [선]-[선 종류]-'**파선**'으로 선택합니다.

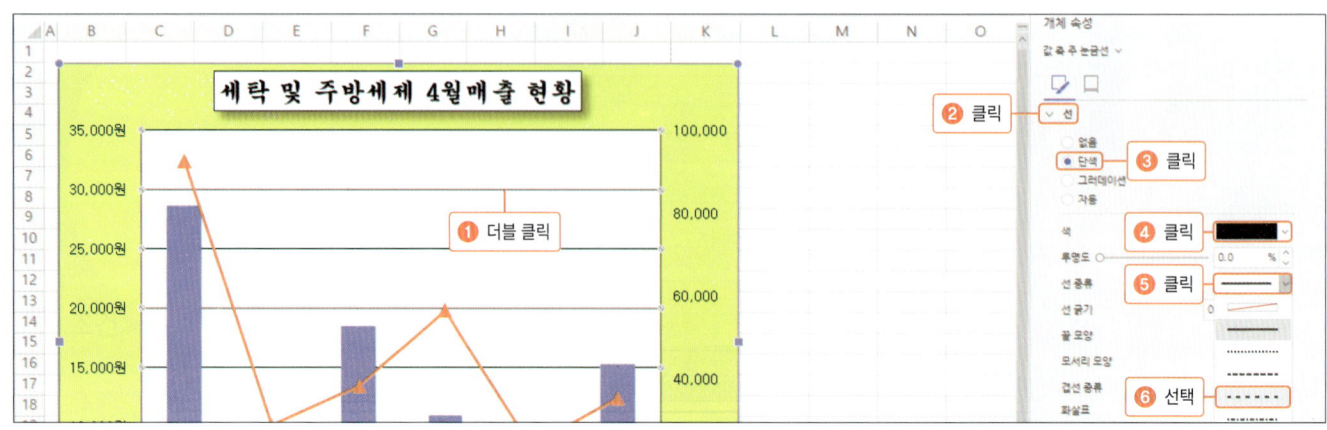

❻ '4월매출(천원)' 데이터를 클릭한 후 마우스 오른쪽 단추를 누릅니다. 이어서, **[데이터 레이블 추가]**를 클릭합니다.

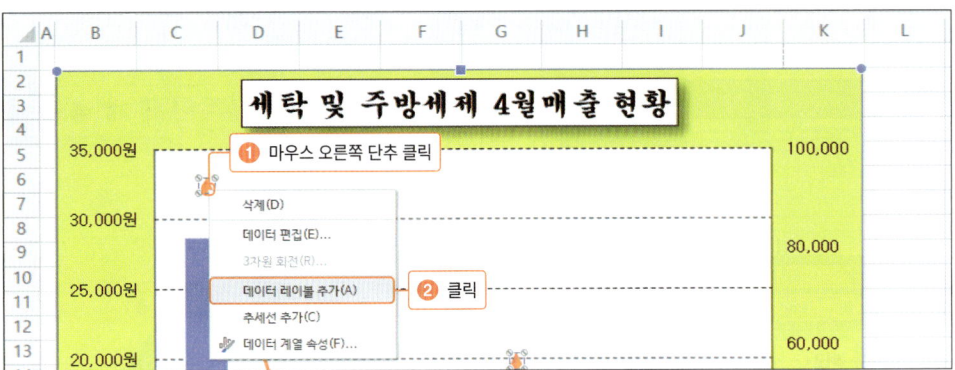

05 도형 삽입하기

(9) 도형 ⇒ '모서리가 둥근 사각형 설명선'을 삽입한 후 내용을 입력하시오.

❶ [입력] 탭에서 [도형] 이미지 꾸러미의 자세히 단추(⌵)를 눌러 [설명선]-'**모서리가 둥근 사각형 설명선(▢)**'을 선택합니다.

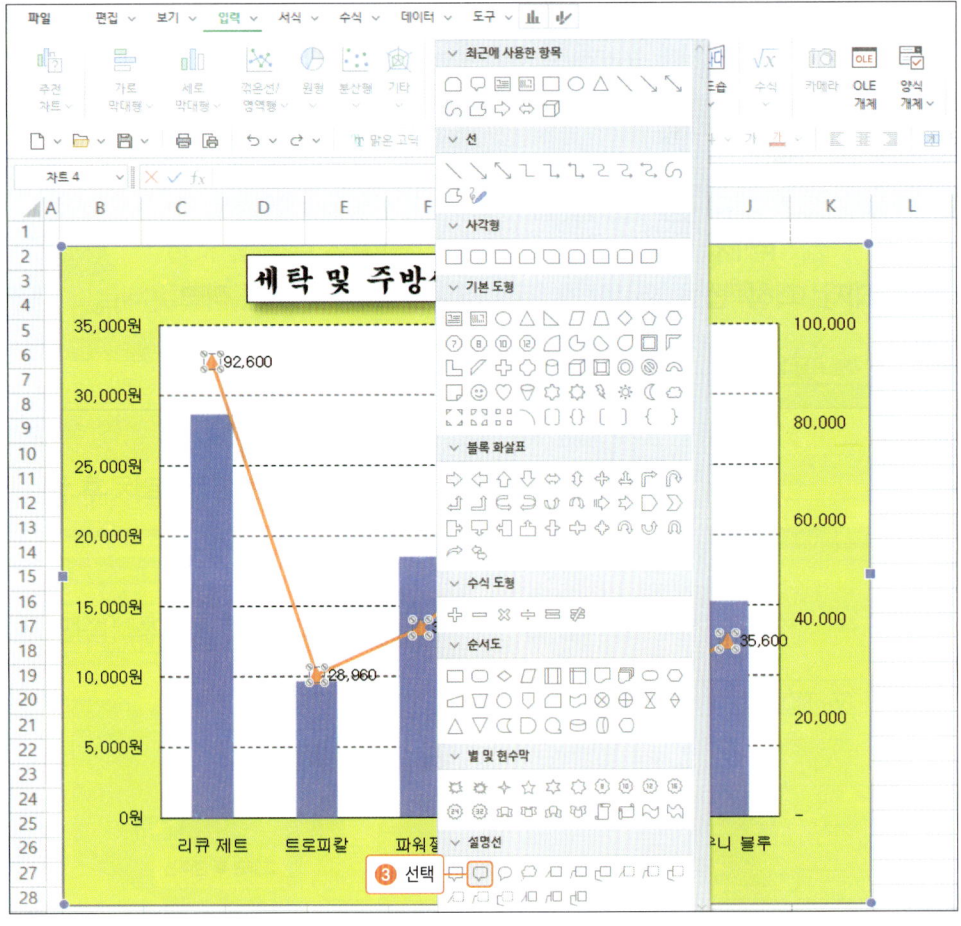

② 다음 그림과 같은 위치에 도형을 삽입한 후 '**최고 매출**'을 입력합니다.

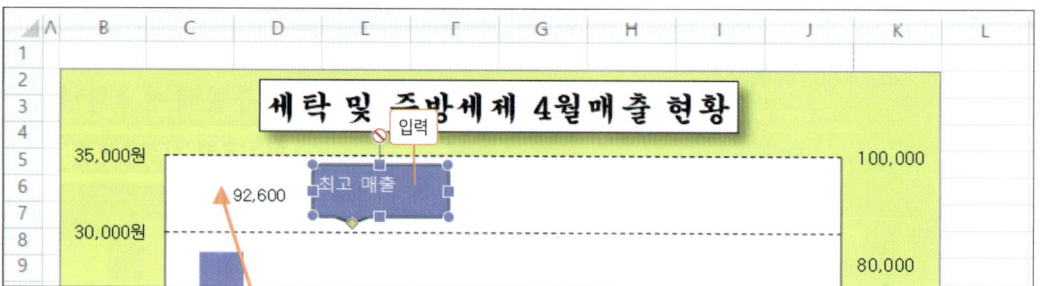

③ 도형 테두리를 클릭하고 [서식] 도구 상자에서 '**글꼴(굴림), 크기(11pt), 글자 색(검정(RGB: 0,0,0))**'을 지정합니다.

※ 데이터 레이블의 글꼴과 크기를 변경합니다.

④ 도형 위에서 마우스 오른쪽 단추를 눌러 [**개체 속성**]을 클릭합니다.

※ 도형 '선' 색이나 '선 굵기'은 조건이 지정되지 않았으므로 수정하지 않아도 되지만, 본 교재에서는 [선] 색 '검정', [선 굵기]-'0.75pt'로 지정되어 있습니다.

⑤ [개체 속성] 창이 오른쪽에 나오면 [그리기 속성] 탭에서 [채우기]-[단색]-[색]-'**본문/배경 - 밝은 색 1 하양 (RGB: 255, 255, 255)**'을 선택합니다.

⑥ [크기 및 속성] 탭을 클릭한 후 [글상자]-[가로]-'**가운데 정렬**', [세로]-'**중간**'을 선택합니다.

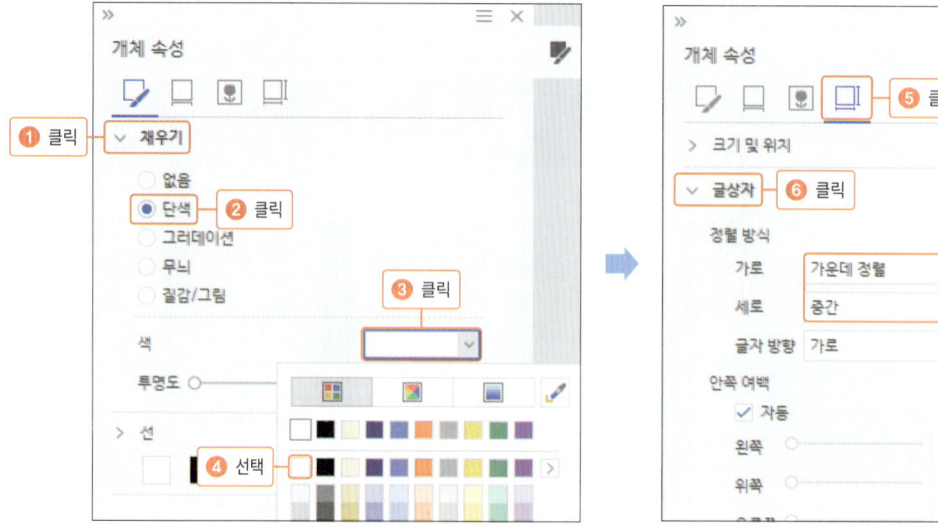

⑦ 노란색 마름모 모양 조절점(◆)을 드래그하여 ≪출력형태≫처럼 모양을 변경합니다.

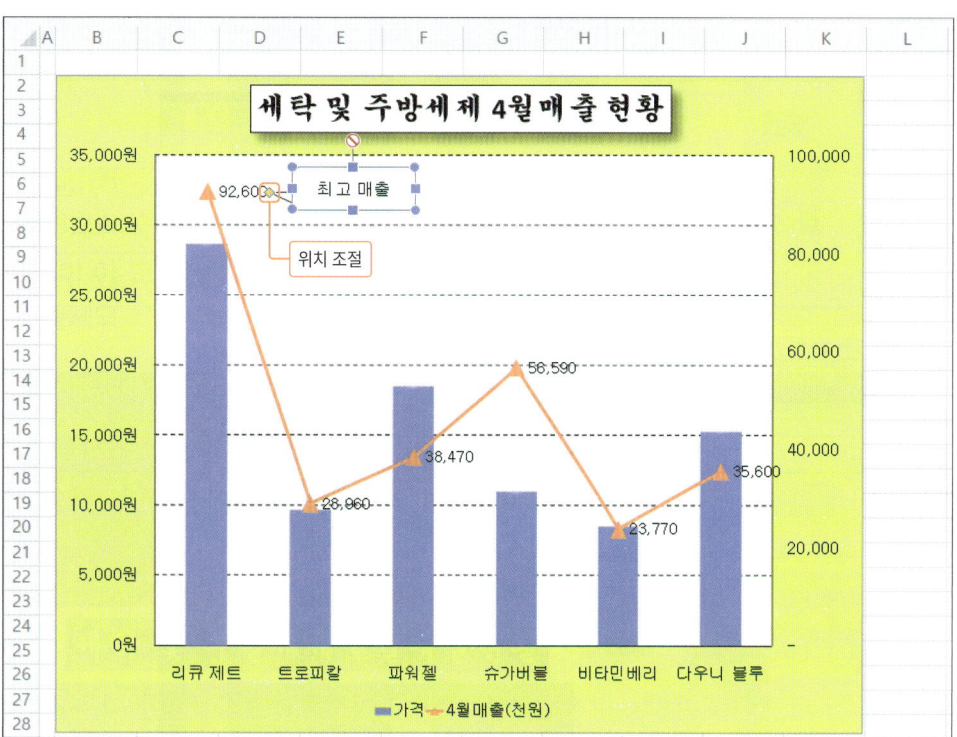

⑧ 도형을 이용한 제목이 완성되면 [파일]-[저장하기](Ctrl+S) 또는 [서식] 도구 상자에서 '**저장하기(💾)**'를 클릭합니다.

※ 실제 시험을 볼 때 작업 도중에 수시로(10분에 한 번 정도) 저장을 하는 것이 좋습니다.

시험분석

차트

❶ **차트 종류** : '3차원 원형'과 '묶은 세로 막대형' 차트 중에서 번갈아 출제됩니다.
❷ **범례** : 범례 위치는 '아래쪽'으로 고정되어 출제되고 있습니다.
❸ **도형** : 차트에 삽입되는 도형은 대부분 '모서리가 둥근 사각형 설명선'으로 출제되고 있으며, 도형 안에 글자를 입력한 후 글꼴(굴림)과 글자 크기(11pt)를 변경합니다.

[제4작업] 그래프(묶은 세로 막대형)

숏츠(Shorts)

01 "제1작업" 시트를 이용하여 "제4작업" 시트에 ≪출력형태≫와 같이 작업하시오.

· 소스 파일 : [출제유형 07-2]-정복07_문제01.cell   · 정답 파일 : [출제유형 07-2]-정복07_정답01.cell

(100점)

≪조건≫

(1) 차트 종류 ⇒ 〈묶은 세로 막대형〉으로 작업하시오.
(2) 데이터 범위 ⇒ "제1작업" 시트와 내용을 이용하여 작업하시오.
(3) 차트 위치 ⇒ 「B2:K28」 영역에 배치하여 ≪출력형태≫와 같이 작업하시오.
(4) 차트 스타일 ⇒ 레이아웃6을 적용하시오.
(5) 배경 서식 ⇒ 차트 영역(노랑), 그림 영역(하양), 전체 글꼴(굴림, 11pt)을 적용하여 작업하시오.
(6) 제목 서식 ⇒ 글꼴(궁서, 20pt, 진하게), 채우기(하양), 실선, 그림자(바깥쪽 : 오른쪽)
(7) 서식 ⇒ 판매량(단위:kg) 계열을 보조축으로 지정하고 표식이 있는 꺾은선형으로 변경하시오.
   계열 : ≪출력형태≫를 참조하여 표식(사각형, 크기 7)과 레이블 값을 표시하시오.
   축 및 주 눈금선(종류-점선)은 ≪출력형태≫와 같이 표시하시오.
(8) 범례 ⇒ ≪출력형태≫를 참조하시오.
(9) 도형 ⇒ '모서리가 둥근 사각형 설명선'을 삽입한 후 내용을 입력하시오.
(10) 나머지 사항은 ≪출력형태≫에 맞게 작성하시오.

≪출력형태≫

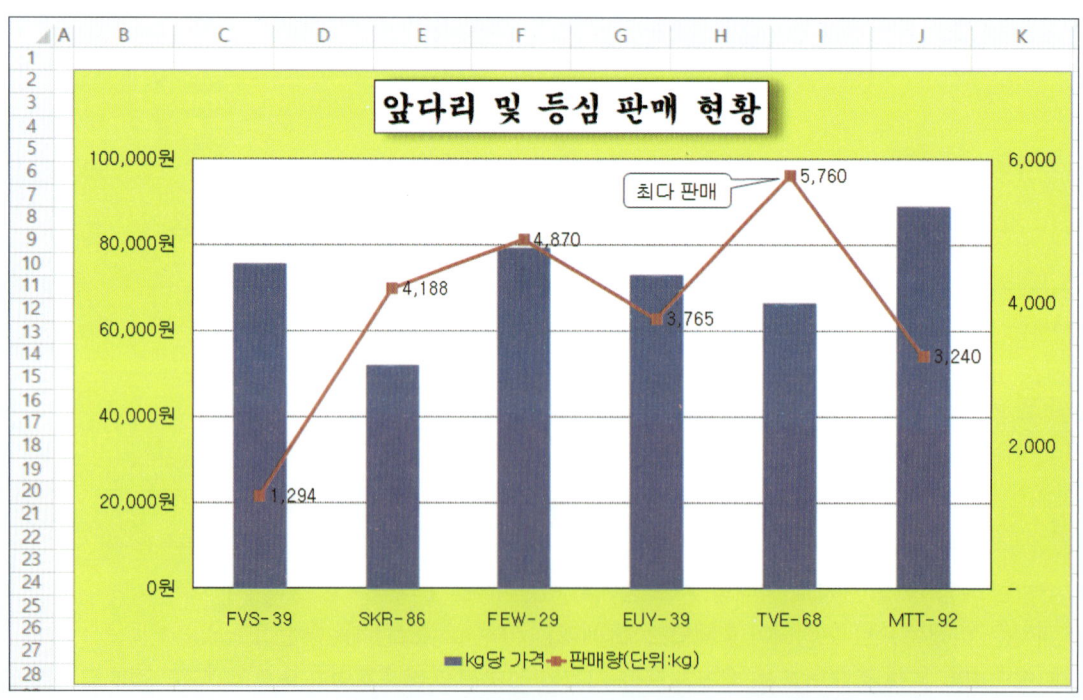

주의 ☞ 시트명 순서가 차례대로 "제1작업", "제2작업", "제3작업", "제4작업"이 되도록 할 것.

"제1작업" 시트를 이용하여 "제4작업" 시트에 ≪출력형태≫와 같이 작업하시오.

· 소스 파일 : [출제유형 07-2]-정복07_문제02.cell · 정답 파일 : [출제유형 07-2]-정복07_정답02.cell

≪조건≫ (100점)

(1) 차트 종류 ⇒ 〈묶은 세로 막대형〉으로 작업하시오.
(2) 데이터 범위 ⇒ "제1작업" 시트와 내용을 이용하여 작업하시오.
(3) 차트 위치 ⇒ 「B2:K28」 영역에 배치하여 ≪출력형태≫와 같이 작업하시오.
(4) 차트 스타일 ⇒ 레이아웃6을 적용하시오.
(5) 배경 서식 ⇒ 차트 영역(노랑), 그림 영역(하양), 전체 글꼴(굴림, 11pt)을 적용하여 작업하시오.
(6) 제목 서식 ⇒ 글꼴(궁서, 20pt, 진하게), 채우기(하양), 실선, 그림자(바깥쪽 : 대각선 오른쪽 위)
(7) 서식 ⇒ 기본예산(단위:원) 계열을 보조축으로 지정하고 표식이 있는 꺾은선형으로 변경하시오.
　　　　　계열 : ≪출력형태≫를 참조하여 표식(다이아몬드, 크기 10)과 레이블 값을 표시하시오.
　　　　　축 및 주 눈금선(종류-긴 점선)은 ≪출력형태≫와 같이 표시하시오.
(8) 범례 ⇒ ≪출력형태≫를 참조하시오.
(9) 도형 ⇒ '모서리가 둥근 사각형 설명선'을 삽입한 후 내용을 입력하시오.
(10) 나머지 사항은 ≪출력형태≫에 맞게 작성하시오.

≪출력형태≫

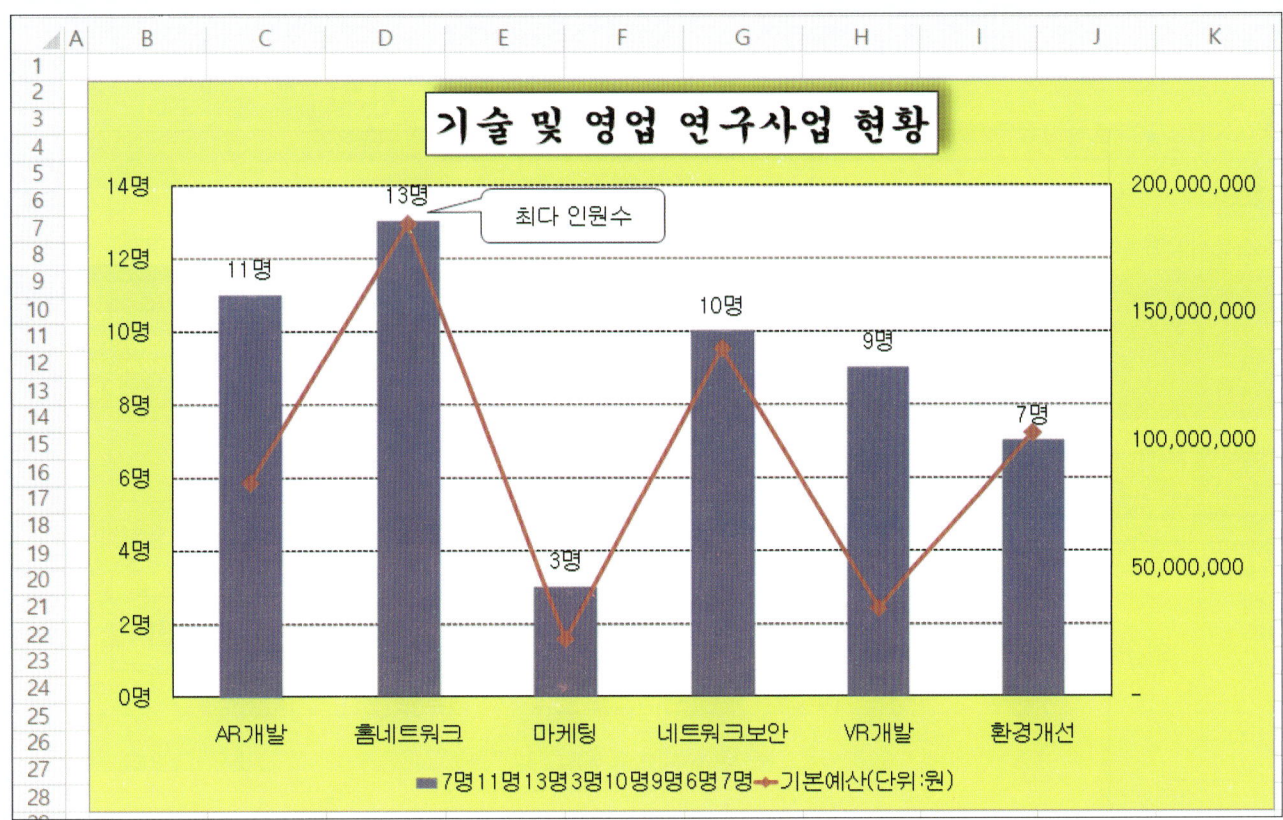

주의 ☞ 시트명 순서가 차례대로 "제1작업", "제2작업", "제3작업", "제4작업"이 되도록 할 것.

03 "제1작업" 시트를 이용하여 "제4작업" 시트에 ≪출력형태≫와 같이 작업하시오.

- 소스 파일 : [출제유형 07-2]-정복07_문제03.cell
- 정답 파일 : [출제유형 07-2]-정복07_정답03.cell

≪조건≫ (100점)

(1) 차트 종류 ⇒ 〈묶은 세로 막대형〉으로 작업하시오.

(2) 데이터 범위 ⇒ "제1작업" 시트와 내용을 이용하여 작업하시오.

(3) 차트 위치 ⇒ 「B2:K28」 영역에 배치하여 ≪출력형태≫와 같이 작업하시오.

(4) 차트 스타일 ⇒ 레이아웃6을 적용하시오.

(5) 배경 서식 ⇒ 차트 영역(노랑), 그림 영역(하양), 전체 글꼴(굴림, 11pt)을 적용하여 작업하시오.

(6) 제목 서식 ⇒ 글꼴(궁서, 20pt, 진하게), 채우기(하양), 실선, 그림자(바깥쪽 : 대각선 오른쪽 아래)

(7) 서식 ⇒ 신청인원(단위:명) 계열을 보조축으로 지정하고 표식이 있는 꺾은선형으로 변경하시오.
　　　계열 : ≪출력형태≫를 참조하여 표식(삼각형, 크기 10)과 레이블 값을 표시하시오.
　　　축 및 주 눈금선(종류-파선)은 ≪출력형태≫와 같이 표시하시오.

(8) 범례 ⇒ ≪출력형태≫를 참조하시오.

(9) 도형 ⇒ '모서리가 둥근 사각형 설명선'을 삽입한 후 내용을 입력하시오.

(10) 나머지 사항은 ≪출력형태≫에 맞게 작성하시오.

≪출력형태≫

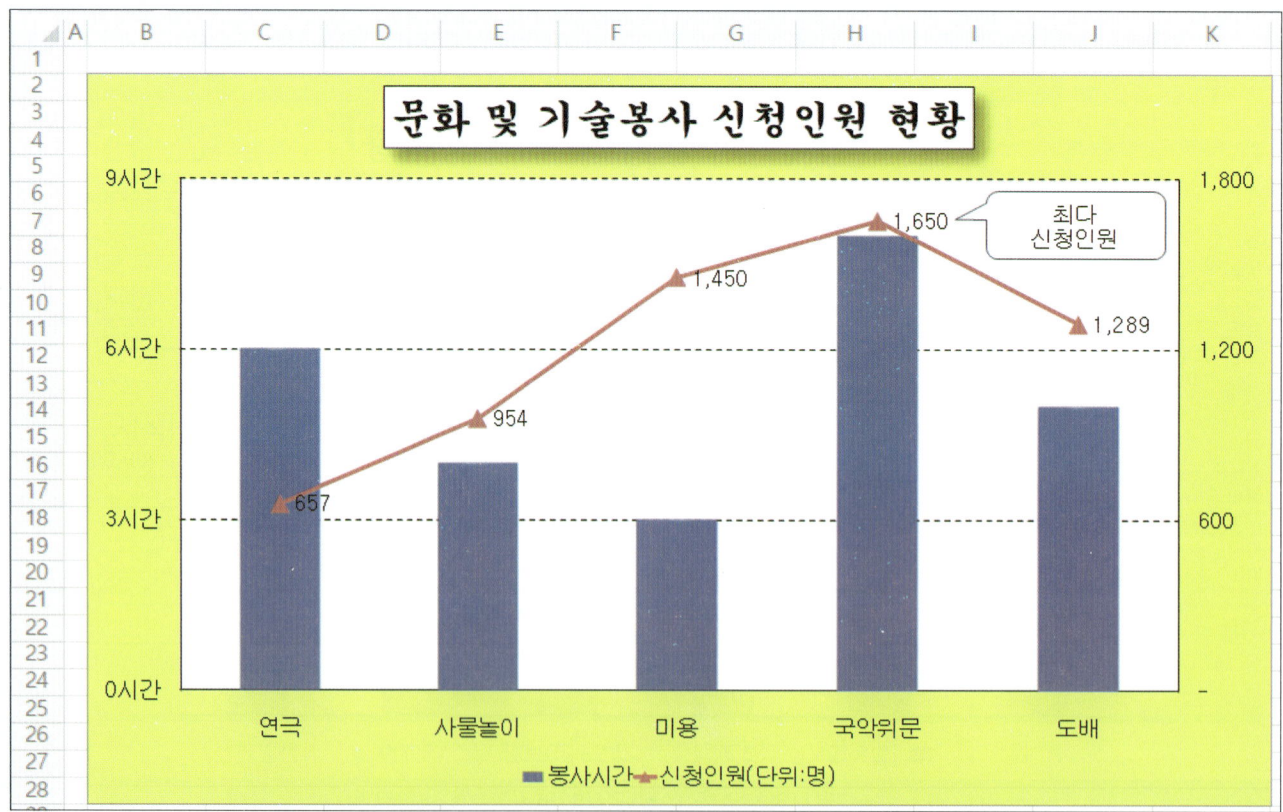

주의 ☞ 시트명 순서가 차례대로 "제1작업", "제2작업", "제3작업", "제4작업"이 되도록 할 것.

04 "제1작업" 시트를 이용하여 "제4작업" 시트에 ≪출력형태≫와 같이 작업하시오.

• 소스 파일 : [출제유형 07-2]-정복07_문제04.cell   • 정답 파일 : [출제유형 07-2]-정복07_정답04.cell

≪조건≫ (100점)

(1) 차트 종류 ⇒ 〈묶은 세로 막대형〉으로 작업하시오.
(2) 데이터 범위 ⇒ "제1작업" 시트와 내용을 이용하여 작업하시오.
(3) 차트 위치 ⇒ 「B2:K28」 영역에 배치하여 ≪출력형태≫와 같이 작업하시오.
(4) 차트 스타일 ⇒ 레이아웃6을 적용하시오.
(5) 배경 서식 ⇒ 차트 영역(노랑), 그림 영역(하양), 전체 글꼴(굴림, 11pt)을 적용하여 작업하시오.
(6) 제목 서식 ⇒ 글꼴(궁서, 20pt, 진하게), 채우기(하양), 실선, 그림자(바깥쪽 : 가운데)
(7) 서식 ⇒ 판매수량(단위:대) 계열을 보조축으로 지정하고 표식이 있는 꺾은선형으로 변경하시오.
　　　계열 : ≪출력형태≫를 참조하여 표식(사각형, 크기 10)과 레이블 값을 표시하시오.
　　　축 및 주 눈금선(종류-긴 파선)은 ≪출력형태≫와 같이 표시하시오.
(8) 범례 ⇒ ≪출력형태≫를 참조하시오.
(9) 도형 ⇒ '모서리가 둥근 사각형 설명선'을 삽입한 후 내용을 입력하시오.
(10) 나머지 사항은 ≪출력형태≫에 맞게 작성하시오.

≪출력형태≫

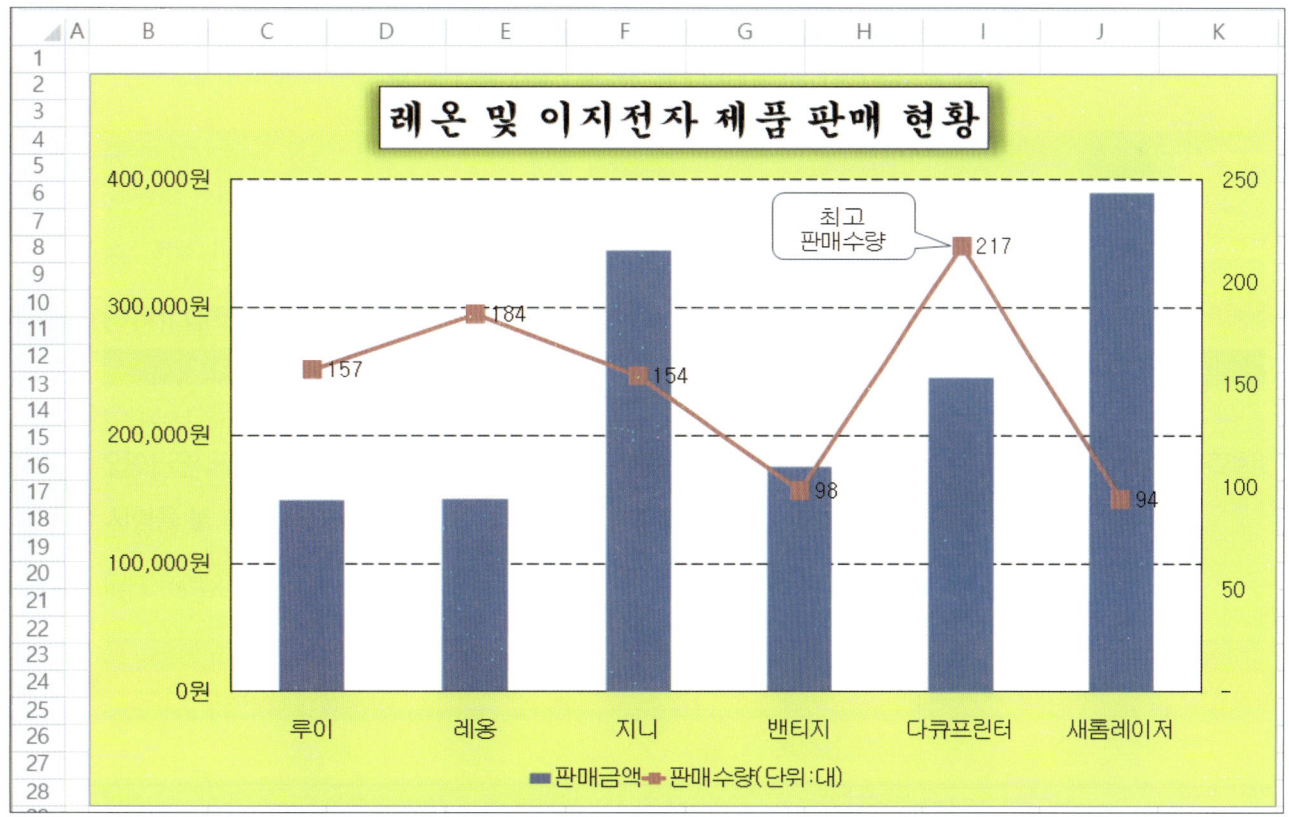

주의 ☞ 시트명 순서가 차례대로 "제1작업", "제2작업", "제3작업", "제4작업"이 되도록 할 것.

MEMO

제 01 회 정보기술자격(ITQ) 출제예상 모의고사

과목	코드	문제유형	시험시간	수험번호	성명
한셀	1121	B	60분		

한컴 오피스

·수험자 유의사항·

- 수험자는 문제지를 받는 즉시 문제지와 **수험표상의 시험 과목(프로그램)이 동일한지 반드시 확인**하여야 합니다.
- 파일명은 본인의 "수험번호-성명"으로 입력하여 답안 폴더(내 PC₩문서₩ITQ)에 하나의 파일로 저장해야 하며, 답안 문서 파일명이 "수험번호-성명"과 일치하지 않거나, 답안 파일을 전송하지 않아 미제출로 처리될 경우 실격 처리합니다 (예:12345678-홍길동.cell).
- 답안 작성을 마치면 파일을 저장하고, '답안 전송' 버튼을 선택하여 감독위원 PC로 답안을 전송하십시오. 수험생 정보와 저장한 파일명이 다를 경우 전송되지 않으므로 주의하시기 바랍니다.
- 답안 작성 중에도 **주기적으로 저장하고, '답안 전송'**하여야 문제 발생을 줄일 수 있습니다. 작업한 내용을 저장하지 않고 전송할 경우 이전에 저장된 내용이 전송되오니 이점 유의하시기 바랍니다.
- 답안 문서는 지정된 경로 외의 다른 보조기억장치에 저장하는 경우, 지정된 시험 시간 외에 작성된 파일을 활용할 경우, 기타 통신수단(이메일, 메신저, 네트워크 등)을 이용하여 타인에게 전달 또는 외부 반출하는 경우는 부정 처리합니다.
- 시험 중 부주의 또는 고의로 시스템을 파손한 경우는 수험자가 변상해야 하며, 〈수험자 유의사항〉에 기재된 방법대로 이행하지 않아 생기는 불이익은 수험생 당사자의 책임임을 알려 드립니다.
- **문제의 조건은 한컴 오피스 2022 버전으로 설정되어 유의하시기 바랍니다.**
- 시험을 완료한 수험자는 답안 파일이 전송되었는지 확인한 후 감독위원의 지시에 따라 문제지를 제출하고 퇴실합니다.

·답안 작성요령·

- 온라인 답안 작성 절차
  수험자 등록 ⇒ 시험 시작 ⇒ 답안 파일 저장 ⇒ 답안 전송 ⇒ 시험 종료
- 문제는 총 4단계, 즉 제1작업부터 제4작업까지 구성되어 있으며 반드시 제1작업부터 순서대로 작성하고 조건대로 작업하시오.
- 모든 작업 시트의 A열은 열 너비 '1'로, 나머지 열은 적당하게 조절하시오.
- 모든 작업 시트의 테두리는 《출력형태》와 같이 작업하시오.
- 해당 작업란에서는 각각 제시된 조건에 따라 《출력형태》와 같이 작업하시오.
- 답안 시트 이름은 "제1작업", "제2작업", "제3작업", "제4작업"이어야 하며 답안 시트 이외의 것은 감점 처리됩니다.
- 각 시트를 파일로 나누어 작업해서 저장할 경우 실격 처리됩니다.

kpc 한국생산성본부

[제1작업] 표 서식 작성 및 값 계산 240점

▶ 다음은 '게임 S/W 판매 현황'에 대한 자료이다. 자료를 입력하고 조건에 맞도록 작업하시오.

≪출력형태≫

제품코드	제품명	개발사	유형	가격	상반기 판매량	하반기 판매량	순위	출시연도
PSE-2019	잠수함	아람	액션	32,700	6,820	7,520	(1)	(2)
SCA-2020	좀비5	지성소프트	액션	28,400	4,852	5,180	(1)	(2)
SAV-2017	제로2	지성소프트	어드벤처	32,700	4,501	3,870	(1)	(2)
SCC-2021	골프	아람	스포츠	30,500	4,782	4,820	(1)	(2)
KAV-2018	풋볼	지성소프트	스포츠	34,900	4,890	7,510	(1)	(2)
SCE-2018	릴리 스토리	소리아	액션	32,600	2,570	2,500	(1)	(2)
PSA-2021	다나의 눈	소리아	어드벤처	28,400	3,570	3,790	(1)	(2)
SAB-2019	아소의 나라	소리아	어드벤처	28,400	2,780	2,450	(1)	(2)
소리아 제품의 평균 가격			(3)		아람 제품의 총 상반기 판매량			(5)
최대 하반기 판매량			(4)		제품명	잠수함	가격	(6)

≪조건≫

- 모든 데이터의 서식에는 글꼴(굴림, 11pt), 정렬은 숫자 및 회계 서식은 오른쪽 정렬, 나머지 서식은 가운데 정렬로 작성하며 예외적인 것은 ≪출력형태≫를 참조하시오.
- 제 목 ⇒ '양쪽 모서리가 잘린 사각형' 도형과 '바깥쪽 : 대각선 오른쪽 위 그림자'를 이용하여 작성하고 "게임 S/W 판매 현황"을 입력한 후 다음 서식을 적용하시오(글꼴-굴림, 24pt, 검정, 진하게, 채우기-노랑).
- 임의의 셀에 결재란을 만들고 '그림으로 복사하기' 기능을 이용하여 작성하시오(단, 원본 삭제).
- 「B4:J4, G14, I14」 영역은 '노랑'으로 채우기 하시오.
- 유효성 검사를 이용하여 「H14」 셀에 제품명(「C5:C12」 영역)이 선택 표시되도록 하시오.
- 셀 서식 ⇒ 「F5:F12」 영역에 셀 서식을 이용하여 숫자 뒤에 '원'을 표시하시오(예 : 32,700원).
- 「H5:H12」 영역에 대해 '하반기판매량'으로 이름정의를 하시오.

◉ (1)~(6) 셀은 반드시 **주어진 함수를 이용**하여 값을 구하시오(결과값을 직접 입력하면 해당 셀은 0점 처리됨).
 (1) 순위 ⇒ 상반기 판매량의 내림차순 순위를 1~3까지 구하고, 그 외에는 공백으로 표시하시오 (IF, RANK.EQ 함수).
 (2) 출시연도 ⇒ 제품코드의 마지막 네 글자를 추출하여 결과값 뒤에 '년'을 붙이시오 (RIGHT 함수, & 연산자)(예 : 2019년).
 (3) 소리아 제품의 평균 가격 ⇒ (SUMIF, COUNTIF 함수)
 (4) 최대 하반기 판매량 ⇒ 정의된 이름(하반기판매량)을 이용하여 구하시오(MAX 함수).
 (5) 아람 제품의 총 상반기 판매량 ⇒ 조건은 입력데이터를 이용하시오(DSUM 함수).
 (6) 가격 ⇒ 「H14」 셀에서 선택한 제품명에 대한 가격을 표시하시오(VLOOKUP 함수).
 (7) 조건부 서식의 수식을 이용하여 가격이 '30,000' 이하인 행 전체에 다음의 서식을 적용하시오 (글꼴 : 파랑, 진하게).

[제2작업] 목표값 찾기 및 필터 · 80점

➡ "제1작업" 시트의 「B4:H12」 영역을 복사하여 "제2작업" 시트의 「B2」 셀부터 모두 붙여넣기를 한 후 다음의 조건과 같이 작업하시오.

≪조건≫

(1) 목표값 찾기 – 「B11:G11」 셀을 병합하고 가운데 맞춤한 후 "아람 제품의 가격 평균"을 입력하고 「H11」 셀에 아람 제품의 가격 평균을 구하시오. 단, 조건은 입력데이터를 이용하시오
 (DAVERAGE 함수, 테두리).
 – '아람 제품의 가격 평균'이 '32,000'이 되려면 잠수함의 가격이 얼마가 되어야 하는지 목표값을 구하시오.

(2) 고급 필터 – 유형이 '스포츠'이거나, 하반기 판매량이 '3,000' 이하인 자료의 '제품명, 가격, 상반기 판매량, 하반기 판매량' 데이터만 추출하시오.
 – 찾을 조건 범위 : 「B14」 셀부터 입력하시오.
 – 복사 위치 : 「B18」 셀부터 나타나도록 하시오.

[제3작업] 정렬 및 부분합 · 80점

➡ "제1작업" 시트의 「B4:H12」 영역을 복사하여 "제3작업" 시트의 「B2」 셀부터 모두 붙여넣기를 한 후 다음의 조건과 같이 작업하시오.

≪조건≫
(1) 부분합 – ≪출력형태≫처럼 정렬하고, 제품명의 개수와 하반기 판매량의 평균을 구하시오.
(2) 윤곽 – 지우시오.
(3) 나머지 사항은 ≪출력형태≫에 맞게 작성하시오.

≪출력형태≫

	B	C	D	E	F	G	H
1							
2	제품코드	제품명	개발사	유형	가격	상반기 판매량	하반기 판매량
3	SAV-2017	제로2	지성소프트	어드벤처	32,700원	4,501	3,870
4	PSA-2021	다나의 눈	소리아	어드벤처	28,400원	3,570	3,790
5	SAB-2019	아소의 나라	소리아	어드벤처	28,400원	2,780	2,450
6				어드벤처 평균			3,370
7		3		어드벤처 개수			
8	PSE-2019	잠수함	아람	액션	32,700원	6,820	7,520
9	SCA-2020	좀비5	지성소프트	액션	28,400원	4,852	5,180
10	SCE-2018	릴리 스토리	소리아	액션	32,600원	2,570	2,500
11				액션 평균			5,067
12		3		액션 개수			
13	SCC-2021	골프	아람	스포츠	30,500원	4,782	4,820
14	KAV-2018	풋볼	지성소프트	스포츠	34,900원	4,890	7,510
15				스포츠 평균			6,165
16		2		스포츠 개수			
17		8		전체 개수			
18				전체 평균			4,705

[제4작업] 그래프　　　　　　　　　　　　　　　　　　　　　　　　　100점

➜ "제1작업" 시트를 이용하여 "제4작업" 시트에 ≪출력형태≫와 같이 작업하시오.

≪조건≫
(1) 차트 종류 ⇒ 〈묶은 세로 막대형〉으로 작업하시오.
(2) 데이터 범위 ⇒ "제1작업" 시트의 내용을 이용하여 작업하시오.
(3) 차트 위치 「B2:K28」 영역에 배치하여 ≪출력형태≫와 같이 작업하시오.
(4) 차트 스타일 ⇒ 레이아웃6을 적용하시오.
(5) 배경 서식 ⇒ 차트 영역(노랑), 그림 영역(하양), 전체 글꼴(굴림, 11pt)을 적용하여 작업하시오.
(6) 제목 서식 ⇒ 글꼴(궁서, 20pt, 진하게), 채우기(하양), 실선, 그림자(바깥쪽 : 오른쪽)
(7) 서식 ⇒ 하반기 판매량 계열을 보조축으로 지정하고 표식이 있는 꺾은선형으로 변경하시오.
　　　　계열 : ≪출력형태≫를 참조하여 표식(세모, 크기 10)과 레이블 값을 표시하시오.
　　　　축 및 주 눈금선(종류-파선)은 ≪출력형태≫와 같이 표시하시오.
(8) 범례 ⇒ ≪출력형태≫를 참조하시오.
(9) 도형 ⇒ '모서리가 둥근 사각형 설명선'을 삽입한 후 내용을 입력하시오.
(10) 나머지 사항은 ≪출력형태≫에 맞게 작성하시오.

≪출력형태≫

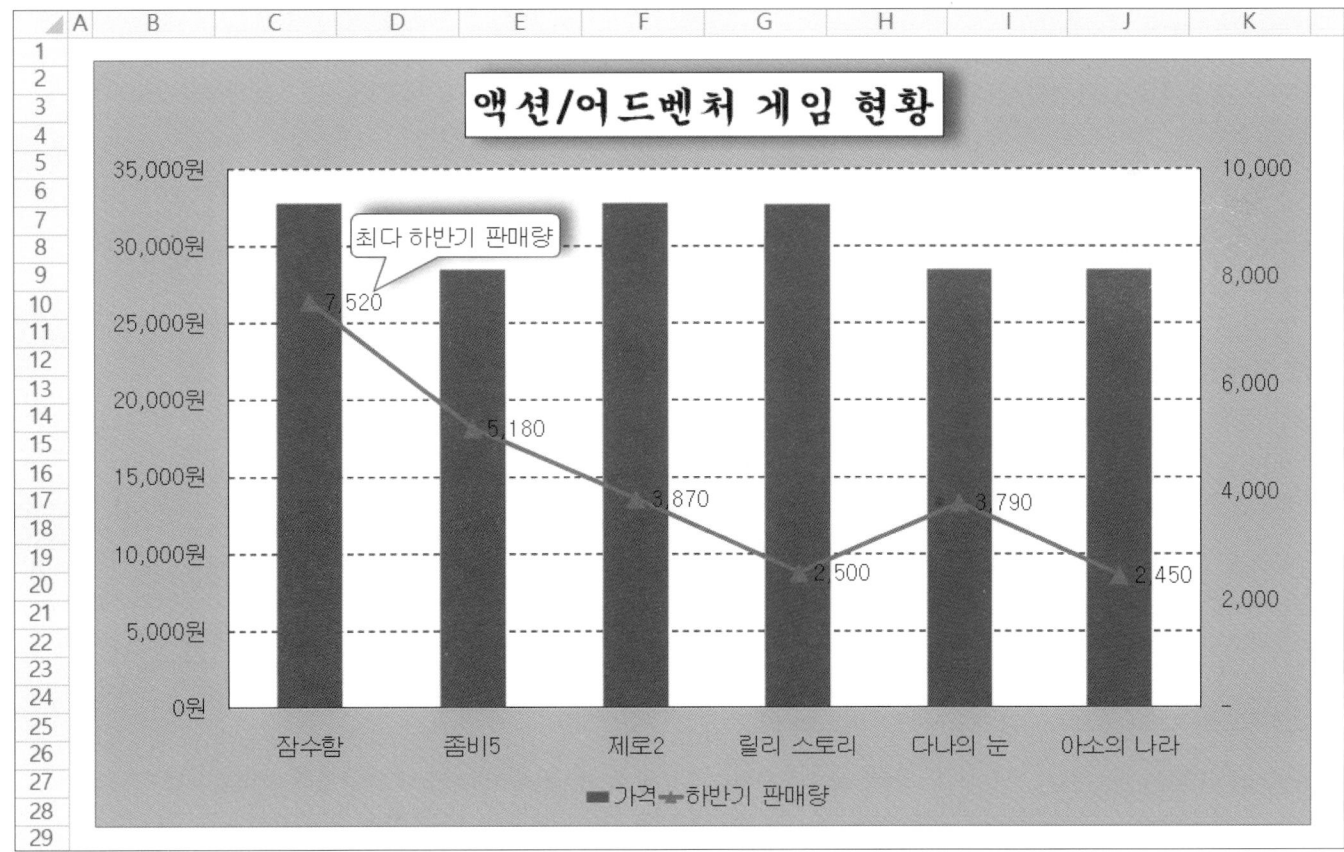

➜ 시트명 순서가 차례대로 "제1작업", "제2작업", "제3작업", "제4작업"이 되도록 할 것.

제 02 회 정보기술자격(ITQ) 출제예상 모의고사

과목	코드	문제유형	시험시간	수험번호	성명
한셀	1121	B	60분		

한컴 오피스

・수험자 유의사항・

- 수험자는 문제지를 받는 즉시 문제지와 **수험표상의 시험 과목(프로그램)이 동일한지 반드시 확인**하여야 합니다.
- 파일명은 본인의 "수험번호-성명"으로 입력하여 답안 폴더(내 PC₩문서₩ITQ)에 하나의 파일로 저장해야 하며, 답안 문서 파일명이 "수험번호-성명"과 일치하지 않거나, 답안 파일을 전송하지 않아 미제출로 처리될 경우 실격 처리합니다(예:12345678-홍길동.cell).
- 답안 작성을 마치면 파일을 저장하고, '답안 전송' 버튼을 선택하여 감독위원 PC로 답안을 전송하십시오. 수험생 정보와 저장한 파일명이 다를 경우 전송되지 않으므로 주의하시기 바랍니다.
- 답안 작성 중에도 **주기적으로 저장하고, '답안 전송'**하여야 문제 발생을 줄일 수 있습니다. 작업한 내용을 저장하지 않고 전송할 경우 이전에 저장된 내용이 전송되오니 이점 유의하시기 바랍니다.
- 답안 문서는 지정된 경로 외의 다른 보조기억장치에 저장하는 경우, 지정된 시험 시간 외에 작성된 파일을 활용할 경우, 기타 통신수단(이메일, 메신저, 네트워크 등)을 이용하여 타인에게 전달 또는 외부 반출하는 경우는 부정 처리합니다.
- 시험 중 부주의 또는 고의로 시스템을 파손한 경우는 수험자가 변상해야 하며, 〈수험자 유의사항〉에 기재된 방법대로 이행하지 않아 생기는 불이익은 수험생 당사자의 책임임을 알려 드립니다.
- **문제의 조건은 한컴 오피스 2022 버전으로 설정되어 유의하시기 바랍니다.**
- 시험을 완료한 수험자는 답안 파일이 전송되었는지 확인한 후 감독위원의 지시에 따라 문제지를 제출하고 퇴실합니다.

・답안 작성요령・

- 온라인 답안 작성 절차
  수험자 등록 ⇒ 시험 시작 ⇒ 답안 파일 저장 ⇒ 답안 전송 ⇒ 시험 종료
- 문제는 총 4단계, 즉 제1작업부터 제4작업까지 구성되어 있으며 반드시 제1작업부터 순서대로 작성하고 조건대로 작업하시오.
- 모든 작업 시트의 A열은 열 너비 '1'로, 나머지 열은 적당하게 조절하시오.
- 모든 작업 시트의 테두리는 《출력형태》와 같이 작업하시오.
- 해당 작업란에서는 각각 제시된 조건에 따라 《출력형태》와 같이 작업하시오.
- 답안 시트 이름은 "제1작업", "제2작업", "제3작업", "제4작업"이어야 하며 답안 시트 이외의 것은 감점 처리됩니다.
- 각 시트를 파일로 나누어 작업해서 저장할 경우 실격 처리됩니다.

kpc 한국생산성본부

[제1작업] 표 서식 작성 및 값 계산 240점

▶ 다음은 '민속박물관 전시마당 현황'에 대한 자료이다. 자료를 입력하고 조건에 맞도록 작업하시오.

≪출력형태≫

	A	B	C	D	E	F	G	H	I	J
1								확인	사원	팀장	이사
2			민속박물관 전시마당 현황								
3											
4		전시코드	전시명	전시구분	전시장소	전시 시작일	관람인원 (단위:명)	전시기간	시작 요일	관람인원 순위
5		G2314	거친 일상의 벗	상설	1전시실	2022-07-08	12,750	61	(1)	(2)
6		B3242	품격의 완성	외부	시립박물관	2022-06-02	15,480	30	(1)	(2)
7		P4372	공존의 도시	기획	기획전시실	2022-05-10	45,820	25	(1)	(2)
8		B3247	다듬잇돌	외부	역사박물관	2022-05-12	27,500	30	(1)	(2)
9		G2344	한국인의 일생	상설	2전시실	2022-07-05	28,000	92	(1)	(2)
10		G2313	한국인의 음식	상설	3전시실	2022-06-05	48,000	57	(1)	(2)
11		P2314	소소하게	기획	기획전시실	2022-07-01	52,400	80	(1)	(2)
12		P4325	하루의 시작	기획	기획전시실	2022-07-10	36,780	20	(1)	(2)
13		상설전시의 전시기간 평균			(3)			최소 전시기간			(5)
14		기획전시의 개수			(4)			전시코드	G2314	전시장소	(6)

≪조건≫

○ 모든 데이터의 서식에는 글꼴(굴림, 11pt), 정렬은 숫자 및 회계 서식은 오른쪽 정렬, 나머지 서식은 가운데 정렬로 작성하며 예외적인 것은 ≪출력형태≫를 참조하시오.
○ 제 목 ⇒ '사다리꼴' 도형과 '바깥쪽 : 오른쪽 그림자'를 이용하여 작성하고 "민속박물관 전시마당 현황"을 입력한 후 다음 서식을 적용하시오(글꼴-굴림, 24pt, 검정, 진하게, 채우기-노랑).
○ 임의의 셀에 결재란을 만들고 '그림으로 복사하기' 기능을 이용하여 작성하시오(단, 원본 삭제).
○ 「B4:J4, G14, I14」 영역은 '노랑'으로 채우기 하시오.
○ 유효성 검사를 이용하여 「H14」 셀에 전시코드(「B5:B12」 영역)가 선택 표시되도록 하시오.
○ 셀 서식 ⇒ 「H5:H12」 영역에 셀 서식을 이용하여 숫자 뒤에 '일'을 표시하시오(예 : 61일).
○ 「H5:H12」 영역에 대해 '전시기간'으로 이름정의를 하시오.

⊙ (1)~(6) 셀은 반드시 **주어진 함수를 이용**하여 값을 구하시오(결과값을 직접 입력하면 해당 셀은 0점 처리됨).
  (1) 시작 요일 ⇒ 전시 시작일의 요일을 구하시오(CHOOSE, WEEKDAY 함수)(예 : 월요일).
  (2) 관람인원 순위 ⇒ 관람인원(단위:명)의 내림차순 순위를 1~3까지 구하고, 그 외에는 공백으로 표시하시오
      (IF, RANK.EQ 함수).
  (3) 상설전시의 전시기간 평균 ⇒ 단, 조건은 입력데이터를 이용하시오(DAVERAGE 함수).
  (4) 기획전시의 개수 ⇒ 결과값에 '개'를 붙이시오(COUNTIF 함수, & 연산자)(예 : 1개).
  (5) 최소 전시기간 ⇒ 정의된 이름(전시기간)을 이용하여 구하시오(SMALL 함수).
  (6) 전시장소 ⇒ 「H14」 셀에서 선택한 전시코드에 대한 전시장소를 구하시오(VLOOKUP 함수).
  (7) 조건부 서식의 수식을 이용하여 관람인원(단위:명)이 '40,000' 이상인 행 전체에 다음의 서식을 적용하시오.
      (글꼴 : 파랑, 진하게).

[제2작업] 목표값 찾기 및 필터 (80점)

➡ "**제1작업**" 시트의 「B4:H12」 영역을 복사하여 "**제2작업**" 시트의 「B2」 셀부터 모두 붙여넣기를 한 후 다음의 조건과 같이 작업하시오.

≪조건≫

(1) 목표값 찾기 – 「B11:G11」 셀을 병합하고 가운데 맞춤한 후 "상설전시의 전시기간 합계"를 입력하고 「H11」 셀에 상설전시의 전시기간 합계를 구하시오. 단, 조건은 입력데이터를 이용하시오
(SUMIF 함수, 테두리)
– '상설전시의 전시기간 합계'가 '205'가 되려면 '거친 일상의 벗'의 전시기간이 얼마가 되어야 하는지 목표값을 구하시오.

(2) 고급 필터 – 전시코드가 'B'로 시작하거나, 관람인원(단위:명)이 '50,000' 이상인 자료의 '전시코드, 전시구분, 관람인원(단위:명), 전시기간' 데이터만 추출하시오.
– 찾을 조건 범위 : 「B14」 셀부터 입력하시오.
– 복사 위치 : 「B18」 셀부터 나타나도록 하시오.

[제3작업] 피벗 테이블 (80점)

➡ "**제1작업**" 시트를 이용하여 "**제3작업**" 시트에 조건에 따라 ≪출력형태≫와 같이 작업하시오.

≪조건≫
(1) 전시 시작일 및 전시구분별 전시명의 개수와 관람인원(단위:명)의 평균을 구하시오.
(2) 전시 시작일로 그룹화하고, 보고서 레이아웃은 개요 형식으로 설정하시오.
(3) 전시구분을 ≪출력형태≫와 같이 정렬하고, 빈 셀은 '**'로 표시하시오.
(4) 행의 총합계를 지우고, 나머지 사항은 ≪출력형태≫에 맞게 작성하시오.

≪출력형태≫

	A	B	C	D	E	F	G	H
1								
2			전시구분 ▼	데이터 ▼				
3			외부		상설		기획	
4		전시 시작일 ▼	개수 : 전시명	평균 : 관람인원(단위:명)	개수 : 전시명	평균 : 관람인원(단위:명)	개수 : 전시명	평균 : 관람인원(단위:명)
5		5월	1	27,500	**	**	1	45,820
6		6월	1	15,480	1	48,000	**	**
7		7월	**	**	2	20,375	2	44,590
8		총 합계	2	21,490	3	29,583	3	45,000

[제4작업] 그래프 100점

➡ "제1작업" 시트를 이용하여 "제4작업" 시트에 ≪출력형태≫와 같이 작업하시오.

≪조건≫
(1) 차트 종류 ⇒ 〈3차원 원형〉으로 작업하시오.
(2) 데이터 범위 ⇒ "제1작업" 시트의 내용을 이용하여 작업하시오.
(3) 차트 위치 ⇒ 「B2:K28」 영역에 배치하여 ≪출력형태≫와 같이 작업하시오.
(4) 차트 스타일 ⇒ 레이아웃6, 스타일3을 적용하시오.
(5) 배경 서식 ⇒ 차트 영역(노랑), 그림 영역(하양), 전체 글꼴(굴림, 11pt)을 적용하여 작업하시오.
(6) 제목 서식 ⇒ 글꼴(궁서, 20pt, 진하게), 채우기(하양), 실선, 그림자(바깥쪽 : 오른쪽)
(7) 서식 ⇒ 계열 : 소소하게 조각을 쪼개진 요소 20%로 지정하여 분리하시오.
　　　　　　레이블 : 값을 표시하고 위치 및 채우기 색(하양)은 ≪출력형태≫와 같이 표시하시오.
(8) 범례 ≪출력형태≫를 참조하시오.
(9) 도형 ⇒ '모서리가 둥근 사각형 설명선'을 삽입한 후 내용을 입력하시오.
(10) 나머지 사항은 ≪출력형태≫에 맞게 작성하시오.

≪출력형태≫

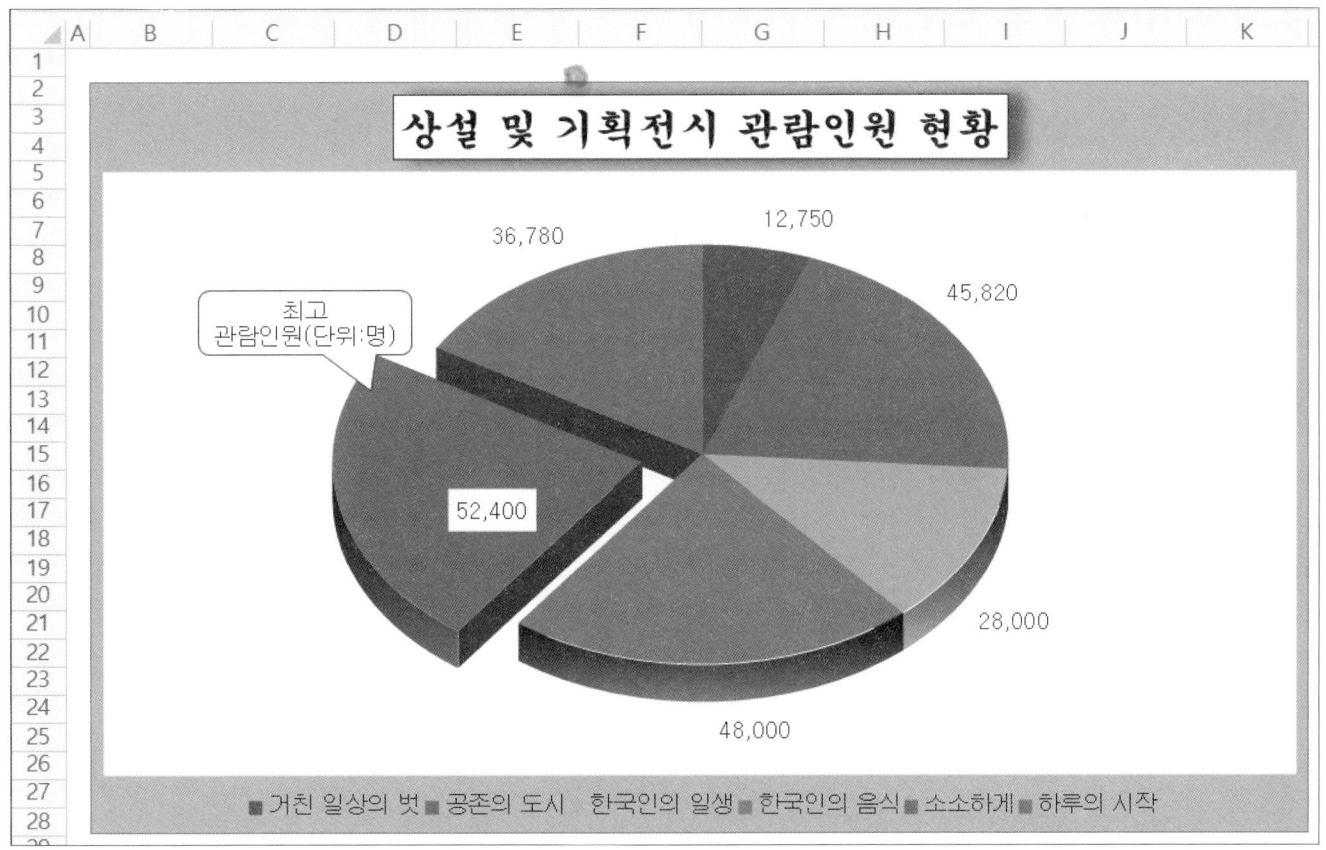

주의 ➡ 시트명 순서가 차례대로 "제1작업", "제2작업", "제3작업", "제4작업"이 되도록 할 것.

제 03 회 정보기술자격(ITQ) 출제예상 모의고사

과목	코드	문제유형	시험시간	수험번호	성명
한셀	1121	B	60분		

한컴 오피스

·수험자 유의사항·

- 수험자는 문제지를 받는 즉시 문제지와 **수험표상의 시험 과목(프로그램)이 동일한지 반드시 확인**하여야 합니다.
- 파일명은 본인의 "수험번호-성명"으로 입력하여 답안 폴더(내 PC₩문서₩ITQ)에 하나의 파일로 저장해야 하며, 답안 문서 파일명이 "수험번호-성명"과 일치하지 않거나, 답안 파일을 전송하지 않아 미제출로 처리될 경우 실격 처리합니다.(예:12345678-홍길동.cell).
- 답안 작성을 마치면 파일을 저장하고, '답안 전송' 버튼을 선택하여 감독위원 PC로 답안을 전송하십시오. 수험생 정보와 저장한 파일명이 다를 경우 전송되지 않으므로 주의하시기 바랍니다.
- 답안 작성 중에도 **주기적으로 저장하고, '답안 전송'**하여야 문제 발생을 줄일 수 있습니다. 작업한 내용을 저장하지 않고 전송할 경우 이전에 저장된 내용이 전송되오니 이점 유의하시기 바랍니다.
- 답안 문서는 지정된 경로 외의 다른 보조기억장치에 저장하는 경우, 지정된 시험 시간 외에 작성된 파일을 활용할 경우, 기타 통신수단(이메일, 메신저, 네트워크 등)을 이용하여 타인에게 전달 또는 외부 반출하는 경우는 부정 처리합니다.
- 시험 중 부주의 또는 고의로 시스템을 파손한 경우는 수험자가 변상해야 하며, 〈수험자 유의사항〉에 기재된 방법대로 이행하지 않아 생기는 불이익은 수험생 당사자의 책임임을 알려 드립니다.
- **문제의 조건은 한컴 오피스 2022 버전으로 설정되어 유의하시기 바랍니다.**
- 시험을 완료한 수험자는 답안 파일이 전송되었는지 확인한 후 감독위원의 지시에 따라 문제지를 제출하고 퇴실합니다.

·답안 작성요령·

- 온라인 답안 작성 절차
  수험자 등록 ⇒ 시험 시작 ⇒ 답안 파일 저장 ⇒ 답안 전송 ⇒ 시험 종료
- 문제는 총 4단계, 즉 제1작업부터 제4작업까지 구성되어 있으며 반드시 제1작업부터 순서대로 작성하고 조건대로 작업하시오.
- 모든 작업 시트의 A열은 열 너비 '1'로, 나머지 열은 적당하게 조절하시오.
- 모든 작업 시트의 테두리는 《출력형태》와 같이 작업하시오.
- 해당 작업란에서는 각각 제시된 조건에 따라 《출력형태》와 같이 작업하시오.
- 답안 시트 이름은 "제1작업", "제2작업", "제3작업", "제4작업"이어야 하며 답안 시트 이외의 것은 감점 처리됩니다.
- 각 시트를 파일로 나누어 작업해서 저장할 경우 실격 처리됩니다.

kpc 한국생산성본부

[제1작업] 표 서식 작성 및 값 계산   240점

▶ 다음은 '**수목터널 조성 헌수 운동**'에 대한 자료이다. 자료를 입력하고 조건에 맞도록 작업하시오.

≪출력형태≫

관리코드	나무종류	회원구분	식재일	후원금액	수량 (단위:그루)	나무두께 (cm)	나무위치	식재연도
L1-312	왕벚나무	단체	2010-10-20	4,000	40	15	(1)	(2)
R3-301	물푸레나무	주민	2013-04-26	140	3	12	(1)	(2)
L2-100	왕벚나무	단체	2010-03-31	3,000	30	10	(1)	(2)
C4-201	느릅나무	주민	2014-04-05	250	5	18	(1)	(2)
R2-101	물푸레나무	기업	2013-04-26	10,500	150	12	(1)	(2)
L3-202	왕벚나무	기업	2014-10-05	10,000	100	15	(1)	(2)
R1-120	물푸레나무	기업	2014-11-15	4,200	60	12	(1)	(2)
C4-201	느릅나무	단체	2013-10-26	2,500	50	12	(1)	(2)
두 번째로 큰 후원금액			(3)			단체 회원의 수량(단위:그루) 합계		(5)
물푸레나무의 수량(단위:그루) 평균			(4)			관리코드	L1-312	후원금액	(6)

결재란: 담당 / 팀장 / 센터장

≪조건≫
- 모든 데이터의 서식에는 글꼴(굴림, 11pt), 정렬은 숫자 및 회계 서식은 오른쪽 정렬, 나머지 서식은 가운데 정렬로 작성하며 예외적인 것은 ≪출력형태≫를 참조하시오.
- 제 목 ⇒ '사다리꼴' 도형과 '바깥쪽 : 오른쪽 그림자'를 이용하여 작성하고 "수목터널 조성 헌수 운동"을 입력한 후 다음 서식을 적용하시오(글꼴-굴림, 24pt, 검정, 진하게, 채우기-노랑).
- 임의의 셀에 결재란을 만들고 '그림으로 복사하기' 기능을 이용하여 작성하시오(단, 원본 삭제).
- 「B4:J4, G14, I14」 영역은 '노랑'으로 채우기 하시오.
- 유효성 검사를 이용하여 「H14」 셀에 관리코드(「B5:B12」 영역)가 선택 표시되도록 하시오.
- 셀 서식 ⇒ 「F5:F12」 영역에 셀 서식을 이용하여 숫자 뒤에 '천원'을 표시하시오(예 : 4,000천원).
- 「F5:F12」 영역에 대해 '후원금액'으로 이름정의를 하시오.

⊙ (1)~(6) 셀은 반드시 **주어진 함수를 이용**하여 값을 구하시오(결과값을 직접 입력하면 해당 셀은 0점 처리됨).
  (1) 나무위치 ⇒ 관리코드의 첫 번째 문자가 'L'이면 '좌안', 'R'이면 '우안', 그 외에는 공백으로 구하시오 (IF, LEFT 함수).
  (2) 식재연도 ⇒ 식재일의 연도를 구한 결과값에 '년'을 붙이시오(YEAR 함수, & 연산자)(예 : 2010년).
  (3) 두 번째로 큰 후원금액 ⇒ 정의된 이름(후원금액)을 이용하여 구하시오(LARGE 함수).
  (4) 물푸레나무의 수량(단위:그루) 평균 ⇒ (SUMIF, COUNTIF 함수)
  (5) 단체 회원의 수량(단위:그루) 합계 ⇒ 조건은 입력데이터를 이용하시오(DSUM 함수).
  (6) 후원금액 ⇒ 「H14」 셀에서 선택한 관리코드에 대한 후원금액을 구하시오(VLOOKUP 함수).
  (7) 조건부 서식의 수식을 이용하여 나무두께(cm)가 '15' 이상인 행 전체에 다음의 서식을 적용하시오 (글꼴 : 파랑, 진하게).

[제2작업] 목표값 찾기 및 필터 (80점)

➡ "제1작업" 시트의 「B4:H12」 영역을 복사하여 "제2작업" 시트의 「B2」 셀부터 모두 붙여넣기를 한 후 다음의 조건과 같이 작업하시오.

≪조건≫

(1) 목표값 찾기 – 「B11:G11」 셀을 병합하여 가운데 맞춤한 후 "후원금액 전체 평균"을 입력하고 「H11」 셀에 후원금액의 전체 평균을 구하시오. 단, 조건은 입력데이터를 이용하시오.
 (AVERAGE 함수, 테두리).
 – '후원금액 전체 평균'이 '4,400'이 되려면 L1-312의 후원금액이 얼마가 되어야 하는지 목표값을 구하시오.

(2) 고급 필터 – 회원구분이 '단체'가 아니면서 수량(단위:그루)이 '50' 이상인 자료의 '관리코드, 식재일, 수량(단위:그루), 나무두께(cm)' 데이터만 추출하시오.
 – 찾을 조건 범위 : 「B14」 셀부터 입력하시오.
 – 복사 위치 : 「B18」 셀부터 나타나도록 하시오.

[제3작업] 정렬 및 부분합 (80점)

➡ "제1작업" 시트의 「B4:H12」 영역을 복사하여 "제3작업" 시트의 「B2」 셀부터 모두 붙여넣기를 한 후 다음의 조건과 같이 작업하시오.

≪조건≫
(1) 부분합 – ≪출력형태≫처럼 정렬하고, 관리코드의 개수와 후원금액의 평균을 구하시오.
(2) 윤곽 – 지우시오.
(3) 나머지 사항은 ≪출력형태≫에 맞게 작성하시오.

≪출력형태≫

	A	B	C	D	E	F	G	H
1								
2		관리코드	나무종류	회원구분	식재일	후원금액	수량 (단위:그루)	나무두께 (cm)
3		R3-301	물푸레나무	주민	2013-04-26	140천원	3	12
4		C4-201	느릅나무	주민	2014-04-05	250천원	5	18
5				주민 평균		195천원		
6		2		주민 개수				
7		L1-312	왕벚나무	단체	2010-10-20	4,000천원	40	15
8		L2-100	왕벚나무	단체	2010-03-31	3,000천원	30	10
9		C4-201	느릅나무	단체	2013-10-26	2,500천원	50	12
10				단체 평균		3,167천원		
11		3		단체 개수				
12		R2-101	물푸레나무	기업	2013-04-26	10,500천원	150	12
13		L3-202	왕벚나무	기업	2014-10-05	10,000천원	100	15
14		R1-120	물푸레나무	기업	2014-11-15	4,200천원	60	12
15				기업 평균		8,233천원		
16		3		기업 개수				
17		8		전체 개수				
18				전체 평균		4,324천원		
19								

[제4작업] 그래프 100점

"제1작업" 시트를 이용하여 "제4작업" 시트에 ≪출력형태≫와 같이 작업하시오.

≪조건≫
(1) 차트 종류 ⇒ 〈묶은 세로 막대형〉으로 작업하시오.
(2) 데이터 범위 ⇒ "제1작업" 시트의 내용을 이용하여 작업하시오.
(3) 차트 위치「B2:K28」영역에 배치하여 ≪출력형태≫와 같이 작업하시오.
(4) 차트 스타일 ⇒ 레이아웃6을 적용하시오.
(5) 배경 서식 ⇒ 차트 영역(노랑), 그림 영역(하양), 전체 글꼴(굴림, 11pt)을 적용하여 작업하시오.
(6) 제목 서식 ⇒ 글꼴(궁서, 20pt, 진하게), 채우기(하양), 실선, 그림자(바깥쪽 : 대각선 오른쪽 아래)
(7) 서식 ⇒ 수량(단위:그루) 계열을 보조축으로 지정하고 표식이 있는 꺾은선형으로 변경하시오.
　　　　　계열 : ≪출력형태≫를 참조하여 표식(사각형, 크기 10)과 레이블 값을 표시하시오.
　　　　　축 및 주 눈금선(종류-긴 점선)은 ≪출력형태≫와 같이 표시하시오.
(8) 범례 ⇒ ≪출력형태≫를 참조하시오.
(9) 도형 ⇒ '모서리가 둥근 사각형 설명선'을 삽입한 후 내용을 입력하시오.
(10) 나머지 사항은 ≪출력형태≫에 맞게 작성하시오.

≪출력형태≫

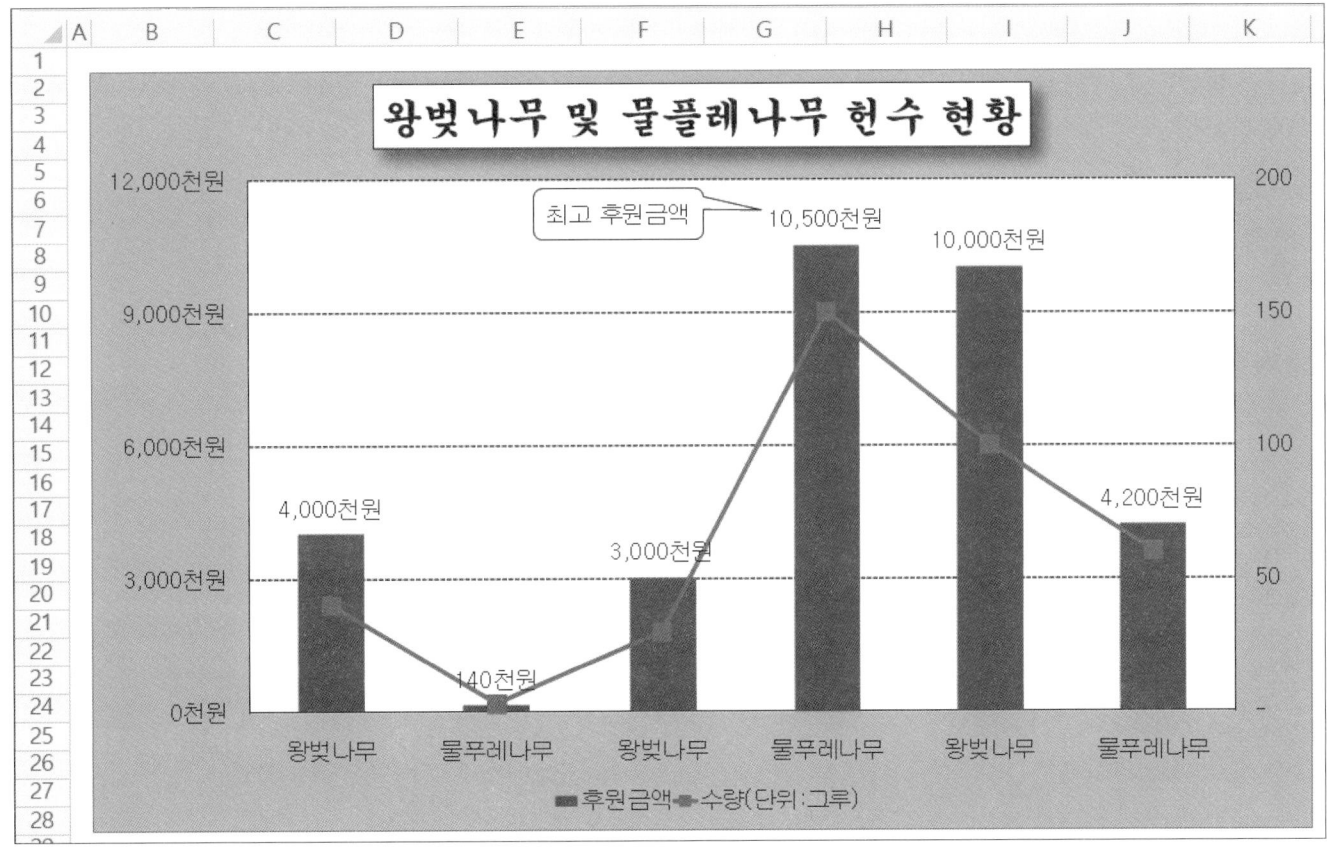

시트명 순서가 차례대로 "제1작업", "제2작업", "제3작업", "제4작업"이 되도록 할 것.

제 04 회 정보기술자격(ITQ) 출제예상 모의고사

과목	코드	문제유형	시험시간	수험번호	성명
한셀	1121	B	60분		

한컴 오피스

• 수험자 유의사항 •

- 수험자는 문제지를 받는 즉시 문제지와 **수험표상의 시험 과목(프로그램)이 동일한지 반드시 확인**하여야 합니다.
- 파일명은 본인의 "수험번호-성명"으로 입력하여 답안 폴더(내 PC\문서\ITQ)에 하나의 파일로 저장해야 하며, 답안 문서 파일명이 "수험번호-성명"과 일치하지 않거나, 답안 파일을 전송하지 않아 미제출로 처리될 경우 실격 처리합니다. (예:12345678-홍길동.cell).
- 답안 작성을 마치면 파일을 저장하고, '답안 전송' 버튼을 선택하여 감독위원 PC로 답안을 전송하십시오. 수험생 정보와 저장한 파일명이 다를 경우 전송되지 않으므로 주의하시기 바랍니다.
- 답안 작성 중에도 **주기적으로 저장하고, '답안 전송'**하여야 문제 발생을 줄일 수 있습니다. 작업한 내용을 저장하지 않고 전송할 경우 이전에 저장된 내용이 전송되오니 이점 유의하시기 바랍니다.
- 답안 문서는 지정된 경로 외의 다른 보조기억장치에 저장하는 경우, 지정된 시험 시간 외에 작성된 파일을 활용할 경우, 기타 통신수단(이메일, 메신저, 네트워크 등)을 이용하여 타인에게 전달 또는 외부 반출하는 경우는 부정 처리합니다.
- 시험 중 부주의 또는 고의로 시스템을 파손한 경우는 수험자가 변상해야 하며, 〈수험자 유의사항〉에 기재된 방법대로 이행하지 않아 생기는 불이익은 수험생 당사자의 책임임을 알려 드립니다.
- 문제의 조건은 한컴 오피스 2022 버전으로 설정되어 유의하시기 바랍니다.
- 시험을 완료한 수험자는 답안 파일이 전송되었는지 확인한 후 감독위원의 지시에 따라 문제지를 제출하고 퇴실합니다.

• 답안 작성요령 •

- 온라인 답안 작성 절차
  수험자 등록 ⇒ 시험 시작 ⇒ 답안 파일 저장 ⇒ 답안 전송 ⇒ 시험 종료
- 문제는 총 4단계, 즉 제1작업부터 제4작업까지 구성되어 있으며 반드시 제1작업부터 순서대로 작성하고 조건대로 작업하시오.
- 모든 작업 시트의 A열은 열 너비 '1'로, 나머지 열은 적당하게 조절하시오.
- 모든 작업 시트의 테두리는 《출력형태》와 같이 작업하시오.
- 해당 작업란에서는 각각 제시된 조건에 따라 《출력형태》와 같이 작업하시오.
- 답안 시트 이름은 "제1작업", "제2작업", "제3작업", "제4작업"이어야 하며 답안 시트 이외의 것은 감점 처리됩니다.
- 각 시트를 파일로 나누어 작업해서 저장할 경우 실격 처리됩니다.

kpc 한국생산성본부

[제1작업] 표 서식 작성 및 값 계산   240점

다음은 '핼러윈 용품 판매 현황'에 대한 자료이다. 자료를 입력하고 조건에 맞도록 작업하시오.

≪출력형태≫

	B	C	D	E	F	G	H	I	J
1									
2		핼러윈 용품 판매 현황					확인	담당	대리	과장
3									
4	제품번호	제품명	분류	입고일	가격	재고수량(단위:EA)	판매수량(단위:EA)	할인율	순위
5	HA1025	박쥐	LED	2022-09-14	2,500	602	35	(1)	(2)
6	LE3045	머리띠	펠트	2022-10-07	1,300	100	45	(1)	(2)
7	HA1014	고깔모자	펠트	2022-08-27	2,100	200	50	(1)	(2)
8	FA2053	가랜드	종이	2022-08-05	2,000	350	110	(1)	(2)
9	LE3034	토퍼	종이	2022-09-16	500	300	230	(1)	(2)
10	FA2083	케노피	펠트	2022-08-11	6,500	561	46	(1)	(2)
11	FR2063	행잉 유령	LED	2022-09-16	5,500	500	23	(1)	(2)
12	FE2074	행잉 마녀	LED	2022-10-05	5,700	250	60	(1)	(2)
13	LED 용품 가격의 평균				(3)		최대 가격		(5)
14	펠트 용품의 개수				(4)		제품명	박쥐	가격	(6)

≪조건≫

○ 모든 데이터의 서식에는 글꼴(굴림, 11pt), 정렬은 숫자 및 회계 서식은 오른쪽 정렬, 나머지 서식은 가운데 정렬로 작성하며 예외적인 것은 ≪출력형태≫를 참조하시오.
○ 제 목 ⇒ '평행 사변형' 도형과 '바깥쪽 : 오른쪽 그림자'를 이용하여 작성하고 "핼러윈 용품 판매 현황"을 입력한 후 다음 서식을 적용하시오(글꼴-굴림, 24pt, 검정, 진하게, 채우기-노랑).
○ 임의의 셀에 결재란을 만들고 '그림으로 복사하기' 기능을 이용하여 작성하시오(단, 원본 삭제).
○ 「B4:J4, G14, I14」 영역은 '노랑'으로 채우기 하시오.
○ 유효성 검사를 이용하여 「H14」 셀에 제품명(「C5:C12」 영역)이 선택 표시되도록 하시오.
○ 셀 서식 ⇒ 「F5:F12」 영역에 셀 서식을 이용하여 숫자 뒤에 '원'을 표시하시오(예 : 2,500원).
○ 「F5:F12」 영역에 대해 '가격'으로 이름정의를 하시오.

⊙ (1)~(6) 셀은 반드시 **주어진 함수를 이용**하여 값을 구하시오(결과값을 직접 입력하면 해당 셀은 0점 처리됨).
  (1) 할인율 ⇒ 제품번호의 세 번째 글자가 1이면 '5%', 2이면 '10%', 3이면 '15%'로 구하시오 (CHOOSE, MID 함수).
  (2) 순위 ⇒ 판매수량(단위:EA)의 내림차순 순위를 구한 결과값에 '위'를 붙이시오 (RANK.EQ 함수, & 연산자)(예 : 1위).
  (3) LED 용품 가격의 평균 ⇒ 반올림하여 백 원 단위로 구하시오. 단, 조건은 입력 데이터를 이용하시오 (ROUND, DAVERAGE 함수)(예 : 2,570 → 2,600).
  (4) 펠트 용품의 개수 ⇒ (COUNTIF 함수)
  (5) 최대 가격 ⇒ 정의된 이름(가격)을 이용하여 구하시오(MAX 함수).
  (6) 가격 ⇒ 「H14」 셀에서 선택한 제품명의 가격을 구하시오(VLOOKUP 함수).
  (7) 조건부 서식의 수식을 이용하여 재고수량(단위:EA)이 '500' 이상인 행 전체에 다음의 서식을 적용하시오. (글꼴 : 파랑, 진하게).

[제2작업] 목표값 찾기 및 필터 80점

➡ "제1작업" 시트의 「B4:H12」 영역을 복사하여 "제2작업" 시트의 「B2」 셀부터 모두 붙여넣기를 한 후 다음의 조건과 같이 작업하시오.

≪조건≫

(1) 목표값 찾기 - 「B11:G11」 셀을 병합하고 가운데 맞춤한 후 "LED의 판매수량(단위:EA) 평균"을 입력하고 「H11」 셀에 분류가 LED인 제품의 판매수량(단위:EA) 평균을 구하시오.
　　　　　　　단, 조건은 입력데이터를 이용하시오(AVERAGEIF 함수, 테두리).
　　　　　　 - 'LED의 판매수량(단위:EA) 평균'이 '40'이 되려면 '박쥐'의 판매수량(단위:EA)이 얼마가 되어야 하는지 목표값을 구하시오.

(2) 고급 필터 - 제품번호가 'L'로 시작하거나, 가격이 '5,000' 이상인 자료의 '제품명, 가격, 재고수량(단위:EA), 판매수량(단위:EA)' 데이터만 추출하시오.
　　　　　　 - 찾을 조건 범위 : 「B14」 셀부터 입력하시오.
　　　　　　 - 복사 위치 : 「B18」 셀부터 나타나도록 하시오.

[제3작업] 피벗 테이블 80점

➡ "제1작업" 시트를 이용하여 "제3작업" 시트에 조건에 따라 ≪출력형태≫와 같이 작업하시오.

≪조건≫

(1) 가격 및 분류별 제품명의 개수와 판매수량(단위:EA)의 평균을 구하시오.
(2) 가격으로 그룹화하고, 보고서 레이아웃은 개요 형식으로 설정하시오.
(3) 분류를 ≪출력형태≫와 같이 정렬하고, 빈 셀은 '**'로 표시하시오.
(4) 행의 총합계를 지우고, 나머지 사항은 ≪출력형태≫에 맞게 작성하시오.

≪출력형태≫

A	B	C	D	E	F	G	H
1							
2		분류 ▼	데이터				
3			펠트		종이		LED	
4	가격 ▼	개수 : 제품명	평균 : 판매수량(단위:EA)	개수 : 제품명	평균 : 판매수량(단위:EA)	개수 : 제품명	평균 : 판매수량(단위:EA)
5	1-3000	2	48	2	170	1	35
6	3001-6000	**	**	**	**	2	42
7	6001-9000	1	46	**	**	**	**
8	총 합계	3	47	2	170	3	39

[제4작업] 그래프　　　　100점

➜ "제1작업" 시트를 이용하여 "제4작업" 시트에 ≪출력형태≫와 같이 작업하시오.

≪조건≫

(1) 차트 종류 ⇒ 〈3차원 원형〉으로 작업하시오.
(2) 데이터 범위 ⇒ "제1작업" 시트의 내용을 이용하여 작업하시오.
(3) 차트 위치 ⇒ 「B2:K28」 영역에 배치하여 ≪출력형태≫와 같이 작업하시오.
(4) 차트 스타일 ⇒ 레이아웃6, 스타일3을 적용하시오.
(5) 배경 서식 ⇒ 차트 영역(노랑), 그림 영역(하양), 전체 글꼴(굴림, 11pt)을 적용하여 작업하시오.
(6) 제목 서식 ⇒ 글꼴(궁서, 20pt, 진하게), 채우기(하양), 실선, 그림자(바깥쪽 : 대각선 오른쪽 아래)
(7) 서식 ⇒ 계열 : 행잉 마녀 조각을 쪼개진 요소 20%로 지정하여 분리하시오.
　　　　　　레이블 : 값을 표시하고 위치 및 채우기 색(하양)은 ≪출력형태≫와 같이 표시하시오.
(8) 범례 ≪출력형태≫를 참조하시오.
(9) 도형 ⇒ '모서리가 둥근 사각형 설명선'을 삽입한 후 내용을 입력하시오.
(10) 나머지 사항은 ≪출력형태≫에 맞게 작성하시오.

≪출력형태≫

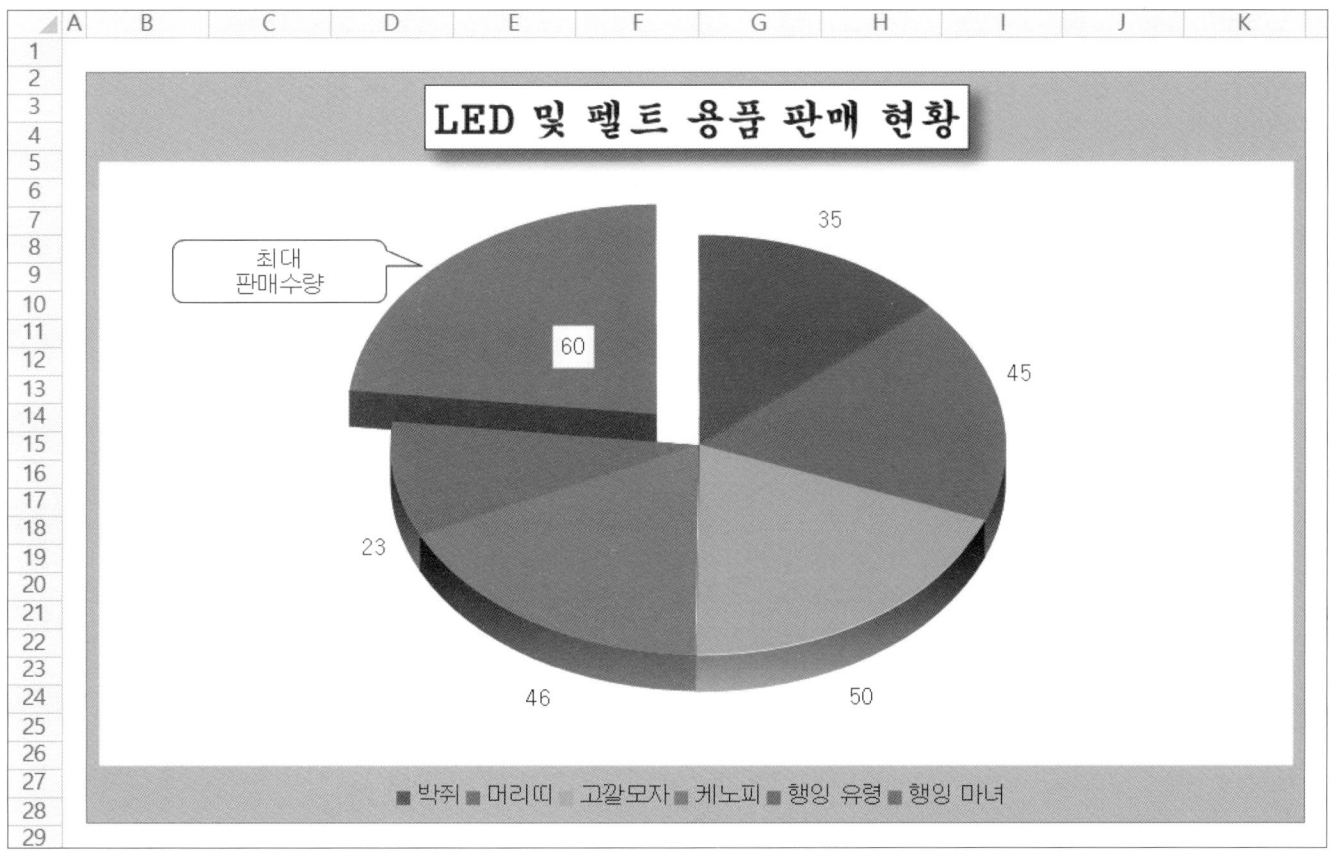

주의 ➜ 시트명 순서가 차례대로 "제1작업", "제2작업", "제3작업", "제4작업"이 되도록 할 것.

제 05 회 정보기술자격(ITQ) 출제예상 모의고사

과목	코드	문제유형	시험시간	수험번호	성명
한셀	1121	B	60분		

한컴 오피스

・수험자 유의사항・

- 수험자는 문제지를 받는 즉시 문제지와 **수험표상의 시험 과목(프로그램)이 동일한지 반드시 확인**하여야 합니다.
- 파일명은 본인의 "수험번호-성명"으로 입력하여 답안 폴더(내 PC₩문서₩ITQ)에 하나의 파일로 저장해야 하며, 답안 문서 파일명이 "수험번호-성명"과 일치하지 않거나, 답안 파일을 전송하지 않아 미제출로 처리될 경우 실격 처리합니다 (예:12345678-홍길동.cell).
- 답안 작성을 마치면 파일을 저장하고, '답안 전송' 버튼을 선택하여 감독위원 PC로 답안을 전송하십시오. 수험생 정보와 저장한 파일명이 다를 경우 전송되지 않으므로 주의하시기 바랍니다.
- 답안 작성 중에도 **주기적으로 저장하고, '답안 전송'**하여야 문제 발생을 줄일 수 있습니다. 작업한 내용을 저장하지 않고 전송할 경우 이전에 저장된 내용이 전송되오니 이점 유의하시기 바랍니다.
- 답안 문서는 지정된 경로 외의 다른 보조기억장치에 저장하는 경우, 지정된 시험 시간 외에 작성된 파일을 활용할 경우, 기타 통신수단(이메일, 메신저, 네트워크 등)을 이용하여 타인에게 전달 또는 외부 반출하는 경우는 부정 처리합니다.
- 시험 중 부주의 또는 고의로 시스템을 파손한 경우는 수험자가 변상해야 하며, 〈수험자 유의사항〉에 기재된 방법대로 이행하지 않아 생기는 불이익은 수험생 당사자의 책임임을 알려 드립니다.
- **문제의 조건은 한컴 오피스 2022 버전으로 설정되어 유의하시기 바랍니다.**
- 시험을 완료한 수험자는 답안 파일이 전송되었는지 확인한 후 감독위원의 지시에 따라 문제지를 제출하고 퇴실합니다.

・답안 작성요령・

- 온라인 답안 작성 절차
  수험자 등록 ⇒ 시험 시작 ⇒ 답안 파일 저장 ⇒ 답안 전송 ⇒ 시험 종료
- 문제는 총 4단계, 즉 제1작업부터 제4작업까지 구성되어 있으며 반드시 제1작업부터 순서대로 작성하고 조건대로 작업하시오.
- 모든 작업 시트의 A열은 열 너비 '1'로, 나머지 열은 적당하게 조절하시오.
- 모든 작업 시트의 테두리는 《출력형태》와 같이 작업하시오.
- 해당 작업란에서는 각각 제시된 조건에 따라 《출력형태》와 같이 작업하시오.
- 답안 시트 이름은 "제1작업", "제2작업", "제3작업", "제4작업"이어야 하며 답안 시트 이외의 것은 감점 처리됩니다.
- 각 시트를 파일로 나누어 작업해서 저장할 경우 실격 처리됩니다.

kpc 한국생산성본부

[제1작업] 표 서식 작성 및 값 계산　240점

다음은 '세계의 마천루 빌딩 현황'에 대한 자료이다. 자료를 입력하고 조건에 맞도록 작업하시오.

≪출력형태≫

	B	C	D	E	F	G	H	I	J
4	건물코드	건물명	주요 용도	완공연도	높이	층수	연면적(제곱미터)	순위	지역
5	FC-452	CTF 빌딩	사무/호텔	2015년	530	111	398,000	(1)	(2)
6	TC-143	제1 세계무역센터	사무/관광	2013년	541	108	325,279	(1)	(2)
7	PA-212	핑안 국제금융센터	사무/호텔	2017년	599	115	385,918	(1)	(2)
8	SH-122	상하이 타워	사무/관광	2015년	632	128	380,000	(1)	(2)
9	BR-341	부르즈 할리파	사무/호텔/주거	2010년	830	130	344,000	(1)	(2)
10	AB-211	아브라즈 알 바이트	사무/호텔/주거	2012년	601	120	310,638	(1)	(2)
11	TC-422	타이베이 101	사무/관광	2004년	509	101	412,500	(1)	(2)
12	LT-102	롯데월드타워	사무/호텔/주거	2016년	556	123	328,351	(1)	(2)
13	주요 용도에 호텔이 포함된 건물의 개수			(3)			최대 연면적(제곱미터)		(5)
14	아브라즈 알 바이트의 층수			(4)		건물명	CTF 빌딩	연면적(제곱미터)	(6)

확인 / 담당 / 팀장 / 부장

≪조건≫

○ 모든 데이터의 서식에는 글꼴(굴림, 11pt), 정렬은 숫자 및 회계 서식은 오른쪽 정렬, 나머지 서식은 가운데 정렬로 작성하며 예외적인 것은 ≪출력형태≫를 참조하시오.
○ 제 목 ⇒ '육각형' 도형과 '바깥쪽 : 오른쪽 그림자'를 이용하여 작성하고 "세계의 마천루 빌딩 현황"을 입력한 후 다음 서식을 적용하시오(글꼴-굴림, 24pt, 검정, 진하게, 채우기-노랑).
○ 임의의 셀에 결재란을 만들고 '그림으로 복사하기' 기능을 이용하여 작성하시오(단, 원본 삭제).
○ 「B4:J4, G14, I14」 영역은 '노랑'으로 채우기 하시오.
○ 유효성 검사를 이용하여 「H14」 셀에 건물명('C5:C12」 영역)이 선택 표시되도록 하시오.
○ 셀 서식 ⇒ 「F5:F12」 영역에 셀 서식을 이용하여 숫자 뒤에 'm'를 표시하시오(예 : 530m).
○ 「D5:D12」 영역에 대해 '용도'로 이름정의를 하시오.

⊙ (1)~(6) 셀은 반드시 **주어진 함수를 이용**하여 값을 구하시오(결과값을 직접 입력하면 해당 셀은 0점 처리됨).
  (1) 순위 ⇒ 높이의 내림차순 순위를 구한 결과값에 '위'를 붙이시오(RANK.EQ 함수, & 연산자)(예 : 1위).
  (2) 지역 ⇒ 건물코드의 마지막 글자가 1이면 '서아시아', 2이면 '동아시아', 3이면 '미주'로 구하시오 (CHOOSE, RIGHT 함수).
  (3) 주요 용도에 호텔이 포함된 건물의 개수 ⇒ 정의된 이름(용도)을 이용하여 구하시오(COUNTIF 함수).
  (4) 아브라즈 알 바이트의 층수 ⇒ (INDEX, MATCH 함수)
  (5) 최대 연면적(제곱미터) ⇒ (MAX 함수)
  (6) 연면적(제곱미터) ⇒ 「H14」 셀에서 선택한 건물명에 대한 연면적(제곱미터)를 구하시오(VLOOKUP 함수).
  (7) 조건부 서식의 수식을 이용하여 연면적(제곱미터)이 '380,000' 이상인 행 전체에 다음의 서식을 적용하시오 (글꼴 : 파랑, 진하게).

[제2작업] 목표값 찾기 및 필터   80점

➡ "제1작업" 시트의 「B4:H12」 영역을 복사하여 "제2작업" 시트의 「B2」 셀부터 모두 붙여넣기를 한 후 다음의 조건과 같이 작업하시오.

≪조건≫

(1) 목표값 찾기 – 「B11:G11」 셀을 병합하고 가운데 맞춤한 후 "연면적(제곱미터)의 전체 평균"을 입력하고 「H11」 셀에 연면적(제곱미터)의 전체 평균을 구하시오.
        단, 조건은 입력데이터를 이용하시오(AVERAGE 함수, 테두리).
     – '연면적(제곱미터)의 전체 평균'이 '361,000'가 되려면 CTF 빌딩의 연면적(제곱미터)이 얼마가 되어야 하는지 목표값을 구하시오.

(2) 고급 필터 – 건물코드가 'T'로 시작하거나 높이가 '800' 이상인 자료의 '건물명, 높이, 층수, 연면적(제곱미터)' 데이터만 추출하시오.
     – 찾을 조건 범위 : 「B14」 셀부터 입력하시오.
     – 복사 위치 : 「B18」 셀부터 나타나도록 하시오.

[제3작업] 정렬 및 부분합   80점

➡ "제1작업" 시트의 「B4:H12」 영역을 복사하여 "제3작업" 시트의 「B2」 셀부터 모두 붙여넣기를 한 후 다음의 조건과 같이 작업하시오.

≪조건≫
(1) 부분합 – ≪출력형태≫처럼 정렬하고, 건물명의 개수와 연면적(제곱미터)의 평균을 구하시오.
(2) 윤곽 – 지우시오.
(3) 나머지 사항은 ≪출력형태≫에 맞게 작성하시오.

≪출력형태≫

A	B	C	D	E	F	G	H
1							
2	건물코드	건물명	주요 용도	완공 연도	높이	층수	연면적(제곱미터)
3	BR-341	부르즈 할리파	사무/호텔/주거	2010년	830m	130	344,000
4	AB-211	아브라즈 알 바이트	사무/호텔/주거	2012년	601m	120	310,638
5	LT-102	롯데월드타워	사무/호텔/주거	2016년	556m	123	328,351
6			사무/호텔/주거 평균				327,663
7		3	사무/호텔/주거 개수				
8	FC-452	CTF 빌딩	사무/호텔	2015년	530m	111	398,000
9	PA-212	핑안 국제금융센터	사무/호텔	2017년	599m	115	385,918
10			사무/호텔 평균				391,959
11		2	사무/호텔 개수				
12	TC-143	제1 세계무역센터	사무/관광	2013년	541m	108	325,279
13	SH-122	상하이 타워	사무/관광	2015년	632m	128	380,000
14	TC-422	타이베이 101	사무/관광	2004년	509m	101	412,500
15			사무/관광 평균				372,593
16		3	사무/관광 개수				
17		8	전체 개수				
18			전체 평균				360,586
19							

[제4작업] 그래프　　　　100점

➡ "제1작업" 시트를 이용하여 "제4작업" 시트에 ≪출력형태≫와 같이 작업하시오.

≪조건≫

(1) 차트 종류 ⇒ 〈묶은 세로 막대형〉으로 작업하시오.
(2) 데이터 범위 ⇒ "제1작업" 시트의 내용을 이용하여 작업하시오.
(3) 차트 위치 「B2:M28」 영역에 배치하여 ≪출력형태≫와 같이 작업하시오.
(4) 차트 스타일 ⇒ 레이아웃6을 적용하시오.
(5) 배경 서식 ⇒ 차트 영역(노랑), 그림 영역(하양), 전체 글꼴(굴림, 11pt)을 적용하여 작업하시오.
(6) 제목 서식 ⇒ 글꼴(궁서, 20pt, 진하게), 채우기(하양), 실선, 그림자(바깥쪽 : 가운데)
(7) 서식 ⇒ 층수 계열을 보조축으로 지정하고 표식이 있는 꺾은선형으로 변경하시오.
　　　　　계열 : ≪출력형태≫를 참조하여 표식(다이아몬드형, 크기 12)과 레이블 값을 표시하시오.
　　　　　축 및 주 눈금선(종류-점선)은 ≪출력형태≫와 같이 표시하시오.
(8) 범례 ⇒ ≪출력형태≫를 참조하시오.
(9) 도형 ⇒ '모서리가 둥근 사각형 설명선'을 삽입한 후 내용을 입력하시오.
(10) 나머지 사항은 ≪출력형태≫에 맞게 작성하시오.

≪출력형태≫

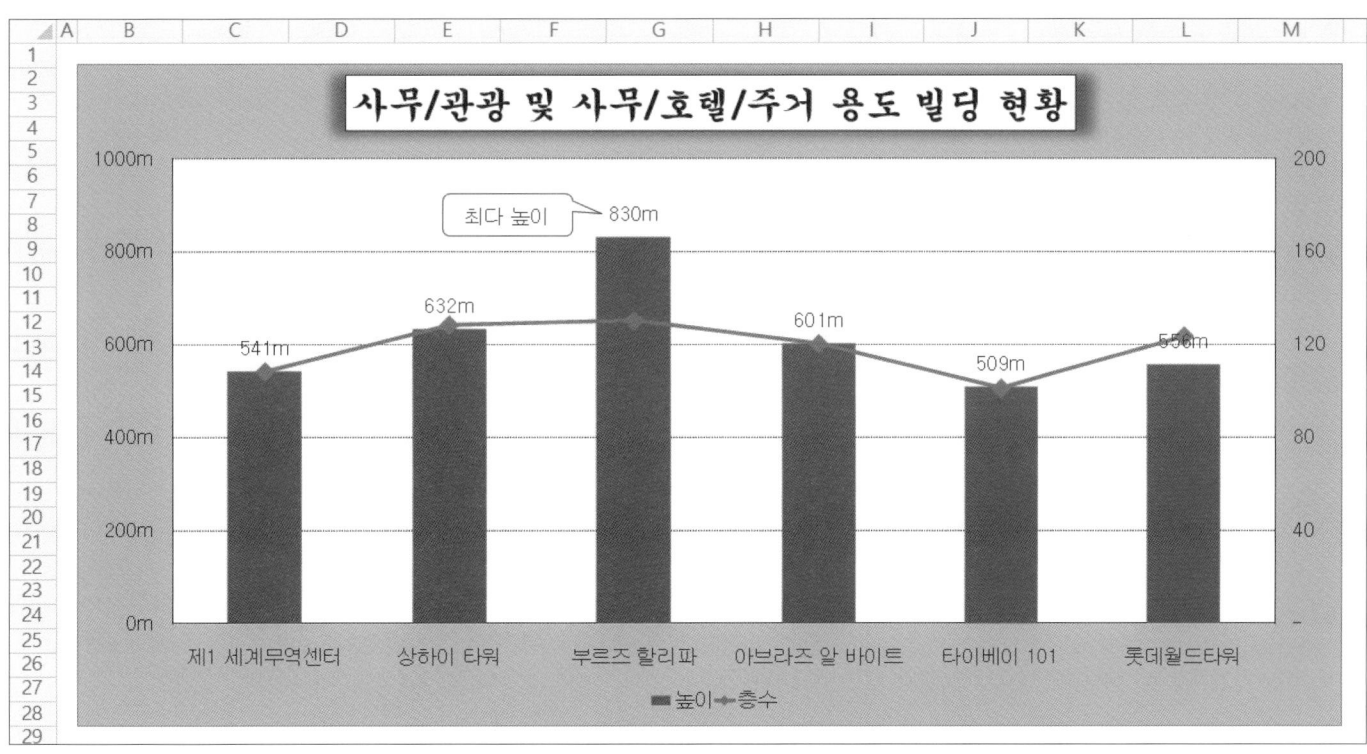

➡ 시트명 순서가 차례대로 "제1작업", "제2작업", "제3작업", "제4작업"이 되도록 할 것.

제 06 회 정보기술자격(ITQ) 출제예상 모의고사

과목	코드	문제유형	시험시간	수험번호	성명
한셀	1121	B	60분		

한컴 오피스

• 수험자 유의사항 •

- 수험자는 문제지를 받는 즉시 문제지와 **수험표상의 시험 과목(프로그램)이 동일한지 반드시 확인**하여야 합니다.
- 파일명은 본인의 "수험번호-성명"으로 입력하여 답안 폴더(내 PC\문서\ITQ)에 하나의 파일로 저장해야 하며, 답안 문서 파일명이 "수험번호-성명"과 일치하지 않거나, 답안 파일을 전송하지 않아 미제출로 처리될 경우 실격 처리합니다 (예:12345678-홍길동.cell).
- 답안 작성을 마치면 파일을 저장하고, '답안 전송' 버튼을 선택하여 감독위원 PC로 답안을 전송하십시오. 수험생 정보와 저장한 파일명이 다를 경우 전송되지 않으므로 주의하시기 바랍니다.
- 답안 작성 중에도 **주기적으로 저장하고, '답안 전송'**하여야 문제 발생을 줄일 수 있습니다. 작업한 내용을 저장하지 않고 전송할 경우 이전에 저장된 내용이 전송되오니 이점 유의하시기 바랍니다.
- 답안 문서는 지정된 경로 외의 다른 보조기억장치에 저장하는 경우, 지정된 시험 시간 외에 작성된 파일을 활용할 경우, 기타 통신수단(이메일, 메신저, 네트워크 등)을 이용하여 타인에게 전달 또는 외부 반출하는 경우는 부정 처리합니다.
- 시험 중 부주의 또는 고의로 시스템을 파손한 경우는 수험자가 변상해야 하며, 〈수험자 유의사항〉에 기재된 방법대로 이행하지 않아 생기는 불이익은 수험생 당사자의 책임임을 알려 드립니다.
- **문제의 조건은 한컴 오피스 2022 버전으로 설정되어 유의하시기 바랍니다.**
- 시험을 완료한 수험자는 답안 파일이 전송되었는지 확인한 후 감독위원의 지시에 따라 문제지를 제출하고 퇴실합니다.

• 답안 작성요령 •

- 온라인 답안 작성 절차
  수험자 등록 ⇒ 시험 시작 ⇒ 답안 파일 저장 ⇒ 답안 전송 ⇒ 시험 종료
- 문제는 총 4단계, 즉 제1작업부터 제4작업까지 구성되어 있으며 반드시 제1작업부터 순서대로 작성하고 조건대로 작업하시오.
- 모든 작업 시트의 A열은 열 너비 '1'로, 나머지 열은 적당하게 조절하시오.
- 모든 작업 시트의 테두리는 《출력형태》와 같이 작업하시오.
- 해당 작업란에서는 각각 제시된 조건에 따라 《출력형태》와 같이 작업하시오.
- 답안 시트 이름은 "제1작업", "제2작업", "제3작업", "제4작업"이어야 하며 답안 시트 이외의 것은 감점 처리됩니다.
- 각 시트를 파일로 나누어 작업해서 저장할 경우 실격 처리됩니다.

[제1작업] 표 서식 작성 및 값 계산 240점

다음은 '**주요 국제 영화제 개최 현황**'에 대한 자료이다. 자료를 입력하고 조건에 맞도록 작업하시오.

≪출력형태≫

관리코드	영화제 명칭	주최국	대륙	1회 개막일자	예상 관객수	개최 횟수 (단위:회)	개최 순위	비고
T6522	토론토 국제	캐나다	북미	1976-10-18	500,000	47	(1)	(2)
B8241	베를린 국제	독일	유럽	1951-06-06	500,000	72	(1)	(2)
B1543	베이징 국제	중국	아시아	2011-04-23	300,000	12	(1)	(2)
B1453	부산 국제	한국	아시아	1996-09-13	180,000	27	(1)	(2)
J6653	전주 국제	한국	아시아	2000-04-28	80,000	23	(1)	(2)
S6323	선댄스	미국	북미	1985-01-20	70,000	38	(1)	(2)
F7351	칸	프랑스	유럽	1946-09-20	650,000	75	(1)	(2)
V2411	베네치아 국제	이탈리아	유럽	1932-08-06	700,000	79	(1)	(2)
최대 개최 횟수(단위:회)			(3)		북미 대륙 예상 관객수 평균			(5)
한국 영화제 개최 횟수(단위:회) 평균			(4)		관리코드	T6522	주최국	(6)

≪조건≫

○ 모든 데이터의 서식에는 글꼴(굴림, 11pt), 정렬은 숫자 및 회계 서식은 오른쪽 정렬, 나머지 서식은 가운데 정렬로 작성하며 예외적인 것은 ≪출력형태≫를 참조하시오.
○ 제 목 ⇒ '평행 사변형' 도형과 '바깥쪽 : 오른쪽 그림자'를 이용하여 작성하고 "주요 국제 영화제 개최 현황"을 입력한 후 다음 서식을 적용하시오(글꼴-굴림, 24pt, 검정, 진하게, 채우기-노랑).
○ 임의의 셀에 결재란을 만들고 '그림으로 복사하기' 기능을 이용하여 작성하시오(단, 원본 삭제).
○ 「B4:J4, G14, I14」 영역은 '노랑'으로 채우기 하시오.
○ 유효성 검사를 이용하여 「H14」 셀에 관리코드(「B5:B12」 영역)가 선택 표시되도록 하시오.
○ 셀 서식 ⇒ 「G5:G12」 영역에 셀 서식을 이용하여 숫자 뒤에 '명'을 표시하시오(예 : 500,000명).
○ 「D5:D12」 영역에 대해 '주최국'으로 이름정의를 하시오.

⊙ (1)~(6) 셀은 반드시 **주어진 함수를 이용**하여 값을 구하시오(결과값을 직접 입력하면 해당 셀은 0점 처리됨).
(1) 개최 순위 ⇒ 1회 개막일자의 오름차순 순위를 구한 결과값에 '위'를 붙이시오
 (RANK.EQ 함수, & 연산자)(예 : 1위).
(2) 비고 ⇒ 관리코드의 마지막 글자가 '1'이면 '세계3대', '2'이면 '세계4대', 그 외에는 공백으로 구하시오
 (IF, RIGHT 함수).
(3) 최대 개최 횟수(단위:회) ⇒ (MAX 함수)
(4) 한국 영화제 개최 횟수(단위:회) 평균 ⇒ 정의된 이름(주최국)을 이용하여 구하시오(SUMIF, COUNTIF 함수).
(5) 북미 대륙 예상 관객수 평균 ⇒ 조건은 입력 데이터를 이용하시오(DAVERAGE 함수).
(6) 주최국 ⇒ 「H14」 셀에서 선택한 관리코드에 대한 주최국을 구하시오(VLOOKUP 함수).
(7) 조건부 서식의 수식을 이용하여 예상 관객수가 '100,000' 이하인 행 전체에 다음의 서식을 적용하시오
 (글꼴 : 파랑, 진하게).

[제2작업] 목표값 찾기 및 필터   80점

➡ "**제1작업**" 시트의 「B4:H12」 영역을 복사하여 "**제2작업**" 시트의 「B2」 셀부터 모두 붙여넣기를 한 후 다음의 조건과 같이 작업하시오.

≪조건≫

(1) 목표값 찾기 – 「B11:G11」 셀을 병합하고 가운데 맞춤한 후 "예상 관객수의 전체 평균"을 입력하고, 「H11」 셀에 예상 관객수의 전체 평균을 구하시오. 단, 조건은 입력데이터를 이용하시오
(AVERAGE 함수, 테두리).
– '예상 관객수의 전체 평균'이 '380,000'이 되려면 '토론토 국제' 영화제의 예상 관객수가 얼마가 되어야 하는지 목표값을 구하시오.

(2) 고급 필터 – 대륙이 '북미'이거나, 개최 횟수(단위:회)가 '20' 이하인 자료의 '영화제 명칭, 주최국, 1회 개막일자, 개최 횟수(단위:회)' 데이터만 추출하시오.
– 찾을 조건 범위 : 「B14」 셀부터 입력하시오.
– 복사 위치 : 「B18」 셀부터 나타나도록 하시오.

[제3작업] 피벗 테이블   80점

➡ "**제1작업**" 시트를 이용하여 "**제3작업**" 시트에 조건에 따라 ≪출력형태≫와 같이 작업하시오.

≪조건≫

(1) 개최 횟수(단위:회) 및 대륙별 관리코드의 개수와 예상 관객수의 평균을 구하시오.
(2) 개최 횟수(단위:회)로 그룹화하고, 보고서 레이아웃은 개요 형식으로 설정하시오.
(3) 대륙을 ≪출력형태≫와 같이 정렬하고, 빈 셀은 '**'로 표시하시오.
(4) 행의 총합계를 지우고, 나머지 사항은 ≪출력형태≫에 맞게 작성하시오.

≪출력형태≫

	대륙	데이터					
		유럽		아시아		북미	
개최 횟수(단위:회)		개수 : 관리코드	평균 : 예상 관객수	개수 : 관리코드	평균 : 예상 관객수	개수 : 관리코드	평균 : 예상 관객수
1-30		**	**	3	186,667	**	**
31-60		**	**	**	**	2	285,000
61-90		3	616,667	**	**	**	**
총 합계		3	616,667	3	186,667	2	285,000

[제4작업] 그래프 100점

"제1작업" 시트를 이용하여 "제4작업" 시트에 ≪출력형태≫와 같이 작업하시오.

≪조건≫
(1) 차트 종류 ⇒ 〈3차원 원형〉으로 작업하시오.
(2) 데이터 범위 ⇒ "제1작업" 시트의 내용을 이용하여 작업하시오.
(3) 차트 위치 ⇒ 「B2:K28」 영역에 배치하여 ≪출력형태≫와 같이 작업하시오.
(4) 차트 스타일 ⇒ 레이아웃6, 스타일3을 적용하시오.
(5) 배경 서식 ⇒ 차트 영역(노랑), 그림 영역(하양), 전체 글꼴(굴림, 11pt)을 적용하여 작업하시오.
(6) 제목 서식 ⇒ 글꼴(궁서, 20pt, 진하게), 채우기(하양), 실선, 그림자(바깥쪽 : 대각선 왼쪽 아래)
(7) 서식 ⇒ 계열 : 베네치아 국제 조각을 쪼개진 요소 20%로 지정하여 분리하시오.
　　　　　레이블 : 값을 표시하고 위치 및 채우기 색(하양)은 ≪출력형태≫와 같이 표시하시오.
(8) 범례 ≪출력형태≫를 참조하시오.
(9) 도형 ⇒ '모서리가 둥근 사각형 설명선'을 삽입한 후 내용을 입력하시오.
(10) 나머지 사항은 ≪출력형태≫에 맞게 작성하시오.

≪출력형태≫

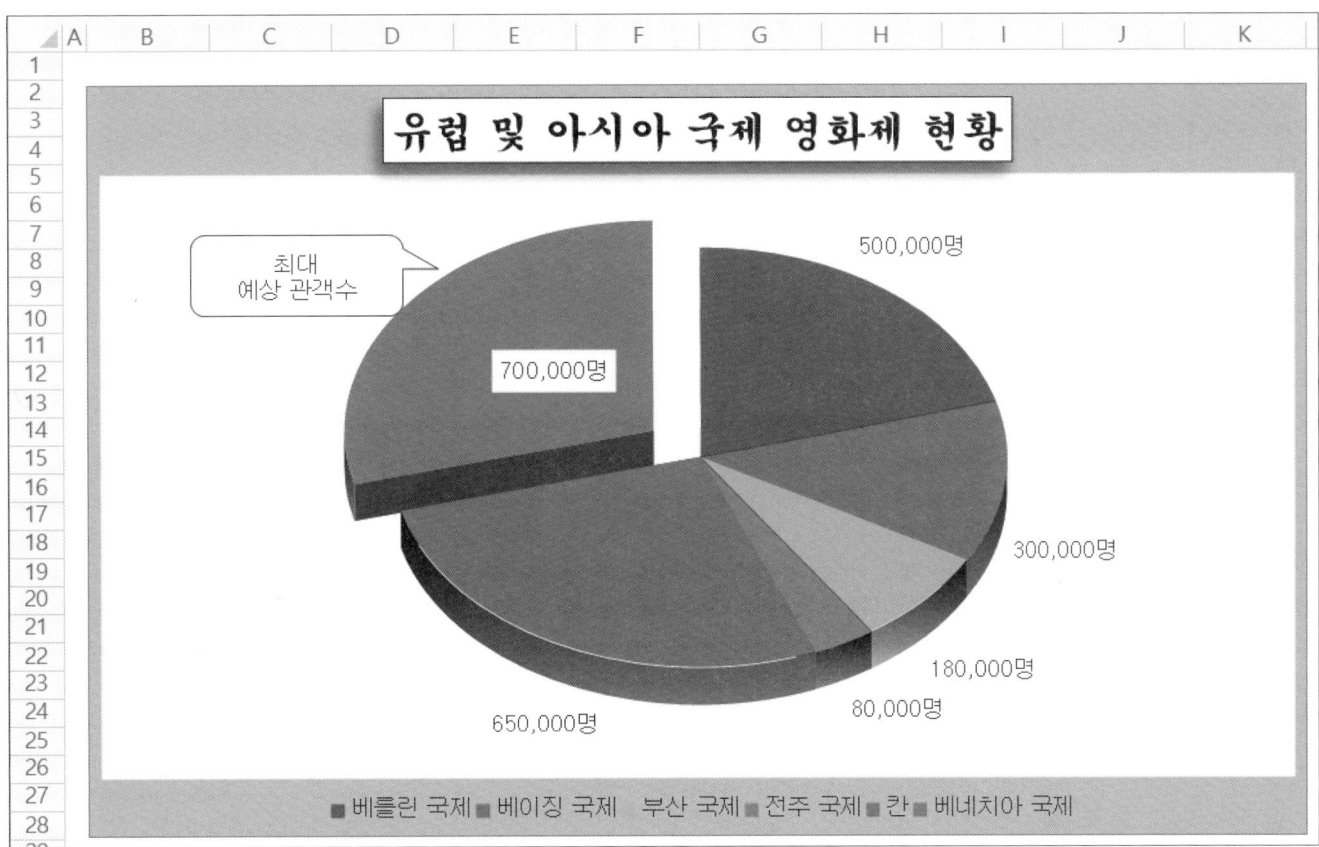

주의 ▶ 시트명 순서가 차례대로 "제1작업", "제2작업", "제3작업", "제4작업"이 되도록 할 것.

제 07 회 정보기술자격(ITQ) 출제예상 모의고사

과목	코드	문제유형	시험시간	수험번호	성명
한셀	1121	B	60분		

한컴 오피스

• 수험자 유의사항 •

- 수험자는 문제지를 받는 즉시 문제지와 **수험표상의 시험 과목(프로그램)이 동일한지 반드시 확인**하여야 합니다.
- 파일명은 본인의 "수험번호-성명"으로 입력하여 답안 폴더(내 PC\문서\ITQ)에 하나의 파일로 저장해야 하며, 답안 문서 파일명이 "수험번호-성명"과 일치하지 않거나, 답안 파일을 전송하지 않아 미제출로 처리될 경우 실격 처리합니다 (예:12345678-홍길동.cell).
- 답안 작성을 마치면 파일을 저장하고, '답안 전송' 버튼을 선택하여 감독위원 PC로 답안을 전송하십시오. 수험생 정보와 저장한 파일명이 다를 경우 전송되지 않으므로 주의하시기 바랍니다.
- 답안 작성 중에도 **주기적으로 저장하고, '답안 전송'**하여야 문제 발생을 줄일 수 있습니다. 작업한 내용을 저장하지 않고 전송할 경우 이전에 저장된 내용이 전송되오니 이점 유의하시기 바랍니다.
- 답안 문서는 지정된 경로 외의 다른 보조기억장치에 저장하는 경우, 지정된 시험 시간 외에 작성된 파일을 활용할 경우, 기타 통신수단(이메일, 메신저, 네트워크 등)을 이용하여 타인에게 전달 또는 외부 반출하는 경우는 부정 처리합니다.
- 시험 중 부주의 또는 고의로 시스템을 파손한 경우는 수험자가 변상해야 하며, 〈수험자 유의사항〉에 기재된 방법대로 이행하지 않아 생기는 불이익은 수험생 당사자의 책임임을 알려 드립니다.
- **문제의 조건은 한컴 오피스 2022 버전으로 설정되어 유의하시기 바랍니다.**
- 시험을 완료한 수험자는 답안 파일이 전송되었는지 확인한 후 감독위원의 지시에 따라 문제지를 제출하고 퇴실합니다.

• 답안 작성요령 •

- 온라인 답안 작성 절차
  수험자 등록 ⇒ 시험 시작 ⇒ 답안 파일 저장 ⇒ 답안 전송 ⇒ 시험 종료
- 문제는 총 4단계, 즉 제1작업부터 제4작업까지 구성되어 있으며 반드시 제1작업부터 순서대로 작성하고 조건대로 작업하시오.
- 모든 작업 시트의 A열은 열 너비 '1'로, 나머지 열은 적당하게 조절하시오.
- 모든 작업 시트의 테두리는 《출력형태》와 같이 작업하시오.
- 해당 작업란에서는 각각 제시된 조건에 따라 《출력형태》와 같이 작업하시오.
- 답안 시트 이름은 "제1작업", "제2작업", "제3작업", "제4작업"이어야 하며 답안 시트 이외의 것은 감점 처리됩니다.
- 각 시트를 파일로 나누어 작업해서 저장할 경우 실격 처리됩니다.

[제1작업] 표 서식 작성 및 값 계산

240점

▶ 다음은 '1월 사원 출장 현황'에 대한 자료이다. 자료를 입력하고 조건에 맞도록 작업하시오.

≪출력형태≫

	A	B	C	D	E	F	G	H	I	J
1									담당	팀장	부장
2			1월 사원 출장 현황					결재			
3											
4		사원번호	사원명	직급	부서명	출장비(단위:원)	출장일수	출발일자	출발요일	비고
5		C11-23	민시후	사원	영업부	520,000	6	2023-01-07	(1)	(2)
6		C10-25	한창훈	사원	인사부	128,000	2	2023-01-21	(1)	(2)
7		A07-01	윤정은	대리	영업부	225,000	2	2023-01-07	(1)	(2)
8		A07-45	조재은	사원	기획부	415,000	3	2023-01-03	(1)	(2)
9		E10-25	박금희	대리	인사부	280,000	2	2023-01-15	(1)	(2)
10		A08-23	한효빈	과장	기획부	546,000	5	2023-01-17	(1)	(2)
11		E09-53	김지은	과장	영업부	197,000	3	2023-01-06	(1)	(2)
12		E09-12	김지효	대리	기획부	150,000	2	2023-01-12	(1)	(2)
13		인사부의 출장일수 평균			(3)			최대 출장비(단위:원)			(5)
14		사원의 출장일수 합계			(4)		사원번호	C11-23	출장일수	(6)

≪조건≫

○ 모든 데이터의 서식에는 글꼴(굴림, 11pt), 정렬은 숫자 및 회계 서식은 오른쪽 정렬, 나머지 서식은 가운데 정렬로 작성하며 예외적인 것은 ≪출력형태≫를 참조하시오.
○ 제 목 ⇒ '평행 사변형' 도형과 '바깥쪽 : 오른쪽 그림자'를 이용하여 작성하고 "1월 사원 출장 현황"을 입력한 후 다음 서식을 적용하시오(글꼴-굴림, 24pt, 검정, 진하게, 채우기-노랑).
○ 임의의 셀에 결재란을 만들고 '그림으로 복사하기' 기능을 이용하여 작성하시오(단, 원본 삭제).
○ 「B4:J4, G14, I14」 영역은 '노랑'으로 채우기 하시오.
○ 유효성 검사를 이용하여 「H14」 셀에 사원번호(「B5:B12」 영역)가 선택 표시되도록 하시오.
○ 셀 서식 ⇒ 「G5:G12」 영역에 셀 서식을 이용하여 숫자 뒤에 '일'을 표시하시오(예 : 6일).
○ 「F5:F12」 영역에 대해 '출장비'로 이름정의를 하시오.

◉ (1)~(6) 셀은 반드시 **주어진 함수를 이용**하여 값을 구하시오(결과값을 직접 입력하면 해당 셀은 0점 처리됨).
(1) 출발요일 ⇒ 출발일자의 요일을 예와 같이 구하시오(CHOOSE, WEEKDAY 함수)(예 : 월요일).
(2) 비고 ⇒ 출장일수가 '5' 이상이면 '출장일수 많음', 그 외에는 공백으로 표시하시오(IF 함수).
(3) 인사부의 출장일수 평균 ⇒ (SUMIF, COUNTIF 함수)
(4) 사원의 출장일수 합계 ⇒ 결과값에 '일'을 붙이시오. 단, 조건은 입력데이터를 이용하시오
    (DSUM 함수, & 연산자)(예 : 1일).
(5) 최대 출장비(단위:원) ⇒ 정의된 이름(출장비)을 이용하여 구하시오(MAX 함수).
(6) 출장일수 ⇒ 「H14」 셀에서 선택한 사원번호에 대한 출장일수를 표시하시오(VLOOKUP 함수).
(7) 조건부 서식의 수식을 이용하여 출장비(단위:원)가 '200,000' 이하인 행 전체에 다음의 서식을 적용하시오.
    (글꼴 : 파랑, 진하게).

[제2작업] 목표값 찾기 및 필터   80점

➡ "**제1작업**" 시트의 「B4:H12」 영역을 복사하여 "**제2작업**" 시트의 「B2」 셀부터 모두 붙여넣기를 한 후 다음의 조건과 같이 작업하시오.

≪조건≫
(1) 목표값 찾기 – 「B11:G11」 셀을 병합하고 가운데 맞춤한 후 "영업부의 출장비(단위:원) 평균"을 입력하고, 「H11」 셀에 영업부의 출장비(단위:원) 평균을 구하시오. 단, 조건은 입력데이터를 이용하시오. (DAVERAGE 함수, 테두리).
  – '영업부의 출장비(단위:원) 평균'이 '300,000'이 되려면 민시후 사원의 출장비(단위:원)가 얼마가 되어야 하는지 목표값을 구하시오.

(2) 고급 필터 – 부서명이 '영업부'가 아니면서 출장일수가 '4' 이하인 자료의 '사원명, 직급, 출장일수, 출발일자' 데이터만 추출하시오.
  – 찾을 조건 범위 : 「B14」 셀부터 입력하시오.
  – 복사 위치 : 「B18」 셀부터 나타나도록 하시오.

[제3작업] 정렬 및 부분합   80점

➡ "**제1작업**" 시트의 「B4:H12」 영역을 복사하여 "**제3작업**" 시트의 「B2」 셀부터 모두 붙여넣기를 한 후 다음의 조건과 같이 작업하시오.

≪조건≫
(1) 부분합 – ≪출력형태≫처럼 정렬하고, 사원명의 개수와 출장비(단위:원)의 평균을 구하시오.
(2) 윤곽 – 지우시오.
(3) 나머지 사항은 ≪출력형태≫에 맞게 작성하시오.

≪출력형태≫

A	B	C	D	E	F	G	H
1							
2	사원번호	사원명	직급	부서명	출장비(단위:원)	출장일수	출발일자
3	C10-25	한창훈	사원	인사부	128,000	2일	2023-01-21
4	E10-25	박금희	대리	인사부	280,000	2일	2023-01-15
5				인사부 평균	204,000		
6		2		인사부 개수			
7	C11-23	민시후	사원	영업부	520,000	6일	2023-01-07
8	A07-01	윤정은	대리	영업부	225,000	2일	2023-01-07
9	E09-53	김지은	과장	영업부	197,000	3일	2023-01-06
10				영업부 평균	314,000		
11		3		영업부 개수			
12	A07-45	조재은	사원	기획부	415,000	3일	2023-01-03
13	A08-23	한효빈	과장	기획부	546,000	5일	2023-01-17
14	E09-12	김지효	대리	기획부	150,000	2일	2023-01-12
15				기획부 평균	370,333		
16		3		기획부 개수			
17		8		전체 개수			
18				전체 평균	307,625		

[제4작업] 그래프 100점

➡ "제1작업" 시트를 이용하여 "제4작업" 시트에 ≪출력형태≫와 같이 작업하시오.

≪조건≫
  (1) 차트 종류 ⇒ 〈묶은 세로 막대형〉으로 작업하시오.
  (2) 데이터 범위 ⇒ "제1작업" 시트의 내용을 이용하여 작업하시오.
  (3) 차트 위치 [B2:K28] 영역에 배치하여 ≪출력형태≫와 같이 작업하시오.
  (4) 차트 스타일 ⇒ 레이아웃6을 적용하시오.
  (5) 배경 서식 ⇒ 차트 영역(노랑), 그림 영역(하양), 전체 글꼴(굴림, 11pt)을 적용하여 작업하시오.
  (6) 제목 서식 ⇒ 글꼴(궁서, 20pt, 진하게), 채우기(하양), 실선, 그림자(바깥쪽 : 대각선 오른쪽 아래)
  (7) 서식 ⇒ 출장일수 계열을 보조축으로 지정하고 표식이 있는 꺾은선형으로 변경하시오.
      계열 : ≪출력형태≫를 참조하여 표식(다이아몬드형, 크기 10)과 레이블 값을 표시하시오.
      축 및 주 눈금선(종류-파선)은 ≪출력형태≫와 같이 표시하시오.
  (8) 범례 ⇒ ≪출력형태≫를 참조하시오.
  (9) 도형 ⇒ '모서리가 둥근 사각형 설명선'을 삽입한 후 내용을 입력하시오.
  (10) 나머지 사항은 ≪출력형태≫에 맞게 작성하시오.

≪출력형태≫

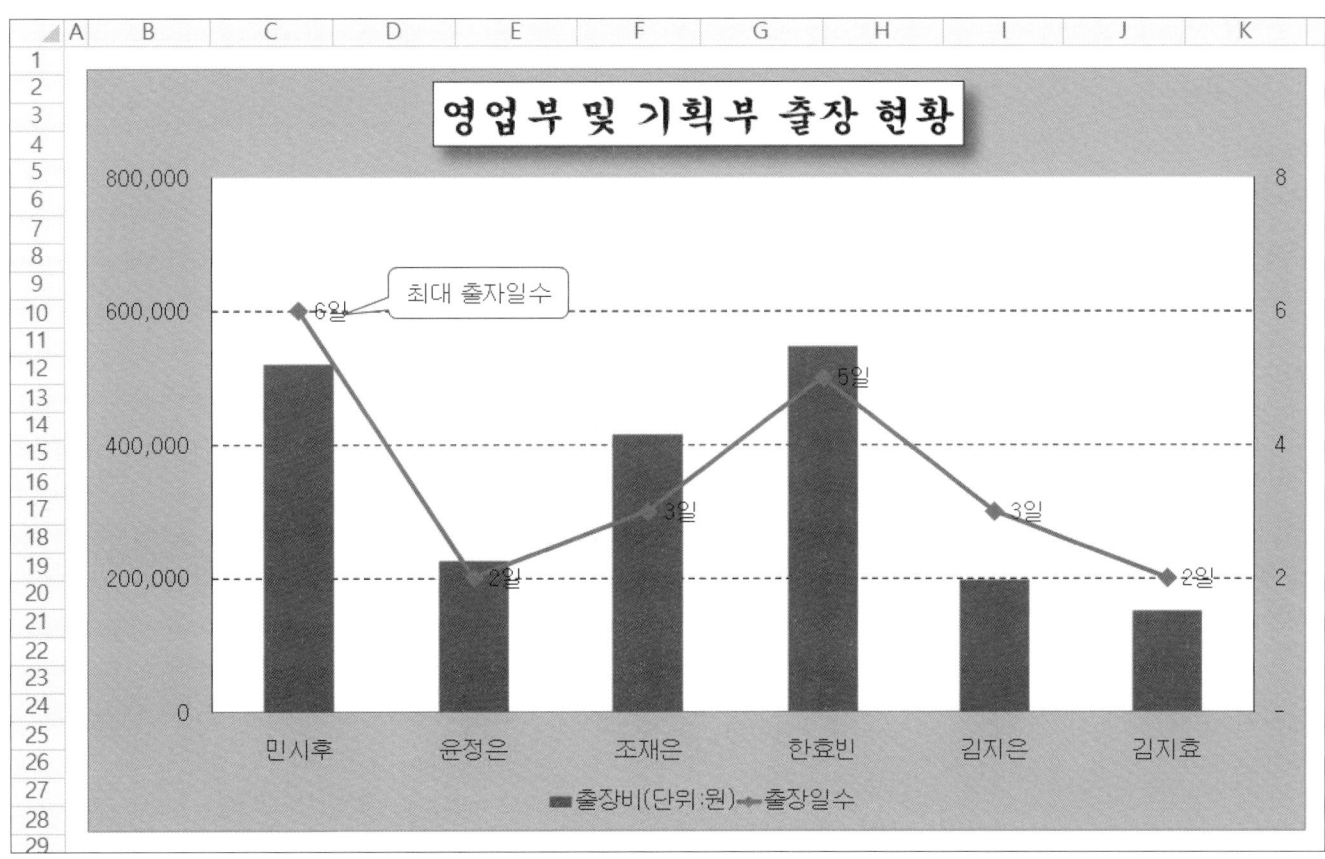

➡ 시트명 순서가 차례대로 "제1작업", "제2작업", "제3작업", "제4작업"이 되도록 할 것.

제08회 정보기술자격(ITQ) 출제예상 모의고사

과목	코드	문제유형	시험시간	수험번호	성명
한셀	1121	B	60분		

한컴 오피스

◆ 수험자 유의사항 ◆

- 수험자는 문제지를 받는 즉시 문제지와 **수험표상의 시험 과목(프로그램)이 동일한지 반드시 확인**하여야 합니다.
- 파일명은 본인의 "수험번호-성명"으로 입력하여 답안 폴더(내 PC₩문서₩ITQ)에 하나의 파일로 저장해야 하며, 답안 문서 파일명이 "수험번호-성명"과 일치하지 않거나, 답안 파일을 전송하지 않아 미제출로 처리될 경우 실격 처리합니다. (예:12345678-홍길동.cell).
- 답안 작성을 마치면 파일을 저장하고, '답안 전송' 버튼을 선택하여 감독위원 PC로 답안을 전송하십시오. 수험생 정보와 저장한 파일명이 다를 경우 전송되지 않으므로 주의하시기 바랍니다.
- 답안 작성 중에도 **주기적으로 저장하고, '답안 전송'**하여야 문제 발생을 줄일 수 있습니다. 작업한 내용을 저장하지 않고 전송할 경우 이전에 저장된 내용이 전송되오니 이점 유의하시기 바랍니다.
- 답안 문서는 지정된 경로 외의 다른 보조기억장치에 저장하는 경우, 지정된 시험 시간 외에 작성된 파일을 활용할 경우, 기타 통신수단(이메일, 메신저, 네트워크 등)을 이용하여 타인에게 전달 또는 외부 반출하는 경우는 부정 처리합니다.
- 시험 중 부주의 또는 고의로 시스템을 파손한 경우는 수험자가 변상해야 하며, 〈수험자 유의사항〉에 기재된 방법대로 이행하지 않아 생기는 불이익은 수험생 당사자의 책임임을 알려 드립니다.
- **문제의 조건은 한컴 오피스 2022 버전으로 설정되어 유의하시기 바랍니다.**
- 시험을 완료한 수험자는 답안 파일이 전송되었는지 확인한 후 감독위원의 지시에 따라 문제지를 제출하고 퇴실합니다.

◆ 답안 작성요령 ◆

- 온라인 답안 작성 절차
  수험자 등록 ⇒ 시험 시작 ⇒ 답안 파일 저장 ⇒ 답안 전송 ⇒ 시험 종료
- 문제는 총 4단계, 즉 제1작업부터 제4작업까지 구성되어 있으며 반드시 제1작업부터 순서대로 작성하고 조건대로 작업하시오.
- 모든 작업 시트의 A열은 열 너비 '1'로, 나머지 열은 적당하게 조절하시오.
- 모든 작업 시트의 테두리는 《출력형태》와 같이 작업하시오.
- 해당 작업란에서는 각각 제시된 조건에 따라 《출력형태》와 같이 작업하시오.
- 답안 시트 이름은 "제1작업", "제2작업", "제3작업", "제4작업"이어야 하며 답안 시트 이외의 것은 감점 처리됩니다.
- 각 시트를 파일로 나누어 작업해서 저장할 경우 실격 처리됩니다.

kpc 한국생산성본부

[제1작업] 표 서식 작성 및 값 계산 240점

▶ 다음은 '**수상 태양광 설치 현황**'에 대한 자료이다. 자료를 입력하고 조건에 맞도록 작업하시오.

≪출력형태≫

관리코드	사업장	형태	설치일	용량(Kw)	발전규모(Kw)	설치비용	보조 지원금	시공사
GS103	운문댐	부력일체형	2017-04-13	500	1,830	8,830,000	(1)	(2)
GE101	경남합천댐	부력일체형	2016-03-08	800	2,100	15,360,000	(1)	(2)
GA202	지평저수지	구조체형	2017-03-15	1,500	4,200	27,860,000	(1)	(2)
GS302	청호저수지	구조체형	2015-10-09	300	1,150	5,500,000	(1)	(2)
GE452	당진화력발전소	구조체형	2018-06-12	1,000	3,540	18,120,000	(1)	(2)
GA713	용당저수지	프레임형	2016-02-10	1,350	3,950	21,960,000	(1)	(2)
GT121	보령댐	부력일체형	2016-11-15	1,800	4,540	32,760,000	(1)	(2)
GS661	오창저수지	프레임형	2015-11-10	200	870	4,520,000	(1)	(2)
부력일체형 설치비용의 평균			(3)		최저 용량(Kw)			(5)
구조체형 사업장 개수			(4)		사업장	운문댐	설치비용	(6)

(결재란: 담당 / 대리 / 팀장)

≪조건≫

○ 모든 데이터의 서식에는 글꼴(굴림, 11pt), 정렬은 숫자 및 회계 서식은 오른쪽 정렬, 나머지 서식은 가운데 정렬로 작성하며 예외적인 것은 ≪출력형태≫를 참조하시오.
○ 제 목 ⇒ '사다리꼴' 도형과 '바깥쪽 : 오른쪽 그림자'를 이용하여 작성하고 "수상 태양광 설치 현황"을 입력한 후 다음 서식을 적용하시오(글꼴-굴림, 24pt, 검정, 진하게, 채우기-노랑).
○ 임의의 셀에 결재란을 만들고 '그림으로 복사하기' 기능을 이용하여 작성하시오(단, 원본 삭제).
○ 「B4:J4, G14, I14」 영역은 '노랑'으로 채우기 하시오.
○ 유효성 검사를 이용하여 「H14」 셀에 사업장(「C5:C12」 영역)이 선택 표시되도록 하시오.
○ 셀 서식 ⇒ 「H5:H12」 영역에 셀 서식을 이용하여 숫자 뒤에 '원'을 표시하시오(예 : 8,830,000원).
○ 「F5:F12」 영역에 대해 '용량'으로 이름정의를 하시오.

◉ (1)~(6) 셀은 반드시 **주어진 함수를 이용**하여 값을 구하시오(결과값을 직접 입력하면 해당 셀은 0점 처리됨).
  (1) 보조 지원금 ⇒ 「설치비용×지원비율」로 구하되, 지원비율은 용량(Kw)이 '1,000' 이상이면 '50%', '500' 이상이면 '30%', 그 외에는 '20%'로 지정하여 구하시오(IF 함수).
  (2) 시공사 ⇒ 관리코드의 마지막 글자가 '1'이면 '그린에너지', '2'이면 '미래전자', '3'이면 '한국전자'로 구하시오 (CHOOSE, RIGHT 함수).
  (3) 부력일체형 설치비용의 평균 ⇒ 반올림하여 천원 단위까지 구하시오. 단, 조건은 입력데이터를 이용하시오 (ROUND, DAVERAGE 함수)(예 : 23,456,700 → 23,457,000).
  (4) 구조체형 사업장 개수 ⇒ 결과값에 '개'를 붙이시오(COUNTIF 함수, & 연산자)(예 : 1개).
  (5) 최저 용량(Kw) ⇒ 정의된 이름(용량)을 이용하여 구하시오(SMALL 함수).
  (6) 설치비용 ⇒ 「H14」 셀에서 선택한 사업장에 대한 설치비용을 구하시오(VLOOKUP 함수).
  (7) 조건부 서식의 수식을 이용하여 용량(Kw)이 '500' 이하인 행 전체에 다음의 서식을 적용하시오
     (글꼴 : 파랑, 진하게).

[제2작업] 목표값 찾기 및 필터　　　　　　　　　　80점

➜ "제1작업" 시트의 「B4:H12」 영역을 복사하여 "제2작업" 시트의 「B2」 셀부터 모두 붙여넣기를 한 후 다음의 조건과 같이 작업하시오.

≪조건≫

(1) 목표값 찾기 − 「B11:G11」 셀을 병합하고 가운데 맞춤한 후 "부력일체형의 발전규모(Kw) 합계"를 입력하고, 「H11」 셀에 부력일체형의 발전규모(Kw) 합계를 구하시오.
　　　　　　　단, 조건은 입력데이터를 이용하시오(DSUM 함수, 테두리).
　　　　　− '부력일체형의 발전규모(Kw) 합계'가 '8,500'이 되려면 운문댐 사업장의 발전규모(Kw)가 얼마가 되어야 하는지 목표값을 구하시오.

(2) 고급 필터 − 형태가 '프레임형'이거나, 용량(Kw)이 '500' 미만인 자료의 '사업장, 용량(Kw), 발전규모(Kw), 설치비용' 데이터만 추출하시오.
　　　　　− 찾을 조건 범위 : 「B14」 셀부터 입력하시오.
　　　　　− 복사 위치 : 「B18」 셀부터 나타나도록 하시오.

[제3작업] 피벗 테이블　　　　　　　　　　80점

➜ "제1작업" 시트를 이용하여 "제3작업" 시트에 조건에 따라 ≪출력형태≫와 같이 작업하시오.

≪조건≫

(1) 설치일 및 형태별 사업장의 개수와 발전규모(Kw)의 평균을 구하시오.
(2) 설치일로 그룹화하고, 보고서 레이아웃은 개요 형식으로 설정하시오.
(3) 형태를 ≪출력형태≫와 같이 정렬하고, 빈 셀은 '**'로 표시하시오.
(4) 행의 총합계를 지우고, 나머지 사항은 ≪출력형태≫에 맞게 작성하시오.

≪출력형태≫

	A	B	C	D	E	F	G	H
1								
2			형태 ▼	데이터 ▼				
3			프레임형		부력일체형		구조체형	
4		설치일 ▼	개수 : 사업장	평균 : 발전규모(Kw)	개수 : 사업장	평균 : 발전규모(Kw)	개수 : 사업장	평균 : 발전규모(Kw)
5		2015년	1	870	**	**	1	1,150
6		2016년	1	3,950	2	3,320	**	**
7		2017년	**	**	1	1,830	1	4,200
8		2018년	**	**	**	**	1	3,540
9		총 합계	2	2,410	3	2,823	3	2,963

[제4작업] 그래프 100점

➡ "제1작업" 시트를 이용하여 "제4작업" 시트에 ≪출력형태≫와 같이 작업하시오.

≪조건≫

(1) 차트 종류 ⇒ 〈3차원 원형〉으로 작업하시오.
(2) 데이터 범위 ⇒ "제1작업" 시트의 내용을 이용하여 작업하시오.
(3) 차트 위치 ⇒ 「B2:K28」 영역에 배치하여 ≪출력형태≫와 같이 작업하시오.
(4) 차트 스타일 ⇒ 레이아웃6, 스타일3을 적용하시오.
(5) 배경 서식 ⇒ 차트 영역(노랑), 그림 영역(하양), 전체 글꼴(굴림, 11pt)을 적용하여 작업하시오.
(6) 제목 서식 ⇒ 글꼴(궁서, 20pt, 진하게), 채우기(하양), 실선, 그림자(바깥쪽 : 가운데)
(7) 서식 ⇒ 계열 : 보령댐 조각을 쪼개진 요소 20%로 지정하여 분리하시오.
　　　　레이블 : 값을 표시하고 위치 및 채우기 색(하양)은 ≪출력형태≫와 같이 표시하시오.
(8) 범례 ≪출력형태≫를 참조하시오.
(9) 도형 ⇒ '모서리가 둥근 사각형 설명선'을 삽입한 후 내용을 입력하시오.
(10) 나머지 사항은 ≪출력형태≫에 맞게 작성하시오.

≪출력형태≫

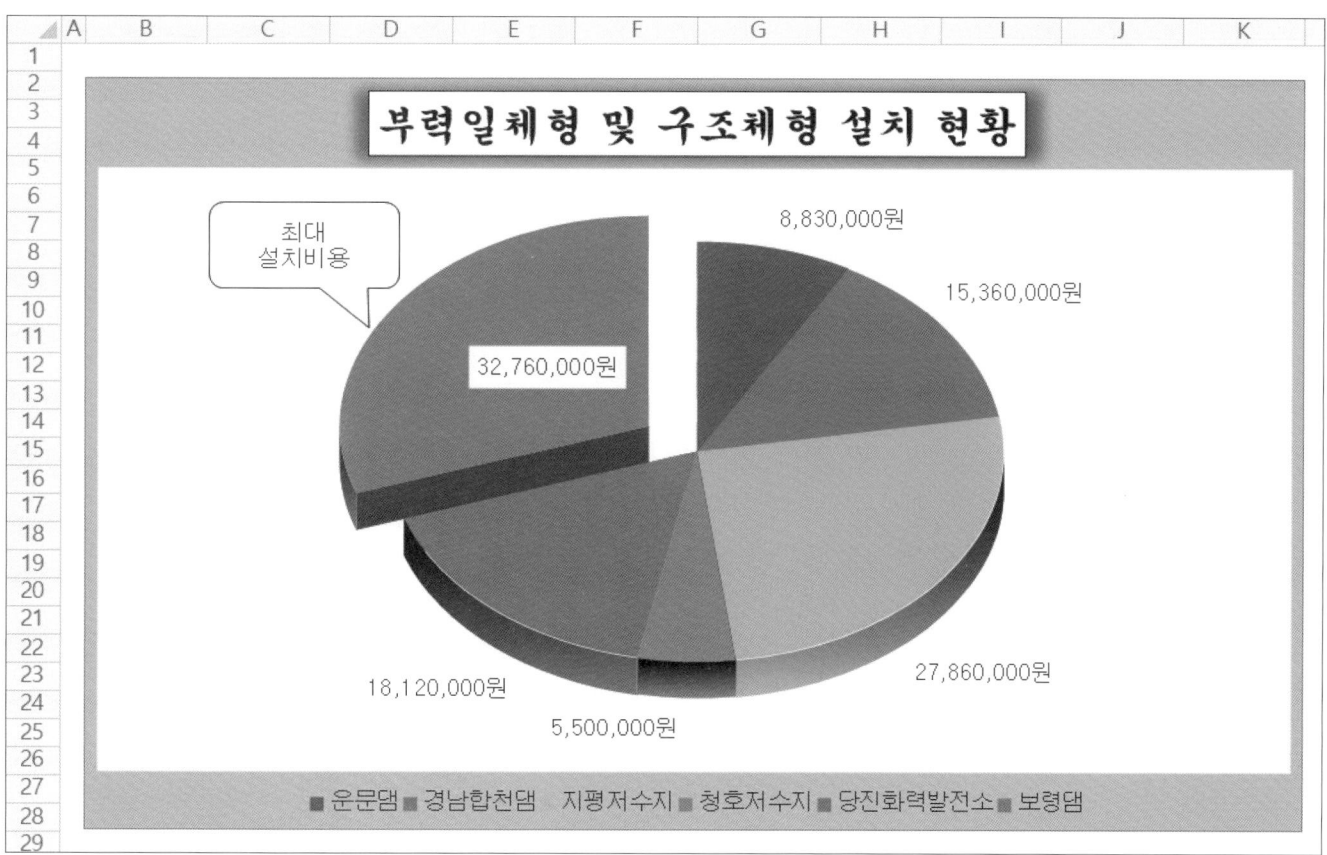

주의 ➡ 시트명 순서가 차례대로 "제1작업", "제2작업", "제3작업", "제4작업"이 되도록 할 것.

제 09 회 정보기술자격(ITQ) 출제예상 모의고사

과목	코드	문제유형	시험시간	수험번호	성명
한셀	1121	B	60분		

한컴 오피스

· 수험자 유의사항 ·

- 수험자는 문제지를 받는 즉시 문제지와 **수험표상의 시험 과목(프로그램)이 동일한지 반드시 확인**하여야 합니다.
- 파일명은 본인의 "수험번호-성명"으로 입력하여 답안 폴더(내 PC₩문서₩ITQ)에 하나의 파일로 저장해야 하며, 답안 문서 파일명이 "수험번호-성명"과 일치하지 않거나, 답안 파일을 전송하지 않아 미제출로 처리될 경우 실격 처리합니다 (예:12345678-홍길동.cell).
- 답안 작성을 마치면 파일을 저장하고, '답안 전송' 버튼을 선택하여 감독위원 PC로 답안을 전송하십시오. 수험생 정보와 저장한 파일명이 다를 경우 전송되지 않으므로 주의하시기 바랍니다.
- 답안 작성 중에도 **주기적으로 저장하고, '답안 전송'**하여야 문제 발생을 줄일 수 있습니다. 작업한 내용을 저장하지 않고 전송할 경우 이전에 저장된 내용이 전송되오니 이점 유의하시기 바랍니다.
- 답안 문서는 지정된 경로 외의 다른 보조기억장치에 저장하는 경우, 지정된 시험 시간 외에 작성된 파일을 활용할 경우, 기타 통신수단(이메일, 메신저, 네트워크 등)을 이용하여 타인에게 전달 또는 외부 반출하는 경우는 부정 처리합니다.
- 시험 중 부주의 또는 고의로 시스템을 파손한 경우는 수험자가 변상해야 하며, 〈수험자 유의사항〉에 기재된 방법대로 이행하지 않아 생기는 불이익은 수험생 당사자의 책임임을 알려 드립니다.
- **문제의 조건은 한컴 오피스 2022 버전으로 설정되어 유의하시기 바랍니다.**
- 시험을 완료한 수험자는 답안 파일이 전송되었는지 확인한 후 감독위원의 지시에 따라 문제지를 제출하고 퇴실합니다.

· 답안 작성요령 ·

- 온라인 답안 작성 절차
  수험자 등록 ⇒ 시험 시작 ⇒ 답안 파일 저장 ⇒ 답안 전송 ⇒ 시험 종료
- 문제는 총 4단계, 즉 제1작업부터 제4작업까지 구성되어 있으며 반드시 제1작업부터 순서대로 작성하고 조건대로 작업하시오.
- 모든 작업 시트의 A열은 열 너비 '1'로, 나머지 열은 적당하게 조절하시오.
- 모든 작업 시트의 테두리는 《출력형태》와 같이 작업하시오.
- 해당 작업란에서는 각각 제시된 조건에 따라 《출력형태》와 같이 작업하시오.
- 답안 시트 이름은 "제1작업", "제2작업", "제3작업", "제4작업"이어야 하며 답안 시트 이외의 것은 감점 처리됩니다.
- 각 시트를 파일로 나누어 작업해서 저장할 경우 실격 처리됩니다.

[제1작업] 표 서식 작성 및 값 계산
240점

다음은 '**모래수송선 실적 현황**'에 대한 자료이다. 자료를 입력하고 조건에 맞도록 작업하시오.

≪출력형태≫

	A	B	C	D	E	F	G	H	I	J
1				모래수송선 실적 현황				확인	담당	대리	과장
2											
3											
4		코드	선박명	대리점	입항항	항차	입항일	화물량(단위:톤)	입항요일	비고
5		A6362	천곡211호	신일해운	목포	75	2023-01-13	7,820	(1)	(2)
6		B8325	추암203호	승호해운	인천	82	2023-03-01	5,064	(1)	(2)
7		C3296	평릉402호	승호해운	인천	11	2023-03-04	6,322	(1)	(2)
8		B1287	백석105호	신일해운	부산	6	2023-02-21	4,368	(1)	(2)
9		B1554	삼봉902호	태현이앤씨	인천	4	2023-01-27	5,239	(1)	(2)
10		C2281	비천107호	승호해운	부산	68	2023-03-03	3,640	(1)	(2)
11		A7732	해동323호	신일해운	인천	5	2023-02-12	4,325	(1)	(2)
12		A6528	대진704호	태현이앤씨	인천	48	2023-02-16	2,418	(1)	(2)
13		최소 화물량(단위:톤)			(3)			신일해운 선박의 항차 평균		(5)
14		승호해운의 선박개수			(4)			코드	A6362	항차	(6)

≪조건≫

○ 모든 데이터의 서식에는 글꼴(굴림, 11pt), 정렬은 숫자 및 회계 서식은 오른쪽 정렬, 나머지 서식은 가운데 정렬로 작성하며 예외적인 것은 ≪출력형태≫를 참조하시오.
○ 제 목 ⇒ '한쪽 모서리가 잘린 사각형' 도형과 '바깥쪽 : 오른쪽 그림자'를 이용하여 작성하고 "모래수송선 실적 현황"을 입력한 후 다음 서식을 적용하시오(글꼴-굴림, 24pt, 검정, 진하게, 채우기-노랑).
○ 임의의 셀에 결재란을 만들고 '그림으로 복사하기' 기능을 이용하여 작성하시오(단, 원본 삭제).
○ 「B4:J4, G14, I14」 영역은 '노랑'으로 채우기 하시오.
○ 유효성 검사를 이용하여 「H14」 셀에 코드(「B5:B12」 영역)가 선택 표시되도록 하시오.
○ 셀 서식 ⇒ 「F5:F12」 영역에 셀 서식을 이용하여 숫자 뒤에 '항차'를 표시하시오(예 : 75항차).
○ 「D5:D12」 영역에 대해 '대리점'으로 이름정의를 하시오.

◉ (1)~(6) 셀은 반드시 **주어진 함수를 이용**하여 값을 구하시오(결과값을 직접 입력하면 해당 셀은 0점 처리됨).
  (1) 입항요일 ⇒ 입항일의 요일을 예와 같이 구하시오(CHOOSE, WEEKDAY 함수)(예 : 월요일).
  (2) 비고 ⇒ 항차의 내림차순 순위를 구한 결과값에 '위'를 붙이시오(RANK.EQ 함수, & 연산자)(예 : 1위).
  (3) 최소 화물량(단위:톤) ⇒ (MIN 함수)
  (4) 승호해운의 선박개수 ⇒ 정의된 이름(대리점)을 이용하여 구하시오(COUNTIF 함수).
  (5) 신일해운 선박의 항차 평균 ⇒ 소수점 아래는 버리고 정수로 구하시오. 단, 조건은 입력데이터를 이용하시오 (INT, DAVERAGE 함수)(예 : 43.65 → 43).
  (6) 항차 ⇒ 「H14」 셀에서 선택한 코드에 대한 항차를 표시하시오(VLOOKUP 함수).
  (7) 조건부 서식의 수식을 이용하여 항차가 '10' 이하인 행 전체에 다음의 서식을 적용하시오 (글꼴 : 파랑, 진하게).

[제2작업] 목표값 찾기 및 필터   80점

➡ "제1작업" 시트의 「B4:H12」 영역을 복사하여 "제2작업" 시트의 「B2」 셀부터 모두 붙여넣기를 한 후 다음의 조건과 같이 작업하시오.

≪조건≫

(1) 목표값 찾기 – 「B11:G11」 셀을 병합하고 가운데 맞춤한 후 "신일해운의 화물량(단위:톤) 합계"를 입력하고, 「H11」 셀에 신일해운 대리점의 화물량(단위:톤) 합계를 구하시오.
  단, 조건은 입력데이터를 이용하시오(SUMIF 함수, 테두리).
  – '신일해운의 화물량(단위:톤) 합계'가 '17,000'이 되려면 천곡211호의 화물량(단위:톤)이 얼마가 되어야 하는지 목표값을 구하시오.

(2) 고급 필터 – 코드가 'C'로 시작하거나, 항차가 '80' 이상인 자료의 '코드, 선박명, 항차, 화물량(단위:톤)' 데이터만 추출하시오.
  – 찾을 조건 범위 : 「B14」 셀부터 입력하시오.
  – 복사 위치 : 「B18」 셀부터 나타나도록 하시오.

[제3작업] 정렬 및 부분합   80점

➡ "제1작업" 시트의 「B4:H12」 영역을 복사하여 "제3작업" 시트의 「B2」 셀부터 모두 붙여넣기를 한 후 다음의 조건과 같이 작업하시오.

≪조건≫

(1) 부분합 – ≪출력형태≫처럼 정렬하고, 선박명의 개수와 화물량(단위:톤)의 평균을 구하시오.
(2) 윤곽 – 지우시오.
(3) 나머지 사항은 ≪출력형태≫에 맞게 작성하시오.

≪출력형태≫

A	B	C	D	E	F	G	H
1							
2	코드	선박명	대리점	입항항	항차	입항일	화물량(단위:톤)
3	B8325	추암203호	승호해운	인천	82항차	2023-03-01	5,064
4	C3296	평릉402호	승호해운	인천	11항차	2023-03-04	6,322
5	C2281	비천107호	승호해운	부산	68항차	2023-03-03	3,640
6			승호해운 합계				15,026
7		3	승호해운 개수				
8	A6362	천곡211호	신일해운	목포	75항차	2023-01-13	7,820
9	B1287	백석105호	신일해운	부산	6항차	2023-02-21	4,368
10	A7732	해동323호	신일해운	인천	5항차	2023-02-12	4,325
11			신일해운 합계				16,513
12		3	신일해운 개수				
13	B1554	삼봉902호	태현이앤씨	인천	4항차	2023-01-27	5,239
14	A6528	대진704호	태현이앤씨	인천	48항차	2023-02-16	2,418
15			태현이앤씨 합계				7,657
16		2	태현이앤씨 개수				
17			총 합계				39,196
18		8	전체 개수				

[제4작업] 그래프   100점

➡ "제1작업" 시트를 이용하여 "제4작업" 시트에 ≪출력형태≫와 같이 작업하시오.

≪조건≫
(1) 차트 종류 ⇒ 〈묶은 세로 막대형〉으로 작업하시오.
(2) 데이터 범위 ⇒ "제1작업" 시트의 내용을 이용하여 작업하시오.
(3) 차트 위치 [B2:K28] 영역에 배치하여 ≪출력형태≫와 같이 작업하시오.
(4) 차트 스타일 ⇒ 레이아웃6을 적용하시오.
(5) 배경 서식 ⇒ 차트 영역(노랑), 그림 영역(하양), 전체 글꼴(굴림, 11pt)을 적용하여 작업하시오.
(6) 제목 서식 ⇒ 글꼴(궁서, 20pt, 진하게), 채우기(하양), 실선, 그림자(안쪽 : 대각선 오른쪽 아래)
(7) 서식 ⇒ 화물량(단위:톤) 계열을 보조축으로 지정하고 표식이 있는 꺾은선형으로 변경하시오.
　　　　계열 : ≪출력형태≫를 참조하여 표식(사각형, 크기 10)과 레이블 값을 표시하시오.
　　　　축 및 주 눈금선(종류-점선)은 ≪출력형태≫와 같이 표시하시오.
(8) 범례 ⇒ ≪출력형태≫를 참조하시오.
(9) 도형 ⇒ '모서리가 둥근 사각형 설명선'을 삽입한 후 내용을 입력하시오.
(10) 나머지 사항은 ≪출력형태≫에 맞게 작성하시오.

≪출력형태≫

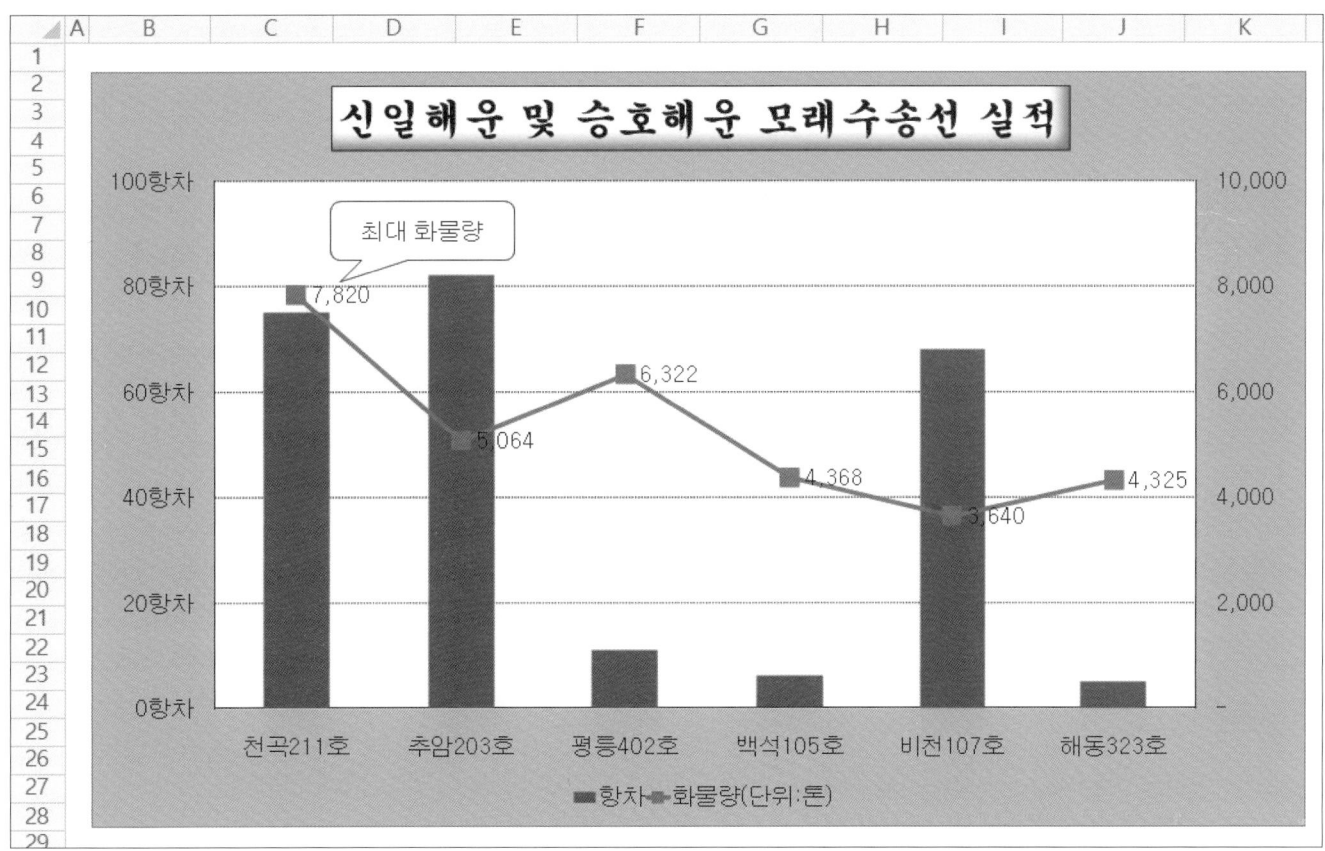

➡ 시트명 순서가 차례대로 "제1작업", "제2작업", "제3작업", "제4작업"이 되도록 할 것.

제 10 회 정보기술자격(ITQ) 출제예상 모의고사

과목	코드	문제유형	시험시간	수험번호	성명
한셀	1121	B	60분		

한컴 오피스

• 수험자 유의사항 •

- 수험자는 문제지를 받는 즉시 문제지와 **수험표상의 시험 과목(프로그램)이 동일한지 반드시 확인**하여야 합니다.
- 파일명은 본인의 "수험번호-성명"으로 입력하여 답안 폴더(내 PC\문서\ITQ)에 하나의 파일로 저장해야 하며, 답안 문서 파일명이 "수험번호-성명"과 일치하지 않거나, 답안 파일을 전송하지 않아 미제출로 처리될 경우 실격 처리합니다(예:12345678-홍길동.cell).
- 답안 작성을 마치면 파일을 저장하고, '답안 전송' 버튼을 선택하여 감독위원 PC로 답안을 전송하십시오. 수험생 정보와 저장한 파일명이 다를 경우 전송되지 않으므로 주의하시기 바랍니다.
- 답안 작성 중에도 **주기적으로 저장하고, '답안 전송'**하여야 문제 발생을 줄일 수 있습니다. 작업한 내용을 저장하지 않고 전송할 경우 이전에 저장된 내용이 전송되오니 이점 유의하시기 바랍니다.
- 답안 문서는 지정된 경로 외의 다른 보조기억장치에 저장하는 경우, 지정된 시험 시간 외에 작성된 파일을 활용할 경우, 기타 통신수단(이메일, 메신저, 네트워크 등)을 이용하여 타인에게 전달 또는 외부 반출하는 경우는 부정 처리합니다.
- 시험 중 부주의 또는 고의로 시스템을 파손한 경우는 수험자가 변상해야 하며, 〈수험자 유의사항〉에 기재된 방법대로 이행하지 않아 생기는 불이익은 수험생 당사자의 책임임을 알려 드립니다.
- **문제의 조건은 한컴 오피스 2022 버전으로 설정되어 유의하시기 바랍니다.**
- 시험을 완료한 수험자는 답안 파일이 전송되었는지 확인한 후 감독위원의 지시에 따라 문제지를 제출하고 퇴실합니다.

• 답안 작성요령 •

- 온라인 답안 작성 절차
  수험자 등록 ⇒ 시험 시작 ⇒ 답안 파일 저장 ⇒ 답안 전송 ⇒ 시험 종료
- 문제는 총 4단계, 즉 제1작업부터 제4작업까지 구성되어 있으며 반드시 제1작업부터 순서대로 작성하고 조건대로 작업하시오.
- 모든 작업 시트의 A열은 열 너비 '1'로, 나머지 열은 적당하게 조절하시오.
- 모든 작업 시트의 테두리는 《출력형태》와 같이 작업하시오.
- 해당 작업란에서는 각각 제시된 조건에 따라 《출력형태》와 같이 작업하시오.
- 답안 시트 이름은 "제1작업", "제2작업", "제3작업", "제4작업"이어야 하며 답안 시트 이외의 것은 감점 처리됩니다.
- 각 시트를 파일로 나누어 작업해서 저장할 경우 실격 처리됩니다.

kpc 한국생산성본부

[제1작업] 표 서식 작성 및 값 계산 240점

다음은 '사원 실비보험 가입 현황'에 대한 자료이다. 자료를 입력하고 조건에 맞도록 작업하시오.

≪출력형태≫

사원코드	사원명	생년월일	가입연수	구분	월 보험료 (단위:원)	자기부담금 (치료시)	근무지	나이
SK8-122	정은지	1982-04-12	14	단체	43,600	10,000	(1)	(2)
DP8-234	성희도	1979-03-16	7	가족	50,000	5,000	(1)	(2)
EP7-145	안영자	1984-01-07	8	가족	109,000	11,500	(1)	(2)
SP7-165	금희윤	1976-05-14	9	개인	26,000	10,000	(1)	(2)
DP7-221	박승호	1991-08-15	11	단체	57,000	5,000	(1)	(2)
EP8-145	정재량	1990-12-03	6	개인	82,000	5,000	(1)	(2)
DP6-288	이승아	1989-09-19	10	가족	32,000	12,000	(1)	(2)
EP6-137	김지호	1985-04-08	12	개인	25,000	10,000	(1)	(2)
월 보험료(단위:원) 최고 금액			(3)		단체 가입자 수			(5)
10년 이상된 가입자 수			(4)		사원코드	SK8-122	가입연수	(6)

결재란: 담당, 팀장, 센터장

≪조건≫

- 모든 데이터의 서식에는 글꼴(굴림, 11pt), 정렬은 숫자 및 회계 서식은 오른쪽 정렬, 나머지 서식은 가운데 정렬로 작성하며 예외적인 것은 ≪출력형태≫를 참조하시오.
- 제 목 ⇒ '십자형' 도형과 '바깥쪽 : 오른쪽 그림자'를 이용하여 작성하고 "사원 실비보험 가입 현황"을 입력한 후 다음 서식을 적용하시오(글꼴-굴림, 24pt, 검정, 진하게, 채우기-노랑).
- 임의의 셀에 결재란을 만들고 '그림으로 복사하기' 기능을 이용하여 작성하시오(단, 원본 삭제).
- 「B4:J4, G14, I14」 영역은 '노랑'으로 채우기 하시오.
- 유효성 검사를 이용하여 「H14」 셀에 사원코드(「B5:B12」 영역)가 선택 표시되도록 하시오.
- 셀 서식 ⇒ 「H5:H12」 영역에 셀 서식을 이용하여 숫자 뒤에 '원'을 표시하시오(예 : 10,000원).
- 「G5:G12」 영역에 대해 '보험료'로 이름정의를 하시오.

⊙ (1)~(6) 셀은 반드시 **주어진 함수를 이용**하여 값을 구하시오(결과값을 직접 입력하면 해당 셀은 0점 처리됨).

(1) 근무지 ⇒ 사원코드의 첫 글자가 'S'이면 '본부', 'D'이면 '연수원', 그 외에는 '센터'로 구하시오(IF, LEFT 함수).
(2) 나이 ⇒ 「현재 시스템의 연도 - 생년월일의 연도」로 구하시오(TODAY, YEAR 함수).
(3) 월 보험료(단위:원) 최고 금액 ⇒ 정의된 이름(보험료)을 이용하여 구하시오(MAX 함수).
(4) 10년 이상된 가입자 수 ⇒ 가입연수가 '10' 이상인 수를 구한 결과값 뒤에 '명'을 붙이시오
  (COUNTIF 함수, & 연산자)(예 : 2명).
(5) 단체 가입자 수 ⇒ 조건은 입력 데이터를 이용하시오(DCOUNTA 함수).
(6) 가입연수 ⇒ 「H14」 셀에서 선택한 사원코드에 대한 가입연수를 구하시오(VLOOKUP 함수).
(7) 조건부 서식의 수식을 이용하여 가입연수가 '10' 이상인 행 전체에 다음의 서식을 적용하시오
  (글꼴 : 파랑, 진하게).

[제2작업] 목표값 찾기 및 필터   80점

➡ **"제1작업"** 시트의 「B4:H12」 영역을 복사하여 **"제2작업"** 시트의 「B2」 셀부터 모두 붙여넣기를 한 후 다음의 조건과 같이 작업하시오.

≪조건≫

(1) 목표값 찾기 - 「B11:G11」 셀을 병합하고 가운데 맞춤한 후 "단체 사원들의 자기부담금(치료시) 합계"를 입력하고, 「H11」 셀에 단체 사원들의 자기부담금(치료시) 합계를 구하시오.
　　　　　　　　단, 조건은 입력데이터를 이용하시오(DSUM 함수, 테두리).
　　　　　　　 - '단체 사원들의 자기부담금(치료시) 합계'가 '14,000'이 되려면 정은지 사원의 자기부담금(치료시)이 얼마가 되어야 하는지 목표값을 구하시오.

(2) 고급 필터 - 생년월일이 '1990-01-01' 이후(해당일 포함)이거나, 구분이 '단체'인 자료의 '사원코드, 사원명, 가입연수, 월 보험료(단위:원) 데이터만 추출하시오.
　　　　　　 - 찾을 조건 범위 : 「B14」 셀부터 입력하시오.
　　　　　　 - 복사 위치 : 「B18」 셀부터 나타나도록 하시오.

[제3작업] 피벗 테이블   80점

➡ **"제1작업"** 시트를 이용하여 **"제3작업"** 시트에 조건에 따라 ≪출력형태≫와 같이 작업하시오.

≪조건≫
(1) 가입연수 및 구분별 사원명의 개수와 월 보험료(단위:원)의 평균을 구하시오.
(2) 가입연수로 그룹화하고, 보고서 레이아웃은 개요 형식으로 설정하시오.
(3) 구분을 ≪출력형태≫와 같이 정렬하고, 빈 셀은 '***'로 표시하시오.
(4) 행의 총합계를 지우고, 나머지 사항은 ≪출력형태≫에 맞게 작성하시오.

≪출력형태≫

	A	B	C	D	E	F	G	H
1								
2			구분 ▼	데이터 ▼				
3			단체		개인		가족	
4		가입연수 ▼	개수 : 사원명	평균 : 월 보험료(단위:원)	개수 : 사원명	평균 : 월 보험료(단위:원)	개수 : 사원명	평균 : 월 보험료(단위:원)
5		6-8	***	***	1	82,000	2	79,500
6		9-11	1	57,000	1	26,000	1	32,000
7		12-14	1	43,600	1	25,000	***	***
8		총 합계	2	50,300	3	44,333	3	63,667

[제4작업] 그래프   100점

➡ "제1작업" 시트를 이용하여 "제4작업" 시트에 ≪출력형태≫와 같이 작업하시오.

≪조건≫
 (1) 차트 종류 ⇒ 〈3차원 원형〉으로 작업하시오.
 (2) 데이터 범위 ⇒ "제1작업" 시트의 내용을 이용하여 작업하시오.
 (3) 차트 위치 ⇒ 「B2:K28」 영역에 배치하여 ≪출력형태≫와 같이 작업하시오.
 (4) 차트 스타일 ⇒ 레이아웃6, 스타일3을 적용하시오.
 (5) 배경 서식 ⇒ 차트 영역(노랑), 그림 영역(하양), 전체 글꼴(굴림, 11pt)을 적용하여 작업하시오.
 (6) 제목 서식 ⇒ 글꼴(궁서, 20pt, 진하게), 채우기(하양), 실선, 그림자(바깥쪽 : 대각선 오른쪽 위)
 (7) 서식 ⇒ 계열 : 김지호 조각을 쪼개진 요소 20%로 지정하여 분리하시오.
        레이블 : 값을 표시하고 위치 및 채우기 색(하양)은 ≪출력형태≫와 같이 표시하시오.
 (8) 범례 ≪출력형태≫를 참조하시오.
 (9) 도형 ⇒ '모서리가 둥근 사각형 설명선'을 삽입한 후 내용을 입력하시오.
 (10) 나머지 사항은 ≪출력형태≫에 맞게 작성하시오.

≪출력형태≫

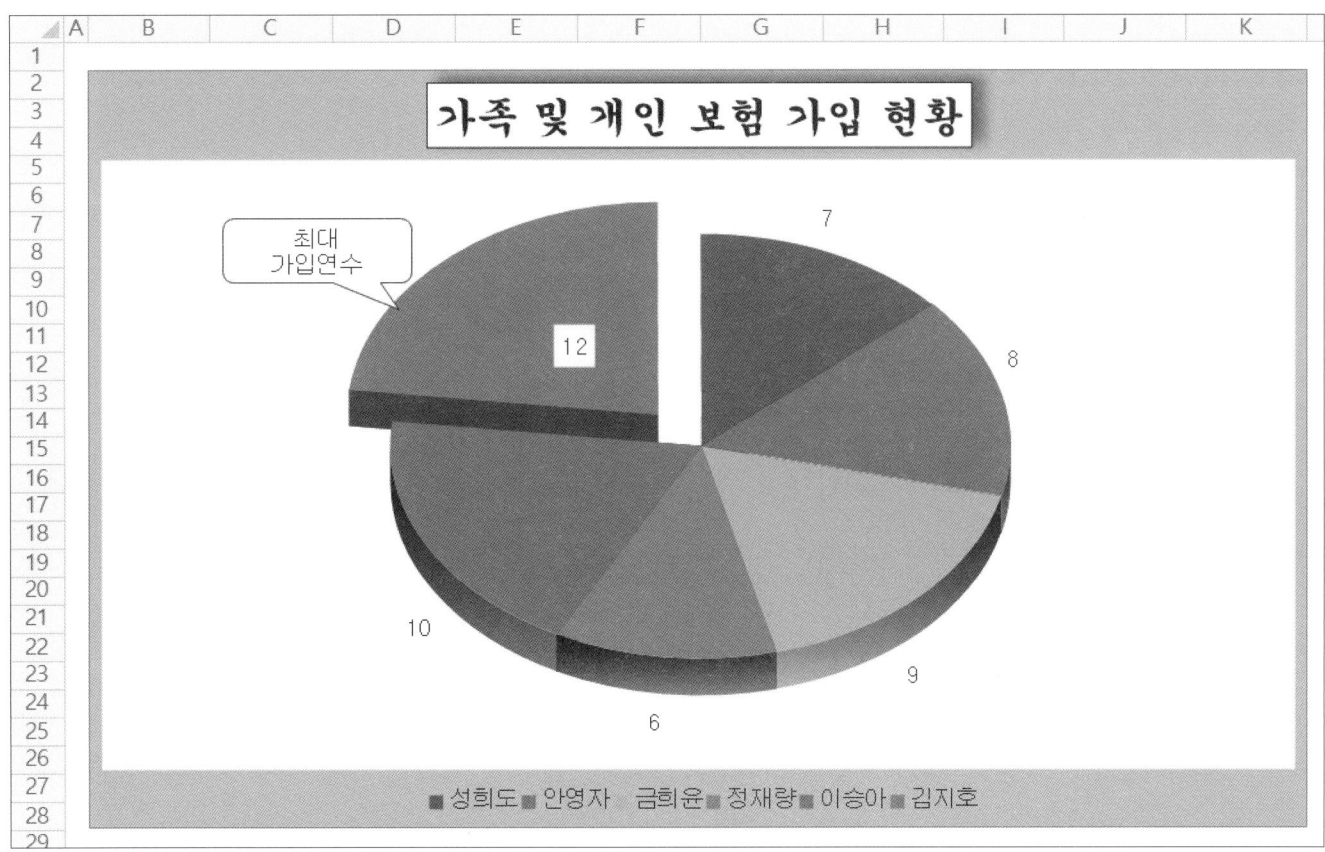

주의 ➡ 시트명 순서가 차례대로 "제1작업", "제2작업", "제3작업", "제4작업"이 되도록 할 것.

제11회 정보기술자격(ITQ) 출제예상 모의고사

과목	코드	문제유형	시험시간	수험번호	성명
한셀	1121	B	60분		

한컴 오피스

·수험자 유의사항·

- 수험자는 문제지를 받는 즉시 문제지와 **수험표상의 시험 과목(프로그램)이 동일한지 반드시 확인**하여야 합니다.
- 파일명은 본인의 "수험번호-성명"으로 입력하여 답안 폴더(내 PC\문서\ITQ)에 하나의 파일로 저장해야 하며, 답안 문서 파일명이 "수험번호-성명"과 일치하지 않거나, 답안 파일을 전송하지 않아 미제출로 처리될 경우 실격 처리합니다 (예:12345678-홍길동.cell).
- 답안 작성을 마치면 파일을 저장하고, '답안 전송' 버튼을 선택하여 감독위원 PC로 답안을 전송하십시오. 수험생 정보와 저장한 파일명이 다를 경우 전송되지 않으므로 주의하시기 바랍니다.
- 답안 작성 중에도 **주기적으로 저장하고, '답안 전송'**하여야 문제 발생을 줄일 수 있습니다. 작업한 내용을 저장하지 않고 전송할 경우 이전에 저장된 내용이 전송되오니 이점 유의하시기 바랍니다.
- 답안 문서는 지정된 경로 외의 다른 보조기억장치에 저장하는 경우, 지정된 시험 시간 외에 작성된 파일을 활용할 경우, 기타 통신수단(이메일, 메신저, 네트워크 등)을 이용하여 타인에게 전달 또는 외부 반출하는 경우는 부정 처리합니다.
- 시험 중 부주의 또는 고의로 시스템을 파손한 경우는 수험자가 변상해야 하며, 〈수험자 유의사항〉에 기재된 방법대로 이행하지 않아 생기는 불이익은 수험생 당사자의 책임임을 알려 드립니다.
- **문제의 조건은 한컴 오피스 2022 버전으로 설정되어 유의하시기 바랍니다.**
- 시험을 완료한 수험자는 답안 파일이 전송되었는지 확인한 후 감독위원의 지시에 따라 문제지를 제출하고 퇴실합니다.

·답안 작성요령·

- 온라인 답안 작성 절차
  수험자 등록 ⇒ 시험 시작 ⇒ 답안 파일 저장 ⇒ 답안 전송 ⇒ 시험 종료
- 문제는 총 4단계, 즉 제1작업부터 제4작업까지 구성되어 있으며 반드시 제1작업부터 순서대로 작성하고 조건대로 작업하시오.
- 모든 작업 시트의 A열은 열 너비 '1'로, 나머지 열은 적당하게 조절하시오.
- 모든 작업 시트의 테두리는 《출력형태》와 같이 작업하시오.
- 해당 작업란에서는 각각 제시된 조건에 따라 《출력형태》와 같이 작업하시오.
- 답안 시트 이름은 "제1작업", "제2작업", "제3작업", "제4작업"이어야 하며 답안 시트 이외의 것은 감점 처리됩니다.
- 각 시트를 파일로 나누어 작업해서 저장할 경우 실격 처리됩니다.

[제1작업] 표 서식 작성 및 값 계산 240점

➡ 다음은 '마리 의류 판매 현황'에 대한 자료이다. 자료를 입력하고 조건에 맞도록 작업하시오.

≪출력형태≫

	A	B	C	D	E	F	G	H	I	J
1								확인	사원	대리	과장
2			마리 의류 판매 현황							
3										
4		제품코드	제품명	구분	판매수량 (단위:점)	재고수량 (단위:점)	판매가	제조사	판매순위	비고
5		SS148	벌룬	블라우스	342	216	52,000	기린	(1)	(2)
6		ST123	와플 카라	블라우스	327	130	24,000	우주	(1)	(2)
7		DS311	카고 와이드	팬츠	137	84	16,500	기린	(1)	(2)
8		SS161	앤아이 플라워	원피스	219	321	48,000	달팽이	(1)	(2)
9		FT977	헨느 셔링	블라우스	422	228	23,000	우주	(1)	(2)
10		DE721	와이드 데님	팬츠	137	65	18,900	달팽이	(1)	(2)
11		FE621	카고 트레이닝	팬츠	92	220	12,800	달팽이	(1)	(2)
12		DE321	로렌 뷔스티에	원피스	209	121	75,000	기린	(1)	(2)
13		블라우스 제품 판매수량(단위:점) 평균			(3)		원피스 제품의 개수			(5)
14		최저 판매가			(4)		제품명	벌룬	재고수량 (단위:점)	(6)

≪조건≫

○ 모든 데이터의 서식에는 글꼴(굴림, 11pt), 정렬은 숫자 및 회계 서식은 오른쪽 정렬, 나머지 서식은 가운데 정렬로 작성하며 예외적인 것은 ≪출력형태≫를 참조하시오.
○ 제 목 ⇒ '사다리꼴' 도형과 '바깥쪽 : 오른쪽 그림자'를 이용하여 작성하고 "모래수송선 실적 현황"을 입력한 후 다음 서식을 적용하시오(글꼴-굴림, 24pt, 검정, 진하게, 채우기-노랑).
○ 임의의 셀에 결재란을 만들고 '그림으로 복사하기' 기능을 이용하여 작성하시오(단, 원본 삭제).
○「B4:J4, G14, I14」영역은 '노랑'으로 채우기 하시오.
○ 유효성 검사를 이용하여「H14」셀에 제품명(「C5:C12」영역)가 선택 표시되도록 하시오.
○ 셀 서식 ⇒「G5:G12」영역에 셀 서식을 이용하여 숫자 뒤에 '원'을 표시하시오(예 : 52,000원).
○「G5:G12」영역에 대해 '판매가'로 이름정의를 하시오.

⊙ (1)~(6) 셀은 반드시 **주어진 함수를 이용**하여 값을 구하시오(결과값을 직접 입력하면 해당 셀은 0점 처리됨).
  (1) 판매순위 ⇒ 판매수량(단위:점)의 내림차순 순위를 구한 결과값에 '위'를 붙이시오
      (RANK.EQ 함수, & 연산자)(예 : 1위).
  (2) 비고 ⇒ 재고수량(단위:점)이 '200' 이상이거나 판매가가 '50,000' 이상이면 '20% 할인', 그 외에는 공백으로 표시하시오
      (IF, OR 함수).
  (3) 블라우스 제품 판매수량(단위:점) 평균 ⇒ 내림하여 정수로 구하시오. 단, 조건은 입력데이터를 이용하시오
      (ROUNDDOWN, DAVERAGE 함수)(예 : 256.8 → 256).
  (4) 최저 판매가 ⇒ 정의된 이름(판매가)을 이용하여 구하시오(MIN 함수).
  (5) 원피스 제품의 개수 ⇒ (COUNTIF 함수)
  (6) 재고수량(단위:점) ⇒「H14」셀에서 선택한 제품명에 대한 재고수량(단위:점)을 구하시오(VLOOKUP 함수).
  (7) 조건부 서식의 수식을 이용하여 판매가가 '40,000' 이상인 행 전체에 다음의 서식을 적용하시오
      (글꼴 : 파랑, 진하게).

[제2작업] 목표값 찾기 및 필터 · 80점

➡ "**제1작업**" 시트의 「B4:H12」 영역을 복사하여 "**제2작업**" 시트의 「B2」 셀부터 모두 붙여넣기를 한 후 다음의 조건과 같이 작업하시오.

≪조건≫

(1) 목표값 찾기 - 「B11:G11」 셀을 병합하고 가운데 맞춤한 후 "판매수량(단위:점) 전체 평균"을 입력하고, 「H11」 셀에 판매수량(단위:점)의 전체 평균을 구하시오. 단, 조건은 입력데이터를 이용하시오
(AVERAGE 함수, 테두리)
- '판매수량(단위:점) 전체 평균'이 '241'이 되려면 벌룬의 판매수량(단위:점)이 얼마가 되어야 하는지 목표값을 구하시오.

(2) 고급 필터 - 제품코드가 'F'로 시작하거나 재고수량(단위:점)이 '100' 이하인 자료의 '제품명, 판매수량(단위:점), 판매가, 제조사' 데이터만 추출하시오.
- 찾을 조건 범위 : 「B14」 셀부터 입력하시오.
- 복사 위치 : 「B18」 셀부터 나타나도록 하시오.

[제3작업] 정렬 및 부분합 · 80점

➡ "**제1작업**" 시트의 「B4:H12」 영역을 복사하여 "**제3작업**" 시트의 「B2」 셀부터 모두 붙여넣기를 한 후 다음의 조건과 같이 작업하시오.

≪조건≫

(1) 부분합 - ≪출력형태≫처럼 정렬하고, 제품명의 개수와 판매수량(단위:점)의 평균을 구하시오.
(2) 윤곽 - 지우시오.
(3) 나머지 사항은 ≪출력형태≫에 맞게 작성하시오.

≪출력형태≫

A	B	C	D	E	F	G	H
1							
2	제품코드	제품명	구분	판매수량(단위:점)	재고수량(단위:점)	판매가	제조사
3	DS311	카고 와이드	팬츠	137	84	16,500원	기린
4	DE721	와이드 데님	팬츠	137	65	18,900원	달팽이
5	FE621	카고 트레이닝	팬츠	92	220	12,800원	달팽이
6			팬츠 평균	122			
7		3	팬츠 개수				
8	SS161	앤아이 플라워	원피스	219	321	48,000원	달팽이
9	DE321	로렌 뷔스티에	원피스	209	121	75,000원	기린
10			원피스 평균	214			
11		2	원피스 개수				
12	SS148	벌룬	블라우스	342	216	52,000원	기린
13	ST123	와플 카라	블라우스	327	130	24,000원	우주
14	FT977	헨느 셔링	블라우스	422	228	23,000원	우주
15			블라우스 평균	364			
16		3	블라우스 개수				
17		8	전체 개수				
18			전체 평균	236			
19							

[제4작업] 그래프 100점

➡ "제1작업" 시트를 이용하여 "제4작업" 시트에 ≪출력형태≫와 같이 작업하시오.

≪조건≫
(1) 차트 종류 ⇒ 〈묶은 세로 막대형〉으로 작업하시오.
(2) 데이터 범위 ⇒ "제1작업" 시트의 내용을 이용하여 작업하시오.
(3) 차트 위치 「B2:K28」 영역에 배치하여 ≪출력형태≫와 같이 작업하시오.
(4) 차트 스타일 ⇒ 레이아웃6을 적용하시오.
(5) 배경 서식 ⇒ 차트 영역(노랑), 그림 영역(하양), 전체 글꼴(굴림, 11pt)을 적용하여 작업하시오.
(6) 제목 서식 ⇒ 글꼴(궁서, 20pt, 진하게), 채우기(하양), 실선, 그림자(바깥쪽 : 대각선 오른쪽 아래)
(7) 서식 ⇒ 판매가 계열을 보조축으로 지정하고 표식이 있는 꺾은선형으로 변경하시오.
　　　　계열 : ≪출력형태≫를 참조하여 표식(삼각형, 크기 12)과 레이블 값을 표시하시오.
　　　　축 및 주 눈금선(종류-긴 점선)은 ≪출력형태≫와 같이 표시하시오.
(8) 범례 ⇒ ≪출력형태≫를 참조하시오.
(9) 도형 ⇒ '모서리가 둥근 사각형 설명선'을 삽입한 후 내용을 입력하시오.
(10) 나머지 사항은 ≪출력형태≫에 맞게 작성하시오.

≪출력형태≫

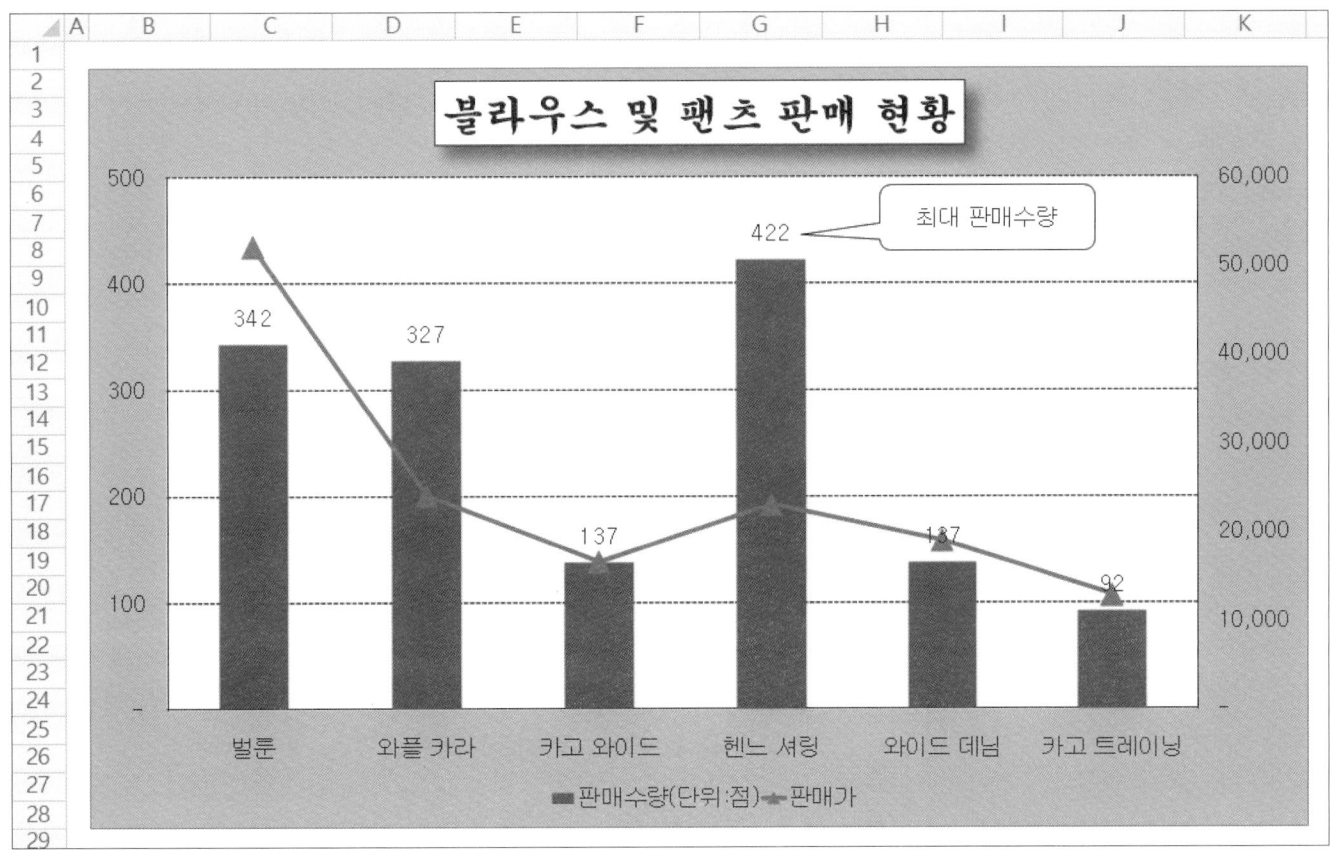

➡ 시트명 순서가 차례대로 "제1작업", "제2작업", "제3작업", "제4작업"이 되도록 할 것.

제 12 회 정보기술자격(ITQ) 출제예상 모의고사

과목	코드	문제유형	시험시간	수험번호	성명
한셀	1121	B	60분		

한컴 오피스

• 수험자 유의사항 •

- 수험자는 문제지를 받는 즉시 문제지와 **수험표상의 시험 과목(프로그램)이 동일한지 반드시 확인**하여야 합니다.
- 파일명은 본인의 "수험번호-성명"으로 입력하여 답안 폴더(내 PC₩문서₩ITQ)에 하나의 파일로 저장해야 하며, 답안 문서 파일명이 "수험번호-성명"과 일치하지 않거나, 답안 파일을 전송하지 않아 미제출로 처리될 경우 실격 처리합니다 (예:12345678-홍길동.cell).
- 답안 작성을 마치면 파일을 저장하고, '답안 전송' 버튼을 선택하여 감독위원 PC로 답안을 전송하십시오. 수험생 정보와 저장한 파일명이 다를 경우 전송되지 않으므로 주의하시기 바랍니다.
- 답안 작성 중에도 **주기적으로 저장하고, '답안 전송'**하여야 문제 발생을 줄일 수 있습니다. 작업한 내용을 저장하지 않고 전송할 경우 이전에 저장된 내용이 전송되오니 이점 유의하시기 바랍니다.
- 답안 문서는 지정된 경로 외의 다른 보조기억장치에 저장하는 경우, 지정된 시험 시간 외에 작성된 파일을 활용할 경우, 기타 통신수단(이메일, 메신저, 네트워크 등)을 이용하여 타인에게 전달 또는 외부 반출하는 경우는 부정 처리합니다.
- 시험 중 부주의 또는 고의로 시스템을 파손한 경우는 수험자가 변상해야 하며, 〈수험자 유의사항〉에 기재된 방법대로 이행하지 않아 생기는 불이익은 수험생 당사자의 책임임을 알려 드립니다.
- **문제의 조건은 한컴 오피스 2022 버전으로 설정되어 유의하시기 바랍니다.**
- 시험을 완료한 수험자는 답안 파일이 전송되었는지 확인한 후 감독위원의 지시에 따라 문제지를 제출하고 퇴실합니다.

• 답안 작성요령 •

- 온라인 답안 작성 절차
  수험자 등록 ⇒ 시험 시작 ⇒ 답안 파일 저장 ⇒ 답안 전송 ⇒ 시험 종료
- 문제는 총 4단계, 즉 제1작업부터 제4작업까지 구성되어 있으며 반드시 제1작업부터 순서대로 작성하고 조건대로 작업하시오.
- 모든 작업 시트의 A열은 열 너비 '1'로, 나머지 열은 적당하게 조절하시오.
- 모든 작업 시트의 테두리는 《출력형태》와 같이 작업하시오.
- 해당 작업란에서는 각각 제시된 조건에 따라 《출력형태》와 같이 작업하시오.
- 답안 시트 이름은 "제1작업", "제2작업", "제3작업", "제4작업"이어야 하며 답안 시트 이외의 것은 감점 처리됩니다.
- 각 시트를 파일로 나누어 작업해서 저장할 경우 실격 처리됩니다.

kpc 한국생산성본부

[제1작업] 표 서식 작성 및 값 계산 (240점)

▶ 다음은 '**크루즈 여행상품 예약현황**'에 대한 자료이다. 자료를 입력하고 조건에 맞도록 작업하시오.

≪출력형태≫

	A	B	C	D	E	F	G	H	I	J
1									사원	대리	과장
2			크루즈 여행상품 예약현황					확인			
3											
4		상품코드	크루즈 선사명	여행지	출발도시	할인율	예약인원	상품가격(단위:원)	항공사	순위
5		CH-316	설버시	홍콩/마카오	부산	15%	158	1,450,000	(1)	(2)
6		EN-110	셀러브시티	노르웨이 피요르드	인천	10%	198	2,750,000	(1)	(2)
7		EW-230	아자마라	영국/스코트랜드	인천	5%	236	1,050,000	(1)	(2)
8		AT-201	큐나드	대만/오키나와	대구	7%	167	1,200,000	(1)	(2)
9		EM-120	크리스탈	이탈리아/프랑스	인천	5%	268	4,490,000	(1)	(2)
10		CH-325	캐리비안	심천/나트랑/다낭	대구	10%	495	1,290,000	(1)	(2)
11		EM-110	씨번	슬로베니아/알바니아	인천	15%	185	2,540,000	(1)	(2)
12		EW-232	사파이어	독일/벨기에/영국	부산	7%	168	3,150,000	(1)	(2)
13		이탈리아/프랑스 여행지의 상품가격(단위:원)			(3)			두 번째로 큰 상품가격(단위:원)		(5)
14		인천출발 여행 상품 수			(4)			여행지	홍콩/마카오	예약인원	(6)

≪조건≫

○ 모든 데이터의 서식에는 글꼴(굴림, 11pt), 정렬은 숫자 및 회계 서식은 오른쪽 정렬, 나머지 서식은 가운데 정렬로 작성하며 예외적인 것은 ≪출력형태≫를 참조하시오.
○ 제 목 ⇒ '사다리꼴' 도형과 '바깥쪽 : 오른쪽 그림자'를 이용하여 작성하고 "크루즈 여행상품 예약현황"을 입력한 후 다음 서식을 적용하시오(글꼴-굴림, 24pt, 검정, 진하게, 채우기-노랑).
○ 임의의 셀에 결재란을 만들고 '그림으로 복사하기' 기능을 이용하여 작성하시오(단, 원본 삭제).
○ 「B4:J4, G14, I14」 영역은 '노랑'으로 채우기 하시오.
○ 유효성 검사를 이용하여 「H14」 셀에 여행지(「D5:D12」 영역)가 선택 표시되도록 하시오.
○ 셀 서식 ⇒ 「G5:G12」 영역에 셀 서식을 이용하여 숫자 뒤에 '명'을 표시하시오(예 : 158명).
○ 「G5:G12」 영역에 대해 '예약인원'으로 이름정의를 하시오.

⦿ (1)~(6) 셀은 반드시 **주어진 함수를 이용**하여 값을 구하시오(결과값을 직접 입력하면 해당 셀은 0점 처리됨).
(1) 항공사 ⇒ 상품코드 4번째 글자가 1이면 '대한항공', 2이면 '아시아나항공', 그 외에는 '저가항공'으로 구하시오 (IF, MID 함수).
(2) 순위 ⇒ 정의된 이름(예약인원)을 이용하여 예약인원의 내림차순 순위를 구하시오(RANK.EQ 함수).
(3) 이탈리아/프랑스 여행지의 상품가격(단위:원) ⇒ (INDEX, MATCH 함수)
(4) 인천출발 여행 상품 수 ⇒ 출발도시가 인천인 개수를 구한 결과값에 '개'를 붙이시오 (COUNTIF 함수, & 연산자)(예 : 1개).
(5) 두 번째로 큰 상품가격(단위:원) ⇒ (LARGE 함수)
(6) 예약인원 ⇒ 「H14」 셀에서 선택한 여행지에 대한 예약인원을 구하시오(VLOOKUP 함수).
(7) 조건부 서식의 수식을 이용하여 예약인원이 '200' 이상인 행 전체에 다음의 서식을 적용하시오 (글꼴 : 파랑, 진하게).

[제2작업] 목표값 찾기 및 필터   80점

➡ "제1작업" 시트의 「B4:H12」 영역을 복사하여 "제2작업" 시트의 「B2」 셀부터 모두 붙여넣기를 한 후 다음의 조건과 같이 작업하시오.

≪조건≫

(1) 목표값 찾기 - 「B11:G11」 셀을 병합하고 가운데 맞춤한 후 "부산출발 여행상품의 예약인원 평균"을 입력하고, 「H11」 셀에 부산출발 여행상품의 예약인원 평균을 구하시오.
　　　　　　　단, 조건은 입력데이터를 이용하시오(DAVERAGE 함수, 테두리).
　　　　　　- '부산출발 여행상품의 예약인원 평균'이 '165'가 되려면 설버시의 예약인원이 얼마가 되어야 하는지 목표값을 구하시오.

(2) 고급 필터 - 출발도시가 '인천'이고, 상품가격(단위:원)이 '2,000,000' 이상인 자료의 '크루즈 선사명, 할인율, 예약인원, 상품가격(단위:원)' 데이터만 추출하시오.
　　　　　　- 찾을 조건 범위 : 「B14」 셀부터 입력하시오.
　　　　　　- 복사 위치 : 「B18」 셀부터 나타나도록 하시오.

[제3작업] 피벗 테이블   80점

➡ "제1작업" 시트를 이용하여 "제3작업" 시트에 조건에 따라 ≪출력형태≫와 같이 작업하시오.

≪조건≫

(1) 상품가격(단위:원) 및 출발도시별 할인율의 합계와 예약인원의 평균을 구하시오.
(2) 상품가격(단위:원)으로 그룹화하고, 보고서 레이아웃은 개요 형식으로 설정하시오.
(3) 출발도시를 ≪출력형태≫와 같이 정렬하고, 빈 셀은 '***'로 표시하시오.
(4) 행의 총합계를 지우고, 나머지 사항은 ≪출력형태≫에 맞게 작성하시오.

≪출력형태≫

상품가격(단위:원)	출발도시 ▼	데이터 ▼					
	부산		대구		인천		
	합계 : 할인율	평균 : 예약인원	합계 : 할인율	평균 : 예약인원	합계 : 할인율	평균 : 예약인원	
1000000-1999999	0.15	158.00	0.17	331.00	0.05	236.00	
2000000-2999999	***	***	***	***	0.25	191.50	
3000000-3999999	0.07	168.00	***	***	***	***	
4000000-5000000	***	***	***	***	0.05	268.00	
총 합계	0.22	163.00	0.17	331.00	0.35	221.75	

[제4작업] 그래프 100점

"제1작업" 시트를 이용하여 "제4작업" 시트에 ≪출력형태≫와 같이 작업하시오.

≪조건≫
(1) 차트 종류 ⇒ 〈3차원 원형〉으로 작업하시오.
(2) 데이터 범위 ⇒ "제1작업" 시트의 내용을 이용하여 작업하시오.
(3) 차트 위치 ⇒ 「B2:K28」 영역에 배치하여 ≪출력형태≫와 같이 작업하시오.
(4) 차트 스타일 ⇒ 레이아웃6, 스타일3을 적용하시오.
(5) 배경 서식 ⇒ 차트 영역(노랑), 그림 영역(하양), 전체 글꼴(굴림, 11pt)을 적용하여 작업하시오.
(6) 제목 서식 ⇒ 글꼴(궁서, 20pt, 진하게), 채우기(하양), 실선, 그림자(바깥쪽 : 오른쪽)
(7) 서식 ⇒ 계열 : 크리스탈 조각을 쪼개진 요소 20%로 지정하여 분리하시오.
　　　　　　레이블 : 값을 표시하고 위치 및 채우기 색(하양)은 ≪출력형태≫와 같이 표시하시오.
(8) 범례 ≪출력형태≫를 참조하시오.
(9) 도형 ⇒ '모서리가 둥근 사각형 설명선'을 삽입한 후 내용을 입력하시오.
(10) 나머지 사항은 ≪출력형태≫에 맞게 작성하시오.

≪출력형태≫

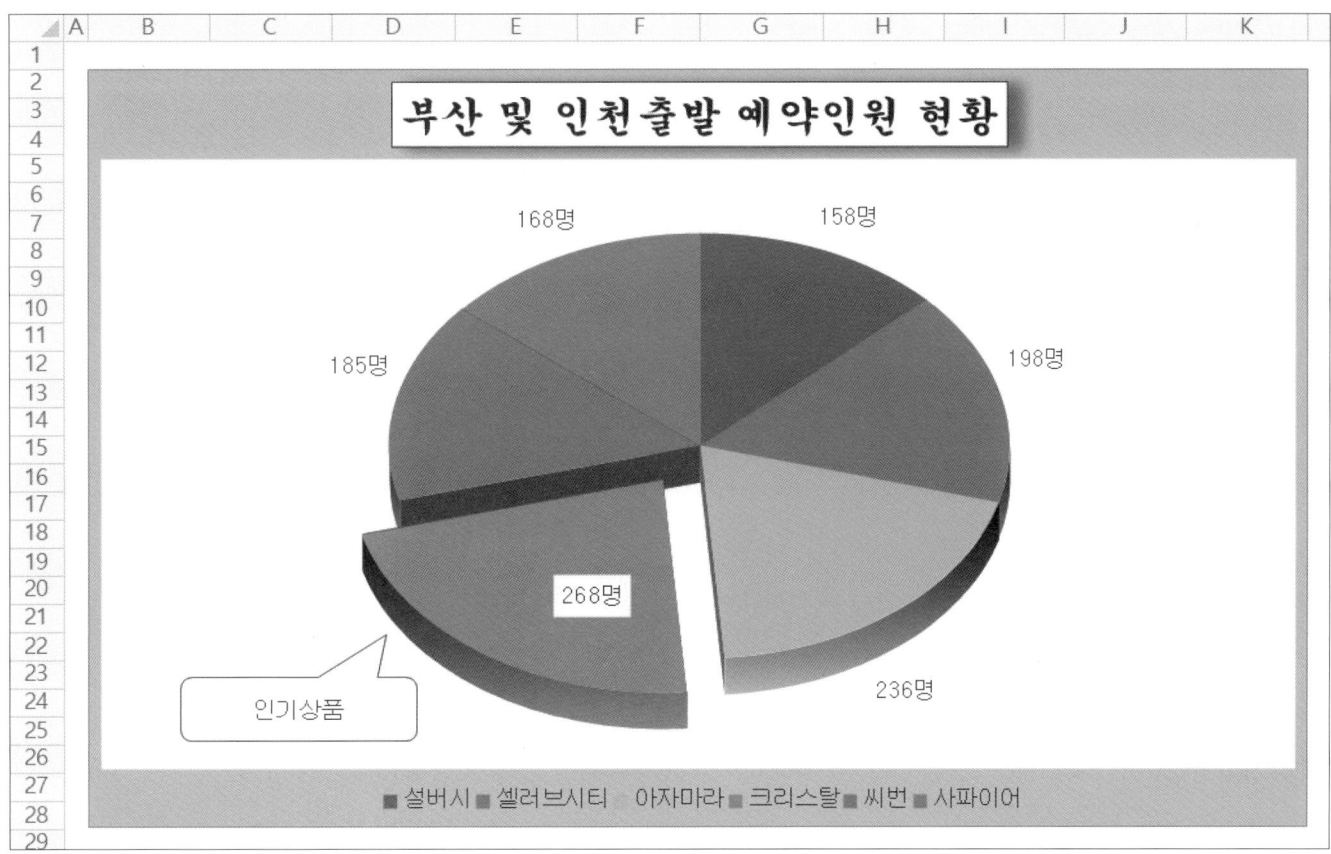

주의 ➡ 시트명 순서가 차례대로 "제1작업", "제2작업", "제3작업", "제4작업"이 되도록 할 것.

제 13 회 정보기술자격(ITQ) 출제예상 모의고사

과목	코드	문제유형	시험시간	수험번호	성명
한셀	1121	B	60분		

한컴 오피스

·수험자 유의사항·

- 수험자는 문제지를 받는 즉시 문제지와 **수험표상의 시험 과목(프로그램)이 동일한지 반드시 확인**하여야 합니다.
- 파일명은 본인의 "수험번호-성명"으로 입력하여 답안 폴더(내 PC\문서\ITQ)에 하나의 파일로 저장해야 하며, 답안 문서 파일명이 "수험번호-성명"과 일치하지 않거나, 답안 파일을 전송하지 않아 미제출로 처리될 경우 실격 처리합니다. (예:12345678-홍길동.cell).
- 답안 작성을 마치면 파일을 저장하고, '답안 전송' 버튼을 선택하여 감독위원 PC로 답안을 전송하십시오. 수험생 정보와 저장한 파일명이 다를 경우 전송되지 않으므로 주의하시기 바랍니다.
- 답안 작성 중에도 **주기적으로 저장하고, '답안 전송'**하여야 문제 발생을 줄일 수 있습니다. 작업한 내용을 저장하지 않고 전송할 경우 이전에 저장된 내용이 전송되오니 이점 유의하시기 바랍니다.
- 답안 문서는 지정된 경로 외의 다른 보조기억장치에 저장하는 경우, 지정된 시험 시간 외에 작성된 파일을 활용할 경우, 기타 통신수단(이메일, 메신저, 네트워크 등)을 이용하여 타인에게 전달 또는 외부 반출하는 경우는 부정 처리합니다.
- 시험 중 부주의 또는 고의로 시스템을 파손한 경우는 수험자가 변상해야 하며, 〈수험자 유의사항〉에 기재된 방법대로 이행하지 않아 생기는 불이익은 수험생 당사자의 책임임을 알려 드립니다.
- **문제의 조건은 한컴 오피스 2022 버전으로 설정되어 유의하시기 바랍니다.**
- 시험을 완료한 수험자는 답안 파일이 전송되었는지 확인한 후 감독위원의 지시에 따라 문제지를 제출하고 퇴실합니다.

·답안 작성요령·

- 온라인 답안 작성 절차
  수험자 등록 ⇒ 시험 시작 ⇒ 답안 파일 저장 ⇒ 답안 전송 ⇒ 시험 종료
- 문제는 총 4단계, 즉 제1작업부터 제4작업까지 구성되어 있으며 반드시 제1작업부터 순서대로 작성하고 조건대로 작업하시오.
- 모든 작업 시트의 A열은 열 너비 '1'로, 나머지 열은 적당하게 조절하시오.
- 모든 작업 시트의 테두리는 《출력형태》와 같이 작업하시오.
- 해당 작업란에서는 각각 제시된 조건에 따라 《출력형태》와 같이 작업하시오.
- 답안 시트 이름은 "제1작업", "제2작업", "제3작업", "제4작업"이어야 하며 답안 시트 이외의 것은 감점 처리됩니다.
- 각 시트를 파일로 나누어 작업해서 저장할 경우 실격 처리됩니다.

[제1작업] 표 서식 작성 및 값 계산　　　　　　　　　　　　　　240점

➡ 다음은 '**달수 동물원 관리 현황**'에 대한 자료이다. 자료를 입력하고 조건에 맞도록 작업하시오.

≪출력형태≫

	A	B	C	D	E	F	G	H	I	J
1								결재	담당	대리	과장
2				달수 동물원 관리 현황						
3										
4		식별번호	동물명	위치	마리 수	평균 몸무게	월별 사료비용 (단위:원)	동물 투입 연도	순위	구분
5		RJ-001	코끼리	사랑마을	2	2,500	634,000	2019년	(1)	(2)
6		SM-001	판다	숲속마을	3	120	765,000	2019년	(1)	(2)
7		SH-002	사자	숲속마을	5	250	1,205,000	2019년	(1)	(2)
8		QJ-001	양	우정마을	6	223	232,000	2018년	(1)	(2)
9		ER-001	사슴	사랑마을	5	121	372,000	2019년	(1)	(2)
10		FE-001	얼룩말	우정마을	2	116	348,000	2018년	(1)	(2)
11		AU-001	기린	우정마을	4	1,000	560,000	2020년	(1)	(2)
12		SD-002	호랑이	숲속마을	6	332	1,501,000	2020년	(1)	(2)
13		우정마을의 월별 사료비용(단위:원) 평균			(3)		가장 큰 평균 몸무게			(5)
14		사랑마을 마리 수 합계			(4)		동물명	코끼리	동물 투입 연도	(6)
15										

≪조건≫

○ 모든 데이터의 서식에는 글꼴(굴림, 11pt), 정렬은 숫자 및 회계 서식은 오른쪽 정렬, 나머지 서식은 가운데 정렬로 작성하며 예외적인 것은 ≪출력형태≫를 참조하시오.
○ 제 목 ⇒ '사다리꼴' 도형과 '바깥쪽 : 오른쪽 그림자'를 이용하여 작성하고 "달수 동물원 관리 현황"을 입력한 후 다음 서식을 적용하시오(글꼴-굴림, 24pt, 검정, 진하게, 채우기-노랑).
○ 임의의 셀에 결재란을 만들고 '그림으로 복사하기' 기능을 이용하여 작성하시오(단, 원본 삭제).
○ 「B4:J4, G14, I14」 영역은 '노랑'으로 채우기 하시오.
○ 유효성 검사를 이용하여 「H14」 셀에 동물명(「C5:C12」 영역)이 선택 표시되도록 하시오.
○ 셀 서식 ⇒ 「F5:F12」 영역에 셀 서식을 이용하여 숫자 뒤에 'kg'을 표시하시오(예 : 2,500kg).
○ 「F5:F12」 영역에 대해 '몸무게'로 이름정의를 하시오.

⊙ (1)~(6) 셀은 반드시 **주어진 함수를 이용**하여 값을 구하시오(결과값을 직접 입력하면 해당 셀은 0점 처리됨).

 (1) 순위 ⇒ 월별 사료비용(단위:원)의 내림차순 순위를 구하시오(RANK.EQ 함수).
 (2) 구분 ⇒ 식별번호의 마지막 글자가 1이면 '초식성', 2이면 '육식성'으로 구하시오(CHOOSE, RIGHT 함수).
 (3) 우정마을의 월별 사료비용(단위:원) 평균 ⇒ (SUMIF, COUNTIF 함수)
 (4) 사랑마을 마리 수 합계 ⇒ 결과값에 '마리'를 붙이시오. 단, 조건은 입력데이터를 이용하시오
　　　　　　　　　　　　 (DSUM 함수, & 연산자)(예 : 1마리).
 (5) 가장 큰 평균 몸무게 ⇒ 정의된 이름(몸무게)을 이용하여 구하시오(MAX 함수).
 (6) 동물 투입 연도 ⇒ 「H14」 셀에서 선택한 동물명에 대한 동물 투입 연도를 구하시오(VLOOKUP 함수).
 (7) 조건부 서식의 수식을 이용하여 평균 몸무게가 '1,000' 이상인 행 전체에 다음의 서식을 적용하시오
　　 (글꼴 : 파랑, 진하게).

[제2작업] 목표값 찾기 및 필터 \[80점\]

➡ **"제1작업"** 시트의 「B4:H12」 영역을 복사하여 **"제2작업"** 시트의 「B2」 셀부터 모두 붙여넣기를 한 후 다음의 조건과 같이 작업하시오.

≪조건≫

(1) 목표값 찾기 – 「B11:G11」 셀을 병합하고 가운데 맞춤한 후 "사랑마을 월별 사료비용(단위:원) 평균"을 입력하고, 「H11」 셀에 사랑마을 월별 사료비용(단위:원) 평균을 구하시오.
  단, 조건은 입력데이터를 이용하시오(DAVERAGE 함수, 테두리).
  – '사랑마을 월별 사료비용(단위:원) 평균'이 '500,000'이 되려면 코끼리의 월별 사료비용(단위:원)이 얼마가 되어야 하는지 목표값을 구하시오.

(2) 고급 필터 – 위치가 '사랑마을'이 아니면서 평균 몸무게가 '300' 이하인 자료의 '동물명, 마리 수, 평균 몸무게, 월별 사료비용(단위:원)' 데이터만 추출하시오.
  – 찾을 조건 범위 : 「B14」 셀부터 입력하시오.
  – 복사 위치 : 「B18」 셀부터 나타나도록 하시오.

[제3작업] 정렬 및 부분합 \[80점\]

➡ **"제1작업"** 시트의 「B4:H12」 영역을 복사하여 **"제3작업"** 시트의 「B2」 셀부터 모두 붙여넣기를 한 후 다음의 조건과 같이 작업하시오.

≪조건≫

(1) 부분합 – ≪출력형태≫처럼 정렬하고, 동물명의 개수와 월별 사료비용(단위:원)의 평균을 구하시오.
(2) 윤곽 – 지우시오.
(3) 나머지 사항은 ≪출력형태≫에 맞게 작성하시오.

≪출력형태≫

A	B	C	D	E	F	G	H
1							
2	식별번호	동물명	위치	마리 수	평균 몸무게	월별 사료비용 (단위:원)	동물 투입 연도
3	QJ-001	양	우정마을	6	223kg	232,000	2018년
4	FE-001	얼룩말	우정마을	2	116kg	348,000	2018년
5	AU-001	기린	우정마을	4	1,000kg	560,000	2020년
6			우정마을 평균			380,000	
7		3	우정마을 개수				
8	SM-001	판다	숲속마을	3	120kg	765,000	2019년
9	SH-002	사자	숲속마을	5	250kg	1,205,000	2019년
10	SD-002	호랑이	숲속마을	6	332kg	1,501,000	2020년
11			숲속마을 평균			1,157,000	
12		3	숲속마을 개수				
13	RJ-001	코끼리	사랑마을	2	2,500kg	634,000	2019년
14	ER-001	사슴	사랑마을	5	121kg	372,000	2019년
15			사랑마을 평균			503,000	
16		2	사랑마을 개수				
17		8	전체 개수				
18			전체 평균			702,125	
19							

[제4작업] 그래프 100점

➡ "제1작업" 시트를 이용하여 "제4작업" 시트에 ≪출력형태≫와 같이 작업하시오.

≪조건≫
(1) 차트 종류 ⇒ 〈묶은 세로 막대형〉으로 작업하시오.
(2) 데이터 범위 ⇒ "제1작업" 시트의 내용을 이용하여 작업하시오.
(3) 차트 위치 「B2:K28」 영역에 배치하여 ≪출력형태≫와 같이 작업하시오.
(4) 차트 스타일 ⇒ 레이아웃6을 적용하시오.
(5) 배경 서식 ⇒ 차트 영역(노랑), 그림 영역(하양), 전체 글꼴(굴림, 11pt)을 적용하여 작업하시오.
(6) 제목 서식 ⇒ 글꼴(궁서, 20pt, 진하게), 채우기(하양), 실선, 그림자(바깥쪽 : 대각선 왼쪽 위)
(7) 서식 ⇒ 월별 사료비용(단위:원) 계열을 보조축으로 지정하고 표식이 있는 꺾은선형으로 변경하시오.
　　계열 : ≪출력형태≫를 참조하여 표식(사격형, 크기 10)과 레이블 값을 표시하시오.
　　축 및 주 눈금선(종류-파선)은 ≪출력형태≫와 같이 표시하시오.
(8) 범례 ⇒ ≪출력형태≫를 참조하시오.
(9) 도형 ⇒ '모서리가 둥근 사각형 설명선'을 삽입한 후 내용을 입력하시오.
(10) 나머지 사항은 ≪출력형태≫에 맞게 작성하시오.

≪출력형태≫

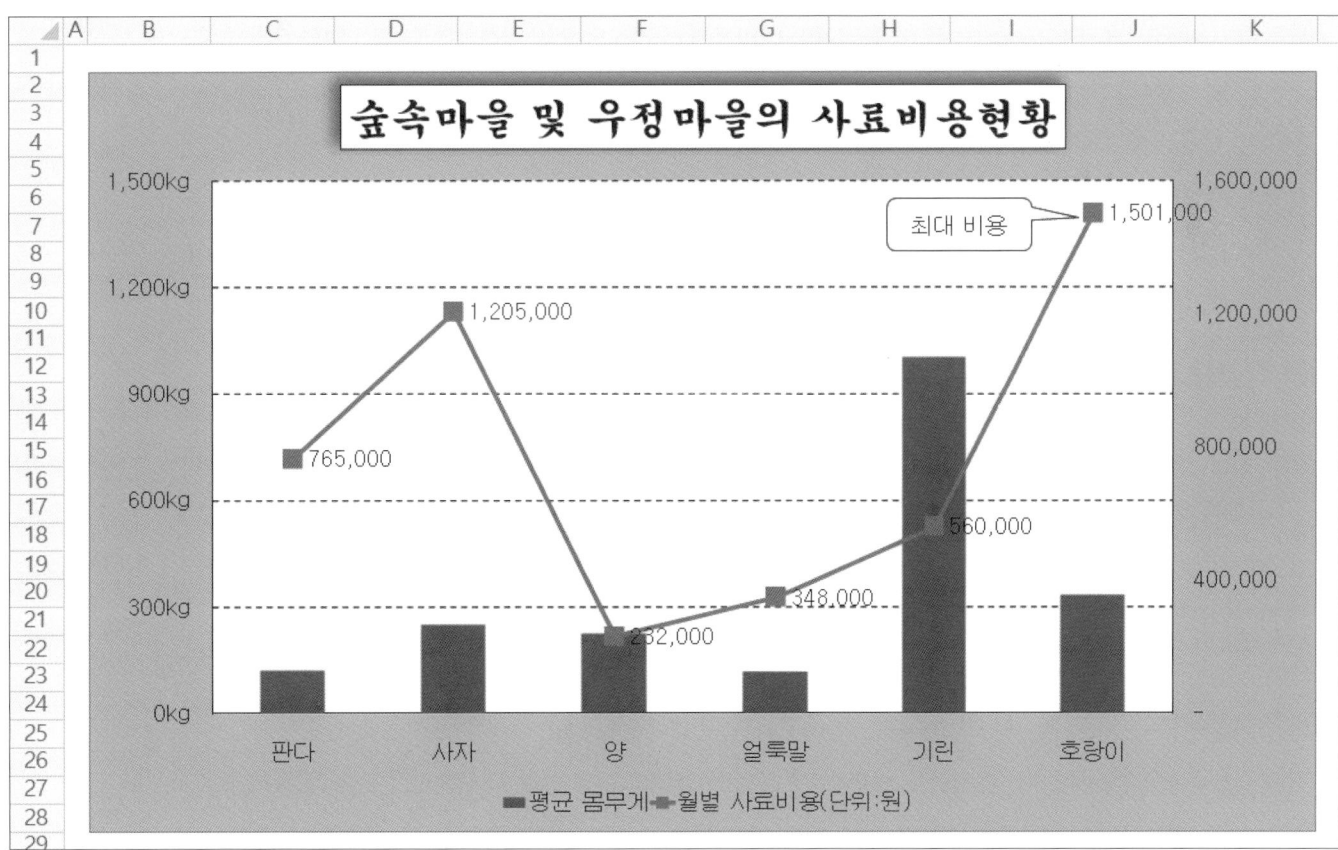

➡ 시트명 순서가 차례대로 "제1작업", "제2작업", "제3작업", "제4작업"이 되도록 할 것.

제14회 정보기술자격(ITQ) 출제예상 모의고사

과목	코드	문제유형	시험시간	수험번호	성명
한셀	1121	B	60분		

한컴 오피스

• 수험자 유의사항 •

- 수험자는 문제지를 받는 즉시 문제지와 **수험표상의 시험 과목(프로그램)이 동일한지 반드시 확인**하여야 합니다.
- 파일명은 본인의 "수험번호-성명"으로 입력하여 답안 폴더(내 PC₩문서₩ITQ)에 하나의 파일로 저장해야 하며, 답안 문서 파일명이 "수험번호-성명"과 일치하지 않거나, 답안 파일을 전송하지 않아 미제출로 처리될 경우 실격 처리합니다. (예:12345678-홍길동.cell).
- 답안 작성을 마치면 파일을 저장하고, '답안 전송' 버튼을 선택하여 감독위원 PC로 답안을 전송하십시오. 수험생 정보와 저장한 파일명이 다를 경우 전송되지 않으므로 주의하시기 바랍니다.
- 답안 작성 중에도 **주기적으로 저장하고, '답안 전송'**하여야 문제 발생을 줄일 수 있습니다. 작업한 내용을 저장하지 않고 전송할 경우 이전에 저장된 내용이 전송되오니 이점 유의하시기 바랍니다.
- 답안 문서는 지정된 경로 외의 다른 보조기억장치에 저장하는 경우, 지정된 시험 시간 외에 작성된 파일을 활용할 경우, 기타 통신수단(이메일, 메신저, 네트워크 등)을 이용하여 타인에게 전달 또는 외부 반출하는 경우는 부정 처리합니다.
- 시험 중 부주의 또는 고의로 시스템을 파손한 경우는 수험자가 변상해야 하며, 〈수험자 유의사항〉에 기재된 방법대로 이행하지 않아 생기는 불이익은 수험생 당사자의 책임임을 알려 드립니다.
- **문제의 조건은 한컴 오피스 2022 버전으로 설정되어 유의하시기 바랍니다.**
- 시험을 완료한 수험자는 답안 파일이 전송되었는지 확인한 후 감독위원의 지시에 따라 문제지를 제출하고 퇴실합니다.

• 답안 작성요령 •

- 온라인 답안 작성 절차
  수험자 등록 ⇒ 시험 시작 ⇒ 답안 파일 저장 ⇒ 답안 전송 ⇒ 시험 종료
- 문제는 총 4단계, 즉 제1작업부터 제4작업까지 구성되어 있으며 반드시 제1작업부터 순서대로 작성하고 조건대로 작업하시오.
- 모든 작업 시트의 A열은 열 너비 '1'로, 나머지 열은 적당하게 조절하시오.
- 모든 작업 시트의 테두리는 《출력형태》와 같이 작업하시오.
- 해당 작업란에서는 각각 제시된 조건에 따라 《출력형태》와 같이 작업하시오.
- 답안 시트 이름은 "제1작업", "제2작업", "제3작업", "제4작업"이어야 하며 답안 시트 이외의 것은 감점 처리됩니다.
- 각 시트를 파일로 나누어 작업해서 저장할 경우 실격 처리됩니다.

kpc 한국생산성본부

[제1작업] 표 서식 작성 및 값 계산   240점

▶ 다음은 '**주민자치센터 강좌 현황**'에 대한 자료이다. 자료를 입력하고 조건에 맞도록 작업하시오.

≪출력형태≫

	A	B	C	D	E	F	G	H	I	J
1								결재	담당	팀장	본부장
2			주민자치센터 강좌 현황								
3											
4		강의코드	강좌명	분류	개강일	차시	수강인원	수강료 (단위:원)	강사료	인기 강좌
5		YA2-11	대바늘 인형	바느질	2023-08-05	3	38	100,000	(1)	(2)
6		ZA1-23	화훼장식	플라워	2023-08-15	8	32	230,000	(1)	(2)
7		CB2-14	마크라메	공예	2023-08-21	3	23	120,000	(1)	(2)
8		ZP1-23	티피스트리 위빙	바느질	2023-08-19	2	19	100,000	(1)	(2)
9		BE2-34	꽃바구니	플라워	2023-08-05	4	24	150,000	(1)	(2)
10		VN1-22	드라이 플라워	플라워	2023-08-17	6	37	80,000	(1)	(2)
11		EL3-21	캔들공예	공예	2023-08-04	2	15	70,000	(1)	(2)
12		RA1-31	코바늘 가방	바느질	2023-08-10	10	11	210,000	(1)	(2)
13		바느질 강좌의 평균 수강인원			(3)			가장 빠른 개강일			(5)
14		플라워 강좌 개수			(4)			강좌명	대바늘 인형	수강인원	(6)

≪조건≫

○ 모든 데이터의 서식에는 글꼴(굴림, 11pt), 정렬은 숫자 및 회계 서식은 오른쪽 정렬, 나머지 서식은 가운데 정렬로 작성하며 예외적인 것은 ≪출력형태≫를 참조하시오.
○ 제 목 ⇒ '사다리꼴' 도형과 '바깥쪽 : 오른쪽 그림자'를 이용하여 작성하고 "주민자치센터 강좌 현황"을 입력한 후 다음 서식을 적용하시오(글꼴-굴림, 24pt, 검정, 진하게, 채우기-노랑).
○ 임의의 셀에 결재란을 만들고 '그림으로 복사하기' 기능을 이용하여 작성하시오(단, 원본 삭제).
○ 「B4:J4, G14, I14」 영역은 '노랑'으로 채우기 하시오.
○ 유효성 검사를 이용하여 「H14」 셀에 강좌명(「C5:C12」 영역)이 선택 표시되도록 하시오.
○ 셀 서식 ⇒ 「G5:G12」 영역에 셀 서식을 이용하여 숫자 뒤에 '명'을 표시하시오(예 : 38명).
○ 「D5:D12」 영역에 대해 '분류'로 이름정의를 하시오.

◉ (1)~(6) 셀은 반드시 **주어진 함수를 이용**하여 값을 구하시오(결과값을 직접 입력하면 해당 셀은 0점 처리됨).
(1) 강사료 ⇒ 수강인원의 첫 글자가 1이면 '50천원', 2이면 '52천원', 3이면 '55천원'을 표시하시오 (CHOOSE, LEFT 함수).
(2) 인기강좌 ⇒ 수강인원이 '30' 이상이면 '☆', 그 외에는 공백으로 구하시오(IF 함수).
(3) 바느질 강좌의 평균 수강인원 ⇒ 내림하여 정수로 구하시오. 단, 조건은 입력데이터를 이용하시오 (ROUNDDOWN, DAVERAGE 함수(예 : 12.83 → 12).
(4) 플라워 강좌 개수 ⇒ 정의된 이름(분류)을 이용하여 구한 결과값에 '개'를 붙이시오 (COUNTIF 함수, & 연산자)(예 : 1개).
(5) 가장 빠른 개강일 ⇒ 날짜로 표시하시오(MIN 함수)(예 : 2023-08-05).
(6) 수강인원 ⇒ 「H14」 셀에서 선택한 강좌명에 대한 수강인원을 구하시오(VLOOKUP 함수).
(7) 조건부 서식의 수식을 이용하여 수강료(단위:원)가 '200,000' 이상인 행 전체에 다음의 서식을 적용하시오 (글꼴 : 파랑, 진하게).

[제2작업] 목표값 찾기 및 필터 · 80점

➡ "**제1작업**" 시트의 「B4:H12」 영역을 복사하여 "**제2작업**" 시트의 「B2」 셀부터 모두 붙여넣기를 한 후 다음의 조건과 같이 작업하시오.

≪조건≫

(1) 목표값 찾기 – 「B11:G11」 셀을 병합하고 가운데 맞춤한 후 "수강인원 합계"를 입력하고, 「H11」 셀에 수강인원 합계를 구하시오. 단, 조건은 입력데이터를 이용하시오(SUM 함수, 테두리).
　　　　　　　– '수강인원 합계'가 '210'이 되려면 '대바늘 인형' 강좌의 수강인원이 얼마가 되어야 하는지 목표값을 구하시오.

(2) 고급 필터 – 분류가 '공예'이거나 개강일이 '2023-08-15' 이후인(해당일 포함) 자료의 '강의코드, 강좌명, 차시, 수강료(단위:원)' 데이터만 추출하시오.
　　　　　　– 찾을 조건 범위 : 「B14」 셀부터 입력하시오.
　　　　　　– 복사 위치 : 「B18」 셀부터 나타나도록 하시오.

[제3작업] 피벗 테이블 · 80점

➡ "**제1작업**" 시트를 이용하여 "**제3작업**" 시트에 조건에 따라 ≪출력형태≫와 같이 작업하시오.

≪조건≫

(1) 수강료(단위:원) 및 분류별 강좌명의 개수와 수강인원의 평균을 구하시오.
(2) 수강료(단위:원)로 그룹화하고, 보고서 레이아웃은 개요 형식으로 설정하시오.
(3) 분류를 ≪출력형태≫와 같이 정렬하고, 빈 셀은 '***'로 표시하시오.
(4) 행의 총합계를 지우고, 나머지 사항은 ≪출력형태≫에 맞게 작성하시오.

≪출력형태≫

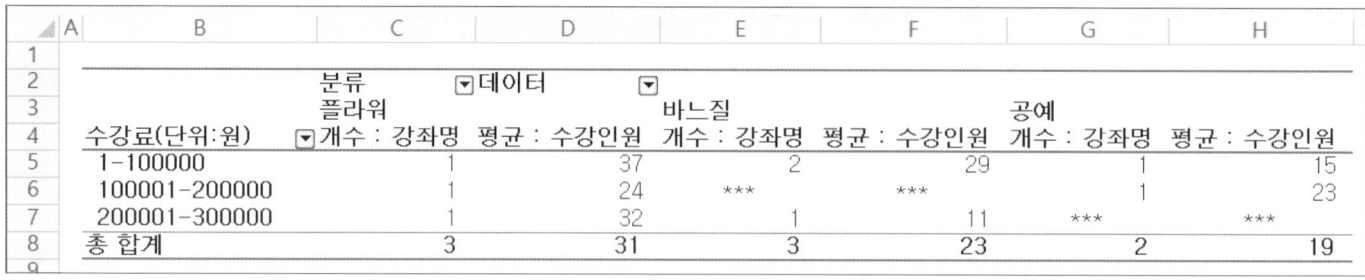

[제4작업] 그래프 100점

➡ "제1작업" 시트를 이용하여 "제4작업" 시트에 ≪출력형태≫와 같이 작업하시오.

≪조건≫
(1) 차트 종류 ⇒ 〈3차원 원형〉으로 작업하시오.
(2) 데이터 범위 ⇒ "제1작업" 시트의 내용을 이용하여 작업하시오.
(3) 차트 위치 ⇒ 「B2:K28」 영역에 배치하여 ≪출력형태≫와 같이 작업하시오.
(4) 차트 스타일 ⇒ 레이아웃6, 스타일3을 적용하시오.
(5) 배경 서식 ⇒ 차트 영역(노랑), 그림 영역(하양), 전체 글꼴(굴림, 11pt)을 적용하여 작업하시오.
(6) 제목 서식 ⇒ 글꼴(궁서, 20pt, 진하게), 채우기(하양), 실선, 그림자(바깥쪽 : 대각선 오른쪽 아래).
(7) 서식 ⇒ 계열 : 대바늘 인형 조각을 쪼개진 요소 20%로 지정하여 분리하시오.
　　　　　　레이블 : 값을 표시하고 위치 및 채우기 색(하양)은 ≪출력형태≫와 같이 표시하시오.
(8) 범례 ≪출력형태≫를 참조하시오.
(9) 도형 ⇒ '모서리가 둥근 사각형 설명선'을 삽입한 후 내용을 입력하시오.
(10) 나머지 사항은 ≪출력형태≫에 맞게 작성하시오.

≪출력형태≫

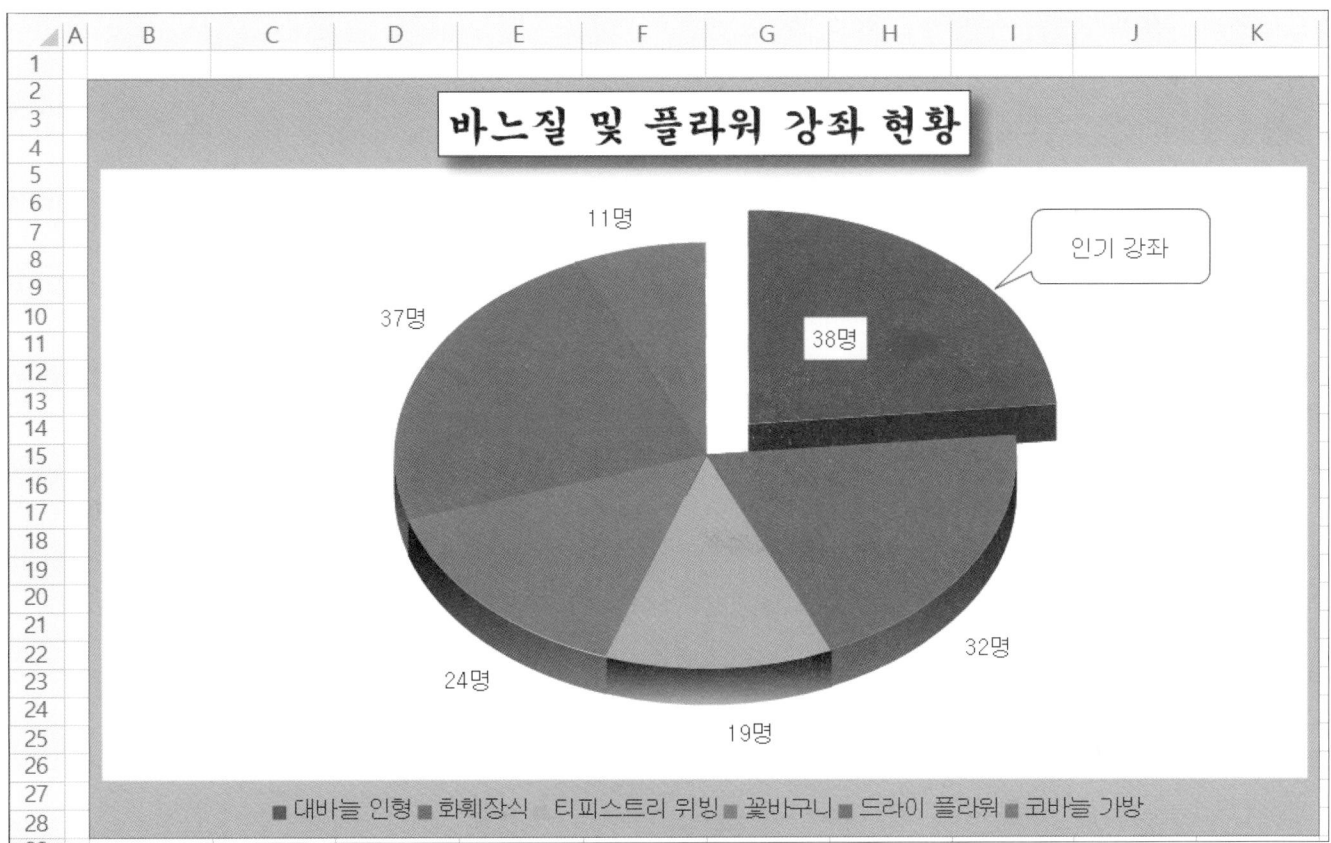

주의 ➡ 시트명 순서가 차례대로 "제1작업", "제2작업", "제3작업", "제4작업"이 되도록 할 것.

제 15 회 정보기술자격(ITQ) 출제예상 모의고사

과목	코드	문제유형	시험시간	수험번호	성명
한셀	1121	B	60분		

한컴 오피스

• 수험자 유의사항 •

- 수험자는 문제지를 받는 즉시 문제지와 **수험표상의 시험 과목(프로그램)이 동일한지 반드시 확인**하여야 합니다.
- 파일명은 본인의 "수험번호-성명"으로 입력하여 답안 폴더(내 PC₩문서₩ITQ)에 하나의 파일로 저장해야 하며, 답안 문서 파일명이 "수험번호-성명"과 일치하지 않거나, 답안 파일을 전송하지 않아 미제출로 처리될 경우 실격 처리합니다 (예:12345678-홍길동.cell).
- 답안 작성을 마치면 파일을 저장하고, '답안 전송' 버튼을 선택하여 감독위원 PC로 답안을 전송하십시오. 수험생 정보와 저장한 파일명이 다를 경우 전송되지 않으므로 주의하시기 바랍니다.
- 답안 작성 중에도 **주기적으로 저장하고, '답안 전송'**하여야 문제 발생을 줄일 수 있습니다. 작업한 내용을 저장하지 않고 전송할 경우 이전에 저장된 내용이 전송되오니 이점 유의하시기 바랍니다.
- 답안 문서는 지정된 경로 외의 다른 보조기억장치에 저장하는 경우, 지정된 시험 시간 외에 작성된 파일을 활용할 경우, 기타 통신수단(이메일, 메신저, 네트워크 등)을 이용하여 타인에게 전달 또는 외부 반출하는 경우는 부정 처리합니다.
- 시험 중 부주의 또는 고의로 시스템을 파손한 경우는 수험자가 변상해야 하며, 〈수험자 유의사항〉에 기재된 방법대로 이행하지 않아 생기는 불이익은 수험생 당사자의 책임임을 알려 드립니다.
- **문제의 조건은 한컴 오피스 2022 버전으로 설정되어 유의하시기 바랍니다.**
- 시험을 완료한 수험자는 답안 파일이 전송되었는지 확인한 후 감독위원의 지시에 따라 문제지를 제출하고 퇴실합니다.

• 답안 작성요령 •

- 온라인 답안 작성 절차
  수험자 등록 ⇒ 시험 시작 ⇒ 답안 파일 저장 ⇒ 답안 전송 ⇒ 시험 종료
- 문제는 총 4단계, 즉 제1작업부터 제4작업까지 구성되어 있으며 반드시 제1작업부터 순서대로 작성하고 조건대로 작업하시오.
- 모든 작업 시트의 A열은 열 너비 '1'로, 나머지 열은 적당하게 조절하시오.
- 모든 작업 시트의 테두리는《출력형태》와 같이 작업하시오.
- 해당 작업란에서는 각각 제시된 조건에 따라《출력형태》와 같이 작업하시오.
- 답안 시트 이름은 "제1작업", "제2작업", "제3작업", "제4작업"이어야 하며 답안 시트 이외의 것은 감점 처리됩니다.
- 각 시트를 파일로 나누어 작업해서 저장할 경우 실격 처리됩니다.

kpc 한국생산성본부

[제1작업] 표 서식 작성 및 값 계산 (240점)

다음은 '**컵라면 가격 및 판매수량**'에 대한 자료이다. 자료를 입력하고 조건에 맞도록 작업하시오.

≪출력형태≫

	B	C	D	E	F	G	H	I	J
1~3	컵라면 가격 및 판매수량						확인 담당 / 대리 / 과장		
4	제품코드	제품명	제조사	용기	판매가격	환산가격(1g)	판매수량(단위:개)	순위	뚜껑
5	NG43-411	너구리	농심	종이(외면)	1,240	6.8	1,562	(1)	(2)
6	NP96-451	신라면	농심	폴리스틸렌	800	7.7	2,465	(1)	(2)
7	PL11-542	롯데라면컵	팔도	종이(외면)	750	7.6	954	(1)	(2)
8	RT27-251	진라면순한맛	오뚜기	종이(외면)	950	7.0	2,056	(1)	(2)
9	DT49-211	참깨라면	오뚜기	종이(외면)	840	8.6	1,625	(1)	(2)
10	PL13-252	손짬뽕컵	팔도	폴리스틸렌수지	1,280	11.0	865	(1)	(2)
11	PL11-422	공화춘짬뽕	팔도	폴리스틸렌	1,280	11.1	1,245	(1)	(2)
12	NA21-451	육개장	농심	폴리스틸렌	850	11.0	1,432	(1)	(2)
13	종이(외면) 용기 제품의 개수			(3)			최저 판매수량(단위:개)		(5)
14	오뚜기 제품의 판매가격 평균			(4)		제품코드	NG43-411	판매가격	(6)

≪조건≫

○ 모든 데이터의 서식에는 글꼴(굴림, 11pt), 정렬은 숫자 및 회계 서식은 오른쪽 정렬, 나머지 서식은 가운데 정렬로 작성하며 예외적인 것은 ≪출력형태≫를 참조하시오.
○ 제 목 ⇒ '양쪽 모서리가 잘린 사각형' 도형과 '바깥쪽 : 오른쪽 그림자'를 이용하여 작성하고 "컵라면 가격 및 판매수량"을 입력한 후 다음 서식을 적용하시오(글꼴-굴림, 24pt, 검정, 진하게, 채우기-노랑).
○ 임의의 셀에 결재란을 만들고 '그림으로 복사하기' 기능을 이용하여 작성하시오(단, 원본 삭제).
○ 「B4:J4, G14, I14」 영역은 '노랑'으로 채우기 하시오.
○ 유효성 검사를 이용하여 「H14」 셀에 제품코드(「B5:B12」 영역)가 선택 표시되도록 하시오.
○ 셀 서식 ⇒ 「F5:F12」 영역에 셀 서식을 이용하여 숫자 뒤에 '원'을 표시하시오(예 : 1,240원).
○ 「F5:F12」 영역에 대해 '판매가격'으로 이름정의를 하시오.

◉ (1)~(6) 셀은 반드시 **주어진 함수를 이용**하여 값을 구하시오(결과값을 직접 입력하면 해당 셀은 0점 처리됨).
 (1) 순위 ⇒ 판매수량의 내림차순 순위를 구하시오(RANK.EQ 함수).
 (2) 뚜껑 ⇒ 제품코드의 마지막 글자가 '1'이면 '폴리에틸렌', '2'이면 '에틸렌초산비닐'로 구하시오 (CHOOSE, RIGHT 함수).
 (3) 종이(외면) 용기 제품의 개수 ⇒ 결과값에 '개'를 붙이시오. 단, 조건은 입력데이터를 이용하시오 (DCOUNTA 함수, & 연산자)(예 : 1개).
 (4) 오뚜기 제품의 판매가격 평균 ⇒ 정의된 이름(판매가격)을 이용하여 구하시오(SUMIF, COUNTIF 함수).
 (5) 최저 판매수량(단위:개) ⇒ (MIN 함수)
 (6) 판매가격 ⇒ 「H14」 셀에서 선택한 제품코드에 대한 판매가격을 구하시오(VLOOKUP 함수).
 (7) 조건부 서식의 수식을 이용하여 판매가격이 '1,000' 이상인 행 전체에 다음의 서식을 적용하시오 (글꼴 : 파랑, 진하게).

[제2작업] 목표값 찾기 및 필터   80점

➡ "**제1작업**" 시트의 「B4:H12」 영역을 복사하여 "**제2작업**" 시트의 「B2」 셀부터 모두 붙여넣기를 한 후 다음의 조건과 같이 작업하시오.

≪조건≫

(1) 목표값 찾기 - 「B11:G11」 셀을 병합하고 가운데 맞춤한 후 "농심의 판매가격 평균"을 입력하고, 「H11」 셀에 농심의 판매가격 평균을 구하시오. 단, 조건은 입력데이터를 이용하시오(DAVERAGE 함수, 테두리).
- '농심의 판매가격 평균'이 '970'이 되려면 너구리의 판매가격이 얼마가 되어야 하는지 목표값을 구하시오.

(2) 고급 필터 - 제품코드가 'P'로 시작하면서 환산가격(1g)이 '11' 이상인 자료의 '제품명, 제조사, 판매가격, 환산가격(1g), 판매수량(단위:개)' 데이터만 추출하시오.
- 찾을 조건 범위 : 「B14」 셀부터 입력하시오.
- 복사 위치 : 「B18」 셀부터 나타나도록 하시오.

[제3작업] 정렬 및 부분합   80점

➡ "**제1작업**" 시트의 「B4:H12」 영역을 복사하여 "**제3작업**" 시트의 「B2」 셀부터 모두 붙여넣기를 한 후 다음의 조건과 같이 작업하시오.

≪조건≫

(1) 부분합 - ≪출력형태≫처럼 정렬하고, 제품명의 개수와 판매수량(단위:개)의 평균을 구하시오.
(2) 윤곽 - 지우시오.
(3) 나머지 사항은 ≪출력형태≫에 맞게 작성하시오.

≪출력형태≫

A	B	C	D	E	F	G	H
1							
2	제품코드	제품명	제조사	용기	판매가격	환산가격(1g)	판매수량(단위:개)
3	PL11-542	롯데라면컵	팔도	종이(외면)	750원	7.6	954
4	PL13-252	손짬뽕컵	팔도	폴리스틸렌수지	1,280원	11.0	865
5	PL11-422	공화춘짬뽕	팔도	폴리스틸렌	1,280원	11.1	1,245
6			팔도 평균				1,021
7		3	팔도 개수				
8	RT27-251	진라면순한맛	오뚜기	종이(외면)	950원	7.0	2,056
9	DT49-211	참깨라면	오뚜기	종이(외면)	840원	8.6	1,625
10			오뚜기 평균				1,841
11		2	오뚜기 개수				
12	NG43-411	너구리	농심	종이(외면)	1,240원	6.8	1,562
13	NP96-451	신라면	농심	폴리스틸렌	800원	7.7	2,465
14	NA21-451	육개장	농심	폴리스틸렌	850원	11.0	1,432
15			농심 평균				1,820
16		3	농심 개수				
17		8	전체 개수				
18			전체 평균				1,526

[제4작업] 그래프　　　　　　　　　　　　　　　　　　　100점

➡ "제1작업" 시트를 이용하여 "제4작업" 시트에 ≪출력형태≫와 같이 작업하시오.

≪조건≫
(1) 차트 종류 ⇒ 〈묶은 세로 막대형〉으로 작업하시오.
(2) 데이터 범위 ⇒ "제1작업" 시트의 내용을 이용하여 작업하시오.
(3) 차트 위치 「B2:K28」 영역에 배치하여 ≪출력형태≫와 같이 작업하시오.
(4) 차트 스타일 ⇒ 레이아웃6을 적용하시오.
(5) 배경 서식 ⇒ 차트 영역(노랑), 그림 영역(하양), 전체 글꼴(굴림, 11pt)을 적용하여 작업하시오.
(6) 제목 서식 ⇒ 글꼴(궁서, 20pt, 진하게), 채우기(하양), 실선, 그림자(바깥쪽 : 오른쪽)
(7) 서식 ⇒ 판매가격 계열을 보조축으로 지정하고 표식이 있는 꺾은선형으로 변경하시오.
　　　　　 계열 : ≪출력형태≫를 참조하여 표식(다이아몬드형, 크기 10)과 레이블 값을 표시하시오.
　　　　　 축 및 주 눈금선(종류-점선)은 ≪출력형태≫와 같이 표시하시오.
(8) 범례 ⇒ ≪출력형태≫를 참조하시오.
(9) 도형 ⇒ '모서리가 둥근 사각형 설명선'을 삽입한 후 내용을 입력하시오.
(10) 나머지 사항은 ≪출력형태≫에 맞게 작성하시오.

≪출력형태≫

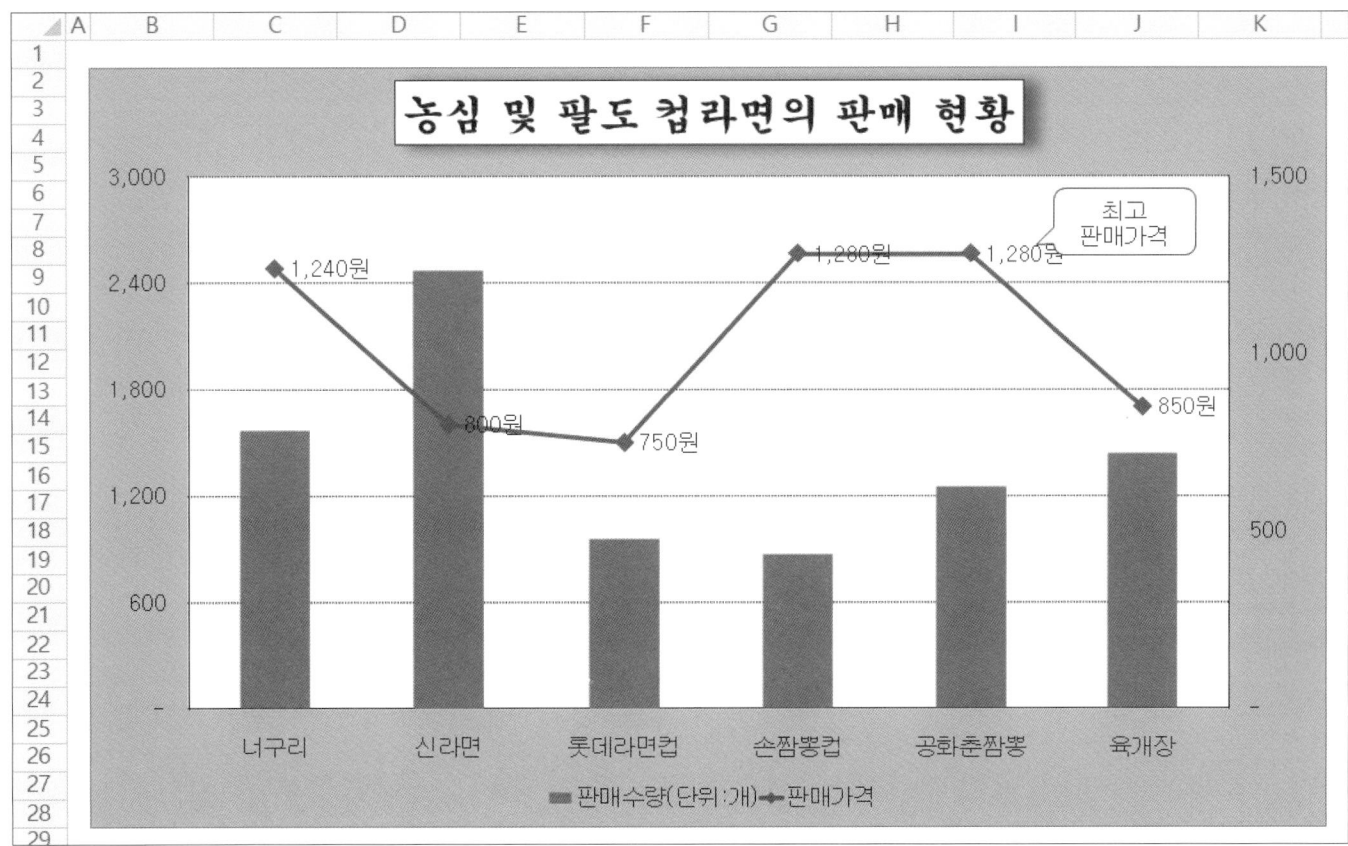

➡ 시트명 순서가 차례대로 "제1작업", "제2작업", "제3작업", "제4작업"이 되도록 할 것.

MEMO

제 01 회 정보기술자격(ITQ) 최신유형 기출문제

과목	코드	문제유형	시험시간	수험번호	성명
한셀	1121	B	60분		

한컴 오피스

·수험자 유의사항·

- 수험자는 문제지를 받는 즉시 문제지와 **수험표상의 시험 과목(프로그램)이 동일한지 반드시 확인**하여야 합니다.
- 파일명은 본인의 "수험번호-성명"으로 입력하여 답안 폴더(내 PC\문서\ITQ)에 하나의 파일로 저장해야 하며, 답안 문서 파일명이 "수험번호-성명"과 일치하지 않거나, 답안 파일을 전송하지 않아 미제출로 처리될 경우 실격 처리합니다 (예:12345678-홍길동.cell).
- 답안 작성을 마치면 파일을 저장하고, '답안 전송' 버튼을 선택하여 감독위원 PC로 답안을 전송하십시오. 수험생 정보와 저장한 파일명이 다를 경우 전송되지 않으므로 주의하시기 바랍니다.
- 답안 작성 중에도 **주기적으로 저장하고, '답안 전송'**하여야 문제 발생을 줄일 수 있습니다. 작업한 내용을 저장하지 않고 전송할 경우 이전에 저장된 내용이 전송되오니 이점 유의하시기 바랍니다.
- 답안 문서는 지정된 경로 외의 다른 보조기억장치에 저장하는 경우, 지정된 시험 시간 외에 작성된 파일을 활용할 경우, 기타 통신수단(이메일, 메신저, 네트워크 등)을 이용하여 타인에게 전달 또는 외부 반출하는 경우는 부정 처리합니다.
- 시험 중 부주의 또는 고의로 시스템을 파손한 경우는 수험자가 변상해야 하며, 〈수험자 유의사항〉에 기재된 방법대로 이행하지 않아 생기는 불이익은 수험생 당사자의 책임임을 알려 드립니다.
- **문제의 조건은 한컴 오피스 2022 버전으로 설정되어 유의하시기 바랍니다.**
- 시험을 완료한 수험자는 답안 파일이 전송되었는지 확인한 후 감독위원의 지시에 따라 문제지를 제출하고 퇴실합니다.

·답안 작성요령·

- 온라인 답안 작성 절차

  수험자 등록 ⇒ 시험 시작 ⇒ 답안 파일 저장 ⇒ 답안 전송 ⇒ 시험 종료

- 문제는 총 4단계, 즉 제1작업부터 제4작업까지 구성되어 있으며 반드시 제1작업부터 순서대로 작성하고 조건대로 작업하시오.
- 모든 작업 시트의 A열은 열 너비 '1'로, 나머지 열은 적당하게 조절하시오.
- 모든 작업 시트의 테두리는 《출력형태》와 같이 작업하시오.
- 해당 작업란에서는 각각 제시된 조건에 따라 《출력형태》와 같이 작업하시오.
- 답안 시트 이름은 "제1작업", "제2작업", "제3작업", "제4작업"이어야 하며 답안 시트 이외의 것은 감점 처리됩니다.
- 각 시트를 파일로 나누어 작업해서 저장할 경우 실격 처리됩니다.

kpc 한국생산성본부

[제1작업] 표 서식 작성 및 값 계산 240점

다음은 '**푸른길 작은 도서관 대출 현황**'에 대한 자료이다. 자료를 입력하고 조건에 맞도록 작업하시오.

≪출력형태≫

	A	B	C	D	E	F	G	H	I	J
1								결재	담당	대리	부장
2			푸른길 작은 도서관 대출 현황								
3											
4		관리코드	대출도서	대출자	학교명	대출일	누적 대출권수	도서 포인트	출판사	포인트 순위
5		3127-P	바다 목욕탕	전수민	월계초등학교	2022-05-03	1,024	224	(1)	(2)
6		3861-K	땅콩 동그라미	박지현	산월초등학교	2022-05-08	954	194	(1)	(2)
7		3738-G	모치모치 나무	김종환	수문초등학교	2022-05-02	205	121	(1)	(2)
8		3928-G	해리포터	이지은	산월초등학교	2022-05-07	1,238	250	(1)	(2)
9		3131-P	책 읽는 도깨비	정찬호	월계초등학교	2022-05-09	367	122	(1)	(2)
10		3955-P	꼬마 지빠귀	권제인	수문초등학교	2022-05-11	107	160	(1)	(2)
11		3219-K	퀴즈 과학상식	김승희	월계초등학교	2022-05-02	1,501	315	(1)	(2)
12		3713-P	아기 고등 두마리	유인혜	산월초등학교	2022-05-07	886	154	(1)	(2)
13		최대 도서 포인트			(3)			월계초등학교 학생의 도서 포인트 합계			(5)
14		수문초등학교 학생의 누적 대출권수 평균			(4)			대출도서	바다 목욕탕	대출자	(6)

≪조건≫

○ 모든 데이터의 서식에는 글꼴(굴림, 11pt), 정렬은 숫자 및 회계 서식은 오른쪽 정렬, 나머지 서식은 가운데 정렬로 작성하며 예외적인 것은 ≪출력형태≫를 참조하시오.
○ 제 목 ⇒ '십자형' 도형과 '바깥쪽 : 대각선 오른쪽 위 그림자'를 이용하여 작성하고 "푸른길 작은 도서관 대출 현황"을 입력한 후 다음 서식을 적용하시오(글꼴-굴림, 24pt, 검정, 진하게, 채우기-노랑).
○ 임의의 셀에 결재란을 만들고 '그림으로 복사하기' 기능을 이용하여 작성하시오(단, 원본 삭제).
○ 「B4:J4, G14, I14」 영역은 '노랑'으로 채우기 하시오.
○ 유효성 검사를 이용하여 「H14」 셀에 대출도서(「C5:C12」 영역)가 선택 표시되도록 하시오.
○ 셀 서식 ⇒ 「G5:G12」 영역에 셀 서식을 이용하여 숫자 뒤에 '권'을 표시하시오(예 : 1,024권).
○ 「E5:E12」 영역에 대해 '학교명'으로 이름정의를 하시오.

◉ (1)~(6) 셀은 반드시 **주어진 함수를 이용**하여 값을 구하시오(결과값을 직접 입력하면 해당 셀은 0점 처리됨).

(1) 출판사 ⇒ 관리코드의 마지막 글자가 'P'이면 '풀잎', 'G'이면 '가람' 그 외에는 '글송이'로 구하시오
 (IF, RIGHT 함수).
(2) 포인트 순위 ⇒ 도서 포인트의 내림차순 순위를 구한 결과값에 '위'를 붙이시오
 (RANK.EQ 함수, & 연산자)(예 : 1위).
(3) 최대 도서 포인트 ⇒ (MAX 함수)
(4) 수문초등학교 학생의 누적 대출권수 평균 ⇒ 정의된 이름(학교명)을 이용하여 구하시오(SUMIF, COUNTIF 함수).
(5) 월계초등학교 학생의 도서 포인트 합계 ⇒ 조건은 입력데이터를 이용하시오(DSUM 함수).
(6) 대출자 ⇒ 「H14」 셀에서 선택한 대출도서에 대한 대출자를 구하시오(VLOOKUP 함수).
(7) 조건부 서식의 수식을 이용하여 누적 대출권수가 '1,000' 이상인 행 전체에 다음의 서식을 적용하시오
 (글꼴 : 파랑, 진하게).

[제2작업] 목표값 찾기 및 필터   80점

➡ "**제1작업**" 시트의 「B4:H12」 영역을 복사하여 "**제2작업**" 시트의 「B2」 셀부터 모두 붙여넣기를 한 후 다음의 조건과 같이 작업하시오.

≪조건≫

(1) 목표값 찾기 – 「B11:G11」 셀을 병합하고 가운데 맞춤한 후 "월계초등학교 학생의 누적 대출권수 평균"을 입력하고, 「H11」 셀에 월계초등학교 학생의 누적 대출권수 평균을 구하시오.
  단, 조건은 입력데이터를 이용하시오(DAVERAGE 함수, 테두리).
  – '월계초등학교 학생의 누적 대출권수 평균'이 '970'이 되려면 전수민의 누적 대출권수가 얼마가 되어야 하는지 목표값을 구하시오.

(2) 고급 필터 – 학교명이 '수문초등학교'이거나 누적 대출권수가 '1,200' 이상인 자료의 데이터만 추출하시오.
  – 찾을 조건 범위 : 「B14」 셀부터 입력하시오.
  – 복사 위치 : 「B18」 셀부터 나타나도록 하시오.

[제3작업] 정렬 및 부분합   80점

➡ "**제1작업**" 시트의 「B4:H12」 영역을 복사하여 "**제3작업**" 시트의 「B2」 셀부터 모두 붙여넣기를 한 후 다음의 조건과 같이 작업하시오.

≪조건≫

(1) 부분합 – ≪출력형태≫처럼 정렬하고, 대출자의 개수와 누적 대출권수의 평균을 구하시오.
(2) 윤곽 – 지우시오.
(3) 나머지 사항은 ≪출력형태≫에 맞게 작성하시오.

≪출력형태≫

A	B	C	D	E	F	G	H
1							
2	관리코드	대출도서	대출자	학교명	대출일	누적 대출권수	도서 포인트
3	3127-P	바다 목욕탕	전수민	월계초등학교	2022-05-03	1,024권	224
4	3131-P	책 읽는 도깨비	정찬호	월계초등학교	2022-05-09	367권	122
5	3219-K	퀴즈 과학상식	김승희	월계초등학교	2022-05-02	1,501권	315
6				월계초등학교 평균		964권	
7			3	월계초등학교 개수			
8	3738-G	모치모치 나무	김종환	수문초등학교	2022-05-02	205권	121
9	3955-P	꼬마 지빠귀	권제인	수문초등학교	2022-05-11	107권	160
10				수문초등학교 평균		156권	
11			2	수문초등학교 개수			
12	3861-K	땅콩 동그라미	박지현	산월초등학교	2022-05-08	954권	194
13	3928-G	해리포터	이지은	산월초등학교	2022-05-07	1,238권	250
14	3713-P	아기 고둥 두마리	유인혜	산월초등학교	2022-05-07	886권	154
15				산월초등학교 평균		1,026권	
16			3	산월초등학교 개수			
17			8	전체 개수			
18				전체 평균		785권	
19							

[제4작업] 그래프 　　　　　　　　　　　　　　　　　　　　　　　　　100점

➡ **"제1작업"** 시트를 이용하여 **"제4작업"** 시트에 ≪출력형태≫와 같이 작업하시오.

≪조건≫
(1) 차트 종류 ⇒ 〈묶은 세로 막대형〉으로 작업하시오.
(2) 데이터 범위 ⇒ "제1작업" 시트의 내용을 이용하여 작업하시오.
(3) 차트 위치 「B2:K28」 영역에 배치하여 ≪출력형태≫와 같이 작업하시오.
(4) 차트 스타일 ⇒ 레이아웃6을 적용하시오.
(5) 배경 서식 ⇒ 차트 영역(노랑), 그림 영역(하양), 전체 글꼴(굴림, 11pt)을 적용하여 작업하시오.
(6) 제목 서식 ⇒ 글꼴(굴림, 20pt, 진하게), 채우기(하양), 실선, 그림자(바깥쪽 : 가운데)
(7) 서식 ⇒ 도서 포인트 계열을 보조축으로 지정하고 표식이 있는 꺾은선형으로 변경하시오.
　　　　　계열 : ≪출력형태≫를 참조하여 표식(삼각형, 크기 10)과 레이블 값을 표시하시오.
　　　　　축 및 주 눈금선(종류-긴 점선)은 ≪출력형태≫와 같이 표시하시오.
(8) 범례 ⇒ ≪출력형태≫를 참조하시오.
(9) 도형 ⇒ '모서리가 둥근 사각형 설명선'을 삽입한 후 내용을 입력하시오.
(10) 나머지 사항은 ≪출력형태≫에 맞게 작성하시오.

≪출력형태≫

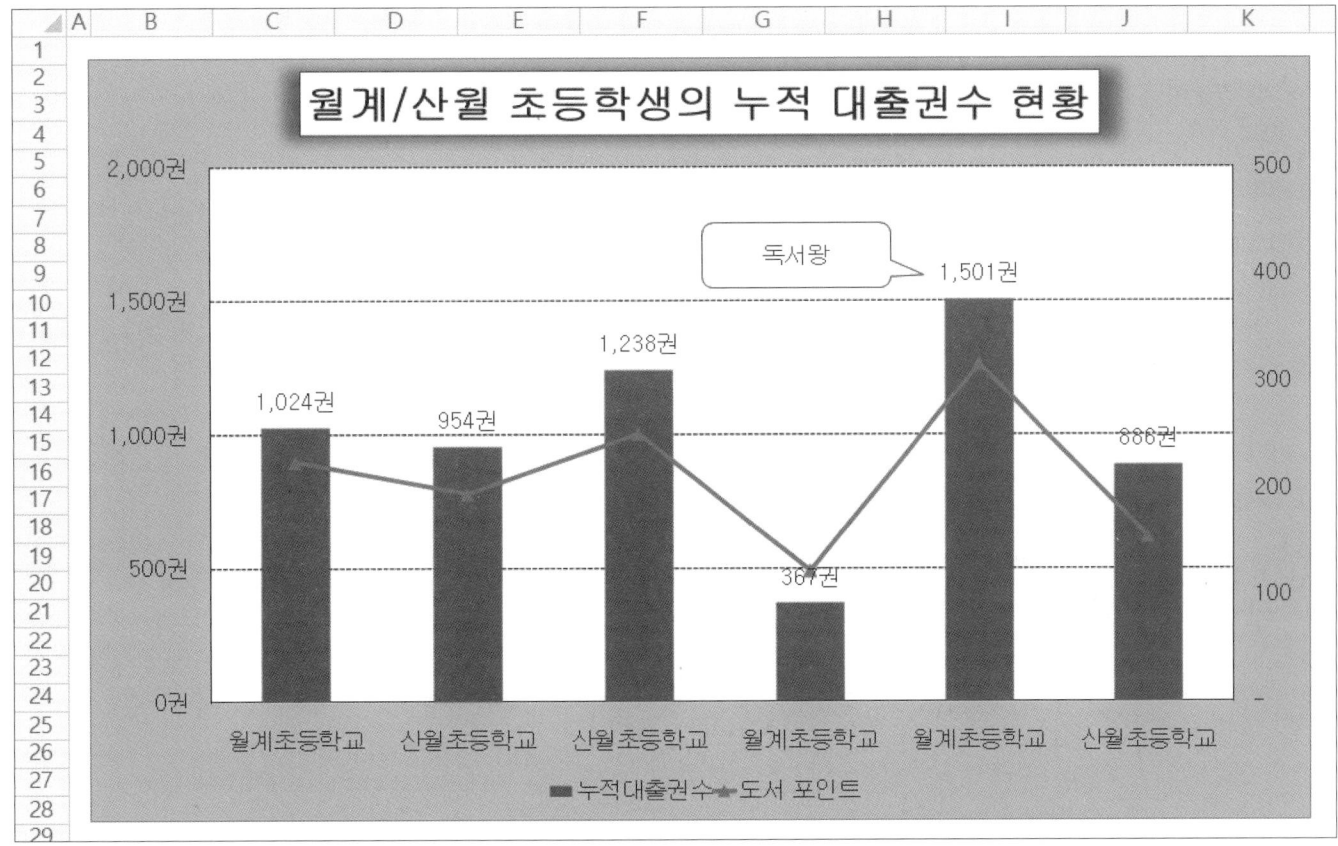

➡ 시트명 순서가 차례대로 "제1작업", "제2작업", "제3작업", "제4작업"이 되도록 할 것.

제 02 회 정보기술자격(ITQ) 최신유형 기출문제

과목	코드	문제유형	시험시간	수험번호	성명
한셀	1121	B	60분		

한컴 오피스

•수험자 유의사항•

- 수험자는 문제지를 받는 즉시 문제지와 **수험표상의 시험 과목(프로그램)이 동일한지 반드시 확인**하여야 합니다.
- 파일명은 본인의 "수험번호-성명"으로 입력하여 답안 폴더(내 PC₩문서₩ITQ)에 하나의 파일로 저장해야 하며, 답안 문서 파일명이 "수험번호-성명"과 일치하지 않거나, 답안 파일을 전송하지 않아 미제출로 처리될 경우 실격 처리합니다. (예:12345678-홍길동.cell).
- 답안 작성을 마치면 파일을 저장하고, '답안 전송' 버튼을 선택하여 감독위원 PC로 답안을 전송하십시오. 수험생 정보와 저장한 파일명이 다를 경우 전송되지 않으므로 주의하시기 바랍니다.
- 답안 작성 중에도 **주기적으로 저장하고, '답안 전송'**하여야 문제 발생을 줄일 수 있습니다. 작업한 내용을 저장하지 않고 전송할 경우 이전에 저장된 내용이 전송되오니 이점 유의하시기 바랍니다.
- 답안 문서는 지정된 경로 외의 다른 보조기억장치에 저장하는 경우, 지정된 시험 시간 외에 작성된 파일을 활용할 경우, 기타 통신수단(이메일, 메신저, 네트워크 등)을 이용하여 타인에게 전달 또는 외부 반출하는 경우는 부정 처리합니다.
- 시험 중 부주의 또는 고의로 시스템을 파손한 경우는 수험자가 변상해야 하며, 〈수험자 유의사항〉에 기재된 방법대로 이행하지 않아 생기는 불이익은 수험생 당사자의 책임임을 알려 드립니다.
- **문제의 조건은 한컴 오피스 2022 버전으로 설정되어 유의하시기 바랍니다.**
- 시험을 완료한 수험자는 답안 파일이 전송되었는지 확인한 후 감독위원의 지시에 따라 문제지를 제출하고 퇴실합니다.

•답안 작성요령•

- 온라인 답안 작성 절차
  수험자 등록 ⇒ 시험 시작 ⇒ 답안 파일 저장 ⇒ 답안 전송 ⇒ 시험 종료
- 문제는 총 4단계, 즉 제1작업부터 제4작업까지 구성되어 있으며 반드시 제1작업부터 순서대로 작성하고 조건대로 작업하시오.
- 모든 작업 시트의 A열은 열 너비 '1'로, 나머지 열은 적당하게 조절하시오.
- 모든 작업 시트의 테두리는 《출력형태》와 같이 작업하시오.
- 해당 작업란에서는 각각 제시된 조건에 따라 《출력형태》와 같이 작업하시오.
- 답안 시트 이름은 "제1작업", "제2작업", "제3작업", "제4작업"이어야 하며 답안 시트 이외의 것은 감점 처리됩니다.
- 각 시트를 파일로 나누어 작업해서 저장할 경우 실격 처리됩니다.

[제1작업] 표 서식 작성 및 값 계산 (240점)

다음은 '**사랑의 나눔 회원 현황**'에 대한 자료이다. 자료를 입력하고 조건에 맞도록 작업하시오.

≪출력형태≫

	A	B	C	D	E	F	G	H	I	J
1								확인	사원	대리	과장
2			사랑의 나눔 회원 현황							
3										
4		회원ID	성명	가입일자	기부금 총금액	월 기부금액 (단위:원)	기부방법	성별	순위	가입연수
5		M-1142	민시호	2019-05-03	720,000	20,000	자동이체	남성	(1)	(2)
6		K-2411	김은비	2021-07-21	165,000	15,000	자동이체	여성	(1)	(2)
7		B-5234	박민재	2020-04-08	238,000	17,000	지로	남성	(1)	(2)
8		J-1334	전세영	2020-05-30	130,000	10,000	휴대폰결제	여성	(1)	(2)
9		K-6364	김은희	2019-04-25	1,110,000	30,000	휴대폰결제	여성	(1)	(2)
10		Y-5126	윤희진	2019-01-12	1,200,000	30,000	자동이체	여성	(1)	(2)
11		H-2159	한현호	2020-05-01	250,000	10,000	지로	남성	(1)	(2)
12		K-4583	김상호	2021-08-03	600,000	50,000	휴대폰결제	남성	(1)	(2)
13		김상호의 월 기부금액(단위:원)			(3)		휴대폰결제 건수			(5)
14		남성들의 월 기부금액(단위:원) 합계			(4)		성명	민시호	기부방법	(6)

≪조건≫

○ 모든 데이터의 서식에는 글꼴(굴림, 11pt), 정렬은 숫자 및 회계 서식은 오른쪽 정렬, 나머지 서식은 가운데 정렬로 작성하며 예외적인 것은 ≪출력형태≫를 참조하시오.
○ 제 목 ⇒ '모서리가 둥근 직사각형' 도형과 '바깥쪽 : 대각선 오른쪽 위 그림자'를 이용하여 작성하고 "사랑의 나눔 회원 현황"을 입력한 후 다음 서식을 적용하시오(글꼴-굴림, 24pt, 검정, 진하게, 채우기-노랑).
○ 임의의 셀에 결재란을 만들고 '그림으로 복사하기' 기능을 이용하여 작성하시오(단, 원본 삭제).
○ 「B4:J4, G14, I14」 영역은 '노랑'으로 채우기 하시오.
○ 유효성 검사를 이용하여 「H14」 셀에 성명(「C5:C12」 영역)이 선택 표시되도록 하시오.
○ 셀 서식 ⇒ 「E5:E12」 영역에 셀 서식을 이용하여 숫자 뒤에 '원'을 표시하시오(예 : 720,000원).
○ 「G5:G12」 영역에 대해 '기부방법'으로 이름정의를 하시오.

⊙ (1)~(6) 셀은 반드시 **주어진 함수를 이용**하여 값을 구하시오(결과값을 직접 입력하면 해당 셀은 0점 처리됨).
(1) 순위 ⇒ 기부금 총금액의 내림차순 순위를 1~3까지만 구하고 그 외에는 공백으로 구하시오 (IF, RANK.EQ 함수).
(2) 가입연수 ⇒ 「2022-가입일자의 연도」로 구한 결과값에 '년'을 붙이시오(YEAR 함수, & 연산자)(예 : 1년).
(3) 김상호의 월 기부금액(단위:원) ⇒ (INDEX, MATCH 함수)
(4) 남성들의 월 기부금액(단위:원) 합계 ⇒ 조건은 입력데이터를 이용하시오(DSUM 함수).
(5) 휴대폰결제 건수 ⇒ 정의된 이름(기부방법)을 이용하여 구하시오(COUNTIF 함수).
(6) 기부방법 ⇒ 「H14」 셀에서 선택한 성명에 대한 기부방법을 구하시오(VLOOKUP 함수).
(7) 조건부 서식의 수식을 이용하여 기부금 총금액이 '1,000,000' 이상인 행 전체에 다음의 서식을 적용하시오 (글꼴 : 파랑, 진하게).

[제2작업] 목표값 찾기 및 필터   80점

➡ "**제1작업**" 시트의 「B4:H12」 영역을 복사하여 "**제2작업**" 시트의 「B2」 셀부터 모두 붙여넣기를 한 후 다음의 조건과 같이 작업하시오.

≪조건≫

(1) 목표값 찾기 – 「B11:G11」 셀을 병합하고 가운데 맞춤한 후 "월 기부금액(단위:원)의 합계"를 입력하고, 「H11」 셀에 월 기부금액(단위:원)의 합계를 구하시오. 단, 조건은 입력데이터를 이용하시오(SUM 함수, 테두리).
　　　　　　　 – '월 기부금액(단위:원)의 합계'가 '190,000'이 되려면 민시호의 월 기부금액(단위:원)이 얼마가 되어야 하는지 목표값을 구하시오.

(2) 고급 필터 – 기부금 총금액이 '200,000' 이하 이거나 기부방법이 '지로'인 자료의 '성명, 기부금 총금액, 기부방법, 성별' 데이터만 추출하시오.
　　　　　　 – 찾을 조건 범위 : 「B14」 셀부터 입력하시오.
　　　　　　 – 복사 위치 : 「B18」 셀부터 나타나도록 하시오.

[제3작업] 피벗 테이블   80점

➡ "**제1작업**" 시트를 이용하여 "**제3작업**" 시트에 조건에 따라 ≪출력형태≫와 같이 작업하시오.

≪조건≫

(1) 가입일자 및 기부방법별 성명의 개수와 기부금액(단위:원)의 평균을 구하시오.
(2) 가입일자로 그룹화하고, 보고서 레이아웃은 개요 형식으로 설정하시오.
(3) 기부방법을 ≪출력형태≫와 같이 정렬하고, 빈 셀은 '***'로 표시하시오.
(4) 행의 총합계를 지우고, 나머지 사항은 ≪출력형태≫에 맞게 작성하시오.

≪출력형태≫

A	B	C	D	E	F	G	H
2		기부방법 ▼	데이터				
3		휴대폰결제		지로		자동이체	
4	가입일자 ▼	개수 : 성명	평균 : 월 기부금액(단위:원)	개수 : 성명	평균 : 월 기부금액(단위:원)	개수 : 성명	평균 : 월 기부금액(단위:원)
5	2019년	1	30,000	***	***	2	25,000
6	2020년	1	10,000	2	13,500	***	***
7	2021년	1	50,000	***	***	1	15,000
8	총 합계	3	30,000	2	13,500	3	21,667

[제4작업] 그래프 100점

➡ "제1작업" 시트를 이용하여 "제4작업" 시트에 《출력형태》와 같이 작업하시오.

≪조건≫
(1) 차트 종류 ⇒ 〈3차원 원형〉으로 작업하시오.
(2) 데이터 범위 ⇒ "제1작업" 시트의 내용을 이용하여 작업하시오.
(3) 차트 위치 ⇒ 「B2:K28」 영역에 배치하여 ≪출력형태≫와 같이 작업하시오.
(4) 차트 스타일 ⇒ 레이아웃6, 스타일3을 적용하시오.
(5) 배경 서식 ⇒ 차트 영역(노랑), 그림 영역(하양), 전체 글꼴(굴림, 11pt)을 적용하여 작업하시오.
(6) 제목 서식 ⇒ 글꼴(궁서, 20pt, 진하게), 채우기(하양), 실선, 그림자(바깥쪽 : 대각선 오른쪽 아래)
(7) 서식 ⇒ 계열 : 윤희진 조각을 쪼개진 요소 20%로 지정하여 분리하시오.
　　　　　레이블 : 값을 표시하고 위치 및 채우기 색(하양)은 ≪출력형태≫와 같이 표시하시오.
(8) 범례 ≪출력형태≫를 참조하시오.
(9) 도형 ⇒ '모서리가 둥근 사각형 설명선'을 삽입한 후 내용을 입력하시오.
(10) 나머지 사항은 ≪출력형태≫에 맞게 작성하시오.

≪출력형태≫

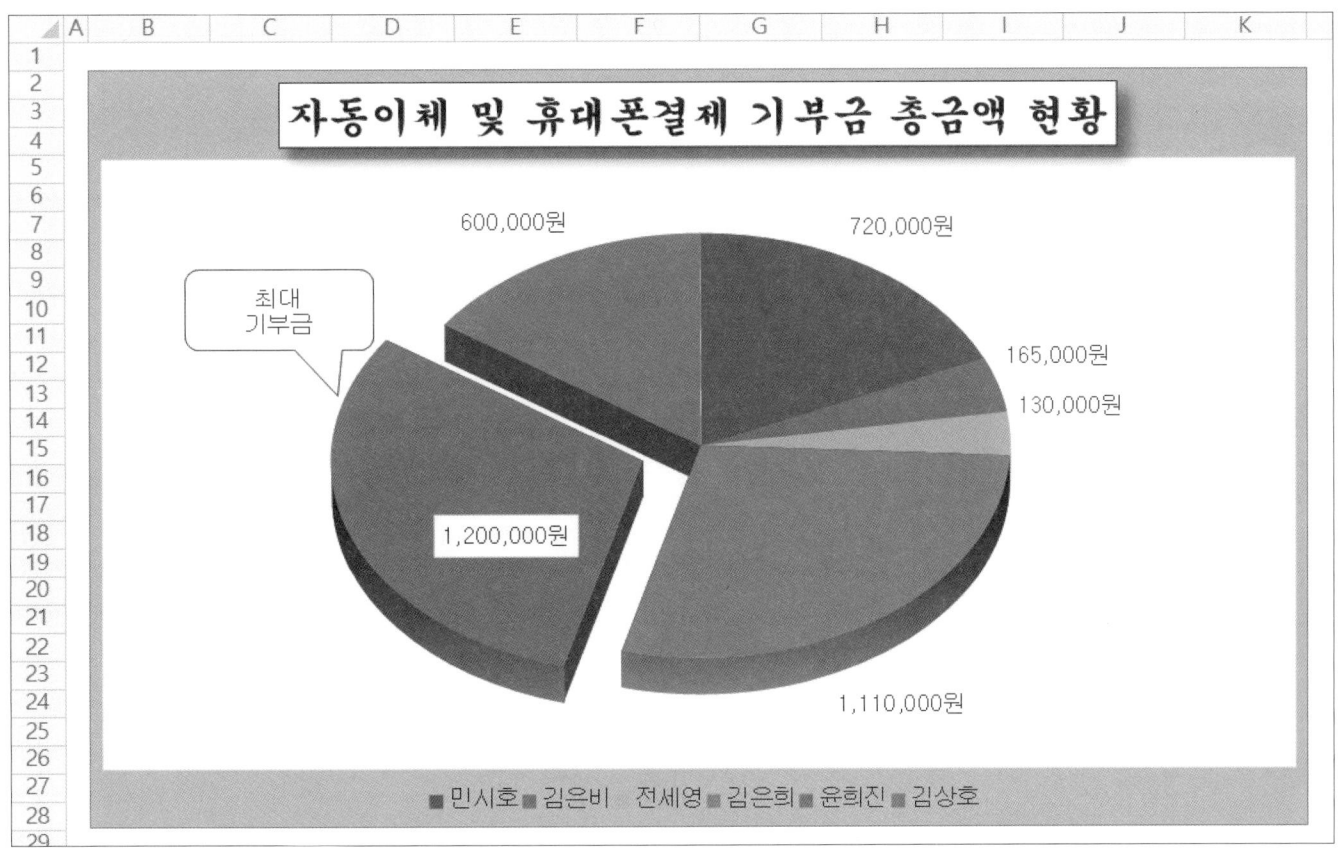

주의 ➡ 시트명 순서가 차례대로 "제1작업", "제2작업", "제3작업", "제4작업"이 되도록 할 것.

제 03 회 정보기술자격(ITQ) 최신유형 기출문제

과목	코드	문제유형	시험시간	수험번호	성명
한셀	1121	B	60분		

한컴 오피스

·수험자 유의사항·

- 수험자는 문제지를 받는 즉시 문제지와 **수험표상의 시험 과목(프로그램)이 동일한지 반드시 확인**하여야 합니다.
- 파일명은 본인의 "수험번호-성명"으로 입력하여 답안 폴더(내 PC\문서\ITQ)에 하나의 파일로 저장해야 하며, 답안 문서 파일명이 "수험번호-성명"과 일치하지 않거나, 답안 파일을 전송하지 않아 미제출로 처리될 경우 실격 처리합니다. (예:12345678-홍길동.cell).
- 답안 작성을 마치면 파일을 저장하고, '답안 전송' 버튼을 선택하여 감독위원 PC로 답안을 전송하십시오. 수험생 정보와 저장한 파일명이 다를 경우 전송되지 않으므로 주의하시기 바랍니다.
- 답안 작성 중에도 **주기적으로 저장하고, '답안 전송'**하여야 문제 발생을 줄일 수 있습니다. 작업한 내용을 저장하지 않고 전송할 경우 이전에 저장된 내용이 전송되오니 이점 유의하시기 바랍니다.
- 답안 문서는 지정된 경로 외의 다른 보조기억장치에 저장하는 경우, 지정된 시험 시간 외에 작성된 파일을 활용할 경우, 기타 통신수단(이메일, 메신저, 네트워크 등)을 이용하여 타인에게 전달 또는 외부 반출하는 경우는 부정 처리합니다.
- 시험 중 부주의 또는 고의로 시스템을 파손한 경우는 수험자가 변상해야 하며, 〈수험자 유의사항〉에 기재된 방법대로 이행하지 않아 생기는 불이익은 수험생 당사자의 책임임을 알려 드립니다.
- **문제의 조건은 한컴 오피스 2022 버전으로 설정되어 유의하시기 바랍니다.**
- 시험을 완료한 수험자는 답안 파일이 전송되었는지 확인한 후 감독위원의 지시에 따라 문제지를 제출하고 퇴실합니다.

·답안 작성요령·

- 온라인 답안 작성 절차
  수험자 등록 ⇒ 시험 시작 ⇒ 답안 파일 저장 ⇒ 답안 전송 ⇒ 시험 종료
- 문제는 총 4단계, 즉 제1작업부터 제4작업까지 구성되어 있으며 반드시 제1작업부터 순서대로 작성하고 조건대로 작업하시오.
- 모든 작업 시트의 A열은 열 너비 '1'로, 나머지 열은 적당하게 조절하시오.
- 모든 작업 시트의 테두리는 《출력형태》와 같이 작업하시오.
- 해당 작업란에서는 각각 제시된 조건에 따라 《출력형태》와 같이 작업하시오.
- 답안 시트 이름은 "제1작업", "제2작업", "제3작업", "제4작업"이어야 하며 답안 시트 이외의 것은 감점 처리됩니다.
- 각 시트를 파일로 나누어 작업해서 저장할 경우 실격 처리됩니다.

kpc 한국생산성본부

[제1작업] 표 서식 작성 및 값 계산   240점

▶ 다음은 '**동호회 가을 여행 일정**'에 대한 자료이다. 자료를 입력하고 조건에 맞도록 작업하시오.

≪출력형태≫

	A	B	C	D	E	F	G	H	I	J
1										
2			동호회 가을 여행 일정					확인	사원 / 팀장 / 부장	
3										
4		동호회코드	동호회명	여행지	구분	출발일자	참여인원	1인당 소요경비	국가	출발요일
5		C-001S	북유럽	북경	독서	2023-11-23	18	637,000	(1)	(2)
6		C-004S	우드아이	청도	목공	2023-12-28	27	823,000	(1)	(2)
7		K-002S	한글벗	성산	독서	2023-12-25	32	275,500	(1)	(2)
8		J-002M	뚝딱이	요코하마	목공	2023-12-09	26	516,000	(1)	(2)
9		C-003P	제페토	상하이	목공	2023-11-15	18	610,000	(1)	(2)
10		J-005P	행복나무	가와사키	목공	2023-12-19	27	689,000	(1)	(2)
11		K-003M	퀼트나무	마라도	공예	2023-12-09	21	310,000	(1)	(2)
12		K-001M	뜨개사랑	우도	공예	2023-11-17	36	335,500	(1)	(2)
13		목공 동호회 참여인원 합계			(3)			최대 1인당 소요경비		(5)
14		독서 동호회의 개수			(4)		동호회명	북유럽	여행지	(6)

≪조건≫

○ 모든 데이터의 서식에는 글꼴(굴림, 11pt), 정렬은 숫자 및 회계 서식은 오른쪽 정렬, 나머지 서식은 가운데 정렬로 작성하며 예외적인 것은 ≪출력형태≫를 참조하시오.
○ 제 목 ⇒ '대각선 방향의 모서리가 잘린 사각형' 도형과 '바깥쪽 : 오른쪽 그림자'를 이용하여 작성하고 "동호회 가을 여행 일정"을 입력한 후 다음 서식을 적용하시오(글꼴-굴림, 24pt, 검정, 진하게, 채우기-노랑).
○ 임의의 셀에 결재란을 만들고 '그림으로 복사하기' 기능을 이용하여 작성하시오(단, 원본 삭제).
○ 「B4:J4, G14, I14」 영역은 '노랑'으로 채우기 하시오.
○ 유효성 검사를 이용하여 「H14」 셀에 동호회명(「C5:C12」 영역)이 선택 표시되도록 하시오.
○ 셀 서식 ⇒ 「G5:G12」 영역에 셀 서식을 이용하여 숫자 뒤에 '명'을 표시하시오(예 : 18명).
○ 「G5:G12」 영역에 대해 '참여인원'으로 이름정의를 하시오.

⦿ (1)~(6) 셀은 반드시 **주어진 함수를 이용**하여 값을 구하시오(결과값을 직접 입력하면 해당 셀은 0점 처리됨).
 (1) 국가 ⇒ 동호회코드의 첫 번째 글자가 'J'이면 '일본', 'C'이면 '중국', 그 외에는 '한국'으로 구하시오(IF, LEFT 함수).
 (2) 출발요일 ⇒ 출발일자의 요일을 예와 같이 구하시오(CHOOSE, WEEKDAY 함수)(예 : 월요일).
 (3) 목공 동호회 참여인원 합계 ⇒ 정의된 이름(참여인원)을 이용하여 구하시오(SUMIF 함수).
 (4) 독서 동호회의 개수 ⇒ 결과값에 '개'를 붙이시오(COUNTIF 함수, & 연산자)(예 : 1개).
 (5) 최대 1인당 소요경비 ⇒ (MAX 함수)
 (6) 여행지 ⇒ 「H14」 셀에서 선택한 동호회명에 대한 여행지를 구하시오(VLOOKUP 함수).
 (7) 조건부 서식의 수식을 이용하여 참여인원이 '30' 이상인 행 전체에 다음의 서식을 적용하시오
  (글꼴 : 파랑, 진하게).

[제2작업] 목표값 찾기 및 필터　　　　　　　　　　　　　　　　　　　　　　　　80점

➡ "제1작업" 시트의 「B4:H12」 영역을 복사하여 "제2작업" 시트의 「B2」 셀부터 모두 붙여넣기를 한 후 다음의 조건과 같이 작업하시오.

≪조건≫

(1) 목표값 찾기 – 「B11:G11」 셀을 병합하고 가운데 맞춤한 후 "독서 동호회 참여인원 평균"을 입력하고, 「H11」 셀에 독서 동호회 참여인원 평균을 구하시오. 단, 조건은 입력데이터를 이용하시오
(DAVERAGE 함수, 테두리).
– '독서 동호회 참여인원 평균'이 '26'이 되려면 북유럽의 참여인원이 얼마가 되어야 하는지 목표값을 구하시오.

(2) 고급 필터 – 구분이 '독서'가 아니면서 1인당 소요경비가 '600,000' 이상인 자료의 '동호회명, 출발일자, 참여인원, 1인당 소요경비' 데이터만 추출하시오.
– 찾을 조건 범위 : 「B14」 셀부터 입력하시오.
– 복사 위치 : 「B18」 셀부터 나타나도록 하시오.

[제3작업] 정렬 및 부분합　　　　　　　　　　　　　　　　　　　　　　　　　　　80점

➡ "제1작업" 시트의 「B4:H12」 영역을 복사하여 "제3작업" 시트의 「B2」 셀부터 모두 붙여넣기를 한 후 다음의 조건과 같이 작업하시오.

≪조건≫

(1) 부분합 – ≪출력형태≫처럼 정렬하고, 동호회명의 개수와 참여인원의 평균을 구하시오.
(2) 윤곽 – 지우시오.
(3) 나머지 사항은 ≪출력형태≫에 맞게 작성하시오.

≪출력형태≫

A	B	C	D	E	F	G	H
1							
2	동호회코드	동호회명	여행지	구분	출발일자	참여인원	1인당 소요경비
3	C-004S	우드아이	청도	목공	2023-12-28	27명	823,000
4	J-002M	뚝딱이	요코하마	목공	2023-12-09	26명	516,000
5	C-003P	제페토	상하이	목공	2023-11-15	18명	610,000
6	J-005P	행복나무	가와사키	목공	2023-12-19	27명	689,000
7				목공 평균		25명	
8		4		목공 개수			
9	C-001S	북유럽	북경	독서	2023-11-23	18명	637,000
10	K-002S	한글벗	성산	독서	2023-12-25	32명	275,500
11				독서 평균		25명	
12		2		독서 개수			
13	K-003M	퀼트나무	마라도	공예	2023-12-09	21명	310,000
14	K-001M	뜨개사랑	우도	공예	2023-11-17	36명	335,500
15				공예 평균		29명	
16		2		공예 개수			
17		8		전체 개수			
18				전체 평균		26명	
19							

[제4작업] 그래프　　　　　　　　　　　　　　　　　　　　　　　　　　100점

➡ "제1작업" 시트를 이용하여 "제4작업" 시트에 ≪출력형태≫와 같이 작업하시오.

≪조건≫

(1) 차트 종류 ⇒ 〈묶은 세로 막대형〉으로 작업하시오.
(2) 데이터 범위 ⇒ "제1작업" 시트의 내용을 이용하여 작업하시오.
(3) 차트 위치 「B2:K28」 영역에 배치하여 ≪출력형태≫와 같이 작업하시오.
(4) 차트 스타일 ⇒ 레이아웃6을 적용하시오.
(5) 배경 서식 ⇒ 차트 영역(노랑), 그림 영역(하양), 전체 글꼴(굴림, 11pt)을 적용하여 작업하시오.
(6) 제목 서식 ⇒ 글꼴(궁서, 20pt, 진하게), 채우기(하양), 실선, 그림자(바깥쪽 : 왼쪽)
(7) 서식 ⇒ 1인당 소요경비 계열을 보조축으로 지정하고 표식이 있는 꺾은선형으로 변경하시오.
　　　　　계열 : ≪출력형태≫를 참조하여 표식(사각형, 크기 12)과 레이블 값을 표시하시오.
　　　　　축 및 주 눈금선(종류-파선)은 ≪출력형태≫와 같이 표시하시오.
(8) 범례 ⇒ ≪출력형태≫를 참조하시오.
(9) 도형 ⇒ '모서리가 둥근 사각형 설명선'을 삽입한 후 내용을 입력하시오.
(10) 나머지 사항은 ≪출력형태≫에 맞게 작성하시오.

≪출력형태≫

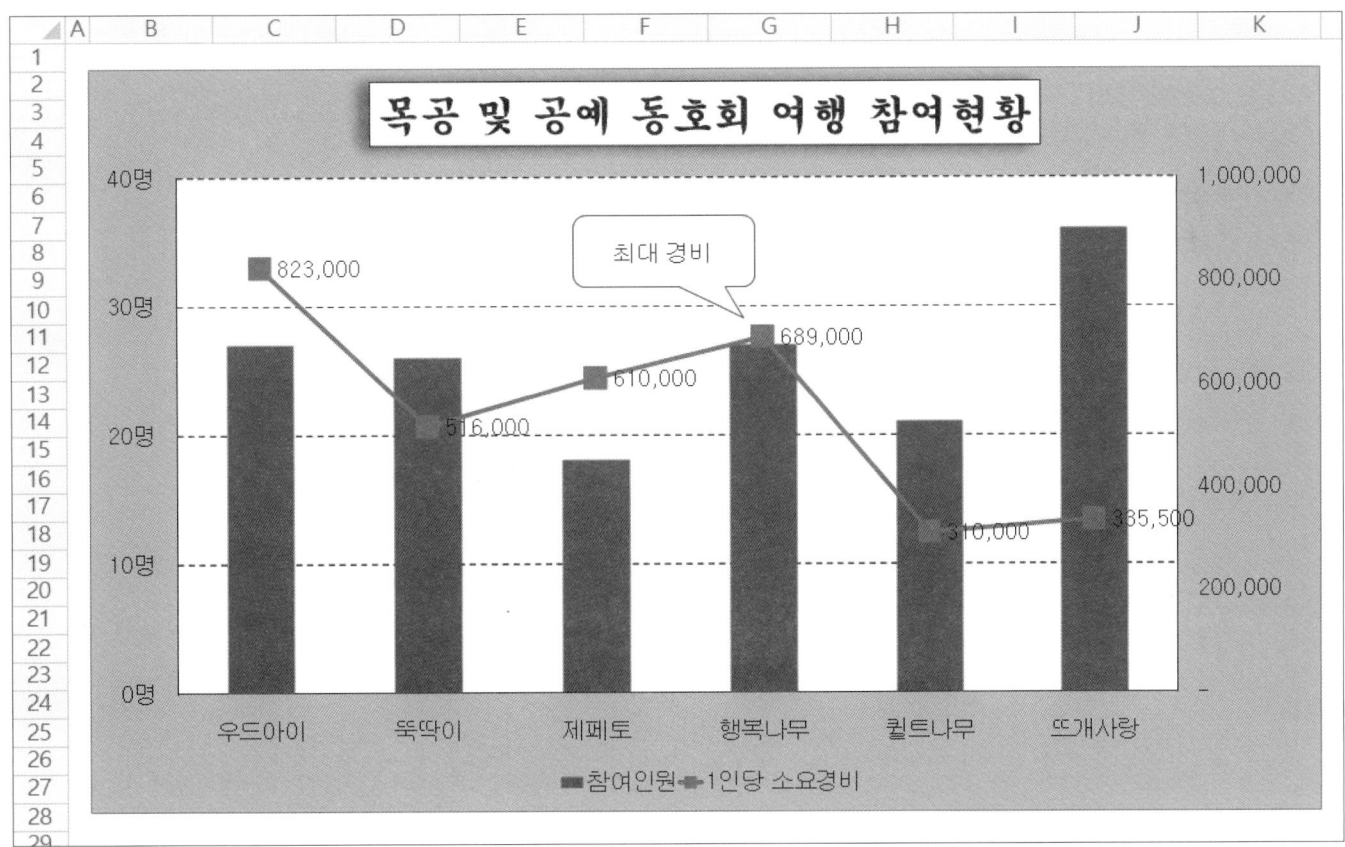

➡ 시트명 순서가 차례대로 "제1작업", "제2작업", "제3작업", "제4작업"이 되도록 할 것.

제 04 회 정보기술자격(ITQ) 최신유형 기출문제

과목	코드	문제유형	시험시간	수험번호	성명
한셀	1121	B	60분		

한컴 오피스

• 수험자 유의사항 •

- 수험자는 문제지를 받는 즉시 문제지와 **수험표상의 시험 과목(프로그램)이 동일한지 반드시 확인**하여야 합니다.
- 파일명은 본인의 "수험번호-성명"으로 입력하여 답안 폴더(내 PC\문서\ITQ)에 하나의 파일로 저장해야 하며, 답안 문서 파일명이 "수험번호-성명"과 일치하지 않거나, 답안 파일을 전송하지 않아 미제출로 처리될 경우 실격 처리합니다 (예:12345678-홍길동.cell).
- 답안 작성을 마치면 파일을 저장하고, '답안 전송' 버튼을 선택하여 감독위원 PC로 답안을 전송하십시오. 수험생 정보와 저장한 파일명이 다를 경우 전송되지 않으므로 주의하시기 바랍니다.
- 답안 작성 중에도 **주기적으로 저장하고, '답안 전송'**하여야 문제 발생을 줄일 수 있습니다. 작업한 내용을 저장하지 않고 전송할 경우 이전에 저장된 내용이 전송되오니 이점 유의하시기 바랍니다.
- 답안 문서는 지정된 경로 외의 다른 보조기억장치에 저장하는 경우, 지정된 시험 시간 외에 작성된 파일을 활용할 경우, 기타 통신수단(이메일, 메신저, 네트워크 등)을 이용하여 타인에게 전달 또는 외부 반출하는 경우는 부정 처리합니다.
- 시험 중 부주의 또는 고의로 시스템을 파손한 경우는 수험자가 변상해야 하며, 〈수험자 유의사항〉에 기재된 방법대로 이행하지 않아 생기는 불이익은 수험생 당사자의 책임임을 알려 드립니다.
- **문제의 조건은 한컴 오피스 2022 버전으로 설정되어 유의하시기 바랍니다.**
- 시험을 완료한 수험자는 답안 파일이 전송되었는지 확인한 후 감독위원의 지시에 따라 문제지를 제출하고 퇴실합니다.

• 답안 작성요령 •

- 온라인 답안 작성 절차
  수험자 등록 ⇒ 시험 시작 ⇒ 답안 파일 저장 ⇒ 답안 전송 ⇒ 시험 종료
- 문제는 총 4단계, 즉 제1작업부터 제4작업까지 구성되어 있으며 반드시 제1작업부터 순서대로 작성하고 조건대로 작업하시오.
- 모든 작업 시트의 A열은 열 너비 '1'로, 나머지 열은 적당하게 조절하시오.
- 모든 작업 시트의 테두리는 《출력형태》와 같이 작업하시오.
- 해당 작업란에서는 각각 제시된 조건에 따라 《출력형태》와 같이 작업하시오.
- 답안 시트 이름은 "제1작업", "제2작업", "제3작업", "제4작업"이어야 하며 답안 시트 이외의 것은 감점 처리됩니다.
- 각 시트를 파일로 나누어 작업해서 저장할 경우 실격 처리됩니다.

kpc 한국생산성본부

[제1작업] 표 서식 작성 및 값 계산   240점

▶ 다음은 '라온에스 인력 파견 현황'에 대한 자료이다. 자료를 입력하고 조건에 맞도록 작업하시오.

≪출력형태≫

	A	B	C	D	E	F	G	H	I	J
1										
2		\multicolumn{4}{c}{라온에스 인력 파견 현황}			확인	담당	팀장	부장
3										
4		사원코드	파견자	근무지역	분야	계약일	계약금액(단위:원)	연봉	계약기간	비고
5		AF-215	정하윤	순천	서비스	2023-07-25	3,180,000	45,792	(1)	(2)
6		AE-522	김태훈	나주	기술직	2023-09-25	2,356,000	33,926	(1)	(2)
7		BS-112	한청명	순천	전문직	2023-10-05	4,250,000	61,200	(1)	(2)
8		CA-455	노지원	목포	서비스	2023-09-26	2,560,000	36,864	(1)	(2)
9		BA-328	김태웅	나주	서비스	2023-08-21	2,960,000	42,624	(1)	(2)
10		CJ-914	정다겸	나주	전문직	2023-08-14	4,230,000	60,912	(1)	(2)
11		AK-636	박재원	순천	서비스	2023-07-01	3,000,000	43,200	(1)	(2)
12		BH-285	박은오	목포	기술직	2023-07-25	3,650,000	52,560	(1)	(2)
13		\multicolumn{3}{l}{나주지역 연봉(단위:천원) 합계}		(3)		\multicolumn{3}{l}{순천지역 계약금액(단위:원) 평균}		(5)
14		\multicolumn{3}{l}{서비스직 최대 연봉(단위:천원)}		(4)		사원코드	AF-215	계약금액(단위:원)	(6)

≪조건≫

○ 모든 데이터의 서식에는 글꼴(굴림, 11pt), 정렬은 숫자 및 회계 서식은 오른쪽 정렬, 나머지 서식은 가운데 정렬로 작성하며 예외적인 것은 ≪출력형태≫를 참조하시오.
○ 제 목 ⇒ '사다리꼴' 도형과 '바깥쪽 : 오른쪽 그림자'를 이용하여 작성하고 "라온에스 인력 파견 현황"을 입력한 후 다음 서식을 적용하시오(글꼴-굴림, 24pt, 검정, 진하게, 채우기-노랑).
○ 임의의 셀에 결재란을 만들고 '그림으로 복사하기' 기능을 이용하여 작성하시오(단, 원본 삭제).
○ 「B4:J4, G14, I14」 영역은 '노랑'으로 채우기 하시오.
○ 유효성 검사를 이용하여 「H14」 셀에 사원코드(「B5:B12」 영역)가 선택 표시되도록 하시오.
○ 셀 서식 ⇒ 「H5:H12」 영역에 셀 서식을 이용하여 숫자 뒤에 '천원'을 표시하시오(예 : 45,792천원).
○ 「D5:D12」 영역에 대해 '근무지역'으로 이름정의를 하시오.

⊙ (1)~(6) 셀은 반드시 **주어진 함수를 이용**하여 값을 구하시오(결과값을 직접 입력하면 해당 셀은 0점 처리됨).
  (1) 계약기간 ⇒ 사원코드의 첫 글자가 'A'이면 '1년', 'B'이면 '2년', 그 외에는 '3년'으로 구하시오(IF, LEFT 함수).
  (2) 비고 ⇒ 연봉의 내림차순 순위를 구하고, 결과값 뒤에 '위'를 붙이시오(RANK.EQ 함수, & 연산자)(예 : 1위).
  (3) 나주지역 연봉(단위:천원) 합계 ⇒ 정의된 이름(근무지역)을 이용하여 구하시오(SUMIF 함수).
  (4) 서비스직 최대 연봉(단위:천원) ⇒ 분야가 서비스인 사원의 최대 연봉을 구하시오.
        단, 조건은 입력데이터를 이용하시오(DMAX 함수).
  (5) 순천지역 계약금액(단위:원) 평균 ⇒ 반올림하여 만원 단위로 구하시오. 단, 조건은 입력데이터를 이용하시오
        (ROUND, DAVERAGE 함수)(예 : 1,256,364 → 1,260,000).
  (6) 계약금액(단위:원) ⇒ 「H14」 셀에서 선택한 사원코드에 대한 계약금액(단위:원)을 구하시오(VLOOKUP 함수).
  (7) 조건부 서식의 수식을 이용하여 계약금액(단위:원)이 '4,000,000' 이상인 행 전체에 다음의 서식을 적용하시오
    (글꼴 : 파랑, 진하게).

[제2작업] 목표값 찾기 및 필터   80점

➡ "제1작업" 시트의 「B4:H12」 영역을 복사하여 "제2작업" 시트의 「B2」 셀부터 모두 붙여넣기를 한 후 다음의 조건과 같이 작업하시오.

≪조건≫

(1) 목표값 찾기 – 「B11:G11」 셀을 병합하고 가운데 맞춤한 후 "연봉의 평균"을 입력하고, 「H11」 셀에 연봉의 평균을 구하시오. 단, 조건은 입력데이터를 이용하시오(AVERAGE 함수, 테두리).
　　　　　　　 – '연봉의 평균'이 '47,500'이 되려면 '정하윤' 사원의 연봉이 얼마가 되어야 하는지 목표값을 구하시오.

(2) 고급 필터 – 사원코드가 'C'로 시작하거나 계약금액(단위:원)이 '4,000,000' 이상인 자료의 '사원코드, 파견자, 계약일, 계약금액(단위:원)' 데이터만 추출하시오.
　　　　　　 – 찾을 조건 범위 : 「B14」 셀부터 입력하시오.
　　　　　　 – 복사 위치 : 「B18」 셀부터 나타나도록 하시오.

[제3작업] 피벗 테이블   80점

➡ "제1작업" 시트를 이용하여 "제3작업" 시트에 조건에 따라 ≪출력형태≫와 같이 작업하시오.

≪조건≫

(1) 계약일 및 근무지역별 파견자의 개수와 계약금액(단위:원)의 평균을 구하시오.
(2) 계약일로 그룹화하고, 보고서 레이아웃은 개요 형식으로 설정하시오.
(3) 근무지역을 ≪출력형태≫와 같이 정렬하고, 빈 셀은 '**'로 표시하시오.
(4) 행의 총합계를 지우고, 나머지 사항은 ≪출력형태≫에 맞게 작성하시오.

≪출력형태≫

A	B	C	D	E	F	G	H
1							
2		근무지역 ▼	데이터 ▼				
3			순천		목포		나주
4	계약일 ▼	개수 : 파견자	평균 : 계약금액(단위:원)	개수 : 파견자	평균 : 계약금액(단위:원)	개수 : 파견자	평균 : 계약금액(단위:원)
5	7월	2	3,090,000	1	3,650,000	**	**
6	8월	**	**	**	**	2	3,595,000
7	9월	**	**	1	2,560,000	1	2,356,000
8	10월	1	4,250,000	**	**	**	**
9	총 합계	3	3,476,667	2	3,105,000	3	3,182,000

[제4작업] 그래프   100점

➡ "제1작업" 시트를 이용하여 "제4작업" 시트에 ≪출력형태≫와 같이 작업하시오.

≪조건≫
(1) 차트 종류 ⇒ 〈3차원 원형〉으로 작업하시오.
(2) 데이터 범위 ⇒ "제1작업" 시트의 내용을 이용하여 작업하시오.
(3) 차트 위치 ⇒ 「B2:K28」 영역에 배치하여 ≪출력형태≫와 같이 작업하시오.
(4) 차트 스타일 ⇒ 레이아웃6, 스타일3을 적용하시오.
(5) 배경 서식 ⇒ 차트 영역(노랑), 그림 영역(하양), 전체 글꼴(굴림, 11pt)을 적용하여 작업하시오.
(6) 제목 서식 ⇒ 글꼴(궁서, 20pt, 진하게), 채우기(하양), 실선, 그림자(바깥쪽 : 대각선 오른쪽 아래)
(7) 서식 ⇒ 계열 : 한청명 조각을 쪼개진 요소 20%로 지정하여 분리하시오.
　　　　　　레이블 : 값을 표시하고 위치 및 채우기 색(하양)은 ≪출력형태≫와 같이 표시하시오.
(8) 범례 ≪출력형태≫를 참조하시오.
(9) 도형 ⇒ '모서리가 둥근 사각형 설명선'을 삽입한 후 내용을 입력하시오.
(10) 나머지 사항은 ≪출력형태≫에 맞게 작성하시오.

≪출력형태≫

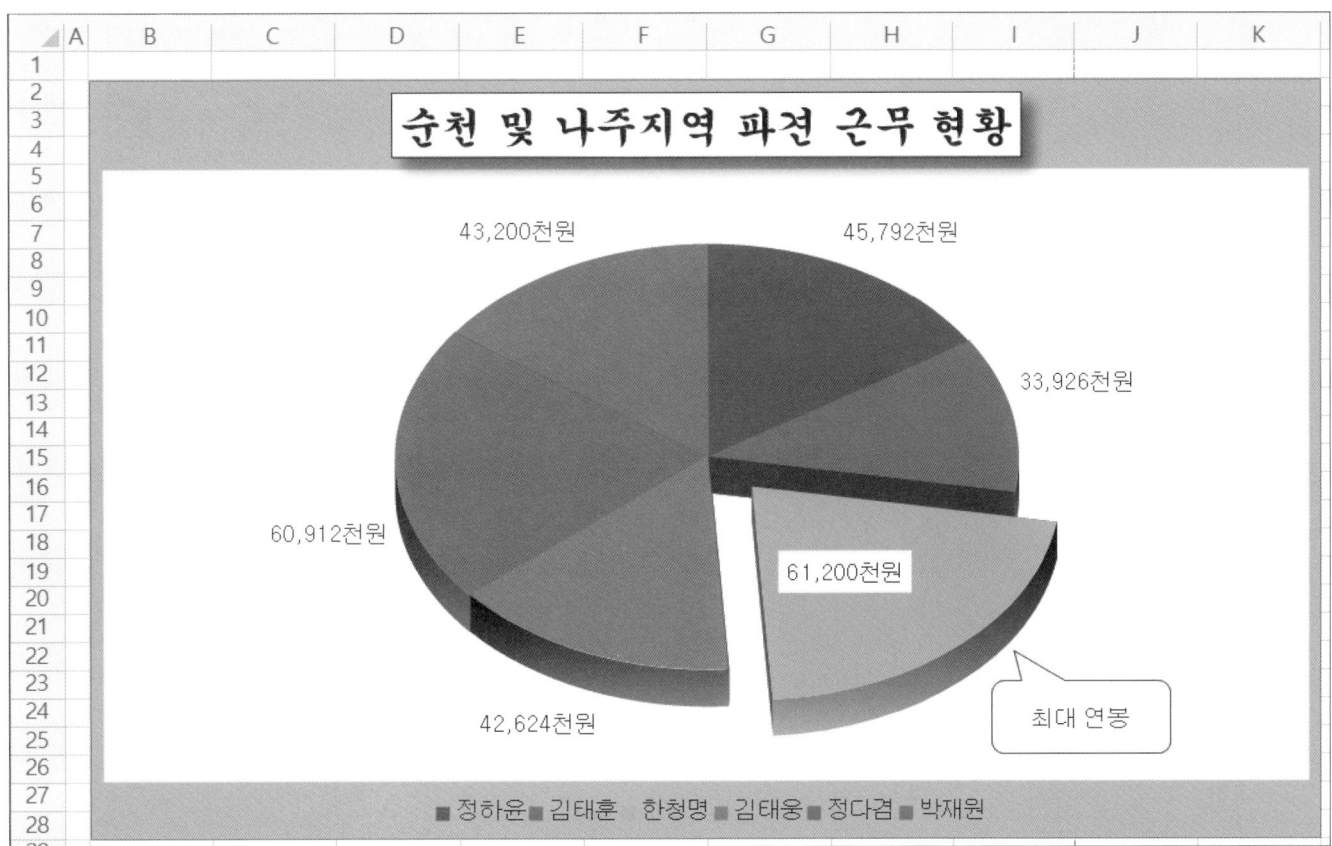

주의 ➡ 시트명 순서가 차례대로 "제1작업", "제2작업", "제3작업", "제4작업"이 되도록 할 것.

제 05 회 정보기술자격(ITQ) 최신유형 기출문제

과목	코드	문제유형	시험시간	수험번호	성명
한셀	1121	B	60분		

한컴 오피스

• 수험자 유의사항 •

- 수험자는 문제지를 받는 즉시 문제지와 **수험표상의 시험 과목(프로그램)이 동일한지 반드시 확인**하여야 합니다.
- 파일명은 본인의 "수험번호-성명"으로 입력하여 답안 폴더(내 PC₩문서₩ITQ)에 하나의 파일로 저장해야 하며, 답안 문서 파일명이 "수험번호-성명"과 일치하지 않거나, 답안 파일을 전송하지 않아 미제출로 처리될 경우 실격 처리합니다 (예:12345678-홍길동.cell).
- 답안 작성을 마치면 파일을 저장하고, '답안 전송' 버튼을 선택하여 감독위원 PC로 답안을 전송하십시오. 수험생 정보와 저장한 파일명이 다를 경우 전송되지 않으므로 주의하시기 바랍니다.
- 답안 작성 중에도 **주기적으로 저장하고, '답안 전송'**하여야 문제 발생을 줄일 수 있습니다. 작업한 내용을 저장하지 않고 전송할 경우 이전에 저장된 내용이 전송되오니 이점 유의하시기 바랍니다.
- 답안 문서는 지정된 경로 외의 다른 보조기억장치에 저장하는 경우, 지정된 시험 시간 외에 작성된 파일을 활용할 경우, 기타 통신수단(이메일, 메신저, 네트워크 등)을 이용하여 타인에게 전달 또는 외부 반출하는 경우는 부정 처리합니다.
- 시험 중 부주의 또는 고의로 시스템을 파손한 경우는 수험자가 변상해야 하며, 〈수험자 유의사항〉에 기재된 방법대로 이행하지 않아 생기는 불이익은 수험생 당사자의 책임임을 알려 드립니다.
- **문제의 조건은 한컴 오피스 2022 버전으로 설정되어 유의하시기 바랍니다.**
- 시험을 완료한 수험자는 답안 파일이 전송되었는지 확인한 후 감독위원의 지시에 따라 문제지를 제출하고 퇴실합니다.

• 답안 작성요령 •

- 온라인 답안 작성 절차

  수험자 등록 ⇒ 시험 시작 ⇒ 답안 파일 저장 ⇒ 답안 전송 ⇒ 시험 종료

- 문제는 총 4단계, 즉 제1작업부터 제4작업까지 구성되어 있으며 반드시 제1작업부터 순서대로 작성하고 조건대로 작업하시오.
- 모든 작업 시트의 A열은 열 너비 '1'로, 나머지 열은 적당하게 조절하시오.
- 모든 작업 시트의 테두리는 《출력형태》와 같이 작업하시오.
- 해당 작업란에서는 각각 제시된 조건에 따라 《출력형태》와 같이 작업하시오.
- 답안 시트 이름은 "제1작업", "제2작업", "제3작업", "제4작업"이어야 하며 답안 시트 이외의 것은 감점 처리됩니다.
- 각 시트를 파일로 나누어 작업해서 저장할 경우 실격 처리됩니다.

kpc 한국생산성본부

[제1작업] 표 서식 작성 및 값 계산   240점

다음은 '**홈케어 제품 매출 현황**'에 대한 자료이다. 자료를 입력하고 조건에 맞도록 작업하시오.

≪출력형태≫

	B	C	D	E	F	G	H	I	J
1							확인	담당	대리	과장
2		홈케어 제품 매출 현황								
3										
4	제품번호	제품명	분류	제조사	가격	3월매출(천원)	4월매출(천원)	순위	구분
5	SL1-01	리큐 제트	세탁세제	미래건강	28,700	82,570	92,600	(1)	(2)
6	FC1-01	주택세정제	청소세제	보리수	9,800	18,300	21,800	(1)	(2)
7	FK1-01	트로피칼	주방세제	해피그린	9,700	21,350	28,960	(1)	(2)
8	SL2-02	파워젤	세탁세제	해피그린	18,500	42,760	38,470	(1)	(2)
9	SK2-02	슈가버블	주방세제	미래건강	11,000	50,700	56,590	(1)	(2)
10	WC2-03	살균세정제	청소세제	미래건강	21,300	31,580	34,600	(1)	(2)
11	CC1-02	비타민베리	주방세제	해피그린	8,500	19,840	23,770	(1)	(2)
12	FL2-03	다우니 블루	세탁세제	보리수	15,300	37,960	35,600	(1)	(2)
13	가격이 평균 가격 이상인 제품수			(3)		청소세제 3월매출(천원) 합계			(5)
14	세탁세제 3월매출(천원) 평균			(4)		제품명	리큐 제트	가격	(6)

≪조건≫

○ 모든 데이터의 서식에는 글꼴(굴림, 11pt), 정렬은 숫자 및 회계 서식은 오른쪽 정렬, 나머지 서식은 가운데 정렬로 작성하며 예외적인 것은 ≪출력형태≫를 참조하시오.
○ 제 목 ⇒ '배지' 도형과 '바깥쪽 : 오른쪽 그림자'를 이용하여 작성하고 "홈케어 제품 매출 현황"을 입력한 후 다음 서식을 적용하시오(글꼴-굴림, 24pt, 검정, 진하게, 채우기-노랑).
○ 임의의 셀에 결재란을 만들고 '그림으로 복사하기' 기능을 이용하여 작성하시오(단, 원본 삭제).
○ 「B4:J4, G14, I14」 영역은 '노랑'으로 채우기 하시오.
○ 유효성 검사를 이용하여 「H14」 셀에 제품명(「C5:C12」 영역)이 선택 표시되도록 하시오.
○ 셀 서식 ⇒ 「F5:F12」 영역에 셀 서식을 이용하여 숫자 뒤에 '원'을 표시하시오(예 : 28,700원).
○ 「H5:H12」 영역에 대해 '매출4월'로 이름정의를 하시오.

⊙ (1)~(6) 셀은 반드시 **주어진 함수를 이용**하여 값을 구하시오(결과값을 직접 입력하면 해당 셀은 0점 처리됨).
(1) 순위 ⇒ 정의된 이름(매출4월)을 이용하여 4월매출(천원)의 내림차순 순위를 구하시오(RANK.EQ 함수).
(2) 구분 ⇒ 제품번호의 세 번째 글자가 '1'이면 '농축', 그 외에는 '일반'으로 표시하시오(IF, MID 함수).
(3) 가격이 평균 가격 이상인 제품수 ⇒ 결과값에 '개'를 붙이시오
(COUNTIF, AVERAGE 함수, & 연산자)(예 : 1개).
(4) 세탁세제 3월매출(천원) 평균 ⇒ 조건은 입력데이터를 이용하시오(DAVERAGE 함수).
(5) 청소세제 3월매출(천원) 합계 ⇒ (SUMIF 함수)
(6) 가격 ⇒「H14」 셀에서 선택한 제품명에 대한 가격을 구하시오(VLOOKUP 함수).
(7) 조건부 서식의 수식을 이용하여 4월매출(천원)이 '30,000' 이하인 행 전체에 다음의 서식을 적용하시오
(글꼴 : 파랑, 진하게).

[제2작업] 목표값 찾기 및 필터   80점

➡ "**제1작업**" 시트의 「B4:H12」 영역을 복사하여 "**제2작업**" 시트의 「B2」 셀부터 모두 붙여넣기를 한 후 다음의 조건과 같이 작업하시오.

≪조건≫

(1) 목표값 찾기 – 「B11:G11」 셀을 병합하고 가운데 맞춤한 후 "세탁세제 4월매출(천원) 전체 합계"를 입력하고, 「H11」 셀에 세탁세제 4월매출(천원) 전체 합계를 구하시오.
　　　　　　　　단, 조건은 입력데이터를 이용하시오(DSUM 함수, 테두리).
　　　　　　　– '세탁세제 4월매출(천원) 전체 합계'가 '166,700'이 되려면 리큐 제트의 4월매출(천원)이 얼마가 되어야 하는지 목표값을 구하시오.

(2) 고급 필터 – 제조사가 '보리수'이거나 3월매출(천원)이 '20,000' 이하인 자료의 '제품명, 제조사, 3월매출(천원), 4월매출(천원)' 데이터만 추출하시오.
　　　　　　 – 찾을 조건 범위 : 「B14」 셀부터 입력하시오.
　　　　　　 – 복사 위치 : 「B18」 셀부터 나타나도록 하시오.

[제3작업] 정렬 및 부분합   80점

➡ "**제1작업**" 시트의 「B4:H12」 영역을 복사하여 "**제3작업**" 시트의 「B2」 셀부터 모두 붙여넣기를 한 후 다음의 조건과 같이 작업하시오.

≪조건≫

(1) 부분합 – ≪출력형태≫처럼 정렬하고, 제품명의 개수와 4월매출(천원)의 평균을 구하시오.
(2) 윤곽 – 지우시오.
(3) 나머지 사항은 ≪출력형태≫에 맞게 작성하시오.

≪출력형태≫

A	B	C	D	E	F	G	H
1							
2	제품번호	제품명	분류	제조사	가격	3월매출(천원)	4월매출(천원)
3	FC1-01	주택세정제	청소세제	보리수	9,800원	18,300	21,800
4	WC2-03	살균세정제	청소세제	미래건강	21,300원	31,580	34,600
5			청소세제 평균				28,200
6		2	청소세제 개수				
7	FK1-01	트로피칼	주방세제	해피그린	9,700원	21,350	28,960
8	SK2-02	슈가버블	주방세제	미래건강	11,000원	50,700	56,590
9	CC1-02	비타민베리	주방세제	해피그린	8,500원	19,840	23,770
10			주방세제 평균				36,440
11		3	주방세제 개수				
12	SL1-01	리큐 제트	세탁세제	미래건강	28,700원	82,570	92,600
13	SL2-02	파워젤	세탁세제	해피그린	18,500원	42,760	38,470
14	FL2-03	다우니 블루	세탁세제	보리수	15,300원	37,960	35,600
15			세탁세제 평균				55,557
16		3	세탁세제 개수				
17		8	전체 개수				
18			전체 평균				41,549
19							

[제4작업] 그래프   100점

➡ "제1작업" 시트를 이용하여 "제4작업" 시트에 ≪출력형태≫와 같이 작업하시오.

≪조건≫
(1) 차트 종류 ⇒ 〈묶은 세로 막대형〉으로 작업하시오.
(2) 데이터 범위 ⇒ "제1작업" 시트의 내용을 이용하여 작업하시오.
(3) 차트 위치 「B2:K28」 영역에 배치하여 ≪출력형태≫와 같이 작업하시오.
(4) 차트 스타일 ⇒ 레이아웃6을 적용하시오.
(5) 배경 서식 ⇒ 차트 영역(노랑), 그림 영역(하양), 전체 글꼴(굴림, 11pt)을 적용하여 작업하시오.
(6) 제목 서식 ⇒ 글꼴(궁서, 20pt, 진하게), 채우기(하양), 실선, 그림자(바깥쪽 : 오른쪽)
(7) 서식 ⇒ 4월매출(천원) 계열을 보조축으로 지정하고 표식이 있는 꺾은선형으로 변경하시오.
　　　　　계열 : ≪출력형태≫를 참조하여 표식(원형, 크기 10)과 레이블 값을 표시하시오.
　　　　　축 및 주 눈금선(종류-긴 파선-점선)은 ≪출력형태≫와 같이 표시하시오.
(8) 범례 ⇒ ≪출력형태≫를 참조하시오.
(9) 도형 ⇒ '모서리가 둥근 사각형 설명선'을 삽입한 후 내용을 입력하시오.
(10) 나머지 사항은 ≪출력형태≫에 맞게 작성하시오.

≪출력형태≫

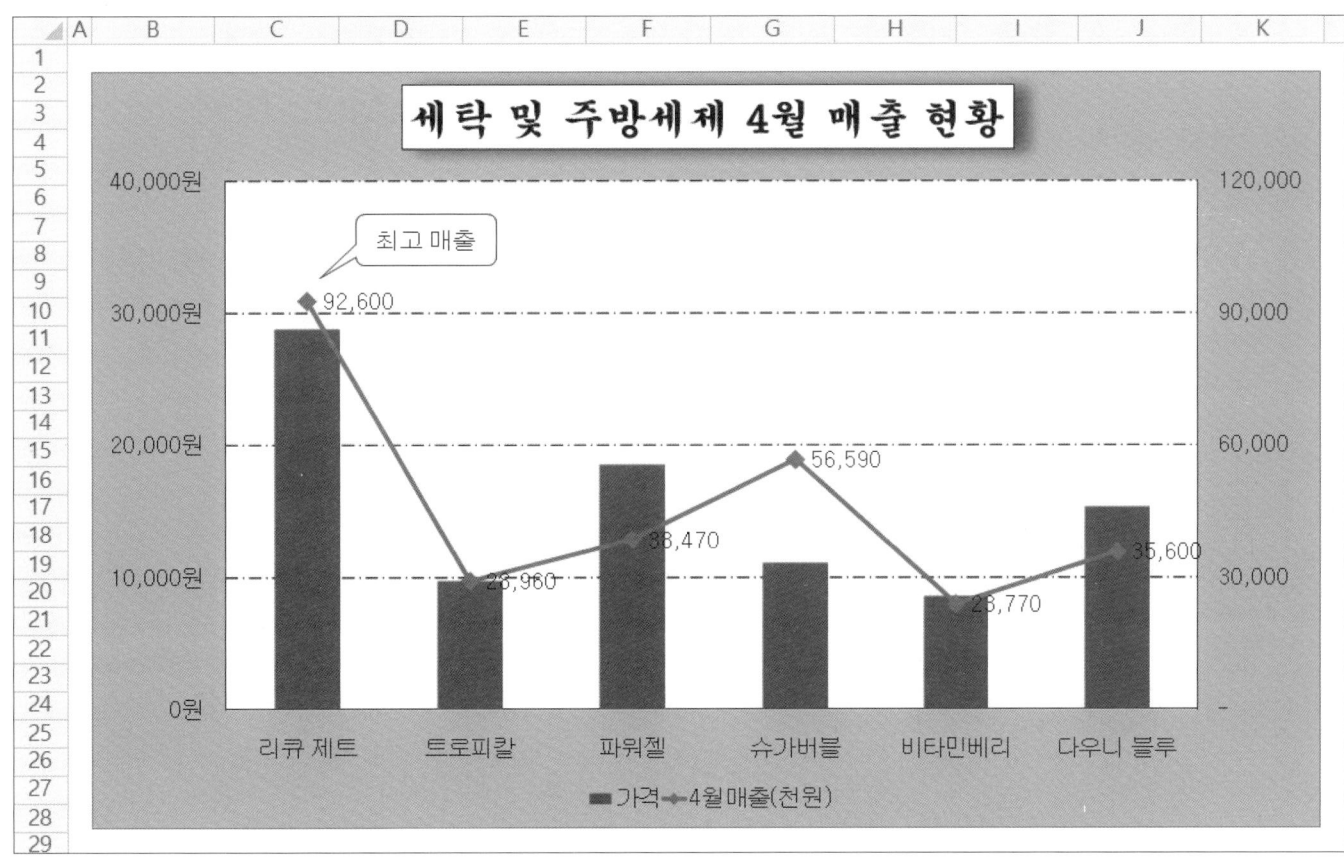

➡ 시트명 순서가 차례대로 "제1작업", "제2작업", "제3작업", "제4작업"이 되도록 할 것.

제 06 회 정보기술자격(ITQ) 최신유형 기출문제

과목	코드	문제유형	시험시간	수험번호	성명
한셀	1121	B	60분		

한컴 오피스

• 수험자 유의사항 •

- 수험자는 문제지를 받는 즉시 문제지와 **수험표상의 시험 과목(프로그램)이 동일한지 반드시 확인**하여야 합니다.
- 파일명은 본인의 "수험번호-성명"으로 입력하여 답안 폴더(내 PC\문서\ITQ)에 하나의 파일로 저장해야 하며, 답안 문서 파일명이 "수험번호-성명"과 일치하지 않거나, 답안 파일을 전송하지 않아 미제출로 처리될 경우 실격 처리합니다. (예:12345678-홍길동.cell).
- 답안 작성을 마치면 파일을 저장하고, '답안 전송' 버튼을 선택하여 감독위원 PC로 답안을 전송하십시오. 수험생 정보와 저장한 파일명이 다를 경우 전송되지 않으므로 주의하시기 바랍니다.
- 답안 작성 중에도 **주기적으로 저장하고, '답안 전송'**하여야 문제 발생을 줄일 수 있습니다. 작업한 내용을 저장하지 않고 전송할 경우 이전에 저장된 내용이 전송되오니 이점 유의하시기 바랍니다.
- 답안 문서는 지정된 경로 외의 다른 보조기억장치에 저장하는 경우, 지정된 시험 시간 외에 작성된 파일을 활용할 경우, 기타 통신수단(이메일, 메신저, 네트워크 등)을 이용하여 타인에게 전달 또는 외부 반출하는 경우는 부정 처리합니다.
- 시험 중 부주의 또는 고의로 시스템을 파손한 경우는 수험자가 변상해야 하며, 〈수험자 유의사항〉에 기재된 방법대로 이행하지 않아 생기는 불이익은 수험생 당사자의 책임임을 알려 드립니다.
- **문제의 조건은 한컴 오피스 2022 버전으로 설정되어 유의하시기 바랍니다.**
- 시험을 완료한 수험자는 답안 파일이 전송되었는지 확인한 후 감독위원의 지시에 따라 문제지를 제출하고 퇴실합니다.

• 답안 작성요령 •

- 온라인 답안 작성 절차
  수험자 등록 ⇒ 시험 시작 ⇒ 답안 파일 저장 ⇒ 답안 전송 ⇒ 시험 종료
- 문제는 총 4단계, 즉 제1작업부터 제4작업까지 구성되어 있으며 반드시 제1작업부터 순서대로 작성하고 조건대로 작업하시오.
- 모든 작업 시트의 A열은 열 너비 '1'로, 나머지 열은 적당하게 조절하시오.
- 모든 작업 시트의 테두리는 《출력형태》와 같이 작업하시오.
- 해당 작업란에서는 각각 제시된 조건에 따라 《출력형태》와 같이 작업하시오.
- 답안 시트 이름은 "제1작업", "제2작업", "제3작업", "제4작업"이어야 하며 답안 시트 이외의 것은 감점 처리됩니다.
- 각 시트를 파일로 나누어 작업해서 저장할 경우 실격 처리됩니다.

kpc 한국생산성본부

[제1작업] 표 서식 작성 및 값 계산   240점

➜ 다음은 '**직접판매 유통업체 현황**'에 대한 자료이다. 자료를 입력하고 조건에 맞도록 작업하시오.

≪출력형태≫

	A	B	C	D	E	F	G	H	I	J
1									담당	대리	과장
2			직접판매 유통업체 현황					확인			
3											
4		관리번호	회사명	분류	소재지	설립일	반품환불	매출액(백만)	설립연도	매출액 순위
5		B2-03	도담도담	애견용품	부산	2013-05-01	3,950	198,619	(1)	(2)
6		S1-01	그린웰빙	건강식품	서울	2011-01-20	2,694	43,766	(1)	(2)
7		J1-04	그린라이프	건강식품	제주	2011-11-16	3,405	156,373	(1)	(2)
8		S2-05	마이스토어	화장품	서울	2009-12-10	4,580	643,654	(1)	(2)
9		B1-01	뉴스타	건강식품	부산	2007-01-24	500	22,896	(1)	(2)
10		S3-02	뭉이월드	애견용품	서울	2011-01-24	1,220	126,100	(1)	(2)
11		J3-02	레옹샵	애견용품	제주	2007-03-03	1,587	64,817	(1)	(2)
12		S2-03	해피월드	화장품	서울	2009-10-20	409	84,540	(1)	(2)
13		평균 매출액(백만) 이상인 회사 수			(3)			최대 반품환불			(5)
14		애견용품의 매출액(백만) 합계			(4)			회사명	도담도담	반품환불	(6)

≪조건≫

○ 모든 데이터의 서식에는 글꼴(굴림, 11pt), 정렬은 숫자 및 회계 서식은 오른쪽 정렬, 나머지 서식은 가운데 정렬로 작성하며 예외적인 것은 ≪출력형태≫를 참조하시오.
○ 제 목 ⇒ '평행 사변형' 도형과 '바깥쪽 : 오른쪽 그림자'를 이용하여 작성하고 "직접판매 유통업체 현황"을 입력한 후 다음 서식을 적용하시오(글꼴-굴림, 24pt, 검정, 진하게, 채우기-노랑).
○ 임의의 셀에 결재란을 만들고 '그림으로 복사하기' 기능을 이용하여 작성하시오(단, 원본 삭제).
○ 「B4:J4, G14, I14」 영역은 '노랑'으로 채우기 하시오.
○ 유효성 검사를 이용하여 「H14」 셀에 회사명('C5:C12」 영역)이 선택 표시되도록 하시오.
○ 셀 서식 ⇒ 「G5:G12」 영역에 셀 서식을 이용하여 숫자 뒤에 '건'을 표시하시오(예 : 3,950건).
○ 「G5:G12」 영역에 대해 '반품환불'로 이름정의를 하시오.

◉ (1)~(6) 셀은 반드시 **주어진 함수를 이용**하여 값을 구하시오(결과값을 직접 입력하면 해당 셀은 0점 처리됨).
 (1) 설립연도 ⇒ 설립일의 연도를 구하시오(YEAR 함수).
 (2) 매출액 순위 ⇒ 매출액(백만)의 내림차순 순위를 1~3까지 구하고, 그 외에는 공백으로 표시하시오 (IF, RANK.EQ 함수).
 (3) 평균 매출액(백만) 이상인 회사 수 ⇒ 매출액(백만)의 평균 이상인 회사 수를 구한 후 결과값에 '개'를 붙이시오 (COUNTIF, AVERAGE 함수, & 연산자)(예 : 3개).
 (4) 애견용품의 매출액(백만) 합계 ⇒ (SUMIF 함수)
 (5) 최대 반품환불 ⇒ 정의된 이름(반품환불)을 이용하여 구하시오(MAX 함수).
 (6) 반품환불 ⇒ 「H14」 셀에서 선택한 회사명에 대한 반품환불을 구하시오(VLOOKUP 함수).
 (7) 조건부 서식의 수식을 이용하여 반품환불이 '3,000' 이상인 행 전체에 다음의 서식을 적용하시오 (글꼴 : 파랑, 진하게).

[제2작업] 목표값 찾기 및 필터 　　80점

➡ "**제1작업**" 시트의 「B4:H12」 영역을 복사하여 "**제2작업**" 시트의 「B2」 셀부터 모두 붙여넣기를 한 후 다음의 조건과 같이 작업하시오.

≪조건≫
(1) 목표값 찾기 – 「B11:G11」 셀을 병합하고 가운데 맞춤한 후 "매출액(백만)의 평균"을 입력하고, 「H11」 셀에 매출액(백만)의 평균을 구하시오. 단, 조건은 입력데이터를 이용하시오(AVERAGE 함수, 테두리).
　　　　　　　　– '매출액(백만)의 평균'이 '170,000'이 되려면 '도담도담' 회사의 매출액(백만)이 얼마가 되어야 하는지 목표값을 구하시오.

(2) 고급 필터 – 소재지가 '제주'이거나 설립일이 '2010-01-01' 이후(해당일자 포함)인 자료의 '회사명, 소재지, 반품환불, 매출액(백만)' 데이터만 추출하시오.
　　　　　　　　– 찾을 조건 범위 : 「B14」 셀부터 입력하시오.
　　　　　　　　– 복사 위치 : 「B18」 셀부터 나타나도록 하시오.

[제3작업] 피벗 테이블 　　80점

➡ "**제1작업**" 시트를 이용하여 "**제3작업**" 시트에 조건에 따라 ≪출력형태≫와 같이 작업하시오.

≪조건≫
(1) 설립일 및 분류별 회사명의 개수와 매출액(백만)의 평균을 구하시오.
(2) 설립일로 그룹화하고, 보고서 레이아웃은 개요 형식으로 설정하시오.
(3) 분류를 ≪출력형태≫와 같이 정렬하고, 빈 셀은 '**'로 표시하시오.
(4) 행의 총합계를 지우고, 나머지 사항은 ≪출력형태≫에 맞게 작성하시오.

≪출력형태≫

A	B	C	D	E	F	G	H
	분류	▼데이터					
		화장품		애견용품		건강식품	
	설립일 ▼	개수 : 회사명	평균 : 매출액(백만)	개수 : 회사명	평균 : 매출액(백만)	개수 : 회사명	평균 : 매출액(백만)
	2007년	**	**	1	64,817	1	22,896
	2009년	2	364,097	**	**	**	**
	2011년	**	**	1	126,100	2	100,070
	2013년	**	**	1	198,619	**	**
	총 합계	2	364,097	3	129,845	3	74,345

[제4작업] 그래프   100점

➡ "제1작업" 시트를 이용하여 "제4작업" 시트에 ≪출력형태≫와 같이 작업하시오.

≪조건≫
(1) 차트 종류 ⇒ 〈3차원 원형〉으로 작업하시오.
(2) 데이터 범위 ⇒ "제1작업" 시트의 내용을 이용하여 작업하시오.
(3) 차트 위치 ⇒ 「B2:K28」 영역에 배치하여 ≪출력형태≫와 같이 작업하시오.
(4) 차트 스타일 ⇒ 레이아웃6, 스타일3을 적용하시오.
(5) 배경 서식 ⇒ 차트 영역(노랑), 그림 영역(하양), 전체 글꼴(굴림, 11pt)을 적용하여 작업하시오.
(6) 제목 서식 ⇒ 글꼴(궁서, 20pt, 진하게), 채우기(하양), 실선, 그림자(원근감 : 대각선 오른쪽 위)
(7) 서식 ⇒ 계열 : 도담도담 조각을 쪼개진 요소 20%로 지정하여 분리하시오.
       레이블 : 값을 표시하고 위치 및 채우기 색(하양)은 ≪출력형태≫와 같이 표시하시오.
(8) 범례 ≪출력형태≫를 참조하시오.
(9) 도형 ⇒ '모서리가 둥근 사각형 설명선'을 삽입한 후 내용을 입력하시오.
(10) 나머지 사항은 ≪출력형태≫에 맞게 작성하시오.

≪출력형태≫

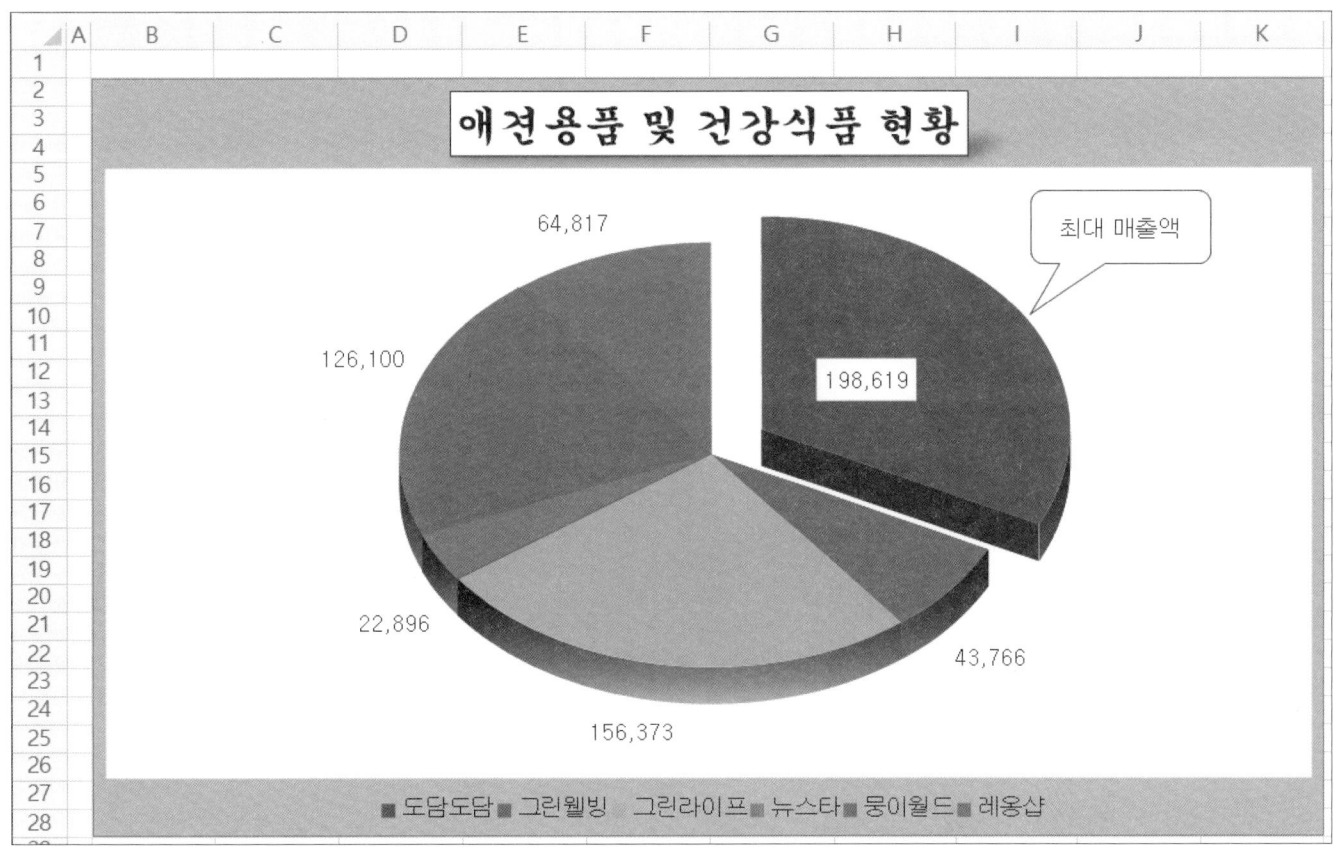

주의 ➡ 시트명 순서가 차례대로 "제1작업", "제2작업", "제3작업", "제4작업"이 되도록 할 것.

제 07 회 정보기술자격(ITQ) 최신유형 기출문제

과목	코드	문제유형	시험시간	수험번호	성명
한셀	1121	B	60분		

한컴 오피스

• 수험자 유의사항 •

- 수험자는 문제지를 받는 즉시 문제지와 **수험표상의 시험 과목(프로그램)이 동일한지 반드시 확인**하여야 합니다.
- 파일명은 본인의 "수험번호-성명"으로 입력하여 답안 폴더(내 PC\문서\ITQ)에 하나의 파일로 저장해야 하며, 답안 문서 파일명이 "수험번호-성명"과 일치하지 않거나, 답안 파일을 전송하지 않아 미제출로 처리될 경우 실격 처리합니다 (예:12345678-홍길동.cell).
- 답안 작성을 마치면 파일을 저장하고, '답안 전송' 버튼을 선택하여 감독위원 PC로 답안을 전송하십시오. 수험생 정보와 저장한 파일명이 다를 경우 전송되지 않으므로 주의하시기 바랍니다.
- 답안 작성 중에도 **주기적으로 저장하고, '답안 전송'**하여야 문제 발생을 줄일 수 있습니다. 작업한 내용을 저장하지 않고 전송할 경우 이전에 저장된 내용이 전송되오니 이점 유의하시기 바랍니다.
- 답안 문서는 지정된 경로 외의 다른 보조기억장치에 저장하는 경우, 지정된 시험 시간 외에 작성된 파일을 활용할 경우, 기타 통신수단(이메일, 메신저, 네트워크 등)을 이용하여 타인에게 전달 또는 외부 반출하는 경우는 부정 처리합니다.
- 시험 중 부주의 또는 고의로 시스템을 파손한 경우는 수험자가 변상해야 하며, 〈수험자 유의사항〉에 기재된 방법대로 이행하지 않아 생기는 불이익은 수험생 당사자의 책임임을 알려 드립니다.
- **문제의 조건은 한컴 오피스 2022 버전으로 설정되어 유의하시기 바랍니다.**
- 시험을 완료한 수험자는 답안 파일이 전송되었는지 확인한 후 감독위원의 지시에 따라 문제지를 제출하고 퇴실합니다.

• 답안 작성요령 •

- 온라인 답안 작성 절차
  수험자 등록 ⇒ 시험 시작 ⇒ 답안 파일 저장 ⇒ 답안 전송 ⇒ 시험 종료
- 문제는 총 4단계, 즉 제1작업부터 제4작업까지 구성되어 있으며 반드시 제1작업부터 순서대로 작성하고 조건대로 작업하시오.
- 모든 작업 시트의 A열은 열 너비 '1'로, 나머지 열은 적당하게 조절하시오.
- 모든 작업 시트의 테두리는 《출력형태》와 같이 작업하시오.
- 해당 작업란에서는 각각 제시된 조건에 따라 《출력형태》와 같이 작업하시오.
- 답안 시트 이름은 "제1작업", "제2작업", "제3작업", "제4작업"이어야 하며 답안 시트 이외의 것은 감점 처리됩니다.
- 각 시트를 파일로 나누어 작업해서 저장할 경우 실격 처리됩니다.

[제1작업] 표 서식 작성 및 값 계산 (240점)

다음은 '삼기 주방기기 판매 현황'에 대한 자료이다. 자료를 입력하고 조건에 맞도록 작업하시오.

≪출력형태≫

	A	B	C	D	E	F	G	H	I	J
1										
2			삼기 주방기기 판매 현황					결재	담당	대리	팀장
3										
4		품목코드	제품명	구분	계약일	제품가격(단위:원)	판매수량	적립금(단위:원)	판매금액(원)	재질
5		DV-003	블링앞접시	접시류	2024-06-10	29,400	53	573	(1)	(2)
6		PE-001	찜냄비	냄비류	2024-05-10	40,300	27	770	(1)	(2)
7		D1-001	통3중찜솥	냄비류	2024-06-20	59,200	31	252	(1)	(2)
8		DC-001	매화꽃접시	접시류	2024-06-01	17,500	27	282	(1)	(2)
9		PA-002	미니양수	냄비류	2020-08-20	21,570	18	380	(1)	(2)
10		PS-001	전골냄비	냄비류	2024-05-20	51,400	19	1,010	(1)	(2)
11		SE-002	클래식냄비	냄비류	2024-04-01	11,220	27	150	(1)	(2)
12		SP-001	편수냄비	냄비류	2024-04-10	37,500	53	330	(1)	(2)
13		냄비류 제품가격(단위:원)의 평균			(3)			접시류 판매수량의 합계		(5)
14		최저 판매수량			(4)			제품명	블링앞접시	판매수량	(6)

≪조건≫

○ 모든 데이터의 서식에는 글꼴(굴림, 11pt), 정렬은 숫자 및 회계 서식은 오른쪽 정렬, 나머지 서식은 가운데 정렬로 작성하며 예외적인 것은 ≪출력형태≫를 참조하시오.
○ 제 목 ⇒ '사다리꼴' 도형과 '바깥쪽 : 아래쪽 그림자'를 이용하여 작성하고 "삼기 주방기기 판매 현황"을 입력한 후 다음 서식을 적용하시오(글꼴-굴림, 24pt, 검정, 진하게, 채우기-노랑).
○ 임의의 셀에 결재란을 만들고 '그림으로 복사하기' 기능을 이용하여 작성하시오(단, 원본 삭제).
○ 「B4:J4, G14, I14」 영역은 '노랑'으로 채우기 하시오.
○ 유효성 검사를 이용하여 「H14」 셀에 제품명(「C5:C12」 영역)이 선택 표시되도록 하시오.
○ 셀 서식 ⇒ 「G5:G12」 영역에 셀 서식을 이용하여 숫자 뒤에 '개'를 표시하시오(예 : 53개).
○ 「F5:F12」 영역에 대해 '제품가격'으로 이름정의를 하시오.

⊙ (1)~(6) 셀은 반드시 **주어진 함수를 이용**하여 값을 구하시오(결과값을 직접 입력하면 해당 셀은 0점 처리됨).
  (1) 판매금액(원) ⇒ 「제품가격(단위:원)×판매수량」을 반올림하여 천원 단위까지 구하시오
      (ROUND 함수)(예 : 22,530 → 23,000).
  (2) 재질 ⇒ 품목코드의 마지막 글자가 '1'이면 '스테인리스', '2'이면 '양은', '3'이면 '멜라민'으로 구하시오
      (CHOOSE, RIGHT 함수).
  (3) 냄비류 제품가격(단위:원)의 평균 ⇒ 정의된 이름(제품가격)을 이용하여 구하시오(SUMIF, COUNTIF 함수).
  (4) 최저 판매수량 ⇒ 결과값 뒤에 '개'를 붙이시오(MIN 함수, & 연산자)(예 : 20개).
  (5) 접시류 판매수량의 합계 ⇒ 조건은 입력데이터를 이용하시오(DSUM 함수).
  (6) 판매수량 ⇒ 「H14」 셀에서 선택한 제품명에 대한 판매수량을 구하시오(VLOOKUP 함수).
  (7) 조건부 서식의 수식을 이용하여 판매수량이 '20' 이하인 행 전체에 다음의 서식을 적용하시오
      (글꼴 : 파랑, 진하게).

[제2작업] 목표값 찾기 및 필터 (80점)

➡ "**제1작업**" 시트의 「B4:H12」 영역을 복사하여 "**제2작업**" 시트의 「B2」 셀부터 모두 붙여넣기를 한 후 다음의 조건과 같이 작업하시오.

≪조건≫

(1) 목표값 찾기 – 「B11:G11」 셀을 병합하고 가운데 맞춤한 후 "접시류 판매수량 평균"을 입력하고, 「H11」 셀에 접시류 판매수량 평균을 구하시오. 단, 조건은 입력데이터를 이용하시오(DAVERAGE 함수, 테두리).
– '접시류 판매수량 평균'이 '42'가 되려면 블링앞접시의 판매수량이 얼마가 되어야 하는지 목표값을 구하시오.

(2) 고급 필터 – 구분이 '냄비류'이면서 제품가격(단위:원)이 '50,000' 이하인 자료의 '제품명, 제품가격(단위:원), 판매수량, 적립금(단위:원)' 데이터만 추출하시오.
– 찾을 조건 범위 : 「B14」 셀부터 입력하시오.
– 복사 위치 : 「B18」 셀부터 나타나도록 하시오.

[제3작업] 정렬 및 부분합 (80점)

➡ "**제1작업**" 시트의 「B4:H12」 영역을 복사하여 "**제3작업**" 시트의 「B2」 셀부터 모두 붙여넣기를 한 후 다음의 조건과 같이 작업하시오.

≪조건≫

(1) 부분합 – ≪출력형태≫처럼 정렬하고, 제품명의 개수와 판매수량의 평균을 구하시오.
(2) 윤곽 – 지우시오.
(3) 나머지 사항은 ≪출력형태≫에 맞게 작성하시오.

≪출력형태≫

A	B	C	D	E	F	G	H
1							
2	품목코드	제품명	구분	계약일	제품가격(단위:원)	판매수량	적립금(단위:원)
3	DV-003	블링앞접시	접시류	2024-06-10	29,400	53개	573
4	DC-001	매화꽃접시	접시류	2024-06-01	17,500	27개	282
5			접시류 평균			40개	
6		2	접시류 개수				
7	PE-001	찜냄비	냄비류	2024-05-10	40,300	27개	770
8	D1-001	통3중찜솥	냄비류	2024-06-20	59,200	31개	252
9	PA-002	미니양수	냄비류	2020-08-20	21,570	18개	380
10	PS-001	전골냄비	냄비류	2024-05-20	51,400	19개	1,010
11	SE-002	클래식냄비	냄비류	2024-04-01	11,220	27개	150
12	SP-001	편수냄비	냄비류	2024-04-10	37,500	53개	330
13				냄비류 평균			29개	
14		6		냄비류 개수			
15		8		전체 개수			
16				전체 평균			32개	

[제4작업] 그래프 100점

➡ "제1작업" 시트를 이용하여 "제4작업" 시트에 ≪출력형태≫와 같이 작업하시오.

≪조건≫
(1) 차트 종류 ⇒ 〈묶은 세로 막대형〉으로 작업하시오.
(2) 데이터 범위 ⇒ "제1작업" 시트의 내용을 이용하여 작업하시오.
(3) 차트 위치 「B2:K28」 영역에 배치하여 ≪출력형태≫와 같이 작업하시오.
(4) 차트 스타일 ⇒ 레이아웃6을 적용하시오.
(5) 배경 서식 ⇒ 차트 영역(노랑), 그림 영역(하양), 전체 글꼴(굴림, 11pt)을 적용하여 작업하시오.
(6) 제목 서식 ⇒ 글꼴(궁서, 20pt, 진하게), 채우기(하양), 실선, 그림자(안쪽 : 대각선 오른쪽 아래)
(7) 서식 ⇒ 적립금(단위:원) 계열을 보조축으로 지정하고 표식이 있는 꺾은선형으로 변경하시오.
　　　　계열 : ≪출력형태≫를 참조하여 표식(사각형, 크기 10)과 레이블 값을 표시하시오.
　　　　축 및 주 눈금선(종류-파선)은 ≪출력형태≫와 같이 표시하시오.
(8) 범례 ⇒ ≪출력형태≫를 참조하시오.
(9) 도형 ⇒ '모서리가 둥근 사각형 설명선'을 삽입한 후 내용을 입력하시오.
(10) 나머지 사항은 ≪출력형태≫에 맞게 작성하시오.

≪출력형태≫

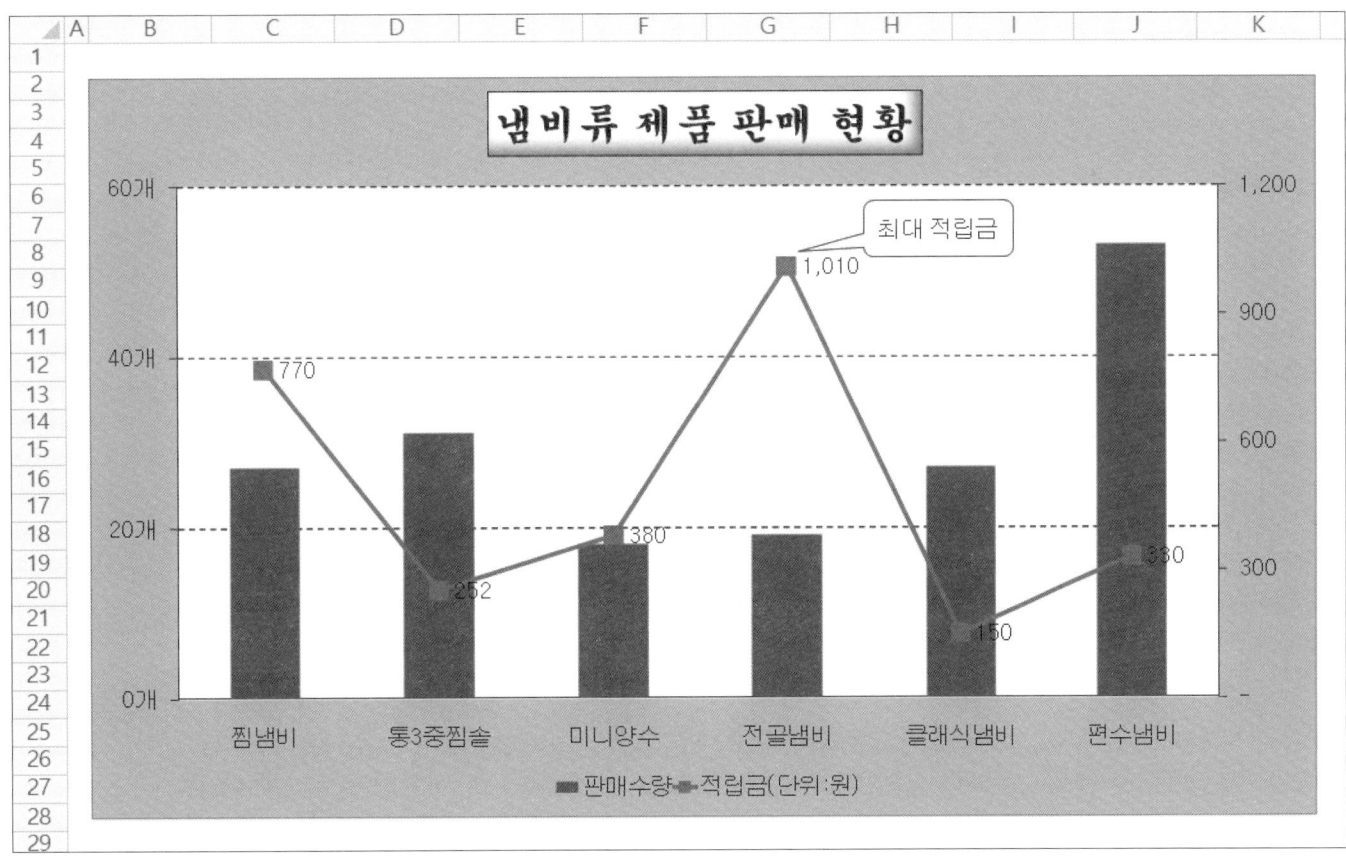

➡ 시트명 순서가 차례대로 "제1작업", "제2작업", "제3작업", "제4작업"이 되도록 할 것.

제 08 회 정보기술자격(ITQ) 최신유형 기출문제

과목	코드	문제유형	시험시간	수험번호	성명
한셀	1121	B	60분		

한컴 오피스

· 수험자 유의사항 ·

- 수험자는 문제지를 받는 즉시 문제지와 **수험표상의 시험 과목(프로그램)이 동일한지 반드시 확인**하여야 합니다.
- 파일명은 본인의 "수험번호-성명"으로 입력하여 답안 폴더(내 PC\문서\ITQ)에 하나의 파일로 저장해야 하며, 답안 문서 파일명이 "수험번호-성명"과 일치하지 않거나, 답안 파일을 전송하지 않아 미제출로 처리될 경우 실격 처리합니다. (예:12345678-홍길동.cell).
- 답안 작성을 마치면 파일을 저장하고, '답안 전송' 버튼을 선택하여 감독위원 PC로 답안을 전송하십시오. 수험생 정보와 저장한 파일명이 다를 경우 전송되지 않으므로 주의하시기 바랍니다.
- 답안 작성 중에도 **주기적으로 저장하고, '답안 전송'**하여야 문제 발생을 줄일 수 있습니다. 작업한 내용을 저장하지 않고 전송할 경우 이전에 저장된 내용이 전송되오니 이점 유의하시기 바랍니다.
- 답안 문서는 지정된 경로 외의 다른 보조기억장치에 저장하는 경우, 지정된 시험 시간 외에 작성된 파일을 활용할 경우, 기타 통신수단(이메일, 메신저, 네트워크 등)을 이용하여 타인에게 전달 또는 외부 반출하는 경우는 부정 처리합니다.
- 시험 중 부주의 또는 고의로 시스템을 파손한 경우는 수험자가 변상해야 하며, 〈수험자 유의사항〉에 기재된 방법대로 이행하지 않아 생기는 불이익은 수험생 당사자의 책임임을 알려 드립니다.
- **문제의 조건은 한컴 오피스 2022 버전으로 설정되어 유의하시기 바랍니다.**
- 시험을 완료한 수험자는 답안 파일이 전송되었는지 확인한 후 감독위원의 지시에 따라 문제지를 제출하고 퇴실합니다.

· 답안 작성요령 ·

- 온라인 답안 작성 절차
  수험자 등록 ⇒ 시험 시작 ⇒ 답안 파일 저장 ⇒ 답안 전송 ⇒ 시험 종료
- 문제는 총 4단계, 즉 제1작업부터 제4작업까지 구성되어 있으며 반드시 제1작업부터 순서대로 작성하고 조건대로 작업하시오.
- 모든 작업 시트의 A열은 열 너비 '1'로, 나머지 열은 적당하게 조절하시오.
- 모든 작업 시트의 테두리는 《출력형태》와 같이 작업하시오.
- 해당 작업란에서는 각각 제시된 조건에 따라 《출력형태》와 같이 작업하시오.
- 답안 시트 이름은 "제1작업", "제2작업", "제3작업", "제4작업"이어야 하며 답안 시트 이외의 것은 감점 처리됩니다.
- 각 시트를 파일로 나누어 작업해서 저장할 경우 실격 처리됩니다.

kpc 한국생산성본부

[제1작업] 표 서식 작성 및 값 계산   240점

▶ 다음은 '인기도서 관리 대장'에 대한 자료이다. 자료를 입력하고 조건에 맞도록 작업하시오.

≪출력형태≫

	A	B	C	D	E	F	G	H	I	J
1									사원	대리	과장
2			인기도서 관리 대장					확인			
3											
4		도서코드	도서명	분류	지은이	출간일	도서가격	E-Book가격(단위:원)	출판사	할인가격(단위:원)
5		HD-622	심리학이 나를 안아주었다	인문	이정미	2020-01-14	14,000	9,800	(1)	(2)
6		HW-522	열한 계단	인문	채사장	2016-12-10	17,000	7,200	(1)	(2)
7		EP-521	지지 않는다는 말	시/에세이	김연수	2018-03-22	12,000	7,600	(1)	(2)
8		HA-523	하나도 괜찮지 않습니다	인문	오찬호	2018-01-22	14,500	10,150	(1)	(2)
9		HG-422	플레인 센스	인문	김동현	2018-11-16	14,000	9,800	(1)	(2)
10		EJ-211	나는 나로 살기로 했다	시/에세이	김수현	2020-03-16	13,800	9,660	(1)	(2)
11		AD-113	방구석 미술관	예술	조원재	2018-08-03	16,800	11,000	(1)	(2)
12		A1-921	킹덤2	예술	김은희	2020-03-23	15,000	6,800	(1)	(2)
13		2020년 출판 도서 수			(3)			가장 높은 도서가격		(5)
14		E-Book가격(단위:원)의 중간값			(4)		도서코드	HD-622	도서가격	(6)

≪조건≫

○ 모든 데이터의 서식에는 글꼴(굴림, 11pt), 정렬은 숫자 및 회계 서식은 오른쪽 정렬, 나머지 서식은 가운데 정렬로 작성하며 예외적인 것은 ≪출력형태≫를 참조하시오.
○ 제 목 ⇒ '양쪽 모서리가 잘린 사각형' 도형과 '바깥쪽 : 오른쪽 그림자'를 이용하여 작성하고 "인기도서 관리 대장"을 입력한 후 다음 서식을 적용하시오(글꼴-굴림, 24pt, 검정, 진하게, 채우기-노랑).
○ 임의의 셀에 결재란을 만들고 '그림으로 복사하기' 기능을 이용하여 작성하시오(단, 원본 삭제).
○ 「B4:J4, G14, I14」 영역은 '노랑'으로 채우기 하시오.
○ 유효성 검사를 이용하여 「H14」 셀에 도서코드(「B5:B12」 영역)가 선택 표시되도록 하시오.
○ 셀 서식 ⇒ 「G5:G12」 영역에 셀 서식을 이용하여 숫자 뒤에 '원'을 표시하시오(예 : 14,000원).
○ 「G5:G12」 영역에 대해 '도서가격'으로 이름정의를 하시오.

◉ (1)~(6) 셀은 반드시 **주어진 함수를 이용**하여 값을 구하시오(결과값을 직접 입력하면 해당 셀은 0점 처리됨).
  (1) 출판사 ⇒ 도서코드의 마지막 글자가 '1'이면 '마음의 숲', '2'이면 '웨일북', '3'이면 '블랙피쉬'로 표시하시오
      (CHOOSE, RIGHT 함수).
  (2) 할인가격(단위:원) ⇒ 「도서가격×0.75」로 구한 결과값을 내림하여 백원 단위까지 구하시오
      (ROUNDDOWN 함수)(예 : 98,570 → 98,500).
  (3) 2020년 출판 도서 수 ⇒ 출간일이 2020년 1월 1일 이후(해당일 포함)인 도서의 수를 구한 결과값에 '권'을 붙이시오
      (COUNTIF 함수, & 연산자)(예 : 1권).
  (4) E-Book가격(단위:원)의 중간값 ⇒ 반올림하여 백원 단위까지 구하시오
      (ROUND, MEDIAN 함수)(예 : 3,278 → 3,300).
  (5) 가격 높은 도서가격 ⇒ 정의된 이름(도서가격)을 이용하여 구하시오(MAX 함수).
  (6) 도서가격 ⇒ 「H14」 셀에서 선택한 도서코드에 대한 도서가격을 구하시오(VLOOKUP 함수).
  (7) 조건부 서식의 수식을 이용하여 도서가격이 '15,000' 이상인 행 전체에 다음의 서식을 적용하시오
      (글꼴 : 파랑, 진하게).

[제2작업] 목표값 찾기 및 필터 80점

➡ "제1작업" 시트의 「B4:H12」 영역을 복사하여 "제2작업" 시트의 「B2」 셀부터 모두 붙여넣기를 한 후 다음의 조건과 같이 작업하시오.

《조건》

(1) 목표값 찾기 － 「B11:G11」 셀을 병합하고 가운데 맞춤한 후 "분류가 인문인 도서의 도서가격 평균"을 입력하고, 「H11」 셀에 분류가 인문인 도서의 도서가격 평균을 구하시오.
  단, 조건은 입력데이터를 이용하시오(DAVERAGE 함수, 테두리).
  － '분류가 인문인 도서의 도서가격 평균'이 '15,000'이 되려면 '심리학이 나를 안아주었다' 도서의 도서가격이 얼마가 되어야 하는지 목표값을 구하시오.

(2) 고급 필터 － 도서코드가 'E'로 시작하거나 E-Book가격(단위:원)이 '10,000' 이상인 자료의 '도서코드, 지은이, 도서가격, E-Book가격(단위:원)' 데이터만 추출하시오.
  － 찾을 조건 범위 : 「B14」 셀부터 입력하시오.
  － 복사 위치 : 「B18」 셀부터 나타나도록 하시오.

[제3작업] 피벗 테이블 80점

➡ "제1작업" 시트를 이용하여 "제3작업" 시트에 조건에 따라 《출력형태》와 같이 작업하시오.

《조건》

(1) 출간일 및 분류별 도서명의 개수와 도서가격의 평균을 구하시오.
(2) 출간일로 그룹화하고, 보고서 레이아웃은 개요 형식으로 설정하시오.
(3) 분류를 《출력형태》와 같이 정렬하고, 빈 셀은 '**'로 표시하시오.
(4) 행의 총합계를 지우고, 나머지 사항은 《출력형태》에 맞게 작성하시오.

《출력형태》

	A	B	C	D	E	F	G	H
1								
2			분류 ▼	데이터 ▼				
3			인문		예술		시/에세이	
4		출간일 ▼	개수 : 도서명	평균 : 도서가격	개수 : 도서명	평균 : 도서가격	개수 : 도서명	평균 : 도서가격
5		2016년	1	17,000	**	**	**	**
6		2018년	2	14,250	1	16,800	1	12,000
7		2020년	1	14,000	1	15,000	1	13,800
8		총 합계	4	14,875	2	15,900	2	12,900

[제4작업] 그래프　　100점

➡ "제1작업" 시트를 이용하여 "제4작업" 시트에 ≪출력형태≫와 같이 작업하시오.

≪조건≫
- (1) 차트 종류 ⇒ 〈3차원 원형〉으로 작업하시오.
- (2) 데이터 범위 ⇒ "제1작업" 시트의 내용을 이용하여 작업하시오.
- (3) 차트 위치 ⇒ 「B2:K28」 영역에 배치하여 ≪출력형태≫와 같이 작업하시오.
- (4) 차트 스타일 ⇒ 레이아웃6, 스타일3을 적용하시오.
- (5) 배경 서식 ⇒ 차트 영역(노랑), 그림 영역(하양), 전체 글꼴(굴림, 11pt)을 적용하여 작업하시오.
- (6) 제목 서식 ⇒ 글꼴(궁서, 20pt, 진하게), 채우기(하양), 실선, 그림자(바깥쪽 : 대각선 오른쪽 아래)
- (7) 서식 ⇒ 계열 : HW-522 조각을 쪼개진 요소 20%로 지정하여 분리하시오.
　　　　　레이블 : 값을 표시하고 위치 및 채우기 색(하양)은 ≪출력형태≫와 같이 표시하시오.
- (8) 범례 ≪출력형태≫를 참조하시오.
- (9) 도형 ⇒ '모서리가 둥근 사각형 설명선'을 삽입한 후 내용을 입력하시오.
- (10) 나머지 사항은 ≪출력형태≫에 맞게 작성하시오.

≪출력형태≫

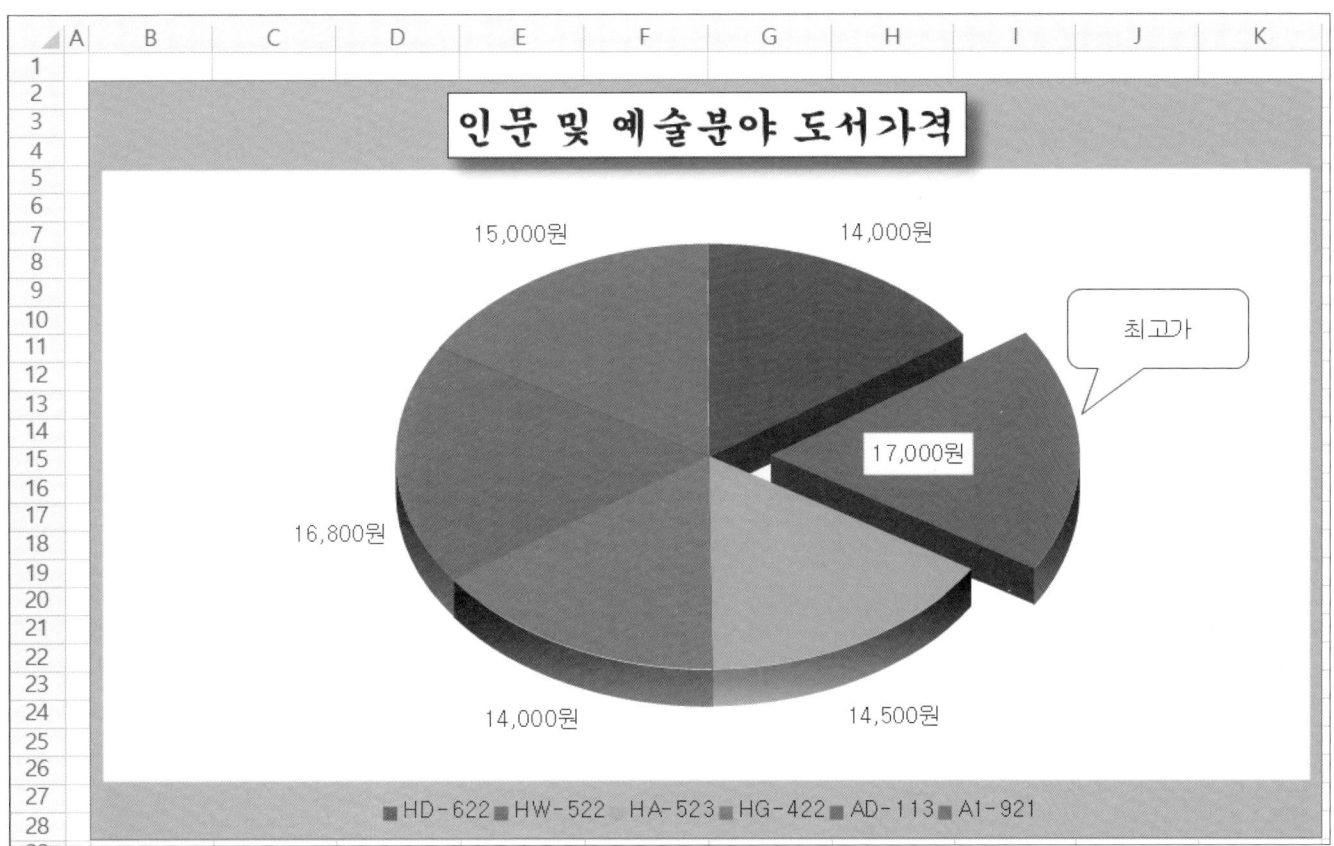

주의 ➡ 시트명 순서가 차례대로 "제1작업", "제2작업", "제3작업", "제4작업"이 되도록 할 것.

제09회 정보기술자격(ITQ) 최신유형 기출문제

과목	코드	문제유형	시험시간	수험번호	성명
한셀	1121	B	60분		

한컴 오피스

·수험자 유의사항·

- 수험자는 문제지를 받는 즉시 문제지와 **수험표상의 시험 과목(프로그램)이 동일한지 반드시 확인**하여야 합니다.
- 파일명은 본인의 "수험번호-성명"으로 입력하여 답안 폴더(내 PC₩문서₩ITQ)에 하나의 파일로 저장해야 하며, 답안 문서 파일명이 "수험번호-성명"과 일치하지 않거나, 답안 파일을 전송하지 않아 미제출로 처리될 경우 실격 처리합니다 (예:12345678-홍길동.cell).
- 답안 작성을 마치면 파일을 저장하고, '답안 전송' 버튼을 선택하여 감독위원 PC로 답안을 전송하십시오. 수험생 정보와 저장한 파일명이 다를 경우 전송되지 않으므로 주의하시기 바랍니다.
- 답안 작성 중에도 **주기적으로 저장하고, '답안 전송'**하여야 문제 발생을 줄일 수 있습니다. 작업한 내용을 저장하지 않고 전송할 경우 이전에 저장된 내용이 전송되오니 이점 유의하시기 바랍니다.
- 답안 문서는 지정된 경로 외의 다른 보조기억장치에 저장하는 경우, 지정된 시험 시간 외에 작성된 파일을 활용할 경우, 기타 통신수단(이메일, 메신저, 네트워크 등)을 이용하여 타인에게 전달 또는 외부 반출하는 경우는 부정 처리합니다.
- 시험 중 부주의 또는 고의로 시스템을 파손한 경우는 수험자가 변상해야 하며, 〈수험자 유의사항〉에 기재된 방법대로 이행하지 않아 생기는 불이익은 수험생 당사자의 책임임을 알려 드립니다.
- **문제의 조건은 한컴 오피스 2022 버전으로 설정되어 유의하시기 바랍니다.**
- 시험을 완료한 수험자는 답안 파일이 전송되었는지 확인한 후 감독위원의 지시에 따라 문제지를 제출하고 퇴실합니다.

·답안 작성요령·

- 온라인 답안 작성 절차

  수험자 등록 ⇒ 시험 시작 ⇒ 답안 파일 저장 ⇒ 답안 전송 ⇒ 시험 종료

- 문제는 총 4단계, 즉 제1작업부터 제4작업까지 구성되어 있으며 반드시 제1작업부터 순서대로 작성하고 조건대로 작업하시오.
- 모든 작업 시트의 A열은 열 너비 '1'로, 나머지 열은 적당하게 조절하시오.
- 모든 작업 시트의 테두리는 《출력형태》와 같이 작업하시오.
- 해당 작업란에서는 각각 제시된 조건에 따라 《출력형태》와 같이 작업하시오.
- 답안 시트 이름은 "제1작업", "제2작업", "제3작업", "제4작업"이어야 하며 답안 시트 이외의 것은 감점 처리됩니다.
- 각 시트를 파일로 나누어 작업해서 저장할 경우 실격 처리됩니다.

kpc 한국생산성본부

[제1작업] 표 서식 작성 및 값 계산　　240점

다음은 '**의약품 판매가격 현황**'에 대한 자료이다. 자료를 입력하고 조건에 맞도록 작업하시오.

≪출력형태≫

A	B	C	D	E	F	G	H	I	J
1							결재	담당	대리	팀장
2		의약품 판매가격 현황								
3										
4	코드	제품명	제조사	구분	규격(ml/캡슐/g)	평균가격(원)	최저가격	순위	제품이력
5	DH1897	까스활명수	동화약품	소화제	75	580	500	(1)	(2)
6	HY1955	샤이닝	동화약품	해열진통제	10	2,000	1,600	(1)	(2)
7	DA1956	판피린큐	동아제약	해열진통제	20	400	350	(1)	(2)
8	DG1985	애시논액	동아제약	소화제	10	4,800	4,150	(1)	(2)
9	GY1958	포타딘연고	삼일제약	외용연고제	75	500	400	(1)	(2)
10	SE1987	부루펜시럽	삼일제약	해열진통제	90	4,300	3,900	(1)	(2)
11	HD1957	생록천	광동제약	소화제	75	500	420	(1)	(2)
12	DH1980	후시딘	동화약품	외용연고제	10	5,200	4,500	(1)	(2)
13	부루펜시럽 평균가격(원)			(3)			최저가격의 중간값			(5)
14	해열진통제 개수			(4)			제품명	까스활명수	최저가격	(6)

≪조건≫

○ 모든 데이터의 서식에는 글꼴(굴림, 11pt), 정렬은 숫자 및 회계 서식은 오른쪽 정렬, 나머지 서식은 가운데 정렬로 작성하며 예외적인 것은 ≪출력형태≫를 참조하시오.
○ 제 목 ⇒ '사다리꼴' 도형과 '바깥쪽 : 아래쪽 그림자'를 이용하여 작성하고 "의약품 판매가격 현황"을 입력한 후 다음 서식을 적용하시오(글꼴-굴림, 24pt, 검정, 진하게, 채우기-노랑).
○ 임의의 셀에 결재란을 만들고 '그림으로 복사하기' 기능을 이용하여 작성하시오(단, 원본 삭제).
○ 「B4:J4, G14, I14」 영역은 '노랑'으로 채우기 하시오.
○ 유효성 검사를 이용하여 「H14」 셀에 제품명(「C5:C12」 영역)이 선택 표시되도록 하시오.
○ 셀 서식 ⇒ 「H5:H12」 영역에 셀 서식을 이용하여 숫자 뒤에 '원'을 표시하시오(예 : 1,600원).
○ 「H5:H12」 영역에 대해 '최저가격'으로 이름정의를 하시오.

◉ (1)~(6) 셀은 반드시 **주어진 함수를 이용**하여 값을 구하시오(결과값을 직접 입력하면 해당 셀은 0점 처리됨).
　(1) 순위 ⇒ 평균가격(원)의 내림차순 순위를 1~3까지 구하고, 그 외에는 공백으로 표시하시오
　　　　　(IF, RANK.EQ 함수).
　(2) 제품이력 ⇒ 「2024-제품출시연도」로 계산한 결과값 뒤에 '년'을 붙이시오. 단, 제품출시연도는 코드의 마지막
　　　　　네 글자를 이용하시오(RIGHT 함수, & 연산자)(예 : 11년).
　(3) 부루펜시럽 평균가격(원) ⇒ (INDEX, MATCH 함수)
　(4) 해열진통제 개수 ⇒ (COUNTIF 함수)
　(5) 최저가격의 중간값 ⇒ 정의된 이름(최저가격)을 이용하여 구하시오(MEDIAN 함수).
　(6) 최저가격 ⇒ 「H14」 셀에서 선택한 제품명에 대한 최저가격을 표시하시오(VLOOKUP 함수).
　(7) 조건부 서식의 수식을 이용하여 최저가격이 '3000' 이상인 행 전체에 다음의 서식을 적용하시오
　　　(글꼴 : 파랑, 진하게).

[제2작업] 목표값 찾기 및 필터   80점

➡ "제1작업" 시트의 「B4:H12」 영역을 복사하여 "제2작업" 시트의 「B2」 셀부터 모두 붙여넣기를 한 후 다음의 조건과 같이 작업하시오.

≪조건≫

(1) 목표값 찾기 – 「B11:G11」 셀을 병합하고 가운데 맞춤한 후 "소화제 평균가격(원) 평균"을 입력하고, 「H11」 셀에 소화제 평균가격(원) 평균을 구하시오. 단, 조건은 입력데이터를 이용하시오(DAVERAGE 함수, 테두리).
 – '소화제 평균가격(원) 평균'이 '2000'이 되려면 까스활명수의 평균가격(원)이 얼마가 되어야 하는지 목표값을 구하시오.

(2) 고급 필터 – 구분이 '소화제'가 아니면서 최저가격이 '1,000' 이상인 자료의 '코드, 제품명, 규격(ml/캡셀/g), 평균가격(원), 최저가격' 데이터만 추출하시오.
 – 찾을 조건 범위 : 「B14」 셀부터 입력하시오.
 – 복사 위치 : 「B18」 셀부터 나타나도록 하시오.

[제3작업] 정렬 및 부분합   80점

➡ "제1작업" 시트의 「B4:H12」 영역을 복사하여 "제3작업" 시트의 「B2」 셀부터 모두 붙여넣기를 한 후 다음의 조건과 같이 작업하시오.

≪조건≫

(1) 부분합 – ≪출력형태≫처럼 정렬하고, 제품명의 개수와 최저가격의 평균을 구하시오.
(2) 윤곽 – 지우시오.
(3) 나머지 사항은 ≪출력형태≫에 맞게 작성하시오.

≪출력형태≫

A	B	C	D	E	F	G	H
1							
2	코드	제품명	제조사	구분	규격(ml/캡셀/g)	평균가격(원)	최저가격
3	HY1955	샤이닝	동화약품	해열진통제	10	2,000	1,600원
4	DA1956	판피린큐	동아제약	해열진통제	20	400	350원
5	SE1987	부루펜시럽	삼일제약	해열진통제	90	4,300	3,900원
6				해열진통제 평균			1,950원
7		3		해열진통제 개수			
8	GY1958	포타딘연고	삼일제약	외용연고제	75	500	400원
9	DH1980	후시딘	동화약품	외용연고제	10	5,200	4,500원
10				외용연고제 평균			2,450원
11		2		외용연고제 개수			
12	DH1897	까스활명수	동화약품	소화제	75	580	500원
13	DG1985	애시논액	동아제약	소화제	10	4,800	4,150원
14	HD1957	생록천	광동제약	소화제	75	500	420원
15				소화제 평균			1,690원
16		3		소화제 개수			
17		8		전체 개수			
18				전체 평균			1,978원

[제4작업] 그래프 100점

➡ "제1작업" 시트를 이용하여 "제4작업" 시트에 ≪출력형태≫와 같이 작업하시오.

≪조건≫
(1) 차트 종류 ⇒ 〈묶은 세로 막대형〉으로 작업하시오.
(2) 데이터 범위 ⇒ "제1작업" 시트의 내용을 이용하여 작업하시오.
(3) 차트 위치 「B2:K28」 영역에 배치하여 ≪출력형태≫와 같이 작업하시오.
(4) 차트 스타일 ⇒ 레이아웃6을 적용하시오.
(5) 배경 서식 ⇒ 차트 영역(노랑), 그림 영역(하양), 전체 글꼴(굴림, 11pt)을 적용하여 작업하시오.
(6) 제목 서식 ⇒ 글꼴(궁서, 20pt, 진하게), 채우기(하양), 실선, 그림자(바깥쪽 : 대각선 오른쪽 아래)
(7) 서식 ⇒ 최저가격 계열을 보조축으로 지정하고 표식이 있는 꺾은선형으로 변경하시오.
　　　계열 : ≪출력형태≫를 참조하여 표식(삼각형, 크기 10)과 레이블 값을 표시하시오.
　　　축 및 주 눈금선(종류-점선)은 ≪출력형태≫와 같이 표시하시오.
(8) 범례 ⇒ ≪출력형태≫를 참조하시오.
(9) 도형 ⇒ '모서리가 둥근 사각형 설명선'을 삽입한 후 내용을 입력하시오.
(10) 나머지 사항은 ≪출력형태≫에 맞게 작성하시오.

≪출력형태≫

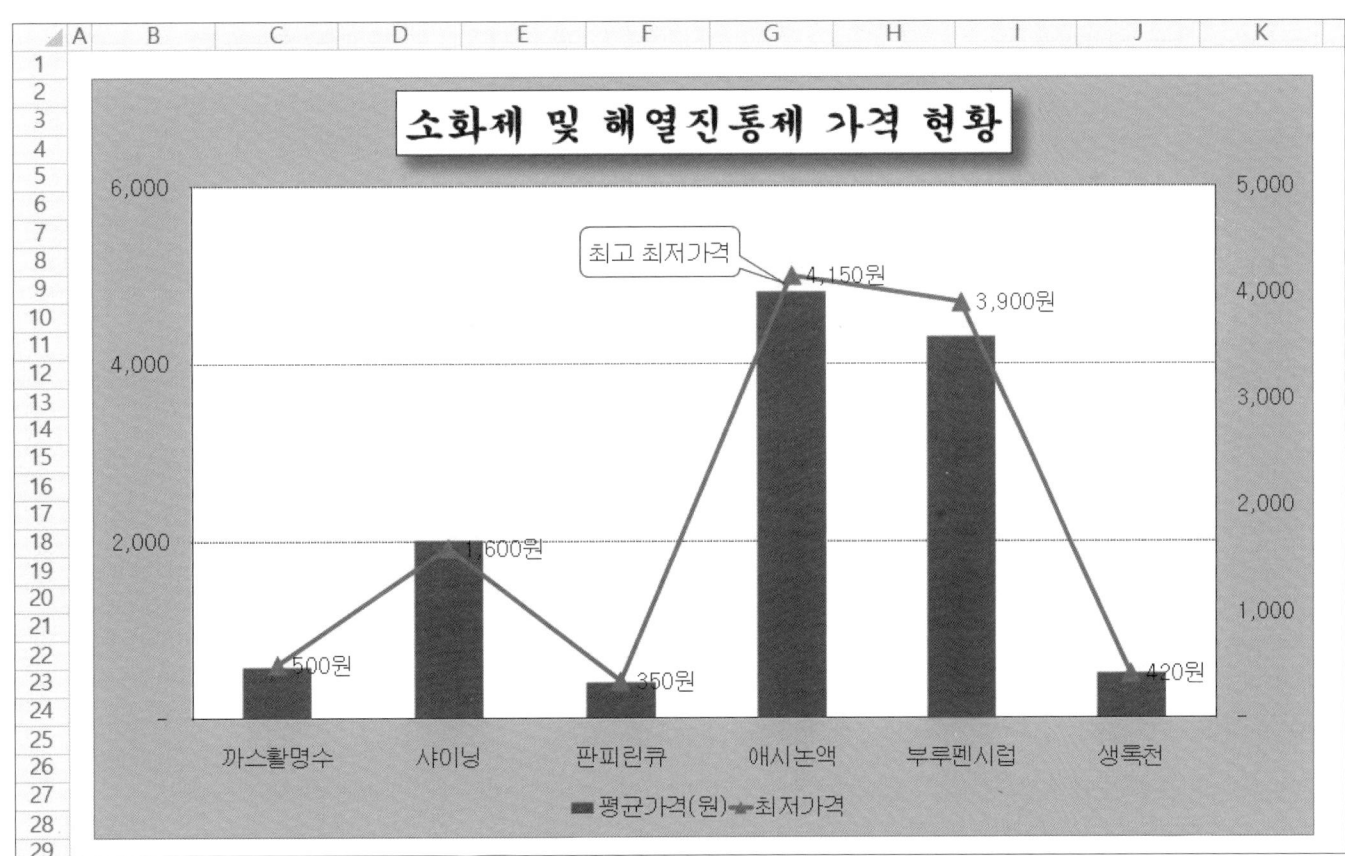

➡ 시트명 순서가 차례대로 "제1작업", "제2작업", "제3작업", "제4작업"이 되도록 할 것.

제 10 회 정보기술자격(ITQ) 최신유형 기출문제

과목	코드	문제유형	시험시간	수험번호	성명
한셀	1121	B	60분		

한컴 오피스

· 수험자 유의사항 ·

- 수험자는 문제지를 받는 즉시 문제지와 **수험표상의 시험 과목(프로그램)이 동일한지 반드시 확인**하여야 합니다.
- 파일명은 본인의 "수험번호-성명"으로 입력하여 답안 폴더(내 PC₩문서₩ITQ)에 하나의 파일로 저장해야 하며, 답안 문서 파일명이 "수험번호-성명"과 일치하지 않거나, 답안 파일을 전송하지 않아 미제출로 처리될 경우 실격 처리합니다. (예:12345678-홍길동.cell).
- 답안 작성을 마치면 파일을 저장하고, '답안 전송' 버튼을 선택하여 감독위원 PC로 답안을 전송하십시오. 수험생 정보와 저장한 파일명이 다를 경우 전송되지 않으므로 주의하시기 바랍니다.
- 답안 작성 중에도 **주기적으로 저장하고, '답안 전송'**하여야 문제 발생을 줄일 수 있습니다. 작업한 내용을 저장하지 않고 전송할 경우 이전에 저장된 내용이 전송되오니 이점 유의하시기 바랍니다.
- 답안 문서는 지정된 경로 외의 다른 보조기억장치에 저장하는 경우, 지정된 시험 시간 외에 작성된 파일을 활용할 경우, 기타 통신수단(이메일, 메신저, 네트워크 등)을 이용하여 타인에게 전달 또는 외부 반출하는 경우는 부정 처리합니다.
- 시험 중 부주의 또는 고의로 시스템을 파손한 경우는 수험자가 변상해야 하며, 〈수험자 유의사항〉에 기재된 방법대로 이행하지 않아 생기는 불이익은 수험생 당사자의 책임임을 알려 드립니다.
- **문제의 조건은 한컴 오피스 2022 버전으로 설정되어 유의하시기 바랍니다.**
- 시험을 완료한 수험자는 답안 파일이 전송되었는지 확인한 후 감독위원의 지시에 따라 문제지를 제출하고 퇴실합니다.

· 답안 작성요령 ·

- 온라인 답안 작성 절차
  수험자 등록 ⇒ 시험 시작 ⇒ 답안 파일 저장 ⇒ 답안 전송 ⇒ 시험 종료
- 문제는 총 4단계, 즉 제1작업부터 제4작업까지 구성되어 있으며 반드시 제1작업부터 순서대로 작성하고 조건대로 작업하시오.
- 모든 작업 시트의 A열은 열 너비 '1'로, 나머지 열은 적당하게 조절하시오.
- 모든 작업 시트의 테두리는 《출력형태》와 같이 작업하시오.
- 해당 작업란에서는 각각 제시된 조건에 따라 《출력형태》와 같이 작업하시오.
- 답안 시트 이름은 "제1작업", "제2작업", "제3작업", "제4작업"이어야 하며 답안 시트 이외의 것은 감점 처리됩니다.
- 각 시트를 파일로 나누어 작업해서 저장할 경우 실격 처리됩니다.

kpc 한국생산성본부

[제1작업] 표 서식 작성 및 값 계산   240점

▶ 다음은 '**하반기 물류 계약 현황**'에 대한 자료이다. 자료를 입력하고 조건에 맞도록 작업하시오.

≪출력형태≫

	B	C	D	E	F	G	H	I	J
							결재 담당 팀장 센터장		
	하반기 물류 계약 현황								
4	계약코드	고객사	팀명	담당자	작업인원(명)	입찰금액	작업일	순위	인건비 합계
5	AUM-41	금호물산	영업1팀	구경준	5	1,900,000	2024-09-19	(1)	(2)
6	APM-31	천호물산	영업1팀	천의진	4	1,400,000	2024-11-08	(1)	(2)
7	APM-52	한남산업	영업1팀	채선영	7	2,500,000	2024-09-15	(1)	(2)
8	MAM-42	양재산업	영업3팀	배현진	6	1,600,000	2024-10-12	(1)	(2)
9	FEM-42	종로물산	영업2팀	김은희	6	2,000,000	2024-09-11	(1)	(2)
10	JUM-21	강남실업	영업2팀	추한진	3	900,000	2024-10-14	(1)	(2)
11	NOM-31	강북실업	영업2팀	정윤옥	4	1,200,000	2024-11-10	(1)	(2)
12	APM-32	낙원물산	영업3팀	정한주	5	1,700,000	2024-10-13	(1)	(2)
13	가장 빠른 작업일			(3)		영업1팀 계약 건수			(5)
14	영업3팀 입찰금액 평균			(4)		고객사	금호물산	입찰금액	(6)

≪조건≫

- 모든 데이터의 서식에는 글꼴(굴림, 11pt), 정렬은 숫자 및 회계 서식은 오른쪽 정렬, 나머지 서식은 가운데 정렬로 작성하며 예외적인 것은 ≪출력형태≫를 참조하시오.
- 제 목 ⇒ '사다리꼴' 도형과 '바깥쪽 : 오른쪽 그림자'를 이용하여 작성하고 "하반기 물류 계약 현황"을 입력한 후 다음 서식을 적용하시오(글꼴-굴림, 24pt, 검정, 진하게, 채우기-노랑).
- 임의의 셀에 결재란을 만들고 '그림으로 복사하기' 기능을 이용하여 작성하시오(단, 원본 삭제).
- 「B4:J4, G14, I14」 영역은 '노랑'으로 채우기 하시오.
- 유효성 검사를 이용하여 「H14」 셀에 고객사('C5:C12」 영역)가 선택 표시되도록 하시오.
- 셀 서식 ⇒ 「G5:G12」 영역에 셀 서식을 이용하여 숫자 뒤에 '원'을 표시하시오(예 : 1,900,000원).
- 「H5:H12」 영역에 대해 '작업일'로 이름정의를 하시오.

◉ (1)~(6) 셀은 반드시 **주어진 함수를 이용**하여 값을 구하시오(결과값을 직접 입력하면 해당 셀은 0점 처리됨).
  (1) 순위 ⇒ 입찰금액의 내림차순 순위를 1~3까지 구하고, 그 외에는 공백으로 구하시오(IF, RANK.EQ 함수).
  (2) 인건비 합계 ⇒ 계약코드의 다섯 번째 자리 숫자에 '150,000'을 곱하여 구하시오(MID 함수).
  (3) 가장 빠른 작업일 ⇒ 정의된 이름(작업일)을 이용하여 구하시오(MIN 함수)(예 : 2024-01-01).
  (4) 영업3팀 입찰금액 평균 ⇒ (SUMIF, COUNTIF 함수)
  (5) 영업1팀 계약 건수 ⇒ 조건은 입력데이터를 이용하고, 결과값에 '건'을 붙이시오
                (DCOUNTA 함수, & 연산자)(예 : 2건).
  (6) 입찰금액 ⇒ 「H14」 셀에서 선택한 고객사에 대한 입찰금액을 구하시오(VLOOKUP 함수).
  (7) 조건부 서식의 수식을 이용하여 입찰금액이 '2,000,000' 이상인 행 전체에 다음의 서식을 적용하시오
     (글꼴 : 파랑, 진하게).

[제2작업] 목표값 찾기 및 필터   80점

➜ "**제1작업**" 시트의 「B4:H12」 영역을 복사하여 "**제2작업**" 시트의 「B2」 셀부터 모두 붙여넣기를 한 후 다음의 조건과 같이 작업하시오.

≪조건≫

(1) 목표값 찾기 - 「B11:G11」 셀을 병합하고 가운데 맞춤한 후 "영업1팀의 작업인원(명) 합계"를 입력하고, 「H11」 셀에 팀명이 영업1팀인 작업인원(명) 합계를 구하시오.
  단, 조건은 입력데이터를 이용하시오(DSUM 함수, 테두리).
  - '영업1팀의 작업인원(명) 합계'가 '15'가 되려면 금호물산 고객사의 작업인원(명)이 얼마가 되어야 하는지 목표값을 구하시오.

(2) 고급 필터 - 팀명이 '영업3팀' 이거나 작업인원(명)이 '6' 이상인 자료의 '계약코드, 고객사, 입찰금액, 작업일' 데이터만 추출하시오.
  - 찾을 조건 범위 : 「B14」 셀부터 입력하시오.
  - 복사 위치 : 「B18」 셀부터 나타나도록 하시오.

[제3작업] 피벗 테이블   80점

➜ "**제1작업**" 시트를 이용하여 "**제3작업**" 시트에 조건에 따라 ≪출력형태≫와 같이 작업하시오.

≪조건≫
(1) 입찰금액 및 팀명별 고객사의 개수와 작업인원(명)의 평균을 구하시오.
(2) 입찰금액으로 그룹화하고, 보고서 레이아웃은 개요 형식으로 설정하시오.
(3) 팀명을 ≪출력형태≫와 같이 정렬하고, 빈 셀은 '***'로 표시하시오.
(4) 행의 총합계를 지우고, 나머지 사항은 ≪출력형태≫에 맞게 작성하시오.

≪출력형태≫

A	B	C	D	E	F	G	H
1							
2		팀명	▼데이터	▼			
3			영업3팀		영업2팀		영업1팀	
4	입찰금액 ▼	개수 : 고객사	평균 : 작업인원(명)	개수 : 고객사	평균 : 작업인원(명)	개수 : 고객사	평균 : 작업인원(명)
5	1-1000000	***	***	1	3	***	***
6	1000001-2000000	2	6	2	5	2	5
7	2000001-3000000	***	***	***	***	1	7
8	총 합계	2	6	3	4	3	5

[제4작업] 그래프 100점

→ "제1작업" 시트를 이용하여 "제4작업" 시트에 ≪출력형태≫와 같이 작업하시오.

≪조건≫
(1) 차트 종류 ⇒ 〈3차원 원형〉으로 작업하시오.
(2) 데이터 범위 ⇒ "제1작업" 시트의 내용을 이용하여 작업하시오.
(3) 차트 위치 ⇒ 「B2:K28」 영역에 배치하여 ≪출력형태≫와 같이 작업하시오.
(4) 차트 스타일 ⇒ 레이아웃6, 스타일3을 적용하시오.
(5) 배경 서식 ⇒ 차트 영역(노랑), 그림 영역(하양), 전체 글꼴(굴림, 11pt)을 적용하여 작업하시오.
(6) 제목 서식 ⇒ 글꼴(궁서, 20pt, 진하게), 채우기(하양), 실선, 그림자(바깥쪽 : 가운데)
(7) 서식 ⇒ 계열 : 한남산업 조각을 쪼개진 요소 20%로 지정하여 분리하시오.
         레이블 : 값을 표시하고 위치 및 채우기 색(하양)은 ≪출력형태≫와 같이 표시하시오.
(8) 범례 ≪출력형태≫를 참조하시오.
(9) 도형 ⇒ '모서리가 둥근 사각형 설명선'을 삽입한 후 내용을 입력하시오.
(10) 나머지 사항은 ≪출력형태≫에 맞게 작성하시오.

≪출력형태≫

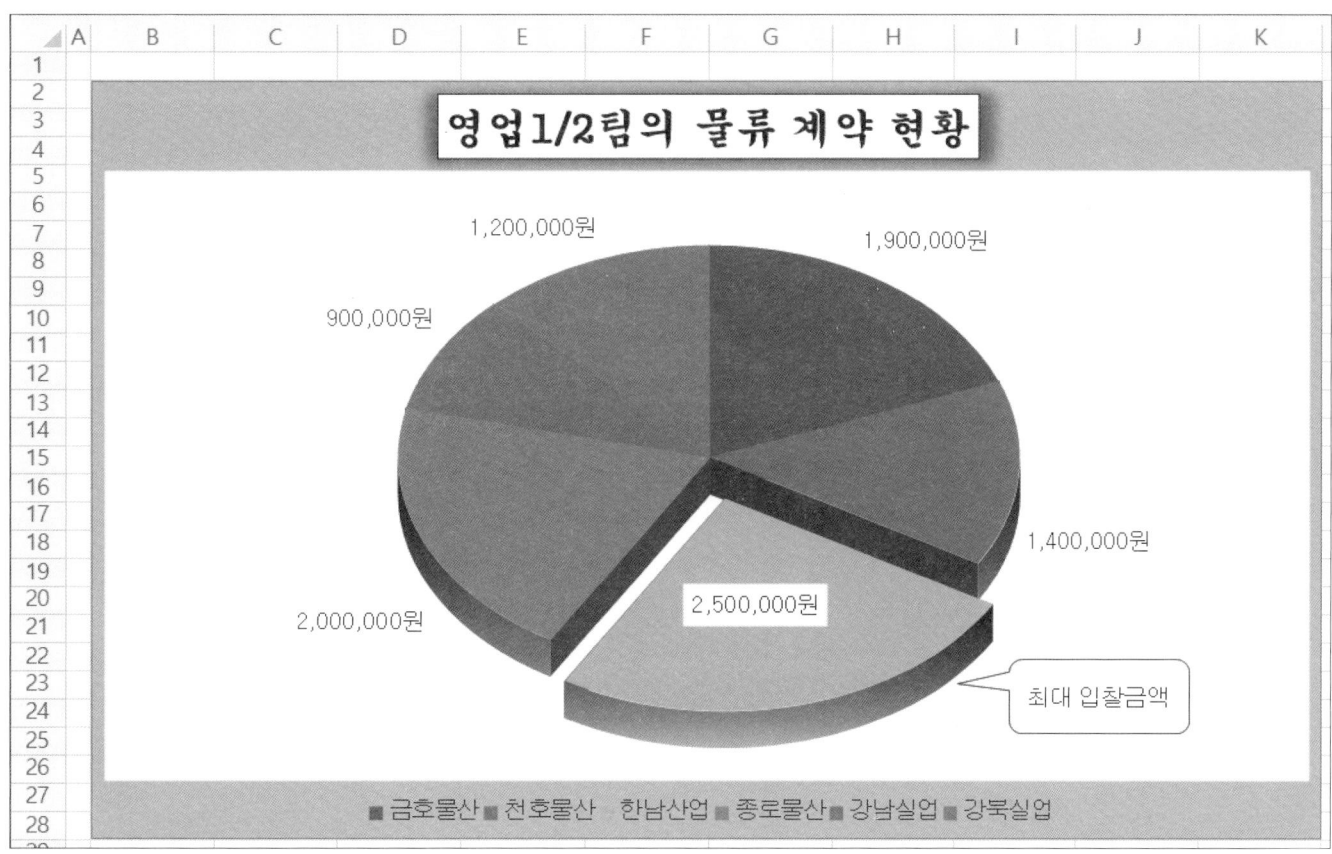

주의 ➡ 시트명 순서가 차례대로 "제1작업", "제2작업", "제3작업", "제4작업"이 되도록 할 것.

MEMO

MEMO

MEMO

[제2작업] 목표값 찾기 및 필터 (80점)

☞ "제1작업" 시트의 「B4:H12」 영역을 복사하여 "제2작업" 시트의 「B2」 셀부터 모두 붙여넣기를 한 후 다음의 조건과 같이 작업하시오.

≪조건≫

(1) 목표값 찾기 - 「B11:G11」 셀을 병합하고 가운데 맞춤한 후 '팀장 직위의 기본급(단위:원) 평균'을 입력하고, 「H11」 셀에 팀장 직위의 기본급(단위:원) 평균을 구하시오.
단, 조건은 입력데이터를 이용하시오(DAVERAGE 함수, 테두리).
- '팀장 직위의 기본급(단위:원) 평균'이 '3,400,000'이 되려면 전영호 팀장의 기본급(단위:원)이 얼마가 되어야 하는지 목표값을 구하시오.

(2) 고급 필터 - 직위가 '과장' 이거나 수당(단위:원)이 '1,000,000' 이하인 자료의 '사원명, 직위, 급호, 수당(단위: 원)' 데이터만 추출하시오.
- 찾을 조건 범위 : 「B14」 셀부터 입력하시오.
- 복사 위치 : 「B18」 셀부터 나타나도록 하시오.

[제3작업] 피벗테이블 (80점)

☞ "제1작업" 시트를 이용하여 "제3작업" 시트에 조건에 따라 ≪출력형태≫와 같이 작업하시오.

≪조건≫

(1) 급호 및 부서별 사원명의 개수와 수당(단위:원)의 평균을 구하시오.
(2) 급호로 그룹화하고, 보고서 레이아웃은 개요 형식으로 설정하시오.
(3) 부서를 ≪출력형태≫와 같이 정렬하고, 빈 셀은 '**'로 표시하시오.
(4) 행의 총합계를 지우고, 나머지 사항은 ≪출력형태≫에 맞게 작성하시오.

≪출력형태≫

A	B	C	D	E	F	G	H
1							
2		부서	데이터				
3		미래전략		마케팅		경영기획	
4	급호	개수 : 사원명	평균 : 수당(단위:원)	개수 : 사원명	평균 : 수당(단위:원)	개수 : 사원명	평균 : 수당(단위:원)
5	6-15	2	741,500	1	400,000	1	828,000
6	16-25	**	**	1	1,400,000	2	1,247,500
7	26-35	1	1,612,000	**	**	**	**
8	총 합계	3	1,031,667	2	900,000	3	1,107,667

[제4작업] 목표값 찾기 및 필터 (100점)

☞ "제1작업" 시트를 이용하여 "제4작업" 시트에 ≪출력형태≫와 같이 작업하시오.

≪조건≫

(1) 차트 종류 ⇒ <3차원 원형>으로 작업하시오.
(2) 데이터 범위 ⇒ "제1작업" 시트의 내용을 이용하여 작업하시오.
(3) 차트 위치 ⇒ 「B2:K28」 영역에 배치하여 ≪출력형태≫와 같이 작업하시오.
(4) 차트 스타일 ⇒ 레이아웃6, 스타일3을 적용하시오.
(5) 배경 서식 ⇒ 차트 영역(노랑), 그림 영역(하양), 전체 글꼴(굴림, 11pt)을 적용하여 작업하시오.
(6) 제목 서식 ⇒ 글꼴(궁서, 20pt, 진하게), 채우기(하양), 실선, 그림자(바깥쪽 : 오른쪽)
(7) 서식 ⇒ 계열 : 전영호 조각을 쪼개진 요소 20%로 지정하여 분리하고 ≪출력형태≫와 같이 표시하시오.
레이블 : 값을 표시하고, 위치 및 채우기 색(하양)은 ≪출력형태≫와 같이 표시하시오.
(8) 범례 ⇒ ≪출력형태≫를 참조하시오.
(9) 도형 ⇒ '모서리가 둥근 사각형 설명선'을 삽입한 후 내용을 입력하시오.
(10) 나머지 사항은 ≪출력형태≫에 맞게 작성하시오.

≪출력형태≫

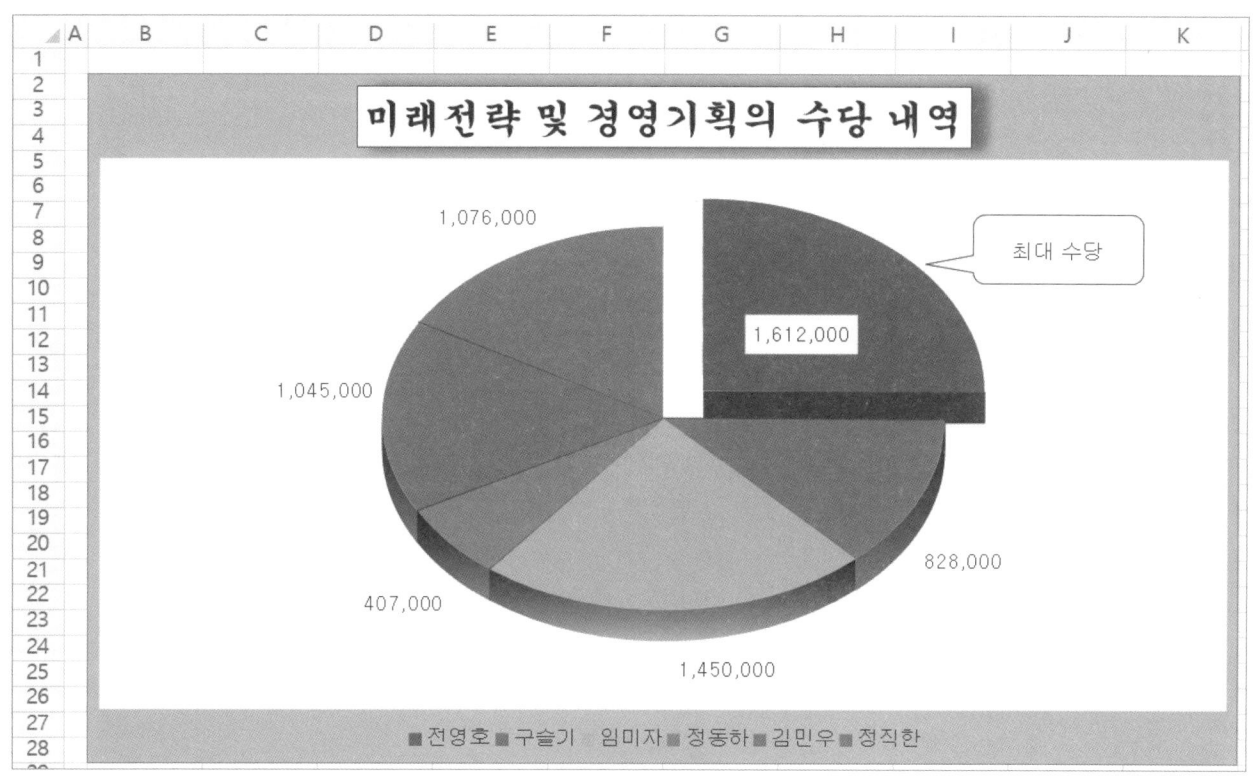

※ 주의 : 시트명 순서가 차례대로 "제1작업", "제2작업", "제3작업", "제4작업"이 되도록 할 것.

정보기술자격(ITQ) 시험

한컴오피스

과목	코드	문제유형	시험시간	수험번호	성명
한셀	1121	A	60분		

수험자 유의사항

- 수험자는 문제지를 받는 즉시 문제지와 **수험표상의 시험 과목(프로그램)이 동일한지 반드시 확인**하여야 합니다.
- 파일명은 본인의 "**수험번호-성명**"으로 입력하여 답안 폴더(내 PC₩문서₩ITQ)에 하나의 파일로 저장해야 하며, 답안 문서 파일명이 "**수험번호-성명**"과 일치하지 않거나, 답안 파일을 전송하지 않아 미제출로 처리될 경우 실격 처리합니다 (예:12345678-홍길동.cell).
- 답안 작성을 마치면 파일을 저장하고, '답안 전송' 버튼을 선택하여 감독위원 PC로 답안을 전송하십시오. 수험생 정보와 저장한 파일명이 다를 경우 전송되지 않으므로 주의하시기 바랍니다.
- 답안 작성 중에도 **주기적으로 저장하고, '답안 전송'**하여야 문제 발생을 줄일 수 있습니다. 작업한 내용을 저장하지 않고 전송할 경우 이전에 저장된 내용이 전송되오니 이점 유의하시기 바랍니다.
- 답안 문서는 지정된 경로 외의 다른 보조기억장치에 저장하는 경우, 지정된 시험 시간 외에 작성된 파일을 활용할 경우, 기타 통신수단(이메일, 메신저, 네트워크 등)을 이용하여 타인에게 전달 또는 외부 반출하는 경우는 부정 처리합니다.
- 시험 중 부주의 또는 고의로 시스템을 파손한 경우는 수험자가 변상해야 하며, <수험자 유의사항>에 기재된 방법대로 이행하지 않아 생기는 불이익은 수험생 당사자의 책임임을 알려 드립니다.
- 문제의 조건은 한컴 오피스 2022 버전으로 설정되어 유의하시기 바랍니다.
- 시험을 완료한 수험자는 답안 파일이 전송되었는지 확인한 후 감독위원의 지시에 따라 문제지를 제출하고 퇴실합니다.

답안 작성요령

- **온라인 답안 작성 절차** : 수험자 등록 ⇒ 시험 시작 ⇒ 답안 파일 저장 ⇒ 답안 전송 ⇒시험 종료
- 문제는 총 4단계, 즉 제1작업부터 제4작업까지 구성되어 있으며 반드시 제1작업부터 순서대로 작성하고 조건대로 작업하시오.
- 모든 작업 시트의 A열은 열 너비 '1'로, 나머지 열은 적당하게 조절하시오.
- 모든 작업 시트의 테두리는 ≪출력형태≫와 같이 작업하시오.
- 해당 작업란에서는 각각 제시된 조건에 따라 ≪출력형태≫와 같이 작업하시오.
- 답안 시트 이름은 "제1작업", "제2작업", "제3작업", "제4작업"이어야 하며 답안 시트 이외의 것은 감점 처리됩니다.
- 각 시트를 파일로 나누어 작업해서 저장할 경우 실격 처리됩니다.

kpc 한국생산성본부

[제1작업] 표 서식 작성 및 값 계산 — (240점)

☞ 다음은 '10월 급여 지급 내역'에 대한 자료이다. 자료를 입력하고 조건에 맞도록 작업하시오.

≪출력형태≫

	B	C	D	E	F	G	H	I	J
1							결재	담당	대리	팀장
2			10월 급여 지급 내역						
3									
4	사원코드	사원명	부서	직위	기본급(단위:원)	급호	수당(단위:원)	순위	수령액(원)
5	GA-524	전영호	미래전략	팀장	3,750,000	30	1,612,000	(1)	(2)
6	MG-257	구슬기	경영기획	대리	2,250,000	14	828,000	(1)	(2)
7	MR-547	임미자	경영기획	과장	3,210,000	20	1,450,000	(1)	(2)
8	GG-487	유채민	마케팅	팀장	2,950,000	18	1,400,000	(1)	(2)
9	SB-587	정동하	미래전략	사원	1,652,000	6	407,000	(1)	(2)
10	MN-685	김민우	경영기획	대리	2,108,000	16	1,045,000	(1)	(2)
11	SB-618	정직한	미래전략	대리	2,000,000	15	1,076,000	(1)	(2)
12	SA-618	양혜정	마케팅	사원	1,710,000	7	400,000	(1)	(2)
13	미래전략 부서의 평균 수당(단위:원)			(3)			마케팅 부서의 수당(단위:원) 합계		(5)
14	대리의 수			(4)			사원코드	GA-524	급호	(6)

≪조건≫

○ 모든 데이터의 서식에는 글꼴(굴림, 11pt), 정렬은 숫자 및 회계 서식은 오른쪽 정렬, 나머지 서식은 가운데 정렬로 작성하며 예외적인 것은 ≪출력형태≫를 참조하시오.

○ 제목 ⇒ '육각형' 도형과 '바깥쪽 : 오른쪽 그림자'를 이용하여 작성하고 "10월 급여 지급 내역"을 입력한 후 다음 서식을 적용하시오(글꼴-굴림, 24pt, 검정, 진하게, 채우기-노랑).

○ 임의의 셀에 결재란을 만들고 '그림으로 복사하기' 기능을 이용하여 작성하시오(단, 원본 삭제).

○ 「B4:J4, G14, I14」 영역은 '노랑'으로 채우기 하시오.

○ 유효성 검사를 이용하여 「H14」 셀에 사원코드(「B5:B12」 영역)가 선택 표시되도록 하시오.

○ 셀 서식 ⇒ 「G5:G12」 영역에 셀 서식을 이용하여 숫자 뒤에 '호'를 표시하시오(예 : 30호).

○ 「E5:E12」 영역에 대해 '직위'로 이름정의를 하시오.

■ (1)~(6) 셀은 반드시 **주어진 함수를 이용하여** 값을 구하시오(결과값을 직접 입력하면 해당 셀은 0점 처리됨).

(1) 순위 ⇒ 수당(단위:원)의 내림차순 순위를 1~3까지 구하고, 그 외에는 공백으로 표시하시오(IF, RANK.EQ 함수).

(2) 수령액(원) ⇒ 「(기본급(단위:원)+수당(단위:원))-(기본급(단위:원)+수당(단위:원))×9%」로 구한 결과값을 반올림하여 백원 단위로 구하시오(ROUND 함수)(예 : 4,235,260 → 4,235,300).

(3) 미래전략 부서의 평균 수당(단위:원) ⇒ 가까운 정수로 내림하여 구하시오. 단, 조건은 입력 데이터를 이용하시오 (INT, DAVERAGE 함수)(예 : 12.3 → 12).

(4) 대리의 수 ⇒ 정의된 이름(직위)를 이용하여 구한 결과값에 '명'을 붙이시오(COUNTIF 함수, & 연산자)(예 : 1명).

(5) 마케팅 부서의 수당(단위:원) 합계 ⇒ (SUMIF 함수)

(6) 급호 ⇒ 「H14」 셀에서 선택한 사원코드에 대한 급호를 표시하시오(VLOOKUP 함수).

(7) 조건부 서식의 수식을 이용하여 기본급(단위:원)이 '3,000,000' 이상인 행 전체에 다음의 서식을 적용하시오 (글꼴 : 파랑, 진하게).

[제2작업] 목표값 찾기 및 필터 — (80점)

☞ "제1작업" 시트의 「B4:H12」 영역을 복사하여 "제2작업" 시트의 「B2」 셀부터 모두 붙여넣기를 한 후 다음의 조건과 같이 작업하시오.

≪조건≫

(1) 목표값 찾기 - 「B11:G11」 셀을 병합하고 가운데 맞춤한 후 '만족도의 전체 평균'을 입력하고, 「H11」 셀에 만족도의 전체 평균을 구하시오. 단, 조건은 입력데이터를 이용하시오(AVERAGE 함수, 테두리).
- '만족도의 전체 평균'이 '4.4'가 되려면 하스스톤 게임의 만족도가 얼마가 되어야 하는지 목표값을 구하시오.

(2) 고급 필터 - 분류가 '시뮬레이션'이 아니면서 수익금(백만 달러)이 '1,000' 이상인 자료의 '관리코드, 게임명, 수익금(백만 달러), 서비스 시작일' 데이터만 추출하시오.
- 찾을 조건 범위 : 「B14」 셀부터 입력하시오.
- 복사 위치 : 「B18」 셀부터 나타나도록 하시오.

[제3작업] 정렬 및 부분합 — (80점)

☞ "제1작업" 시트의 「B4:H12」 영역을 복사하여 "제3작업" 시트의 「B2」 셀부터 모두 붙여넣기를 한 후 다음의 조건과 같이 작업하시오.

≪조건≫

(1) 부분합 - ≪출력형태≫처럼 정렬하고, 게임명의 개수와 수익금(백만 달러)의 평균을 구하시오.
(2) 윤곽 - 지우시오.
(3) 나머지 사항은 ≪출력형태≫에 맞게 작성하시오.

≪출력형태≫

	A	B	C	D	E	F	G	H
1								
2		관리코드	게임명	분류	개발사	수익금(백만 달러)	만족도	서비스 시작일
3		M32-2	림월드	시뮬레이션	루데온스튜디오	179	4.5점	2013-11-04
4		M29-1	리그 오브 레전드	시뮬레이션	라이엇게임즈	2,120	4.3점	2009-10-27
5				시뮬레이션 평균		1,150		
6			2	시뮬레이션 개수				
7		S81-2	피파 온라인	아케이드	스피어헤드	163	4.2점	2012-12-18
8		F57-1	크로스파이어	아케이드	스마일게이트	1,400	4.8점	2007-05-03
9		M62-9	월드 오브 탱크	아케이드	워게이밍넷	471	4.9점	2010-08-12
10				아케이드 평균		678		
11			3	아케이드 개수				
12		C14-9	하스스톤	역할수행	블리자드	219	4.4점	2014-01-14
13		R55-5	던전 앤 파이터	역할수행	네오플	1,600	4.2점	2005-08-10
14		M43-4	메이플스토리	역할수행	위젯스튜디오	284	4.6점	2003-04-29
15				역할수행 평균		701		
16			3	역할수행 개수				
17				전체 평균		805		
18			8	전체 개수				

[제4작업] 그래프 — (100점)

☞ "제1작업" 시트를 이용하여 "제4작업" 시트에 ≪출력형태≫와 같이 작업하시오.

≪조건≫

(1) 차트 종류 ⇒ <묶은 세로 막대형>으로 작업하시오.
(2) 데이터 범위 ⇒ "제1작업" 시트의 내용을 이용하여 작업하시오.
(3) 차트 위치 ⇒ 「B2:K28」 영역에 배치하여 ≪출력형태≫와 같이 작업하시오.
(4) 차트 스타일 ⇒ 레이아웃6을 적용하시오.
(5) 배경 서식 ⇒ 차트 영역(노랑), 그림 영역(하양), 전체 글꼴(굴림, 11pt)을 적용하여 작업하시오.
(6) 제목 서식 ⇒ 글꼴(궁서, 20pt, 진하게), 채우기(하양), 실선, 그림자(바깥쪽 : 대각선 오른쪽 아래)
(7) 서식 ⇒ 만족도 계열을 보조축으로 지정하고 표식이 있는 꺾은선형으로 변경하시오.
계열 : ≪출력형태≫를 참조하여 표식(삼각형, 크기 12)과 레이블 값을 표시하시오.
축 및 주 눈금선(종류-파선)은 ≪출력형태≫와 같이 표시하시오.
(8) 범례 ⇒ ≪출력형태≫를 참조하시오.
(9) 도형 ⇒ '모서리가 둥근 사각형 설명선'을 삽입한 후 내용을 입력하시오.
(10) 나머지 사항은 ≪출력형태≫에 맞게 작성하시오.

≪출력형태≫

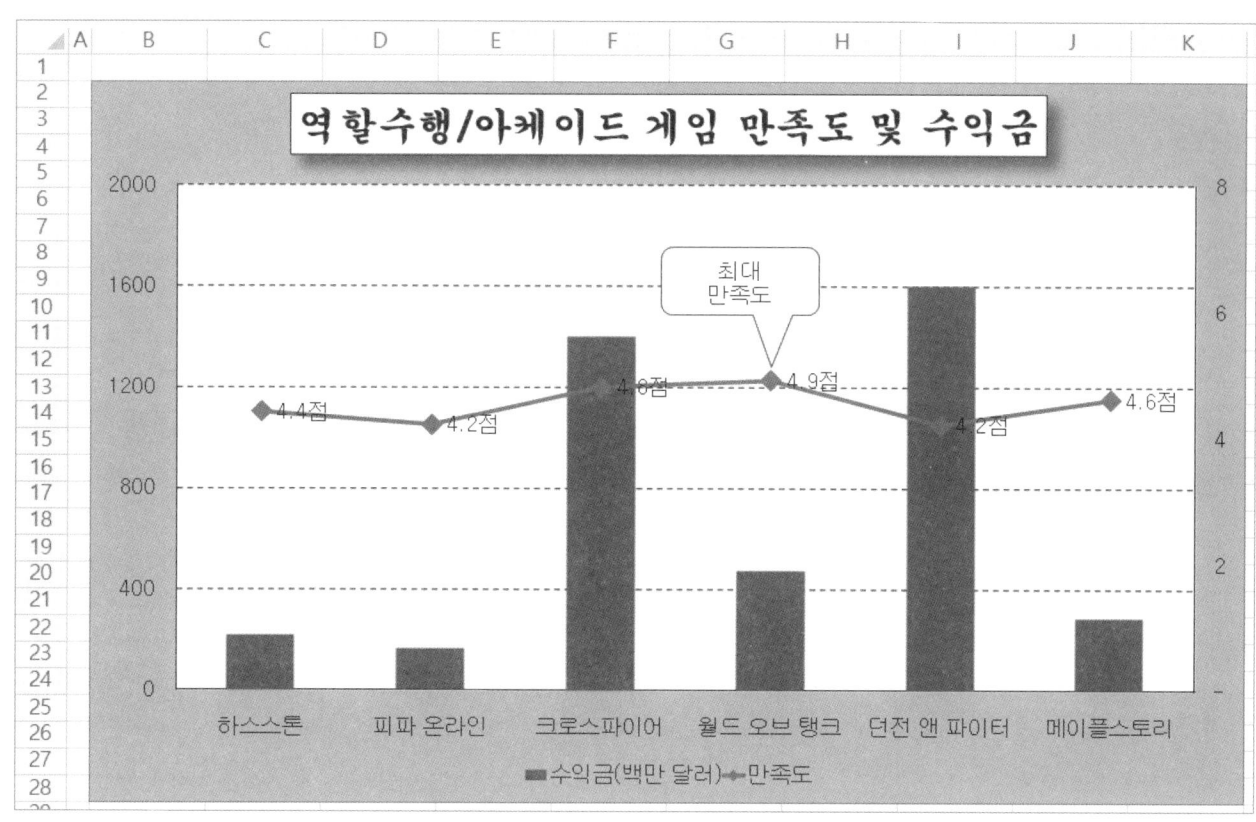

※ 주의 : 시트명 순서가 차례대로 "제1작업", "제2작업", "제3작업", "제4작업"이 되도록 할 것.

정보기술자격(ITQ) 시험 - 한컴오피스

과목	코드	문제유형	시험시간	수험번호	성명
한셀	1121	B	60분		

수험자 유의사항

- 수험자는 문제지를 받는 즉시 문제지와 **수험표상의 시험 과목(프로그램)이 동일한지 반드시 확인**하여야 합니다.
- 파일명은 본인의 "수험번호-성명"으로 입력하여 답안 폴더(내 PC₩문서₩ITQ)에 하나의 파일로 저장해야 하며, 답안 문서 파일명이 "수험번호-성명"과 일치하지 않거나, 답안 파일을 전송하지 않아 미제출로 처리될 경우 실격 처리합니다 (예:12345678-홍길동.cell).
- 답안 작성을 마치면 파일을 저장하고, '답안 전송' 버튼을 선택하여 감독위원 PC로 답안을 전송하십시오. 수험생 정보와 저장한 파일명이 다를 경우 전송되지 않으므로 주의하시기 바랍니다.
- 답안 작성 중에도 **주기적으로 저장하고, '답안 전송'**하여야 문제 발생을 줄일 수 있습니다. 작업한 내용을 저장하지 않고 전송할 경우 이전에 저장된 내용이 전송되오니 이점 유의하시기 바랍니다.
- 답안 문서는 지정된 경로 외의 다른 보조기억장치에 저장하는 경우, 지정된 시험 시간 외에 작성된 파일을 활용할 경우, 기타 통신수단(이메일, 메신저, 네트워크 등)을 이용하여 타인에게 전달 또는 외부 반출하는 경우는 부정 처리합니다.
- 시험 중 부주의 또는 고의로 시스템을 파손한 경우는 수험자가 변상해야 하며, <수험자 유의사항>에 기재된 방법대로 이행하지 않아 생기는 불이익은 수험생 당사자의 책임임을 알려 드립니다.
- 문제의 조건은 한컴 오피스 2022 버전으로 설정되어 유의하시기 바랍니다.
- 시험을 완료한 수험자는 답안 파일이 전송되었는지 확인한 후 감독위원의 지시에 따라 문제지를 제출하고 퇴실합니다.

답안 작성요령

- **온라인 답안 작성 절차** : 수험자 등록 ⇒ 시험 시작 ⇒ 답안 파일 저장 ⇒ 답안 전송 ⇒ 시험 종료
- 문제는 총 4단계, 즉 제1작업부터 제4작업까지 구성되어 있으며 반드시 제1작업부터 순서대로 작성하고 조건대로 작업하시오.
- 모든 작업 시트의 A열은 열 너비 '1'로, 나머지 열은 적당하게 조절하시오.
- 모든 작업 시트의 테두리는 ≪출력형태≫와 같이 작업하시오.
- 해당 작업란에서는 각각 제시된 조건에 따라 ≪출력형태≫와 같이 작업하시오.
- 답안 시트 이름은 "제1작업", "제2작업", "제3작업", "제4작업"이어야 하며 답안 시트 이외의 것은 감점 처리됩니다.
- 각 시트를 파일로 나누어 작업해서 저장할 경우 실격 처리됩니다.

kpc 한국생산성본부

[제1작업] 표 서식 작성 및 값 계산 (240점)

☞ 다음은 '온라인 게임 수익 현황'에 대한 자료이다. 자료를 입력하고 조건에 맞도록 작업하시오.

≪출력형태≫

관리코드	게임명	분류	개발사	수익금(백만 달러)	만족도	서비스 시작일	서비스 순위	시작연도
C14-9	하스스톤	역할수행	블리자드	219	4.4	2014-01-14	(1)	(2)
S81-2	피파 온라인	아케이드	스피어헤드	163	4.2	2012-12-18	(1)	(2)
F57-1	크로스파이어	아케이드	스마일게이트	1,400	4.8	2007-05-03	(1)	(2)
M32-2	림월드	시뮬레이션	루데온스튜디오	179	4.5	2013-11-04	(1)	(2)
M29-1	리그 오브 레전드	시뮬레이션	라이엇게임즈	2,120	4.3	2009-10-27	(1)	(2)
M62-9	월드 오브 탱크	아케이드	워게이밍넷	471	4.9	2010-08-12	(1)	(2)
R55-5	던전 앤 파이터	역할수행	네오플	1,600	4.2	2005-08-10	(1)	(2)
M43-4	메이플스토리	역할수행	위젯스튜디오	284	4.6	2003-04-29	(1)	(2)
최고 수익금(백만 달러)			(3)			역할수행 게임의 만족도 합계		(5)
아케이드 게임의 평균 수익금(백만 달러)			(4)		관리코드	C14-9	개발사	(6)

≪조건≫

- 모든 데이터의 서식에는 글꼴(굴림, 11pt), 정렬은 숫자 및 회계 서식은 오른쪽 정렬, 나머지 서식은 가운데 정렬로 작성하며 예외적인 것은 ≪출력형태≫를 참조하시오.
- 제목 ⇒ '육각형' 도형과 '바깥쪽 : 대각선 오른쪽 아래 그림자'를 이용하여 작성하고 "온라인 게임 수익 현황"을 입력한 후 다음 서식을 적용하시오(글꼴-굴림, 24pt, 검정, 진하게, 채우기-노랑).
- 임의의 셀에 결재란을 만들고 '그림으로 복사하기' 기능을 이용하여 작성하시오(단, 원본 삭제).
- 「B4:J4, G14, I14」 영역은 '노랑'으로 채우기 하시오.
- 유효성 검사를 이용하여 「H14」 셀에 관리코드(「B5:B12」 영역)가 선택 표시되도록 하시오.
- 셀 서식 ⇒ 「G5:G12」 영역에 셀 서식을 이용하여 숫자 뒤에 '점'을 표시하시오(예 : 4.4점).
- 「D5:D12」 영역에 대해 '분류'로 이름정의를 하시오.

■ (1)~(6) 셀은 반드시 주어진 함수를 이용하여 값을 구하시오(결과값을 직접 입력하면 해당 셀은 0점 처리됨).

(1) 서비스 순위 ⇒ 서비스 시작일을 기준으로 오름차순 순위를 1~3까지만 구하고 그 외에는 공백으로 표시하시오. (IF, RANK.EQ 함수).

(2) 시작연도 ⇒ 서비스 시작일의 연도를 구한 값에 '년'을 붙이시오(YEAR 함수, & 연산자)(예 : 2014년).

(3) 최고 수익금(백만 달러) ⇒ (MAX 함수)

(4) 아케이드 게임의 평균 수익금(백만 달러) ⇒ 정의된 이름(분류)을 이용하여 구하시오(SUMIF, COUNTIF 함수).

(5) 역할수행 게임의 만족도 합계 ⇒ 조건은 입력데이터를 이용하시오(DSUM 함수).

(6) 개발사 ⇒ 「H14」 셀에서 선택한 관리코드에 대한 개발사를 구하시오(VLOOKUP 함수).

(7) 조건부 서식의 수식을 이용하여 수익금(백만 달러)이 '1,000' 이상인 행 전체에 다음의 서식을 적용하시오 (글꼴 : 파랑, 진하게).

정보기술자격(ITQ) 시험

한컴오피스

과목	코드	문제유형	시험시간	수험번호	성 명
한셀	1121	C	60분		

수험자 유의사항

- 수험자는 문제지를 받는 즉시 문제지와 **수험표상의 시험 과목(프로그램)이 동일한지 반드시 확인**하여야 합니다.

- 파일명은 본인의 "수험번호-성명"으로 입력하여 답안 폴더(내 PC\문서\ITQ)에 하나의 파일로 저장해야 하며, 답안 문서 파일명이 "수험번호-성명"과 일치하지 않거나, 답안 파일을 전송하지 않아 미제출로 처리될 경우 실격 처리합니다 (예:12345678-홍길동.cell).

- 답안 작성을 마치면 파일을 저장하고, '답안 전송' 버튼을 선택하여 감독위원 PC로 답안을 전송하십시오. 수험생 정보와 저장한 파일명이 다를 경우 전송되지 않으므로 주의하시기 바랍니다.

- 답안 작성 중에도 **주기적으로 저장하고, '답안 전송'**하여야 문제 발생을 줄일 수 있습니다. 작업한 내용을 저장하지 않고 전송할 경우 이전에 저장된 내용이 전송되오니 이점 유의하시기 바랍니다.

- 답안 문서는 지정된 경로 외의 다른 보조기억장치에 저장하는 경우, 지정된 시험 시간 외에 작성된 파일을 활용할 경우, 기타 통신수단(이메일, 메신저, 네트워크 등)을 이용하여 타인에게 전달 또는 외부 반출하는 경우는 부정 처리합니다.

- 시험 중 부주의 또는 고의로 시스템을 파손한 경우는 수험자가 변상해야 하며, <수험자 유의사항>에 기재된 방법대로 이행하지 않아 생기는 불이익은 수험생 당사자의 책임임을 알려 드립니다.

- 문제의 조건은 한컴 오피스 2022 버전으로 설정되어 유의하시기 바랍니다.

- 시험을 완료한 수험자는 답안 파일이 전송되었는지 확인한 후 감독위원의 지시에 따라 문제지를 제출하고 퇴실합니다.

답안 작성요령

- **온라인 답안 작성 절차** : 수험자 등록 ⇒ 시험 시작 ⇒ 답안 파일 저장 ⇒ 답안 전송 ⇒ 시험 종료

- 문제는 총 4단계, 즉 제1작업부터 제4작업까지 구성되어 있으며 반드시 제1작업부터 순서대로 작성하고 조건대로 작업하시오.

- 모든 작업 시트의 A열은 열 너비 '1'로, 나머지 열은 적당하게 조절하시오.

- 모든 작업 시트의 테두리는 ≪출력형태≫와 같이 작업하시오.

- 해당 작업란에서는 각각 제시된 조건에 따라 ≪출력형태≫와 같이 작업하시오.

- 답안 시트 이름은 "제1작업", "제2작업", "제3작업", "제4작업"이어야 하며 답안 시트 이외의 것은 감점 처리됩니다.

- 각 시트를 파일로 나누어 작업해서 저장할 경우 실격 처리됩니다.

[제4작업] 그래프 (100점)

☞ **"제1작업"** 시트를 이용하여 **"제4작업"** 시트에 ≪출력형태≫와 같이 작업하시오.

≪조건≫

(1) 차트 종류 ⇒ <3차원 원형>으로 작업하시오.
(2) 데이터 범위 ⇒ "제1작업" 시트의 내용을 이용하여 작업하시오.
(3) 차트 위치 ⇒ 「B2:K28」 영역에 배치하여 ≪출력형태≫와 같이 작업하시오.
(4) 차트 스타일 ⇒ 레이아웃6, 스타일3을 적용하시오.
(5) 배경 서식 ⇒ 차트 영역(노랑), 그림 영역(하양), 전체 글꼴(굴림, 11pt)을 적용하여 작업하시오.
(6) 제목 서식 ⇒ 글꼴(궁서, 20pt, 진하게), 채우기(하양), 실선, 그림자(바깥쪽 : 가운데)
(7) 서식 ⇒ 계열 : 생활용품 조각을 쪼개진 요소 20%로 지정하여 분리하고 ≪출력형태≫와 같이 표시하시오.
레이블 : 값을 표시하고, 위치 및 채우기 색(하양)은 ≪출력형태≫와 같이 표시하시오.
(8) 범례 ⇒ ≪출력형태≫를 참조하시오.
(9) 도형 ⇒ '모서리가 둥근 사각형 설명선'을 삽입한 후 내용을 입력하시오.
(10) 나머지 사항은 ≪출력형태≫에 맞게 작성하시오.

≪출력형태≫

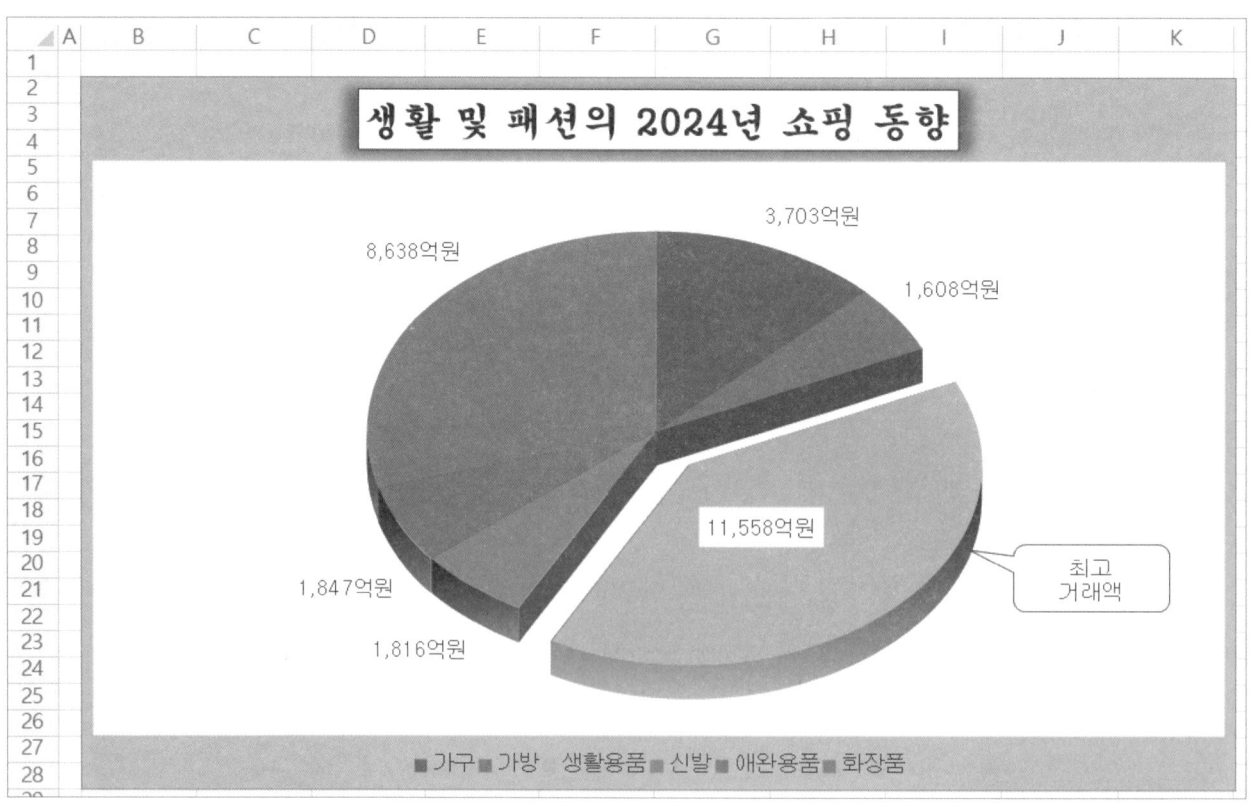

※ 주의 : 시트명 순서가 차례대로 "제1작업", "제2작업", "제3작업", "제4작업"이 되도록 할 것.

[제1작업] 표 서식 작성 및 값 계산 (240점)

☞ 다음은 '2024년 모바일 쇼핑 동향'에 대한 자료이다. 자료를 입력하고 조건에 맞도록 작업하시오.

《출력형태》

분류번호	분류	상품	2023년 거래액	2024년 거래액	전년 대비 증감액 (단위:억원)	전년 대비 증감률	증감액 순위	운영형태
LF2024-1	생활	가구	3,436	3,703	267	7.8%	(1)	(2)
FB2024-2	패션	가방	1,658	1,608	-50	-3.0%	(1)	(2)
LD2024-1	생활	생활용품	11,782	11,558	-224	-1.9%	(1)	(2)
FS2024-1	패션	신발	2,520	1,816	-704	-27.9%	(1)	(2)
LF2024-2	생활	애완용품	1,856	1,847	-9	-0.5%	(1)	(2)
SF2024-1	서비스	음식서비스	23,812	22,152	-1,660	-7.5%	(1)	(2)
SE2024-2	서비스	이쿠폰서비스	8,175	6,594	-1,581	-24.0%	(1)	(2)
FC2024-2	패션	화장품	8,588	8,638	50	0.6%	(1)	(2)
분류가 패션인 상품 수			(3)		분류가 생활인 상품의 2024년 거래액 평균			(5)
최대 전년 대비 증감액(단위:억원)			(4)		상품	가구	2024년 거래액	(6)

제목: 2024년 모바일 쇼핑 동향
확인 / 담당 / 과장 / 대표

《조건》

○ 모든 데이터의 서식에는 글꼴(굴림, 11pt), 정렬은 숫자 및 회계 서식은 오른쪽 정렬, 나머지 서식은 가운데 정렬로 작성하며 예외적인 것은 《출력형태》를 참조하시오.
○ 제목 ⇒ '양쪽 모서리가 잘린 사각형' 도형과 '바깥쪽 : 오른쪽 그림자'를 이용하여 작성하고 "2024년 모바일 쇼핑 동향"을 입력한 후 다음 서식을 적용하시오(글꼴-굴림, 24pt, 검정, 진하게, 채우기-노랑).
○ 임의의 셀에 결재란을 만들고 '그림으로 복사하기' 기능을 이용하여 작성하시오(단, 원본 삭제).
○ 「B4:J4, G14, I14」 영역은 '노랑'으로 채우기 하시오.
○ 유효성 검사를 이용하여 「H14」 셀에 제품명(「D5:D12」 영역)이 선택 표시되도록 하시오.
○ 셀 서식 ⇒ 「E5:F12」 영역에 셀 서식을 이용하여 숫자 뒤에 '억원'을 표시하시오(예 : 3,436억원).
○ 「C5:C12」 영역에 대해 '분류'로 이름정의를 하시오.

■ (1)~(6) 셀은 반드시 <u>주어진 함수를 이용하여</u> 값을 구하시오(결과값을 직접 입력하면 해당 셀은 0점 처리됨).

(1) 증감액 순위 ⇒ 전년 대비 증감액(단위:억원)의 내림차순 순위를 구하시오(RANK.EQ 함수).
(2) 운영형태 ⇒ 분류번호의 마지막 값이 '1'이면 '전용몰', '2'이면 '병행몰'로 구하시오(CHOOSE, RIGHT 함수).
(3) 분류가 패션인 상품 수 ⇒ 정의된 이름(분류)을 이용하여 구한 결과값에 '개를 붙이시오
  (COUNTIF 함수, & 연산자)(예 : 1개).
(4) 최대 전년 대비 증감액(단위:억원) ⇒ (MAX 함수)
(5) 분류가 생활인 상품의 2024년 거래액 평균 ⇒ 반올림하여 정수로 구하시오. 단, 조건은 입력데이터를 이용하시오(ROUND, DAVERAGE 함수)(9,473.6 →9,474).
(6) 2024년 거래액 ⇒ 「H14」 셀에서 선택한 상품에 대한 2024년 거래액을 구하시오(VLOOKUP 함수).
(7) 조건부 서식의 수식을 이용하여 2024년 거래액이 '10,000' 이상인 행 전체에 다음의 서식을 적용하시오
  (글꼴 : 파랑, 진하게).

[제2작업] 목표값 찾기 및 필터 ──────────────── (80점)

☞ "**제1작업**" 시트의 「**B4:H12**」 영역을 복사하여 "**제2작업**" 시트의 「**B2**」 셀부터 모두 붙여넣기를 한 후 다음의 조건과 같이 작업하시오.

≪조건≫

(1) 목표값 찾기 – 「B11:G11」 셀을 병합하고 가운데 맞춤한 후 '분류가 생활인 상품의 2024년 거래액 평균'을 입력하고, 「H11」 셀에 세탁세제 4월매출(천원) 전체 합계를 구하시오.
단, 조건은 입력데이터를 이용하시오(DAVERAGE 함수, 테두리).

– '분류가 생활인 상품의 2024년 거래액 평균'이 '5,900'이 되려면 가구의 2024년 거래액이 얼마가 되어야 하는지 목표값을 구하시오.

(2) 고급 필터 – 분류번호가 'F'로 시작하거나 2023년 거래액이 '2,000' 이하인 자료의 '분류번호, 2023년 거래액, 2024년 거래액, 전년 대비 증감률' 데이터만 추출하시오.
– 찾을 조건 범위 : 「B14」 셀부터 입력하시오.
– 복사 위치 : 「B18」 셀부터 나타나도록 하시오.

[제3작업] 피벗테이블 ──────────────── (80점)

☞ "**제1작업**" 시트를 이용하여 "**제3작업**" 시트에 조건에 따라 ≪출력형태≫와 같이 작업하시오.

≪조건≫

(1) 2023년 거래액 및 분류별 상품의 개수와 2024년 거래액의 평균을 구하시오.
(2) 2023년 거래액으로 그룹화하고, 보고서 레이아웃은 개요 형식으로 설정하시오.
(3) 부서를 ≪출력형태≫와 같이 정렬하고, 빈 셀은 '***'로 표시하시오.
(4) 행의 총합계를 지우고, 나머지 사항은 ≪출력형태≫에 맞게 작성하시오.

≪출력형태≫

A	B	C	D	E	F	G	H
1							
2		분류	데이터				
3			패션		서비스		생활
4	2023년 거래액	개수 : 상품	평균 : 2024년 거래액	개수 : 상품	평균 : 2024년 거래액	개수 : 상품	평균 : 2024년 거래액
5	1-10000	3	4,021	1	6,594	2	2,775
6	10001-20000	***	***	***	***	1	11,558
7	20001-30000	***	***	1	22,152	***	***
8	총 합계	3	4,021	2	14,373	3	5,703